POS 시스템 해킹과 방어

POS 시스템 해킹과 방어

개인 신용정보 유출 방지를 위한 안전한 결제 시스템 구축

슬라바 곰진 지음 | 배영부 옮김

i!i
에이콘

플라스틱 카드로 지불하고 지불받는 우리 모두를 위해

지은이 소개

슬라바 곰진 Slava Gomzin

보안과 지불 관련 기술 전문가로, 휴렛패커드HP, Hewlett-Packard에서 근무하고 있으며, 최신 보안과 지불 관련 기술을 이용한 지불 처리 생태계와 통합된 제품 개발을 지원한다. HP에서 일하기 전에는 보안 아키텍트이자 기업 제품 보안 전문가, 그리고 연구개발과 애플리케이션 보안 관리자였으며, 엔씨알 리테일NCR Retail의 한 부문인 리테일익스Retalix의 개발 팀장이었다. PCI ISA로서 보안과 PA-DSS, PCI DSS, PCI P2PE를 준수하는 POS 시스템과 지불 애플리케이션, 그리고 게이트웨이에 집중했다. 보안 분야로 옮기기 전에는 차세대 POS 시스템과 지불 게이트웨이와 처리자에 대한 다양한 인터페이스를 비롯한 새로운 제품의 설계와 구현의 연구개발에 힘썼다. 현재 CISSP, PCIP, ESCP, Security+ 인증을 보유하고 있으며, www.gomzin.com에 지불과 기술 보안에 관한 글을 기고하고 있다.

기술 편집자 소개

롭 시몬스키 Rob Shimonski(www.shimonski.com)

경험이 풍부한 기업가이며 비즈니스 커뮤니티에 활발히 참여하고 있다. 베스트셀러 작가이자 개발과 프로듀싱, 그리고 책과 정기 간행물, 주간지의 형태를 가진 인쇄 매체의 배포에 관해 15년 이상의 경력을 가진 편집자다. 현재까지 유통되는 100권 이상의 책을 성공적으로 출판했으며, 콤티아CompTIA를 비롯해 와일리Wiley, 마이크로소프트, 맥그로힐 에듀케이션McGraw-Hill Education, 엘스비어Elsevier, 시스코CISCO, 미국 국가안보국NSA, National Security Agency, 디지디자인Digidesign 등의 셀 수 없이 많은 회사에서 근무했으며, IT와 네트워킹, 시스템, 보안 분야에서 20년 이상의 경력이 있다. 또한 미군의 베테랑이며, 전체 전문가로서의 경력을 위해 보안 분야에서 입지를 굳혀왔다. 뿐만 아니라 보안과 네트워크 분야에서 매우 다양한 배경을 갖고 있으며, 수십여 주요 회사들이 PCI 활용에 있어서 제 궤도에 오를 수 있게 성공적으로 지원했다.

감사의 말

먼저 와일리 출판사가 나에게 이와 같이 특별한 책을 집필할 기회를 준 것에 감사의 말을 전하고 싶다. 담당 편집자인 아다오비 오비 털튼Adaobi Obi Tulton에게 전체 출판 과정에서 그녀의 인내, 관심과 지원을 아끼지 않은 데 감사를 표한다. 특히 이 책이 만들어질 수 있다는 믿음을 잃지 않은 캐롤 롱Carol Long에게 감사를 드린다. 또한 책이 나아지고 개선될 수 있게 제안을 아끼지 않은 첫 번째 편집자였던 자넷 데 보부아Jeannette de Beauvoir에게 고마움을 표한다.

몇 년에 걸쳐 다른 전문가로부터 경험하고 배우지 않았다면 이와 같은 책을 쓴다는 것은 불가능했을 것이다. 이전 동료들에게 고마움을 표하고자 한다. 특히 그들의 지식과 비전을 공유하고, 이 업계에서 생존하고 전문성을 개발할 수 있게 도와주는 것으로 내 경력의 여러 단계에서 영향을 주신 시무엘 위트맨Shmuel Witman과 더그 맥클레란Doug McClellan, 사지 자가지Sagi Zagagi, 오퍼 님소비치Ofer Nimfsovich에게 감사의 말을 전한다.

마지막으로, 이 책을 쓰는 동안 셀 수 없이 많은 주말과 저녁 시간에 같이 있어주지 못했음에도 잘 이해해준 아내 스옛트라나Svetlana와 딸들 알로나Alona, 알리자Aliza, 아리나Arina에게 특별히 고마운 마음을 전한다.

옮긴이 소개

배영부 rich.bae@gmail.com

영상 보안 제품을 시작으로 리눅스 커널 기반 L4-7과 웹 방화벽, 보안 스위치 같은 네트워크 보안 제품과 SIEM 등 다양한 보안 관련 제품 개발에 참여했으며, 현재 삼성SDS에서 차세대 관제 솔루션 개발에 참여 중이다. 대부분의 개인적인 시간은 기술 서적 번역에 할애하고 있으며, 로드바이크 라이딩이 취미다. 그 외에도 좀 더 의미 있는 인생을 살고자 다양한 것을 시도하고 있다. 에이콘출판사에서 출간한 『소프트웨어 보안 평가 The Art of Software Security Assessment』(2013)와 『실전 리눅스 악성코드 포렌식』(2015)을 공역했다.

옮긴이의 말

POS(Point of Sale)는 집 앞의 작은 가게에서부터 백화점의 계산대, 그리고 놀이공원까지 소비에 관한 한 현대인의 삶에서 쉽게 인식하지 못하지만 가장 많은 장소에서 접하게 되는 컴퓨터 시스템 중 하나일 것이다. 하지만 대부분의 사람들은 그것이 각 가정에 있는 PC와 인터넷에 사용되는 서버 시스템과 동일하다는 것을 알지 못할 수 있다. 특히 현대 사회에서 가장 민감한 정보인 개인의 금융 신용정보를 직접적으로 읽어 저장하고 인터넷을 통해 전송한다는 것을 말이다. 그것은 곧, 정보 유출을 위한 공격의 대상이 된다는 뜻이다. POS 시스템이라는 것이 이렇듯 아주 널리 존재하면서 쉽게 보안 공격의 대상이 될 수 있다는 사실이 인식되지 않듯이 POS 시스템을 대상으로 한 공격의 방어 역시 POS 시스템 제공자들에게도 필수적인 것으로 인식되지 않고 있는 것이 현실이다. 더욱이 자신의 소중한 카드 정보를 직접 제공하고 있는 개인들은 재화의 구매를 위해 제공한 자신의 정보가 철저히 보호되고 있는지 한 번도 POS 시스템을 의심해본 적은 없을 것이다.

이 책은 이와 같이 민감하고도 개인에게 위험한 금융 정보를 다루는 POS 시스템 전반에 관한 보안 위협과 완화 또는 차단 방법을 다루고 있다. 총 3개 부로 구성돼 있으며, 각 부의 주제를 모두 9개 장으로 나눠 단계적으로 설명한다. 1부에서는 전자 지불에 필요한 배경 기술을 설명하고, 2부에서는 개인 카드 정보가 POS를 통해 도난 당할 수 있는 이유와 어떻게 취약한지 설명한다. 마지막 3부에서는 이미 밝힌 기술적 문제점에 대해 검토한 뒤 어떻게 공격으로부터 방어할 수 있는지 설명하는 것으로 끝맺는다. 또한 책 전반에 걸쳐 PCI라는 보안 표준을 해부하고, 표준으로서 갖추지 못한 보안의 허점들을 파헤침으로써 민감한 카드 정보 보호를 위해 PCI 보안 표준이 완전하지 않은 이유를 설명함과 동시에 그것을 보완할 방법을 소개해 안전한 POS 시스템을 만들 수 있는 방법을 모색한다.

이 책을 통해 이와 같은 주제들을 깊이 인식해 POS 시스템 판매회사에서부터 개발자까지 지금까지 간과된 보안 위협으로부터 좀 더 안전한 POS 시스템이 개발되고 구축될 수 있게 함으로써 소비들이 아무런 걱정 없이, 지금과 같이 보안에 관해 전혀 인식할 필요 없이 민감한 카드 정보를 제공할 수 있는 환경이 될 수 있기를 희망한다.

이 책의 역자로서 나름 오랜 기간 보안 시스템 개발에 참여해 왔지만, POS 시스템을 비롯한 금융 시스템 구조와 용어, 체계들은 생소한 분야로 따로 시간을 들여 공부하고 이해하는 과정을 통해 번역을 진행했다. 부디 이러한 노력이 책 번역의 완성도를 높이는 데 잘 반영이 됐기를 바라며, 항상 기술 서적을 번역하면서 하는 말이지만, 원 저자의 의도와 설명하려는 기술적인 내용에 오류나 오해가 없게 최선을 다했다는 점을 다시 한 번 강조하고 싶다.

마지막으로, 평일 퇴근 후와 쉬는 날 컴퓨터 앞에 앉아 번역 작업에 몰두하느라 시간을 같이 보내지 못한 가족 모두에게 미안하다는 말을 전하며, 무엇보다 여러 가지로 많이 도와주는 아내에게 고맙다는 말을 전한다.

차례

3 지불 카드 산업 101

2부 POS 시스템 공격

5 보안 취약 구역 침투 193

6 PCI 표준으로 보호되는 구역 침입 223

3부 방어

7 지불 애플리케이션 암호화 249

8 카드 소유자 정보 보호 287

들어가며

허위 사실은 종종 오랫동안 살아남기 때문에 과학의 진보에 큰 해가 된다. 하지만 잘못된 전망은 몇 가지 증거만 뒷받침된다면 그들의 잘못을 제공하는 것으로 모두가 유익한 즐거움을 얻게 되므로, 큰 해가 되진 않는다. 그리고 이것이 끝나면 오류로 향하는 길은 닫히고, 종종 동시에 진실로 향하는 길이 열리게 된다.

– 찰스 다윈

거의 500만에 달하는 POS(Point-Of-Sale) 터미널을 통해 미국에서만 매초 약 1,500건의 신용카드와 직불카드 거래가 처리된다.[1,2,3] 이런 시스템의 대부분은 업계 보안 표준에 대한 공식적인 준수에도 불구하고, 잠재적으로 100만에 가까운 신용카드 기록을 노출한다. 메모리에서 처리되고, 내부 서버 사이에서 전송되는 이러한 것들은 승인과 결제를 위해 전송되고, 하드 드라이브에 축적된다. 이러한 민감한 정보는 종종 약하게 보호되거나 전혀 보호되지 않는다. 누군가 나타나서 이러한 정보를 가져가버리는 것은 시간문제다. 가치가 있는 카드 소유자 정보는 보호되지 않는 메모리와 암호화되지 않은 네트워크 전송과 거의 암호화되지 않는 디스크 저장소와 카드 판독 인터페이스, 또는 손상된 핀패드 장치 같은 상점 POS 시스템의 여러 장소에서 도난 당할 수 있다.

미국에서만 해도 현재 사용 가능한 신용카드와 직불카드 계정이 10억 개 이상 존재한다.[4] 이러한 카드가 해커에게 매력적인 공격 대상이 된다는 것은 그리 놀라운 일이 아니다. 2011년에 지불 카드 정보는 보안 유출 사고의 48%를 차지했는데, 이것은 다른 모든 형태의 데이터 형태보다 많은 것이다.[5] 2012년, POS 단말과 지불 데이터는 손상된 자산의 다양성과 손상된 정보의 다양성, 그리고 다양한 데이터의 유출 횟수, 이 세 가지의 각기 다른 범주에서 기록을 갱신했다.

특별히 지불 시스템을 목적으로 한 유출과 새로운 형태의 악성코드에 관한 정보는 거의 매일 대중 매체에 장식되고 있으며, 우리가 보는 것은 공개적으로 발표되지 않는 수많은 사고에 비하면 빙산의 일각에 불과하다. 이러한 심각한 상황에서 다음에 해야 하는 것이 무엇인지 판단하기 위한 공격과 방어 측면에서 힘의 균형을 평가하는 것은 매우 중요하다.

PCI 표준은 훌륭한 보안 지침을 제공하지만, 여전히 전자 지불을 적절하게 보호하지 못하고 있다. 일단 상점과 소프트웨어 판매 회사가 PCI를 준수하게 되면 기본을 넘어 합리적인 수준의 보호에 도달하기 위해 그들의 시스템을 안전하게 보호하는 것이 지속돼야만 한다.

이 책은 지불 애플리케이션의 보안에 관해 요약하고 체계화하며 공유한다. 마그네틱 선의 구조에서부터 통신 프로토콜의 배치 모델 아키텍처까지, 카드 지불 처리의 모든 면이 보안의 관점에서 재검토된다. 일반적으로 정보 보안은 기밀성과 가용성, 그리고 사용성의 세 주요 주제에 관심을 갖는다. 이 세 가지 모두 아주 중요하다. 지불 애플리케이션의 보안에 관해 말할 때 이 세 주제는 여전히 유효하다. 지불 데이터는 항상 노출로부터 보호돼야 하며, 변경돼서는 안 되고, 지불 서비스는 항상 100% 사용될 준비가 돼 있어야만 한다. 하지만 이미 알고 있듯이 전자 지불에 관한 엄청난 위협은 민감한 인증 데이터, 특히 트랙 1, 트랙 2, 또는 PAN 데이터를 노리고 있다. 그러므로 지불 애플리케이션 보안은 자연스럽게 첫 번째 정보 보안 원칙인 기밀성에 초점을 맞추며, 이것은 정보 유출과 관련된 위협이다. 이 사실은 왜 PCI와 같은 지불과 관련된 보안 표준이 주로 기밀성에 신경을 쓰는 제어에 관해 이야기하는지를 설명한다.

POS와 전자 지불에 관해 말하면 분명히 전통적인 소매점에 관해 생각하지는 않는다. 온라인 지불은 적지 않은 관심을 가질 만한 또 다른 거대한 영역일 것이다. 이 두 영역 모두 동일하게 방대하므로, 단 한 권의 책에서 다루는 것은 적절하지 않을 것이다. 온라인 지불에 관한 논의는 적어도 데이터 센터의 보안과 분명 웹 프로그램의 보안과 같은 특별한 주제에 관한 개요가 필요하다. 동시에 POI 장치와 같은 일부 매우 중요한 주제는 전자상거래 보안에 관해 말할 때는 어울리지 않는다. 이 책은 상점 내부의 지불 시스템과 그와 관련된 보안의 모든 면을 다루는 데 전념하고자 한다. 온라인 지불은 다음 책을 위한 훌륭한 주제가 될 것이다.

공격 벡터와 취약점의 세부 내용에 관해 깊이 들어가기 전에 위협의 범위에 대해 정의해보자. POS 시스템의 위협에 관해 말을 하지만 공격의 대부분은 POS 시스템의 내부이자 완전히 분리된 모듈인 지불 애플리케이션을 대상으로 수행된다는 사실을 이해하는 것이 중요하다. 지불 애플리케이션은 대부분 PC 기반으로 로컬 네트워크나 인터넷에 직접 연결된 윈도우 운영체제에서 동작하는 하나의 소프트웨어이기 때문에 공격을 원하는 대상이 된다. 이것은 민감한 지불 카드 정보를 받아들이고, 처리하고, 전송한다는 사실의 조합으로 원격에서 돈을 훔칠 수 있는 다양한 가능성을 열고 있는 것이다. 이 시점부터 'POS'를 말할 때 이것은 '지불 애플리케이션'을 의미하며, 그 반대도 마찬가지다.

이 책의 기획 배경

2011년 봄, 나는 이스라엘에 있었는데 고용주 회사의 본사로부터 급한 연락을 받아 특별한 프로젝트에 참여하게 됐다. 유럽에 위치한 거대 슈퍼마켓 체인(정보 보호를 위해 이름은 제공하지 않는다)을 위한 새로운 지불 시스템의 설계와 개발을 총괄하게 요청 받았다. 나는 개발보다는 보안과 PCI 준수에 관해 일을 해왔으나, 이미 앞서 여러 번의 프로젝트 실패를 경험한 그들에게 나의 지불 인터페이스 개발 10년의 경험은 프로젝트를 구할 희망을 주었다. 나에게는 상당한 개발 자원이 주어졌지만, 프로젝트를 위한 기간은 아주 짧았다. 동작하는 버전을 출시하기 위해서는 두 달이 남아 있었다. 게다가 최신 기술과 보안 표준을 이용한 설계를 해야 했다.

나에게 주어진 개발 팀은 최고의 프로그래머들로 구성됐지만, 곧바로 생각지도 못한 문제에 직면했다. 모두들 POS 개발 경력이 있었음에도 불구하고, 새로운 제품이었던 까닭에 그룹 내에서 지불 인터페이스에 관한 실마리를 가진 이가 없었다. 물론 보안과 PCI 준수에 관한 문제는 없었다.

처음 며칠과 몇 주는 전자 지불에 관한 일반적인 내용과 지불 애플리케이션 아키텍처의 자세한 내용, 그리고 이 분야의 보안 표준을 설명하는 데 할애했다. 모두들 신용카드가 무엇이고, 어떻게 사용하는지는 알고 있었지만, 단지 그뿐이었다. 새로운 실무 설계자와 프로그래머를 위한 가이드나 매뉴얼이 있었으면 했지만, 어떤 참고 자료도 찾을 수가 없었다. 이 분야에 관한 나의 지식은 다년간의 다양한 지불 시스템과 관련된 일과 애플리케이션 보안에 관한 연구를 통해 축적됐다. 그때 바로 이 책을 기획해야겠다는 생각이 떠오른 것이다.

결국 지불 솔루션은 성공적으로 제때 출시됐고, 나의 일상적인 일을 계속하기 위해 미국으로 돌아왔다. 하지만 책에 관한 생각이 머릿속을 떠나지 않았다. 그 후로 그 생각은 업계의 최신 개발 경향을 반영하면서 약간 변형됐다. 예를 들어 PCI 표준이 폭넓게 퍼지면서 공격 벡터는 데이터 저장소로부터 메모리로 이동되었다. 또한 새로 탄생한 P2PE 표준은 상점에 새로운 희망을 안겨줬고, 소프트웨어 개발자와 하드웨어 생산자에게는 큰 도전이 됐다. 하지만 근본적인 목표는 고스란히 남아 있었다. 개발자와 보안 전문가, 지불 시스템의 사용자, 의사결정권자들이 설계 원칙의 엄청난 혼합과 업계 표준, 소프트웨어 취약점, 공격 벡터, 그리고 함께 지불 애플리케이션을 안전하게 만드는 암호화 기술을 이해하게 돕는 지침서를 집필하는 것이었다.

이 책의 대상 독자

이 책의 정보를 읽고 활용하면 유용할 독자층은 다양하다.

소프트웨어 판매회사에서 일하는 POS와 지불 애플리케이션 개발자, 개발 관리자, 그리고 소프트웨어 설계자와 서비스 제공자는 지불 애플리케이션에 관한 기본적인 내용과 그들의 제품을 보안 위협으로부터 어떻게 보호할 것인가를 배울 수 있을 것이다. 이 책의 후반부인 5장에서 9장에 이르기까지 이러한 그룹을 위한 몇 가지 예제 코드가 있다(해커는 C#으로 코딩을 하진 않지만, 필요하면 C 언어로 변환할 수 있다는 것을 알고 있다). 이 예제 코드는 http://www.wiley.com/go/hackingpos와 에이콘출판사 도서정보 페이지 http://acornpub.co.kr/book/pos-hacking에서 다운로드할 수 있다.

QA 분석가와 관리자는 어떻게 지불 소프트웨어의 보안 침투 테스트를 만들고 수행해야 하는가에 관한 아이디어를 얻을 수도 있다.

도소매상 분야에서 일하는 보안 설계자와 관리자, 컨설턴트, 의사결정권자는 지불 애플리케이션 벤더 사와 서비스 제공자로부터 납품받는 소프트웨어와 하드웨어의 수준을 판별하기 위해 해당 벤더들에게 어떤 질문을 해야 하는지 배울 수 있다.

소프트웨어/하드웨어 판매상과 도소매상의 분야에 함께 종사하는 솔루션 설계자, 프로젝트와 제품 관리자, 의사결정권자는 지불 솔루션의 구현과 관련된 위험, 그리고 그것을 완화하기 위해 필요한 노력을 측정하기 위한 잠재적 취약 영역에 관해 배울 수 있다.

모호성을 통한 보안의 장단점

이 책을 쓰기 시작했을 때 이 문제에 관해 생각했고, 상당한 양의 민감한 정보가 '악당'에게 잠재적으로 노출되는 것을 알고 있었다. 나는 "왜 처음부터 이런 문제에 관해 이야기 하는 것인가? 우리는 PCI를 준수하고자 많은 노력을 기울이고 있는데, 그것은 충분하지 않다고 말하며 어떻게 PCI를 준수하는 애플리케이션을 해킹하는지 보여주면 어쩌자는 것인가? 당신은 우리의 작업을 망치고 있다! PCI 위원회가 그것을 인지하고 중요성을 깨달아 표준의 다음 버전을 포함한 대응책을 개발해 우리에게 구현을 요청할 때까지 이들 취약점을 비밀에 부치자"라고 요구하는 사람들이 있을 것이라고 확신한다. 적당한 기간을 두고 수행하기에는 이미 너무 복잡한 문제인 것 같다. 무엇보다도 악당이 이미 이런 것을 배웠다면 어떻게 할 것인가? 그들은 자신의 지식을 알려주지 않을 것이다. 그들은 또한 우리의 시스템을 뚫고 들어올 때까지 비밀을 알려주지 않을 것이다.

이 게임에는 해커와 개발자라는 두 개의 '실마리'가 있다. 모두 실마리에 서로 가깝게 있으며, 서로 자신의 비밀을 유지하려고 노력하고 있다. 문제는 해커가 개발자가 될 때, 또는 개발자가 해커가 될 때 시작된다. 첫 번째의 경우에는 누군가 프로그램의 비밀스런 기법과 백 도어back door, 그리고 약점을 아는 '내부자'가 생기는 것이다. 이러한 정보는 제3자에게 노출되거나, 직접 사용될 수 있다. 두 번째의 경우에는 회사를 떠나는 사람이 갖고 나가는 '비밀' 정보가 자유롭게 사용이 되거나 다른 사람에게 팔리는 경우다. 두 경우 모두 애플리케이션의 보안이 주로 모호성을 통해 달성이 된다면 문제가 된다.

브루스 슈나이어Bruce Schneier가 말한 것과 같이 "노출된 취약점은 최소한 대부분의 경우 수정된 것 중 하나다. 그리고 수정된 취약점은 우리를 좀 더 안전하게 한다. 우리의 보안 시스템에 존재하는 비밀의 개수를 최소화하라. 달성할 수 있는 범위까지 보안의 강점을 증가시키고, 더 할 수 없을 정도로 취약성을 증가시켜라. 시스템의 세부 사항을 모호하게 하는 것은 공개 여부와 상관없이 시스템을 안전하게 만드는 것과는 별개의 결정 사항이다. 이것은 이러한 세부 사항을 평가할 수 있는 공동체의 능력과 이러한 세부 사항을 다른 시스템을 안전하게 하게 사용할 수 있는 '좋은 사람'과 '악당'의 상대 공동체에 달렸다."[7,8] 나는 이것을 공개할 준비가 된 공동체가 있다고 확신한다.

이 책에서 다루지 않는 내용

이 책의 내용은 지불 카드의 사기 방지에 관한 것이 아니다. 그런 것들은 카드가 사용되기 전에 카드 소유자와 상점만을 제어한다. 하지만 일단 민감한 정보가 시스템으로 들어가면 이러한 것들은 민감한 정보를 보호하지 않는다. 이러한 보안 수단의 예는 인증 과정에서 CVV와 ZIP 코드 검증을 사용하는 것이다.

지불 산업의 주요 부분을 차지하는 표준을 여러 번 참조할 뿐만 아니라, PCI 표준에 관해 전체를 할애한 단원도 있긴 하지만, 이 책은 PCI를 준수하는데 필요한 지침을 제공하진 않는다. PCI에 관해 가르치는 교육 과정과 전문 서적은 별도로 있다. 대신 이 책은 PCI에 숨겨진 면을 보고 어떻게 실제 애플리케이션의 보안 제어를 구현할 것인가에 관한 실제적인 권고 사항을 제공한다. 신용카드 회사의 관점에서 필요한 지불 처리의 보안에 관한 것을 제공하지도 않는다. PCI 표준은 전체 큰 그림에서 선택된 작은 조각에 관한 보안만을 지원할 뿐이다. 하지만 지불 애플리케이션의 구현과 배포를 포함한 전체 과정은 설계 과정부터 취약하지만, 이에 관한 보안 책임은 상점과 처리자, 소프트웨어/하드웨어 제공자, 그리고 서비스 제공자에게 전가된다.

지불 처리 데이터 센터의 보안은 또한 한 단원 이상의 내용이 필요하며, 이 책의 범위를 벗어난다. 이 책은 전자 지불에 참여하는 참여자 중에 가장 취약한 소매점에 집중한다.

이 책의 구성

좋은 프로그래머는 코딩 규칙과 모범 사례를 따른다. 기본적인 개발 원칙 중 하나는 코드를 단 몇 줄의 크기를 갖는 작고 상대적으로 독립된 조각으로 분리한다. 이렇게 하면 읽기 쉽고 이해하기 쉬워진다. 이 책에도 동일한 접근 방식이 적용돼 각각 한 절의 크기를 최소화한다. 본문은 특정 정보 조각을 쉽게 찾고 읽을 수 있게 단순화된 상세한 표를 포함하는 전문 기술 문서와 유사한 방식의 구조를 갖는다.

이 책은 다음과 같은 세 개의 주요 부분으로 나뉜다.

1. 기술적 개요
2. 공격과 취약점 설명
3. 문제의 해법(완화하고 방어하는 수단)

1부, 지불 애플리케이션 취약점 해부(1, 2, 3장)에서는 전자 지불의 배경 기술을 설명하는 것으로, 2부와 3부를 위한 배경을 설정한다. 카드와 지불 애플리케이션 세계에 대한 설명이긴 하지만 모든 요소를 보안의 관점에서 다시 돌아본다.

1장, 지불 처리 절차에서는 문제를 처리하는 시나리오와 예외 상황에 관한 자세한 설명을 통해 결제와 지불 분야에서 각 조직이 어떻게 거래 흐름에 참여하는가, 그들의 책임과 도전 과제는 무엇인가, 그리고 다양한 지불 거래 형태 간의 차이점은 무엇인가에 관해 다룬다.

2장, 지불 애플리케이션의 구조에서는 기본적인 설계 개념을 소개하고, 서로 다른 배치 형태를 비교하며, 크게 인터페이스와 처리자로 나뉘는 지불 애플리케이션의 주요 기능 모듈에 관해 설명한다. 또한 연결 형태와 통신과 메시지 프로토콜의 차이점에 관해 설명한다.

3장, 지불 카드 산업에서는 지불 애플리케이션에서 채용하고 있는 산업을 규제하는 보안 표준에 관해 서술하고, 어떻게 민감한 카드 소유자 정보를 도난으로부터 보호하는지 보여준다. 또한 상점과 소프트웨어 판매회사의 관점에서 PCI DSS와 PA-DSS의 차이점에 관해 설명한다. 지불 애플리케이션의 보안에 간접적으로 영향을 주는 (ISO와 FIPS와 같은) 표준에 관해서도 설명하며, PCI P2PE 표준에 관해서도 소개한다(P2PE의 구현에 관한 기술적인 자세한 사항은 8장에서도 설명한다).

2부, POS 시스템 공격(4, 5, 6장)에서는 어떻게 카드 정보가 POS 장치에서 도난 당할 수 있는지, 왜 지불 애플리케이션의 특정 영역이 다른 영역에 비해 더 취약한지를 설명한다.

4장, 40개의 숫자를 황금으로 전환에서는 지불 카드 내부에는 무엇이 있는지와 어떻게 이러한 지식이 악당을 도와 도난 카드에서 현금을 만들어내는지를 설명한다. 4장의 목표는 획득한 '덤프'로부터 현금을 얻기 위한 과정을 각 단계별로 설명해 신용카드 사기가 얼마나 쉽고 간단한지 보여주는 것이다. 은밀하며 간단하지만 중요한 기법인 인코딩과 엠보싱, 그리고 가짜 카드를 티핑하는 기법을 비롯한 '카딩'에 관해 자세한 설명을 제공한다.

5장, 보안 취약 구역 침투에서는 기존 PCI 보안 규제에서 언급하지 않는 지불 애플리케이션의 취약점에 관해 설명한다. PCI는 훌륭한 보안 지침을 정의하지만, PCI와 다른 표준들은 여전히 지불 애플리케이션의 많은 영역을 다루지 못하고 있다. 또한 핀패드 장치와 POS 지불 처리의 설계 허점과 같은 지불 애플리케이션과 직접적으로 관련이 없지만, POS의 다른 영역을 대상으로 하는 소프트웨어 이외의 공격에 관해 설명하는 '보너스' 절이 있다.

6장, PCI 표준으로 보호되는 구역 침입에서는 현재의 PCI 보안 표준이 보호할 것으로 추측되는 지불 애플리케이션의 취약 영역에 관해 다룬다. PCI 표준은 '저장되는 데이터'의 암호화를 요구하긴 하지만, 약한 암호화 메커니즘과 허술한 키 관리와 같은 저장 공간과 관련된 다양한 취약점이 존재한다.

3부, 방어(7, 8, 9장)에서는 앞서 설명한 문제에 관해 생각해보고, 어떻게 카드 소유자 정보와 지불 애플리케이션 코드 보호를 위해 강력한 암호화 도구를 채용해 지불 애플리케이션을 대상으로 하는 공격을 방어할 것인가에 관해 설명한다.

7장, 지불 애플리케이션 암호화에서는 지불 애플리케이션의 암호화에 관한 맥락에서 암호화의 기본적인 사항을 설명한다. 여기에서는 8장에서 정의하는 보호 통제의 구현을 위해 필요한 기초를 제공한다. 7장의 정보는 주요 암호화 원리와 대칭과 비대칭 암호화, 전자 서명, 암호화 표준과 같은 응용에 관한 설명을 포함한다. 또한 독자에게 민감한 카드 소유자 정보 암호화와 전자 서명, 점대점 암호화와 같은 강력한 보호 메커니즘을 설계하고 이해하는 데 필요한 지식을 제공한다.

8장, 카드 소유자 정보 보호에서는 어떻게 현대 암호학의 힘이 POS에 카드를 긁는 순간부터 결제되기까지 민감한 카드 소유자의 정보 보호를 목적으로 활용될 수 있는가를 설명한다. 8장에서는 점대점 암호화라고 불리는 모든 것을 보호할 수 있는 기술적인 가장 최근의 업계 동향을 비롯해 메모리에 위치하고, 전송되며, 저장되는 모든 가능한 상태에서 데이터를 암호화하는 다양한 방법을 설명한다. 또한 하드웨어와 소프트웨어, 그리고 하이브리드와 같은 점대점 암호화 구현의 다른 형태를 정의하고, 어떻게 보안에 영향을 주는지 보여준다. DUKPT 키 관리 구조와 같은 전형적인 P2PE 솔루션의 필수 요소에 관해도 설명한다.

9장, 애플리케이션 코드 보호에서는 어떻게 지불 애플리케이션 자체를 소매점의 위험한 상황에서 공격으로부터 보호할 것인가에 관해 설명한다. 메모리에 존재하고, 전송되며, 저장되는 민감한 데이터를 대상으로 하는 공격은 POS 시스템에 침투하는 유일한 방법이 아니다. 9장에서는 클라이언트와 서버의 인증서와 전자 서명, 그리고 코드 난독화를 통해 애플리케이션을 어떻게 보호할 것인가에 관해 설명한다.

부록 A, POS 취약성 등급 계산기에서는 상점과 소프트웨어 판매회사, 그리고 보안 평가자에게 필요한 도구를 설명한다. 설문은 가능성과 지불 애플리케이션 보안 통제의 질을 평가함으로써 보안 위험 평가를 돕는다.

부록 B, 용어 설명에서는 약어를 해석하고 지불 애플리케이션의 보안 전문가가 사용하는 용어를 정의한다.

참고 자료

1. "POS 단말기(성인 100,000명당)(Point-of-sale terminals (per 100,000 adults))", 세계은행(The World Bank), 2008-2012, http://data.worldbank.org/indicator/FB.POS.TOTL.P5

2. "표 26. 성과 세대별 인구의 연령대별 분포(Table 26. Age Distribution of the Population by Sex and Generation): 2011", 미국 인구조사국(United States Census Bureau), http://www.census.gov/population/age/data/2011comp.html

3. "연방 준비제도 이사회의 지불 관련 연구(The 2007 Federal Reserve Payments Study)," 연방 준비 제도(Federal Reserve System)(2007), http://www.frbservices.org/files/communications/pdf/research/2007_payments_study.pdf

4. "신용카드 통계, 업계 현황, 부채 통계(Credit card statistics, industry facts, debt statistics)", CreditCards.com, http://www.creditcards.com/credit-card-news/credit-card-industryfacts-personal-debt-statistics-1276.php# Circulation

5. 2012년 정보 유출 조사 보고서, 버라이즌(2012 Data Breach Investigations Report, Verizon), http://www.verizonenterprise.com/resources/reports/rp_data-breach-investigations-report-2012-ebk_en_xg.pdf

6. 2013년 정보 유출 조사 보고서, 버라이즌(2013 Data Breach Investigations Report, Verizon), http://www.verizonenterprise.com/DBIR/2013/

7. 브루스 슈나이어Bruce Schneier, "Secrecy, Security, and Obscurity", Crypto-Gram Newsletter(May 2002), http://www.schneier.com/ crypto-gram-0205.html#1

8. 브루스 슈나이어[Bruce Schneier], "취약점 시장과 보안의 미래(The Vulnerabilities Market and the Future of Security)", Crypto-Gram Newsletter(June 2012), http://www.schneier.com/cryptogram-1206.html#1

1부

지불 애플리케이션 취약점 해부

인도주의에서 과학은 기술이다. 그러나 지혜가 부족하면 기술은 해로운 것이 되고 만다.

– 아이작 아시모프

1부에서 다루는 내용

1

지불 처리 절차

사람들은 거래할 생각을 하지 않기 때문에 카드를 돌리고,
사람의 돈을 따내려고 노력하는 거야. 바보야!
– 아서 쇼펜하우어

POS[Point-of-sale]와 지불 애플리케이션의 취약점을 이해하려면 어떻게, 언제, 왜 카드 소유자의 민감한 데이터가 지불 처리 과정 동안 다른 사람들 사이를 이동하는가와 같은 기본적인 사항을 알 필요가 있다.

- **왜(이유)** 이 데이터가 반드시 전체 과정 동안 보유되고 저장되며 전송되어야 할까?
- **어떻게(위치와 경로)** 민감한 기록이 집중되는 영역은 어디인가?
- **언제(타이밍)** 그런 영역에서 이런 정보가 얼마나 오랫동안 사용 가능한가?

지불 카드

지불 카드의 사용은 분명 이 책의 주요 목적 중 하나다. 일반적으로 지불에 사용되는 주요 지불 카드의 형태는 매우 다양하다.

신용카드(The Credit card) 첫 번째 지불 카드였으며, 여전히 매우 일반적이다. 신용카드를 이용한 지불은 카드를 먼저 사용하고 나중에 비용을 지불하는 방식이다. 신용카드는 통상적으로 온라인 구매에서 사용되도록 허용된 사용자 식별 번호PIN, Personal Identification Number로 보호되지 않는다.

직불카드(debit card, ATM(현금) 카드) 상대적으로 새로운 지불 방법이다. 직불카드는 신용카드와는 다른데, 직불카드 소유자는 실시간으로 즉시 지불되는 자신의 은행 계좌에서 사용 가능한 돈으로 비용을 지불하기 때문이다. 직불카드는 은행 계좌와 직접 연결돼 있으며, 일반적으로 ATM을 통해 현금 인출이 가능하기 때문에 신용카드에 비해 좀 더 위험한 것처럼 보인다. 하지만 직불카드는 이중 요소 인증(PIN 번호와 카드 자체) 요청으로 좀 더 잘 보호된다. 많은 브랜드의 직불카드에 대한 실제 위험 요소는 PIN 입력 없이 신용카드처럼 처리될 수 있다는 점이다.

선불카드(Gift Card) 직불카드와 유사하지만 보통 PIN 번호에 의한 보호장치가 없다. 선불카드는 은행 계좌와 연결되지 않으며, 보통 고정된 양의 금액을 '갖고' 있으며, 카드 자체는 어떠한 금융 정보도 갖고 있지 않다. POSPoint-Of-Sale 단말기는 지불 처리 동안 인증 정보를 얻기 위해 선불카드 제공자와 통신한다. 선불카드는 신용카드와 직불카드보다 덜 위험하다. 고정된, 종종 아주 제한된 양의 돈만 잃어버릴 수 있기 때문이다.

플리트(fleet)(또는 전용) 카드 신용카드와 유사하지만 특정 장소(주로 주유소와 편의점)에서만 사용할 수 있으며, 제한된 형태의 상품(연료 등의 자동차 항목 같은)만 구매할 수 있다. 주요 카드사들이 발급하는 전용(플리트fleet) 카드는 '나쁜 사람들'의 흥미를 끌지는 못한다. 플리트 카드는 ATM기를 통한 인출이나 온라인 쇼핑, 또는 백화점이나 상점에서 물건을 구매할 때 사용할 수 없기 때문이다. 표 1-1은 주요 지불 카드의 형태와 주요 기능을 보여준다.

표 1-1 지불 카드 형태

카드 형태	발급	구매력 (달러)	(카드) 수용자	PCI 데이터 보안 표준에 따른 보호 여부
신용	지불 브랜드(VISA 같은)의 승인 아래 은행에 의해, 또는 지불 브랜드(아메리칸 익스프레스 같은)가 직접	수천	사실상 모든 소매점 또는 온라인 상점	예
직불	지불 브랜드와 함께 또는 은행 단독으로	수천	사실상 모든 소매점 또는 온라인 상점, 은행 ATM	지불 브랜드에 의해서 발급된 경우에 한 함
선불	지불 브랜드 또는 독점 제공자에 의해	수백	브랜드가 있다면 사실상 모든 소매점 또는 온라인 상점. 독점이라면 특정 상점만	지불 브랜드에 의해 발급된 경우에 한 함
플리트	은행, 지불 브랜드 또는 독점 제공자에 의해	수백	특정 상점(주로 주유소와 편의점), 그리고 제한된 상품 형태(주로 연료)	지불 브랜드에 의해서 발급된 경우에 한 함

카드 입력 방법

지불 처리를 시작하기 위해 카드 데이터를 POS에 입력하는 데 사용할 수 있는 주요 방법에는 긁기swipe와 수동 입력 두 가지가 있다.

MSR

첫 번째 방법은 지불 카드의 마그네틱 선을 읽는 장치인 마그네틱 선 판독기 MSR, Magnetic Stripe Reader를 사용한다. 현대의 MSR 장치는 암호화 기능을 갖고 있으며, P2PE Point-to-Point Encryption 솔루션을 사용할 수 있다(8장에서 좀 더 자세히 다룬다). POS에 데이터를 입력하는 가장 쉬운 방법은 단순히 카드를 긁어 MSR이 마그네틱 선을 읽고 자동으로 모든 필요한 정보를 입력하게 하는 것이다. 하지만 마그네틱 선이 손상됐다면 고객이나 계산원은 수동으로 카드 앞쪽에 양각으로 새겨진 일정량의 수와 유효기간을 입력할 수 있다.

MSR 장치 중에는 키보드 입력을 흉내 내 카드를 긁으면 간단히 키보드의 숫자와 문자를 컴퓨터에 타이핑하는 것과 같게 만든 장치도 있다. 이 경우에 연속된 데이터를 훔치는 것은 키로거 Keystroke logger[1]를 설치해 MSR을 스니핑하는 것만큼이나 간단하다.

핀패드

두 번째 방법은 핀패드 pinpad를 사용한다. MSR을 내장한 핀패드 또는 POI Point of Interaction는 좀 더 복잡한 장치다. 카드의 민감한 데이터 보호를 비롯해 다양한 기능을 사용자가 원하는 대로 정의할 수 있는 기능을 보유하고 있기 때문이다. 핀패드는 또한 TRSM Tamper-Resistant Security Module, 변조 방지 보안 모듈으로서 구현된 암호화 기능을 가진 하드웨어가 달려있다. MSR에 덧붙여 POI는 또한 전체 지불 과정에 걸쳐 더 나은 고객과의 상호작용을 위해 고객 화면과 키보드(핀패드에 추가적으로) 등의 주변 장치가 있다.

중요 요소

VISA 사에 따르면 카드 지불 처리 과정에는 고객 소매점(상인), 카드 수용자, 발급자, 그리고 카드사[2]의 5가지 중요 요소 Key Player가 있다고 한다. 하지만 이와 같은 5개 중요 요소 외에도 지불 처리를 원활하게 하는 게이트웨이, 처리자, 소프트웨어 판매회사, 하드웨어 생산자 등 몇 가지를 더 꼽을 수 있다. 이와 같은 중요 요소들을 자세히 알아보기 전에 이 책에서 다루는 범위는 소매점에 위치한 POS와 지불 애플리케이션에 관련된 보안이라는 점을 상기시키고자 한다. 상점은 전체적인 지불 처리 주기에서 작은 비중을 차지하지만, 상점의 책임과 위험도는 그 어떤 부분보다 더 크다. 그 이유는 다음과 같다.

1. 첫째, 소매 체인은 수십에서 수천 개의 상점으로 구성되기도 하므로, 소매상은 다른 중요 요소와 비교해 분산 구조가 잘 형성돼 있다. 이것을 보안 대책을 수립하기가 훨씬 수월한 기업형 데이터 센터를 보유한 처리자와 비교해서 생각해보라.
2. 둘째, 소매점은 보안의 결과로 나타나는 모든 것이 반영되는 장소다.
3. 셋째, 대부분의 상점은 하드웨어와 소프트웨어 벤더를 (보안을 비롯한) 자신들의 기술 제공자로 신뢰하며, 벤더들의 기술에 설계상 취약점이 있다는 사실을 받아들이려 하지 않는다. 1990년대 말 PC와 인터넷 혁명으로 오래된 금전 등록기와 단독 신용 단말기가 지불 애플리케이션이 통합된 복합 POS 시스템으로 대체될 때 셀 수 없는 시스템과 네트워크의 보안 결함 역시 따라 왔으며, 결국 전 세계에 걸친 수백만의 소매상에게 벗어날 수 없는 일상의 악몽 같은 현실이 됐다.

소비자(카드 소지자)

소비자는 우리다. 우리는 가게에 가서 카드를 긁고 비용을 지불한다.

이상적으로는 소비자는 자신의 PIN 번호를 기밀로 유지하는 것 외에는 보안에 상관할 필요가 없다. 카드를 잃어버렸거나 도난을 당했다면 소비자는 간단히 은행에 전화를 걸어 새 카드를 발급 받길 원한다. 카드를 긁으면 우리의 정보는 지불 과정 전체에 걸쳐 보호할 의무가 있는 POS 시스템을 가진 상점과 공유된다. 신용카드는 현대의 고급 기술에 의존해 보호된다. 불행하게도 실제로 우리의 정보는 POS 시스템에 의한 지불 과정 전체에 걸쳐 보호받지는 못한다. 모든 카드가 PIN 번호를 통해 보호되지 않는다. 그래서 카드를 잃어버렸거나 도난 당하고도 이런 사실을 공지하지 않는다면 고객은 쉽게 돈을 도난 당하고 만다. 그리고 카드를 POS에서 긁을 때 데이터는 전체 처리 시간 동안 기밀로 유지되지 않으므로, 월말에 도착하는 청구서에는 놀라운 청구 금액이 포함돼 있을 수도 있다.

상점

슈퍼마켓이나 편의점, 레스토랑, 호텔과 같은 상점은 전체 지불 과정의 중심에 있다. 신용카드를 받을지, 직불카드를 받을지, 아니면 둘 다 받아야 할지, 어떤 카드사를 받아들여야 하는지, 상점 계좌를 어느 은행에 개설해야 하는지, 어떤 종류의 POS와 지불 터미널 하드웨어와 소프트웨어를 구매해야 하는지(또는 빌려야 하는지), 마지막으로 카드 소유자의 정보는 어떻게 보호해야 하는지 등과 같은 상업적, 기술적인 측면의 많은 결정을 한다. 여기에서 정보 보호에 관한 이슈는 다른 것과는 무관하고 상이한 문제로 보인다. 하지만 그 밖의 요소에서는 카드 소유자의 정보를 보호하지 못하기 때문에 상점은 반드시 지불 데이터의 보안에 주의해야 한다.

그럼에도 불구하고 상점은 자신의 상품과 서비스를 팔고 싶어 하기 때문에 여전히 카드를 받는다. POS 하드웨어와 소프트웨어는 카드 정보를 받아들이고 처리해 지불 처리자에게 보내 인증을 받고 결제한다. 그리고 결국에는 자신의 상점 계좌로 돈을 받는다.

인수자

인수자 또는 인수 은행은 지불 과정을 인증하고 카드 발급자와 함께 결제한다. 지불 처리자는 카드의 형태와 처리 절차에 근거해 해당 카드에 대한 인증과 결제를 위한 처리 과정을 거친다. 인수자는 기본적인 상점 할인율(각각의 처리된 지불 절차에 대해 상점이 지불한 수수료)을 조정한다.

발급자

발급자 또는 발급 은행은 고객 계좌를 유지하고 카드를 고객에게 발급한다. 그들은 고객에게 자신의 지불 처리에 대한 비용을 청구해 상점에게 돈을 지불할 수 있게 인수자에게 돈을 보낸다. 발급자는 카드를 생산하므로 물리적 보안에 책임을 진다.

카드사

카드사Card Brand 또는 카드 네트워크는 지불 처리 인증과 결제의 전 과정을 원활하게 한다. 비자넷VisaNet 같은 네트워크는 인수자와 발급자 사이의 연결을 유지한다. 비자Visa나 마스터카드MasterCard 같은 일부 카드사는 인수와 발급에 직접적으로 관여하지 않지만, 그러한 기능을 제3의 독립적인 기관[3]에 위임한다. 아메리칸 익스프레스American Express 같은 카드사는 카드를 발급하면서 스스로 지불 처리를 하기도 한다.

카드사는 지불 처리를 조정하지만, 저장돼 있는 민감한 카드 소유자의 데이터에 대한 보안을 비롯한 모든 경우에 직접적으로 개입하지 않는다. 많은 카드사가 PCI 보안 표준 위원회PCI SSC, PCI Security Standard Council를 설립해 상점으로 하여금 지불 데이터 보안에 책임을 다하도록 보안 표준을 제정하고 유지한다.

추가 참여자

주요 요소에 덧붙여 지불 처리 게임에서는 상점에 많은 '추가적인 서비스'를 제공하는 '중간man-in-the-middle' 참여자가 있다. 이론적으로 상점은 인수자와 직접 통신하면서 이러한 추가적인 조직 없이 전자 지불 수단을 수용할 수도 있다. 하지만 실제로는 복잡한 지불 처리 구조와 방대한 양의 다른 지불 카드와 지불 방법을 고려해 볼 때 지불 처리자와 게이트웨이의 참여 없이는 거의 불가능하다.

지불 처리자

지불 처리자는 상점과 다수의 인수자 사이의 지불 과정을 처리한다. 또한 그들은 상점이 자신의 상품과 서비스에 대해 카드 소유자가 지불한 돈을 실제로 입금 받는 상점 계좌를 유지한다.

처리자는 비자, 마스터카드, 아메리칸 익스프레스 카드 또는 다른 카드사에 의해 발급된 신용카드나 직불카드와 선불카드, 플리트 카드 같은 지불 수단과 카드사에 기초해 적합한 인수자에게 지불 처리가 되도록 한다. 지불 처리자는 상점에게 금융(처리) 보고서를 생성하는 등 유용한 많은 기능을 제공하지만, 많은 경우에 단순히 그들은 상점에 존재하지 않기 때문에 지불 데이터에 대한 보안을 상점에 제공할 수 없다.

처리자는 토큰화Tokenization, 심지어는 PTPEPoint-To-Point Encryption과 같은 추가적인 기능을 제공하기도 하기만, 보안 문제를 완전히 해결하지는 못한다. 상점은 하나 이상의 처리자를 지원하기 위해 제3자가 제공하는 하드웨어와 소프트웨어를 사용하기 때문이다. 게다가 많은 처리자가 제공하는 토큰화 기능은 카드 데이터의 보안 문제를 해결하지 못한다.

[상호 참조] PCI에 대한 좀 더 자세한 사항은 3장에서 다룬다.

그림 1-1에서 보여주는 예처럼 상점은 모든 신용 절차를 처리자 B와 처리하는 것 같지만, 선불카드 거래는 처리자 C에게 보낸다.

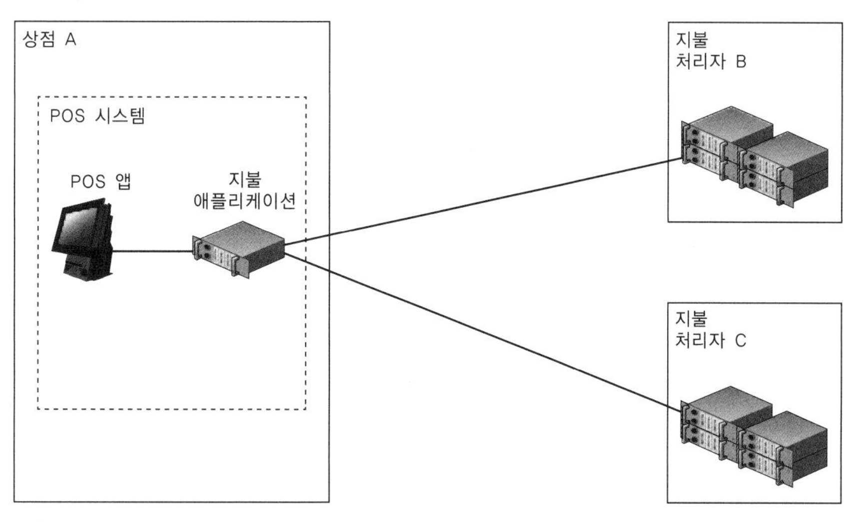

그림 1-1 지불 처리자와 상점의 연결

수용자와는 달리 지불 처리자는 신용카드와 선불카드만으로 제한하지 않고 선불카드와 플리트 카드, EBT(Electronic Benefit Transfers) 등과 같은 다양한 지불 수단과 카드 형태를 지원한다.

지불 게이트웨이

많은 경우에, 상점의 POS 지불 시스템은 지불 처리자와 직접 대화한다. 하지만, 가끔은, 상점과 지불 처리자 사이에 지불 게이트웨이(Payment Gateway)(또는 지불 스위치)라는 '중간자'가 존재하기도 한다. 지불 게이트웨이의 주요 기능은 상점으로 향하는 게이트웨이나 경로 서비스를 제공하는 것이다.

상점 A가 매번 지불 처리가 될 때마다 지불 처리자 B에게 0.3달러와 거래 비용의 2%를 수수료로 지불하는 서비스에 가입한 상황을 가정해보자. 지불 처리자 C가 매 지불마다 0.29달러와 1.9%의 수수료만을 약속한다는 광고를 상점이 보기 전까지는 모든 것이 아주 좋을 것이다. 이러한 작은 차이는 매일 수천 번의 거래를 하는 상점 A에게 분명히 많은 돈을 절약시켜 줄 것이다. 하지만 지불 처리자를 B에서 C로 전환하려면 상점 A는 POS 소프트웨어 제공자에게 200,000달러를 지불해야만 지불 애플리케이션이 처리자 C와 통신할 수 있게 변경할 수 있을 것이다. POS 프로그램은 원래 처리자 B와 일을 하게 설계돼 있기 때문이다. 그림 1-2는 상점 A가 지불 게이트웨이를 사용 중이라면 그런 변경은 POS 소프트웨어에게 투명하게 처리되는 것을 보여준다. 지불 거래를 위한 경로는 지불 게이트웨이가 데이터 센터에 갖고 있는 스위치를 통해 결정되기 때문이다.

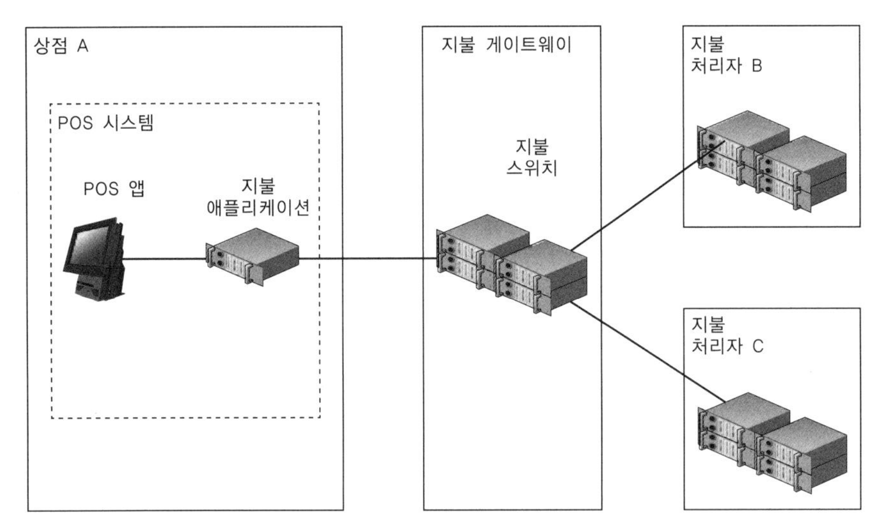

그림 1-2 지불 게이트웨이와 연결된 상점

지불 게이트웨이는 점대점point to point 암호화와 중앙 집중식 보고서, POI 장치 관리, 토큰화 등과 같은 추가적인 편리한 서비스를 제공할 수도 있다.

지불 처리자와 게이트웨이 사이의 주요 차이점은, 처리자는 게이트웨이가 제공하는 스위치 기능과 더불어 상점 계정을 유지하고 정착 과정을 용이하게 한다는 점이다.

지불 게이트웨이의 또 다른 중요한 역할은 상점에서 실행되는 몇 가지 소프트웨어를 제공하고 말단의 POS/지불 애플리케이션, 그리고 다른 말단의 게이트웨이 스위치(데이터 센터에서 동작하는 서버)와 대화하는 것이다. 이런 방법으로 지불 게이트웨이는 상점의 지불 관련 인프라에 대한 보안에 영향을 행사한다. 지불 게이트웨이는 (예를 들면 P2PE 기능을 제공하는 것으로) 보안을 향상시키거나 (이전의 보안에 안전한 POS 시스템에 취약한 컴포넌트를 끼워 넣는 것으로) 보안을 해칠 수도 있다. 하지만 대부분의 경우 상점은 여전히 상점에서 동작하는 게이트웨이 클라이언트 프로그램의 보안에 책임이 있다.

더 많은 구성 요소

발급자, 수용자, 카드사는 지불 절차에 있어 없어서는 안 될 요소이긴 하지만, 실제로 상점에 저장된 지불 정보의 보안에 대한 그들의 영향력은 아주 작다. 전체 과정 중 그들이 차지하는 부분은 소매 환경의 위험한 면으로부터 멀리 떨어진 '구름 위'에서 일어나기 때문이다. 처리자와 지불 게이트웨이는 상점과 직접 통신하고 가끔은 그들 소프트웨어의 일부분을 POS에서 실행되게 제공하기 때문에 실제 현장에 좀 더 가깝다. 하지만 여전히 상황에 대한 제어는 하지 않는다. 그들의 인터페이스는 복잡하게 얽혀 있는 지불 환경의 한 조각에 불과하고, 지불 처리 소프트웨어 제공자와 하드웨어 생산자로, 지불 처리 게임에 있어서 바로 앞줄에 위치한 또 다른 요소에 불과하기 때문이다.

지불 처리 소프트웨어 제공자

제3자 소프트웨어 제공자는 POS와 지불 애플리케이션을 개발해 상점에 공급한다. 이 프로그램은 지불 처리기에 카드를 긁는 순간부터 소매점의 전체 지불 과정에서 발생하는 민감한 데이터를 다룬다(처리하고 전송, 저장한다). 지불 처리 회사에서 제공하는 안내 책자를 보면 지불 처리 과정에 참여하는 요소 목록에서 소프트웨어 제공자에 대한 정보를 찾을 수 없을 것이다. 이것은 잘못이다. 소프트웨어 제공자는 상점에 설치되는 프로그램을 만들고, 다른 요소들 중에서도 도난 카드 소유자의 정보를 보호할 것으로 생각된다. 상점과는 달리 프로그램 개발자는 복잡한 보안 기술을 개발하고 구현하기 좋은 위치에 있다. 상점 자신이 아닌 일반적으로 제3자 소프트웨어 제공자에 의해 만들어지는 POS 시스템이 카드 소유자의 정보 보호에 실패하면 전체 지불 과정의 보안이 실패하는 것이다. 소매점은 해커가 공격하는 주요 대상이기 때문이다. 지불 애플리케이션 제공자는 PCI PA-DSS(지불 애플리케이션 데이터 보안 표준)을 준수할 의무가 있다. PCI PA-DSS는 민감한 데이터를 보호하기에는 충분히 효과적이지 않고 강하지도 않다(PA-DSS에 관한 추가 정보는 3장을 보라).

하드웨어 생산자

하드웨어 생산자는 전체 지불 처리 과정 중에서 잘못 표현된 또 다른 예다. 그들은 MSR과 핀패드(이러한 장치에 관한 추가적인 정보는 1장의 끝 부분을 참조하라)와 같은 거래 과정에서 필요한 주변 장치를 만들어낸다. 이러한 장치는 마그네틱 선을 긁거나 수동으로 입력하는 것과 같은 형태로 전체 지불 과정의 첫 단계에서 민감한 데이터를 받고 처리하며 전송하기 때문에 지불 데이터 보안의 최전선에 위치한다고 할 수 있다. 핀패드 장치는 반드시 PCI PTS를 준수해야만 지불 처리 과정을 수행할 수 있으며, MSR과 핀패드는 모두 PCI PIN 전송 보안PTS, PIN Transaction Security을 준수해야만 P2PE 솔루션이라 할 수 있다. 그럼에도 불구하고 전체 지불 처리 흐름을 설명할 때 자신의 생산자에 관해서는 언급하지 않고 있다.

지불 처리 단계

카드를 이용한 지불 처리의 전체 단계는 처음 POS에 카드를 긁는 것으로 시작해서 청구서가 카드 소유자에게 보내지는 것으로 끝난다. 전체 지불 시스템의 관점에서 보면 지불 처리 과정은 크게 인증과 결제 두 가지로 나뉜다. 하지만 POS와 지불 처리 프로그램의 관점에서 보면 두 개의 단계 뒤에는 좀 더 세분화된 단계들이 더 있다.

인증

카드를 이용한 지불 과정의 맨 처음 단계는 인증이라 불린다. 이 과정은 카드 소유자의 신용, 또는 직불카드의 경우 카드 소유자의 은행 계좌에 지불을 처리할 만한 충분한 금액이 있는지 확인이 필요하다. 인증 과정의 절차는 그림 1-3과 같다.

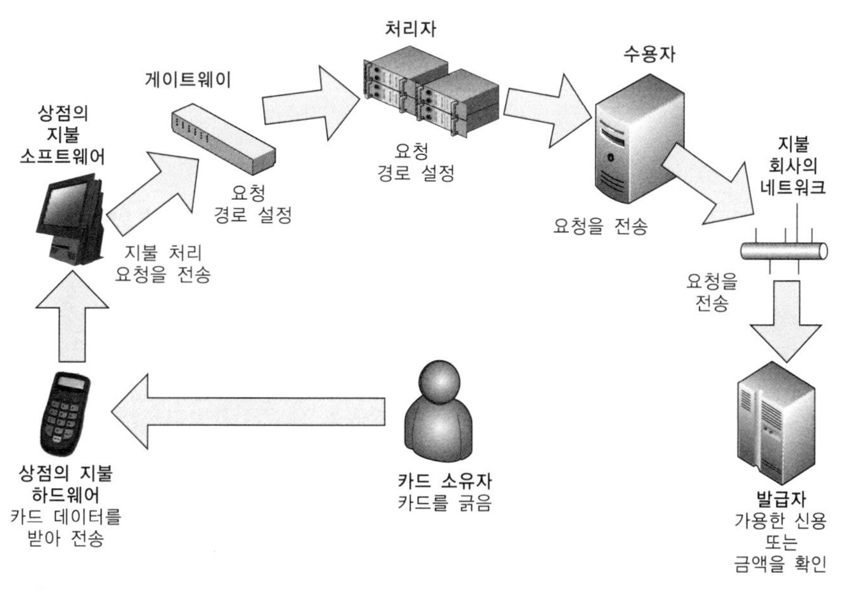

그림 1-3 인증 절차

예를 들어 소매점에서 소비자가 물건을 고르고 계산원이 물건의 스캔을 마친 뒤 소계 버튼을 누르면 POS는 바로 지불 상태로 전환된다. 그러면 소비자는 신용카드나 직불카드, 또는 EBT 카드 중 하나를 선택해 카드를 읽는 장치에 카드를 긁는다. 카드를 읽는 장치는 단순한 MSR이거나 복잡한 POI

장치일 수도 있다. 지불 처리 프로그램은 카드 데이터를 분석해 카드 형태와 은행 인증 번호BIN, Bank Identification Number의 범위에 따라 지불 처리 과정을 시작한다(BIN 범위에 관한 자세한 사항은 4장에서 논의한다). 지불 처리 과정의 다음 '역station'은 지불 게이트웨이 또는 지불 처리자다. 처리 데이터는 적절한 수용자로 향하고, 수용자는 승인을 얻기 위해 발급자와 통신한다. 발급자는 카드 소유자의 계정에 관한 정보를 담고 있는 데이터베이스를 유지하고 있으며, 실시간으로 상태를 검사한다.

신용 거래가 진행 중이라면 발급자는 신용의 정도를 검사하고 처리해야 하는 거래량과 비교한다. 소비자에게 충분히 지불에 필요한 만큼의 신용이 있다면 발급자는 수용자에게 승인을 응답하고 수용자는 그것을 지불 처리자에게 보낸다. 그리고 POS는 그 다음 과정을 계속한다. 직불카드의 경우 발급자는 카드 소유자의 은행 계정에 충분한 금액이 있는지 검사할 것이다. 비슷한 검사가 선불카드에 대해서도 수행되는데, 차이점은 선불카드는 관련된 은행 계좌가 없다는 점이다. 대신 각각의 선불카드는 선불카드 제공자에 의해 유지되는 특별한 데이터베이스 레코드와 연결돼 있다. 어떠한 경우라도 소비자가 적절한 신용이나 충분한 금액이 자신의 은행 계좌나 선불카드 레코드에 없을 경우 거래는 발급자에 의해 거절되고, 거절 응답은 POS로 되돌아가는 모든 방향으로 전달된다. 그러면 POS는 적절한 내용을 화면에 표시해 소비자로 하여금 다른 지불 수단을 사용하게 할 것이다.

인증 단계는 데이터 보안의 관점에서 가장 중요한 단계다. 인증은 가용한 모든 민감한 인증 데이터(트랙 1, 트랙 2, 또는 모두[1])를 POS에서부터 수용자로 이르는 전체 시스템을 통해 보낼 것을 요구하기 때문이다. 대부분의 카드 데이터에 대한 공격이 이 단계에서 발생한다.

---

1) 마그네틱 카드에 저장된 데이터는 ISO/IEC 7813을 따르고 있으며, 마그네틱 정보는 트랙 1에서 트랙 3으로 구분돼 있다. 현재는 트랙 1과 트랙 2만 사용한다. 각각의 트랙은 기호로 이뤄진 다양한 정보로 구성된다. 자세한 정보는 http://en.wikipedia.org/wiki/Magnetic_stripe_card에서 확인 가능하다. – 옮긴이

결제

일단 인증이 되고 POS 시스템에 의해 거래가 완료되면 지불은 '결제'가 돼야 한다. 이것은 상점과 수용자, 그리고 발급자 사이에서 '조정'이 되는 것을 의미한다. 결제가 진행되는 동안 상점(또는 좀 더 정확하게는 지불 시스템)은 거래 데이터를 처리자에게 보낸다. 처리자는 그것을 수용자에게 전달하고, 수용자나 처리자는 상인의 계정을 신뢰해 발급자에게 데이터를 전달한다. 발급자는 카드 소유자의 계정으로 결제 내용을 발송한다. 그림 1-4는 결제 흐름을 보여준다.

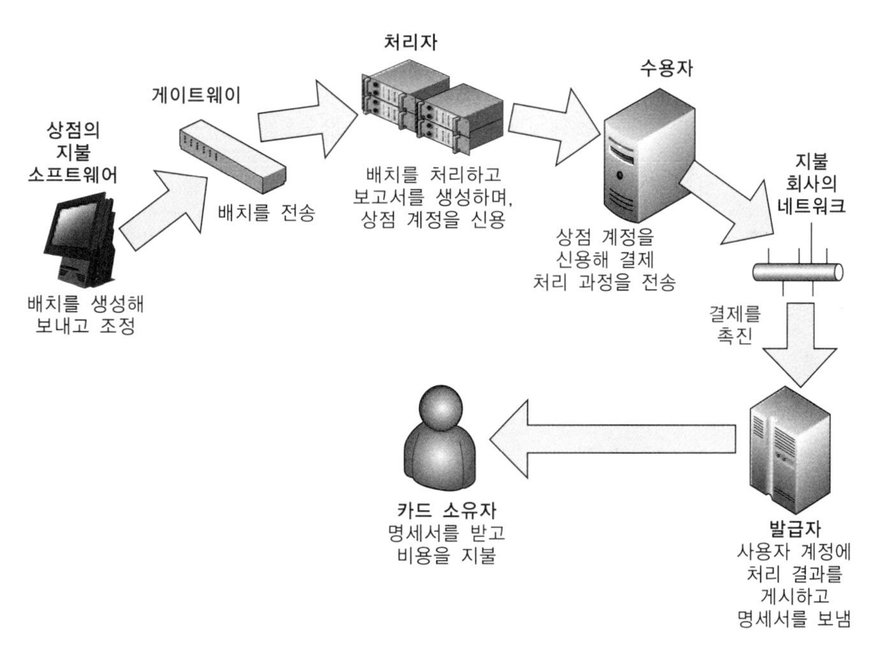

그림 1-4 결제 과정의 흐름

보안의 관점에서 결제는 민감한 인증 데이터 전체(트랙 1과 2)를 처리하지 않기 때문에 인증 단계보다는 덜 위험한 것처럼 보이는 반면, 결제를 처리하는 과정에는 기본 계정 번호PAN, Primary Account Number 저장소뿐만 아니라 배치의 형태로 여러 개의 축적된 거래를 필요로 한다. 하지만 인증 데이터(표 1-2)는 보통 POS에 의해 승인이 수신되자마자 사라진다. 그러므로 데이터 저장소와 관련된 보안 위반의 경우 배치에 저장돼 결제를 기다리고 있는 여러 거래에 관한 정보를 아주 짧은 시간 동안에 '빨아들일' 수 있다. 인증 과정 동안 똑같은 양의 카드 데이터를 훔치려면 오랜 기간 동안 시스템을 '수신'하고 있어야만 한다.

표 1-2 인증과 결제 과정에 참여하는 요소

참여 요소	인증	결제
카드 소유자	카드를 긁거나 POS에 계정 번호를 키로 입력	비용을 지불!
상점(개인과 네트워크, 서버 기반 시설)	민감한 인증 데이터를 받아 처리하고 전송	민감한 카드 소유자 데이터를 저장하고 전송
상점의 하드웨어 (MSR, 핀패드 장치)	민감한 인증 데이터를 받아 처리하고 지불 애플리케이션에 전달	없음
상점의 소프트웨어 (POS, 지불 애플리케이션)	지불 거래를 처리, 거래가 적절한 지불 관문이나 처리자에게 전송되도록 경로를 설정	거래 배치를 저장하고 지불 관문이나 처리자를 통해 결제를 시작하고 처리.
지불 관문	요청이 적절한 지불 처리자나 수용자에게 전달되도록 경로를 설정	거래 배치를 저장하고, 적절한 처리자나 수용자를 통해 결제를 시작하고 처리
지불 처리자	요청을 적절한 수용자에게 보냄	거래 배치를 저장, 결제를 시작하고 처리, 상점 계정을 신용
수용자	요청을 지불 회사의 네트워크나 발급자에게 보냄	상점 계정을 신용
지불 회사	수용자로부터 온 요청을 발급자에게 전달	결제를 촉진
발급자	카드 소유자의 가용한 신용(신용카드) 또는 금액(직불, 선불카드)을 점검하고 온라인 응답을 제공	카드 소유자의 계정에 거래를 게시하고, 카드 소유자에게 청구서를 보냄

지불 처리

각각의 지불 처리를 위해서는 인증량과 처리량, 두 개의 인자가 필요하다. 인증 단계에서 수용자는 상점으로 하여금 카드 소유자에게 인증량보다 적거나 같은 금액을 부과하게 인증한다. 일단 지불이 끝나면 상점은 거래량과 함께 거래 내역을 보내 결제가 되게 한다. 거래량은 인증량을 초과할 수 없다.

사전 인증/완료와 판매

거래와 상점의 형태에 따라 인증은 특정 지불량이나 절대적으로 제한된 양에 대해 요청될 수 있다. 예를 들어 지역 슈퍼마켓에서 식료품을 구매한다면 POS는 정확히 구매한 양 만큼의 인증을 획득할 가능성이 높다. 이러한 '보통의' 거래는 판매라고 불린다.

하지만 주유소에서 주유를 한다면 지불 애플리케이션은 먼저 미리 정의된 '절대적인' 양 만큼에 대해 사전 인증PreAuth을 획득한다. 여기서 '절대적인 양'은 카드 회사에서 지시한 것일 수도 있고, 상점에서 설정한 것일 수도 있다. 이것은 POS 시스템은 얼마나 많은 양의 기름이 주유될지 정확히 알지 못하기 때문이다. 일단 주유가 끝나면 주유기에 있는 POS는 정확한 양에 대한 금액을 계산하고 전송한다. 지불 처리에 있어서 이러한 추가적인 단계를 완료라고 부른다.

보안의 관점에서 판매와 사전 인증, 완료 메시지 간의 중요한 차이는 판매와 사전 인증은 민감한 정보를 포함하는 반면 완료 메시지는 일반적으로 PAN 정보만 포함하거나 카드 데이터는 전혀 포함하지 않는다는 점이다. 거래는 이미 시작됐으므로 완료는 거래 번호나 토큰 같은 식별의 다른 형태를 이용해 원래의 사전 인증 정보와 연결될 수 있기 때문이다.

무효화와 반환

판매나 사전 인증/완료의 반대말은 무효와 반환이라고 말할 수 있다. 실수로 지불이 완료됐거나 고객이 물건을 반품하고 금액을 돌려받길 원한다면 계산원이 지불 거래를 무효화하거나 반환할 수 있다. 하지만 무효화와 반환에는 차이가 있다. 무효화는 일반적으로 처리해야 하는 항목과 지불 방법이 여러 개인 경우에 고객이나 상점이 전체 거래를 취소하길 원할 때 발생한다. 반환 또는 환불은 보통 고객이 단일 항목을 반환하고 상점은 전체 거래를 취소하기보다는 부분적인 금액을 반환하고자 할 때 사용된다.

(보안의 관점에서) 무효화와 반환의 또 다른 중요한 차이점은, 무효화는 원래의 판매 처리에 대한 연결 없이는 불가능한 반면에 반환은 언제든지 가능하다는 점이다. 무효화는 단순히 이전에 있었던 거래를 취소하는 것인 반면 반환은 이전의 행동에 대한 연결 없이 카드 소유자의 계정에 금액을 돌려놓는 것이다. 다시 말하면 상점의 계정에서 돈을 훔쳐 나쁜 사람의 계정에 돈을 넣기 위해서는 반환이 훨씬 쉬운 방법이다. 또한 거래 무효화는 (지불 애플리케이션 제공자와 처리자가 정확하게 구현을 했다면) 원래의 거래 기록이 이미 카드 데이터에 포함돼 있기 때문에 민감한 정보를 포함할 필요가 없다.

대체 처리

대체 처리(또한 대리stand-in, 또는 저장과 전달, 오프라인 인증이라고도 불림)는 상점이 영업을 지속하기 위해 매우 중요한 기능이다. 이것은 어떤 이유로 지불 처리 서버가 다운됐거나 네트워크 접속이 끊겼을 때에도 카드 지불을 '오프라인'으로 받아들일 수 있는 기능을 제공한다. 지불 애플리케이션이 온라인 인증을 수용자로부터 받을 수 없다면 일부 상황에서 (카드 형태와 거래량, 다른 인자에 따라) 내부적인 승인과 거래에 대한 저장이 추가적인 처리를 위해 허용된다. 대체 인증은 교육받지 않은 계산원과 고객에게 거의 투명하게 처리된다. 하지만 많은 경우 오프라인 인증의 증거가 나타나고 인식될 수 있다.

- 지불 애플리케이션은 내부적으로 승인이 허용되기 전에 응답 시간 동안 기다리도록 프로그래밍돼 있을 수 있기 때문에 오프라인 승인을 위한 거래 처리 시간은 온라인 인증에 비해 상당히 길어질 수 있다. 응답 시간 값은 메시지 프로토콜의 일부분으로 지불 처리자에 의해 정의되며, 접속과 통신의 형태에 따라 매우 다양할 수 있다. 대부분의 경우 이 값은 초 단위로 설정될 수 있지만, 이것은 빠른 네트워크를 통한 온라인 처리에 필요한 수 밀리초에 비하면 상당히 긴 시간이다. (전화 연결을 통한 대체와 같은) 장애 처리failover는 오프라인 승인을 얻는 데 필요한 지연의 또 다른 이유가 될 수 있다. 일부 처리자는 기본 통신선이나 서버가 다운되면 온라인 인증을 다시 시도할 수 있게 지불 애플리케이션으로 하여금 대체Backup 호스트로 전환하거나 다른 통신선으로 전환할 것을 요구한다.
- 지불 애플리케이션이 지불 거래를 위한 온라인 승인을 받을 때 호스트 응답은 수용자 소프트웨어에 의해 생성된 인증 코드를 갖고 있다. 이 코드는 종종 거래 영수증의 납부 확인서에 출력된다. POS가 오프라인 상태에 빠지면 지불 애플리케이션은 오프라인 거래를 승인하는 과정에서 자신의 인증 코드를 생성한다. 이러한 코드는 다른 알고리즘으로 생성될 수 있다(가끔은 단순히 실행 카운터나 현재 시간 스탬프를 사용). 그러므로 계산원이나 고객은 서버에 의해 생성된 것과 다르다는 점을 쉽게 알 수 있다. 예를 들면 다음과 같다.

  서버에 의해 생성된 인증 코드 FVIKP0

  지불 애플리케이션에 의해 생성된 오프라인 인증 코드 LA1234

대체 처리의 아주 중요한 기능 중 하나는, POS는 수초에서 며칠에 이르는 등 다양할 수 있는 전체 네트워크 접속 불가 기간 동안 카드 소유자의 민감한 정보를 반드시 자체 디스크에 저장해야만 한다는 점이다. 이러한 잠재적으로 매우 많은 양의 민감한 정보를 축적해야 한다는 요구 사항은 나쁜 사람들에게는 분명히 기회가 될 수 있다. 보통 시스템이 적절하게 설계됐다면 카드 소유자의 정보는 인증 단계가 완료된 뒤에는 POS 시스템에 더 이상 존재하지 않는다. 하지만 저장과 전송S&F, Store&Forward의 경우 인증 서버와의 통신이 없기 때문에 인증은 기술적으로는 완료되지 못한다.

시간제한 역전

시간제한 역전TOR, Timeout Reversals은 이중 청구를 방지하는 수단이다. 이중 청구에 대해서는 2장에서 좀 더 상세히 설명한다. TOR은 공격자에 의해 유출될 수 있는 민감한 인증 정보를 (암호화된 형태로 임시로 저장해야 할지라도) POS가 자체적으로 저장해야 하는 또 다른 예(S&F 이후)다.

특별한 처리 형태

대부분 특별한 카드 형태를 다루거나 예외적인 상황에서 사용될 수 있는 일반적이지 않은 처리 형태(표 1-3)가 있다. 그러한 처리의 예 중 하나는 선불카드의 잔액 조회와 충전이 있을 수 있다. 잔액 조회는 선불카드에 남은 잔액을 조회할 때 그리고 데이터 처리 결과에 전체 트랙의 데이터를 포함할 때 사용된다. 충전은 (직불카드 또는 신용카드와 같은) 다른 지불 수단을 사용해 선불카드에 금액을 추가할 때 사용된다. 즉, 이러한 과정에는 민감한 카드 데이터 정보가 포함된다.

표 1-3 지불 처리 형태

처리 형태	동의어	기능	보안 문제
판매	구매	표준 지불 처리(가장 많이 사용됨)	민감한 인증 데이터 전체(마그네틱 트랙 1과 2)를 포함
사전 인증	인증	가용한 잔액을 확인하고 인증을 획득	민감한 인증 데이터 전체(마그네틱 트랙 1과 2)를 포함
완료	완료	사전 인증에 의해 시작된 지불을 완료	PAN을 포함할 수 있음

(이어짐)

처리 형태	동의어	기능	보안 문제
무효화	무효화 게시	이전에 처리된 지불을 취소	거래 원본에 대한 연결을 요구하므로 민감한 인증 데이터 전체를 포함할 수 있음
반환	환불	카드 소유자의 계정을 신용(판매와 반대)	민감한 인증 데이터 전체(마그네틱 트랙 1과 2)를 포함하므로 상점 계정의 돈을 빼내는 데 사용될 수 있음
TOR	역전	서버로부터 응답이 없을 때 모든 형태의 처리를 취소하도록 시도	민감한 인증 데이터 전체(마그네틱 트랙 1과 2)를 포함
잔액 조회	잔액 확인	선불카드 계정의 가용한 잔액을 확인	민감한 인증 데이터 전체(마그네틱 트랙 1과 2)를 포함
충전	다시 채움	선불카드 계정에 금액을 추가	민감한 인증 데이터 전체(마그네틱 트랙 1과 2)를 포함

지불 애플리케이션의 주요 취약 영역

민감한 카드 데이터를 훔쳐내기 위해 POS 시스템과 관련된 지불 애플리케이션을 공격하는 방법에는 여러 가지가 있다. 정보 보안 이론에서는 이러한 방법을 종종 공격 벡터attack vector라고 부른다. 공격 벡터는 주로 공격 시나리오를 포함한다. 공격 시나리오는 공격에 사용되는 도구와 공격을 수행하는 단계에 관한 설명을 말한다. 최소한 이론적으로 특정 침입의 가능성을 알고 있다면 특정 시나리오(예를 들면 공격이 진행되는 동안 사용되는 도구와 침투 방법, 특정 명령)는 애플리케이션 보안 제어(보호 조치)에 관해 논할 때 그렇게 중요하지는 않다. 그러므로 이 책 전반에 걸쳐 공격 벡터 대신 공격에 취약한 영역에 집중하도록 한다.

이러한 조사의 맥락에서 공격의 대상(목적)은 항상 민감한 지불 데이터(또는 카드 소유자의 정보)라고 한다면 환경(주체)은 소매상점의 POS와 지불 애플리케이션으로, 취약한 영역은 주로 공격 당시의 프로그램에 있는 데이터의 위치

(물리적, 논리적 모두)로 나타난다. 지불 애플리케이션을 비롯해 모든 소프트웨어 프로그램은 다음과 같은 3가지의 위치나 데이터의 상태를 가진다.

1. **메모리에 존재하는 데이터** 지불 애플리케이션이 인증과 결제를 처리할 때는 호스트 컴퓨터의 메모리(보통 POS 시스템의 RAM)에 존재하는 지불 카드 데이터를 다양한 방법으로 사용한다.
2. **남아 있는 데이터** 지불 애플리케이션은 데이터를 임시, 또는 오랫동안 하드 드라이브에 저장한다.
3. **전송되는 데이터** 지불 애플리케이션은 다른 프로그램과 장치로부터 데이터를 보내고 받는다.

메모리에 존재하는 데이터를 제외하고 다른 데이터의 상태는 그 주변에 존재하는 기술의 차이로 결정되는 하부 영역을 가진다. 예를 들어 남아 있는 데이터는 데이터베이스나 로그 파일에 저장될 수 있으며, 전송되는 데이터는 LAN이나 시리얼 연결을 통해 전송될 수 있다.

또 다른 주요 취약 영역은 지불 애플리케이션 코드 자신과 설정Config이다. 코드나 설정은 어떠한 카드 소유자의 정보도 스스로 갖고 있지 않지만, 공격자나 악성 프로그램에 의해 다른 주요 취약 영역에 존재하는 데이터에 대해 인증 없이 접근할 수 있게 조작(수정)될 수 있다.

앞서 말한 바와 같이 지불 애플리케이션에는 그림 1-5에서 보여주는 것과 같은 네 개의 주요 취약 영역이 존재한다.

1. 메모리에 존재하는 데이터
2. 남아 있는 데이터
3. 전송되는 데이터
4. 프로그램 코드와 설정

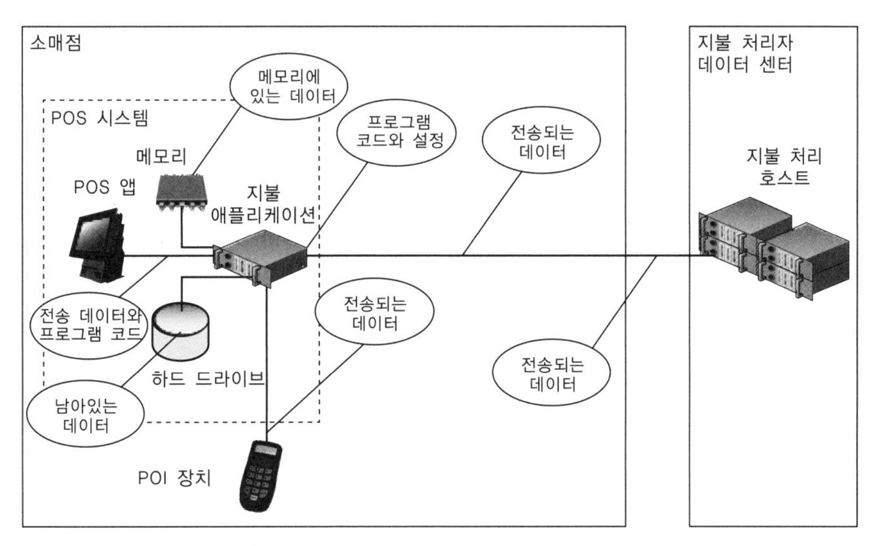

그림 1-5 주요 취약 영역

표 1-4는 모든 하부 영역과 함께 주요 취약 영역을 나열하고 있다. 여기에 나타난 용어는 이 책 전체에서 지불 애플리케이션에 대한 위협과 완화에 관해 설명할 때 사용한다. 취약한 영역과 그 예에 관한 좀 더 자세한 내용은 2장에서 찾아 볼 수 있다.

표 1-4 지불 애플리케이션의 취약 영역

주요 영역	하부 영역	예	데이터 유형	보호 여부
메모리에 있는 데이터			전체	보호되지 않음
남아있는 데이터	임시 저장 공간	S&F,TOR, 활성화된 거래 데이터베이스	전체	보호됨
	장기간 저장 공간	배치, 결제, 보관된 레코드	PAN	보호됨
	로그 파일		임의 데이터	

(이어짐)

주요 영역	하부 영역	예	데이터 유형	보호 여부
전송되는 데이터	내부 통신	프로그램 모듈 간 LAN	전체	보호되지 않음
	POI 장치와 POS 간 통신		전체	보호되지 않음
	처리자와의 통신	호스트 링크	전체	보호되지 않음
프로그램 코드와 설정	프로그램 코드		없음	보호되지 않음
	프로그램 설정		없음	보호되지 않음

정리

주요 지불 카드의 형태에는 신용카드와 직불카드, 플리트 카드가 있다. 신용카드와 직불카드는 널리 사용되고 상당량의 금액을 포함하므로 가장 취약하다.

전자 지불의 처리를 위해서는 카드 소유자와 상점, 소프트웨어 제공자, 하드웨어 생산자, 게이트웨이, 처리자, 수용자, 카드 회사, 카드 발급자 같은 다양한 '요소'가 참여한다. 상점은 공공과 직접 맞닿아 있고 소비자와의 상호작용은 여러 상점과 POS와 같은 중요한 면을 갖고 있기 때문에 이러한 연결고리에서 가장 취약한 요소다.

플라스틱 카드에 의한 지불 처리는 인증과 결제라는 두 개의 중요한 단계로 구성된다. 인증 단계는 종종 여러 시스템에 걸쳐 암호화되지 않은 민감한 인증 데이터의 전송을 요구하기 때문에 좀 더 위험하다. 공격자는 이런 데이터를 중간에 가로챌 수 있고, 위조된 카드를 만드는 데 사용할 수 있다.

POS 시스템과 관련된 지불 애플리케이션에는 다음과 같은 여러 주요 취약 영역이 있다.

- 메모리에 존재하는 데이터
- (저장소에) 남아 있는 데이터
- 전송되는 데이터
- 프로그램 코드와 설정

이러한 취약 영역은 각자 특징이 있으며, 다른 시점에 다른 방법으로 지불 프로세스 과정 전체에 걸쳐 공격을 받을 수 있다.

참고 자료

1. USB 키로거, Amazon.com: http://www.amazon.com/s/ref=nb_sb_noss?url=search-alias%3Daps&field-keywords=USB%20keystroke%20Logger
2. 비자사의 상점을 위한 카드 수용 가이드라인: http://usa.visa.com/download/erchants/card-acceptance-guidelines-for-visamerchants.pdf
3. 비자사의 상점 수용자 목록: http://usa.visa.com/merchants/newacceptance/merchant-acquirer-list.html

2

지불 애플리케이션 구조

자신의 자식이 못생겼다고 생각하는 아버지와 어머니는 없다.
이러한 자기기만은 마음으로 나은 자식에 대해서는
훨씬 더 확고한 신념을 갖게 한다.
- 미구엘 데 세르반테스

지불 애플리케이션을 파괴할 수 있는 모든 형태의 위협을 이해하기 위해서는 먼저 이러한 시스템의 내부 구조를 이해할 필요가 있다. 구체적인 구현에 대한 자세한 사항은 제공자마다 매우 다양할 수 있지만, 이러한 형태의 프로그램의 한정된 특색으로 인해 주요 설계 원칙은 서로 매우 유사하다.

지불 애플리케이션의 본질

보통의 지불 애플리케이션 아키텍처는 그림 2-1에서 보여주는 것과 같이 외부 인터페이스와 처리 모듈로 구성돼 있다. 인터페이스는 외부 세계로 이어지는 다리이며, 처리 모듈은 지불 처리의 흐름을 유도한다.

인터페이스

모든 시스템은 외부 소프트웨어와 주변 장비를 이용해 외부 세계와 통신할 필요가 있으므로, 장치와 프로그램 인터페이스는 지불 애플리케이션PA, Payment Application의 본질적인 부분이라고 할 수 있다. PA를 장치와 프로그램에 연결시켜주는 외부 인터페이스에는 다음과 같은 세 가지 형태가 있다.

1. POI 장치 인터페이스
2. POS API
3. 지불 처리자 연결

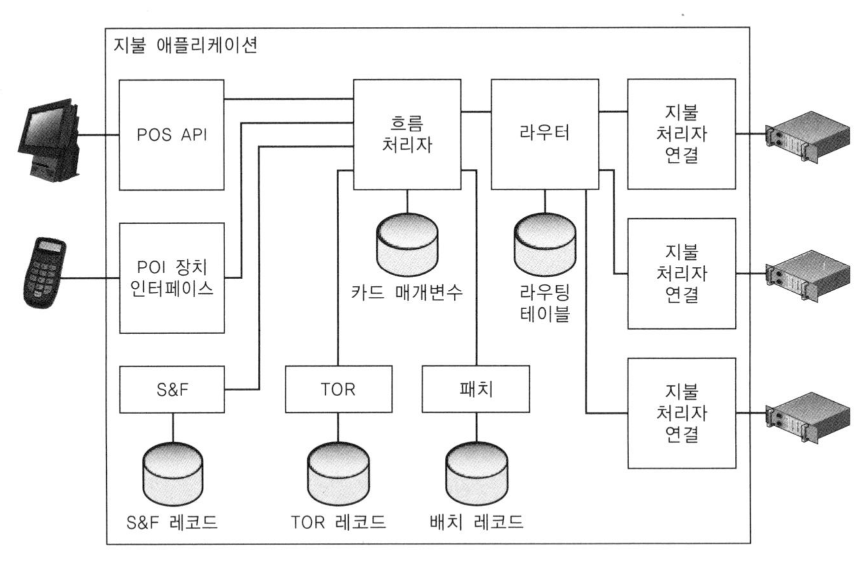

그림 2-1 일반적인 지불 애플리케이션의 아키텍처 블록

단일 지불 애플리케이션은 지원하는 주변 장치와 POS 모델, 그리고 인증 네트워크의 수에 따라 여러 형태의 다양하게 구현된 인터페이스를 가질 수 있다.

POI 장치 인터페이스

POI 장치 인터페이스는 핀패드나 단독 MSR 장치 사이에서 데이터를 교환하는 역할을 한다. 이러한 인터페이스는 장치에 특화된 통신과 메시지 프로토콜(또는 프로그램이 여러 주변 장치를 지원한다면 여러 가지 프로토콜)의 구현을 포함한다. 보통 통신은 시리얼 포트(COM) 또는 LAN을 통한 TCP/IP를 이용해 이뤄진다. 하지만 메시지 프로토콜은 다양하며, 제공자는 자신만의 '언어'를 사용해 구현한다. 최근의 형태는 추가적인 보안을 위해 인증서를 통한 인증뿐만 아니라 SSL^Secure Socket Layer 또는 데이터 페이로드 암호화 같은 암호화 방법을 사용할 수 있다.

많은 POI 장치의 통신과 메시지 프로토콜이 가진 일반적인 '기능'은 카드 소유자의 데이터 보호에 필요한 통신 보안 메커니즘이 없다는 점이다. 기본적으로 구현된 통신 방법은 지불 애플리케이션으로 하여금 민감한 데이터나 장치의 인증에 필요한 어떠한 암호화도 요구하지 않는다. 이것은 쉽게 민감한 데이터를 엿듣거나 장치를 변경할 수 있음을 의미한다.

POS API

POS 애플리케이션 프로그래밍 인터페이스^POS API, Point-of-Sale Application Programming Interface는 지불 거래의 흐름을 다루기 위해 필요한 POS 애플리케이션과의 통신을 담당한다. 지불 거래의 흐름은 거래 매개변수의 수신과, 계산원과 고객의 신속한 처리, 그리고 결과의 반환을 포함한다. 이러한 형태의 통신은 POS와 PA에 특화된 설계에 따라 프로세스 메모리 안의 데이터 교환에서부터 TCP/IP 또는 HTTP 연결까지 다양한 방법으로 이뤄질 수 있다. 단일 PA는 다른 POS 애플리케이션을 지원할 수 있기 때문에 API를 이용하며, 통합은 PA 제공자에 의해 제공되는 API 명세서를 이용해 POS 개발자에 의해 이뤄진다.

보안 문제는 이러한 장치 인터페이스의 경우와 동일하게 유지된다. 동일하게 적용되는 표준 보안 메커니즘은 존재하지 않으며, 문제는 연결된 형태에 따라 다르다. POS와 PA가 같은 OS 프로세스에서 동작한다면 프로세스의 메모리는 민감한 데이터를 추출하기 위해 RAM 스크랩을 이용해 검색할 수 있다. TCP/IP(또는 OSI 프로토콜의 상위에 있는 HTTP와 웹 서비스) 같은 네트워크 프로토콜에 기반을 둔 원격 통신 인터페이스의 경우 취약점은 이러한 네트워크 통신이 가진 것과 동일하게 존재한다(좀 더 자세한 사항은 5장 참조).

PA 제공자는 PA는 지불 거래의 모든 면을 처리하고 마지막에 특별히 표시된 결과만을 마그네틱 선의 노출 없이 POS에 반환하기 때문에 POS와 PA 간의 통신에서는 민감한 데이터를 전송하지 않는다고 명시할 수도 있다. 기재한 내용은 다음과 같은 이유 때문에 부분적으로만 사실일 수 있다. 첫째, 수동 입력의 경우 MSR이 마그네틱 선을 읽지 못할 때는 보통 계산원이 PAN을 POS에 입력하고 유효 기간 만료 일자와 CVV, 또는 ZIP 코드 같은 추가적인 민감한 데이터와 함께 전송한다. 둘째, PA 인터페이스는 표시되지 않은 PAN 또는 심지어 전체 트랙을 평문으로 반환하는 메소드를 노출할지도 모른다. 이러한 API 메소드가 접근 제어로 보호되지 않는다면 악성 소프트웨어에 의해 조작될 수 있다.

지불 처리자 연결

처리자 연결은 다음과 같은 두 가지의 주요 기능을 제공한다.

1. 거래 매개변수를 프로그램 내부 표현 방법에서 지불 처리자의 메시지 프로토콜을 따르는 특별한 형태로 전환한다.
2. 지불 처리자가 지원하는 통신 프로토콜을 사용하는 인증 서버와 통신한다.

각각의 처리자 연결은 프로그램에 고정돼hard code 특정 처리자와 통신한다. 하지만 처리자의 서버 위치는 일반적으로 설정을 활용한다(soft code). 예를 들어 서버 설정에는 IP 주소와 TCP/IP에 기반을 둔 전용망 통신 프로토콜에서 사용되는 서버 포트 또는 인터넷을 통한 HTTP에 기반을 둔 프로토콜에서 사용되는 URL를 포함한다.

설정이 보호되지 않고 클라이언트와 서버 간 인증이 없다면 이러한 매개변수는 변조될 수 있으므로 지불 애플리케이션은 가짜 서버와 통신하는 것으로 끝날 수 있다. 가짜 서버는 단순히 모든 트레픽을 기록만 하고 (민감한 카드 소유자 정보만을 추출해 훔치기 위해) 정상적인 처리자에게 보내기 때문에 이러한 변경은 지불 시스템에게는 보이지 않는다(따라서 침입은 공개되지 않은 채로 남을 것이다).

개발 테스트나 사내 프로그램을 위한 특별한 연결이 있을 수 있다. 이러한 '더미' 연결은 인증을 얻기 위해 외부 세계와 통신할 필요는 없지만, 아무런 조건 없이, 또는 최소한의 조건에 근거해 단순히 자동화된 '승인'을 반환하게 프로그램될 수도 있다. 표준적인 카드 처리가 이러한 연결을 타게 되면 (2장에서 앞으로 보게 될 '경로 설정' 절을 참고하라) 기록되는 실제 거래 없이 POS에 의해 처리될 것이다.

처리 모듈

지불 애플리케이션 블록의 다음 그룹은 흐름 처리 모듈로 구성된다. 흐름 처리 모듈은 지불 처리를 카드를 긁는 순간부터 상점에 금액을 지불하고 카드 소유자의 계정에 청구할 때까지 유도한다. 주요 처리 모듈은 다음을 포함한다.

- 라우터
- S&F(저장과 전달)
- TOR(시간제한 역전)
- 배치Batch

라우터

라우터 모듈은 지불 거래를 카드의 BIN 범위와 카드의 형태, 거래 형식 또는 다른 사전에 정의된 시스템 매개변수에 근거해 인증과 완료 또는 결제를 위해 특정 지불 처리자의 연결로 보내도록(경로를 설정하도록) 한다. 보통 PA는 POS와 저장 또는 데이터 센터 스위치 같은 다른 단계로 구현된 하나 이상의 지불 처리자 연결을 갖는다. 단계는 특정 시스템 아키텍처에 따라 다른데, 예를 들면 신용카드 지불은 표준 지불 처리자에게 경로가 설정될 수 있으며, PIN 처리는 특정 직불debit 네트워크로 보내질 수 있다. 그리고 선불카드는 독점적인 ('밀폐 순환closed loop') 스위치로 보내질 수 있다. 보내질 경로를 결정하기 위해 라우터는 라우팅 테이블을 사용한다. 라우팅 테이블은 특정 지불 처리자로 연결되게 하는 지시자를 갖는 (최소한) PAN 범위 레코드로 이뤄진다. 예를 들어 표 2-1에 정의된 설정에 따르면 비자VISA 카드로 생성된 모든 거래는 인증을 위해 BOABank Of America로 보내질 것이다. 반면에 아멕스AMEX 카드 거래는 처리를 위해 곧바로 AEBAmerican Express Bank로 경로가 설정될 것이다.

표 2-1 PAN 범위를 갖는 라우팅 테이블의 예

PAN 시작	PAN 끝	연결 ID
4000000000000000	4999999999999999	BOA
340000000000000	349999999999999	AMEX
370000000000000	379999999999999	AMEX

라우팅 결정은 거래 형태와 같은 다른 공식에 근거해서도 이뤄질 수 있다. 예를 들어 모든 선불카드 활성화와 충전, 그리고 잔액 조회는 카드의 PAN에 관계없이 선불카드 처리 네트워크로 보내지게 설정될 수 있다.

지불 애플리케이션 설계에 익숙한 (침입자나 이전 고용인과 같은) 사람이라면 라우팅 설정을 다룰 수 있을 것이고(변조로부터 보호되지 않는다면), 따라서 가짜 카드

거래를 이미 정의된 범위의 '더미' 처리자 연결로 보내도록 시스템을 강제할 수도 있을 것이다. 이러한 거래는 처리자의 데이터베이스에 실제적인 지불 기록 없이도 합법적인 승인을 얻을 수 있을 것이다.

S&F: 저장과 전달

S&F 모듈은 아주 중요한 대체 기능을 구현함으로써 전자 지불의 수용에 중단이 없게 함으로써 상점의 영업이 지속될 수 있게 한다.

> **노트** 좀 더 자세한 내용은 1장의 '대체 처리' 절을 참고하라. 이런 형태의 대체를 2장의 물리적 연결에서 설명하는 전화 연결의 대체와 혼동하면 안 된다.

인증 네트워크가 다운되고 거래가 지불 처리자에 의해 정의된 오프라인 처리 공식과 일치하면 S&F 모듈은 오프라인 승인을 생성하고 거래 내용은 S&F 데이터베이스에 저장한다. 인증 네트워크가 사용 가능하게 다시 회복되면 S&F는 곧바로 저장된 거래 내역을 서버로 전달한다. 또 다른 선택 사항은 저장된 거래를 결제에 대한 일일 마감의 일부로 전달하는 것이다(결제 처리에 관한 세부 사항은 앞으로 나올 '배치'에 관해 설명하는 부분을 참고하라).

S&F의 가장 주목할 만한 기능은, 보안의 관점에서 오프라인 거래 기록은 네트워크 단절의 규모에 따라 수 초에서 며칠 동안 BO나 POS 기계에 쌓일 수 있다는 점이다. 이러한 기록은 종종 서버의 처리에 필요한 전체 트랙 데이터를 포함한다. PCI DSS와 PA-DSS 표준은 다음 참고 자료에서 나타난 것과 같이 전체 트랙 데이터를 저장소에 저장하는 것을 허용하지 않는다.

> 민감한 인증 데이터는 반드시 인증 후에는 삭제돼야 한다(심지어 암호화돼 있다고 할지라도).[1,2]

하지만 '인증 후'라는 것이 이 문장에서 제일 중요한 키워드다. 대체 처리가 적용될 때 이 요구 사항은 트랙 데이터가 S&F에 저장될 수 있다는 것을 의미한다. 또한 실제로 대부분의 지불 애플리케이션이 그렇게 한다.

TOR(Timeout Reversal): 시간제한 역전

시간제한 역전은 오류 통제 메커니즘으로, 카드 소유자의 계정에 이중으로 청구되는 것을 방지한다. 이중 청구는 POS가 서버로부터 거래가 실제로 승인되고 처리자에게 기록이 될 때 받는 인증 응답을 받지 못할 때(응답 시간제한이라고 불림) 발생한다. 이 경우 POS와 계산원, 그리고 고객의 관점에서 거래는 완료되지 않은 것으로 나타나지만, 사용자의 계정에는 청구된다. 계산원이 카드를 다시 긁고 승인을 받으면 고객의 계정에서는 두 번 청구되는 것이다. 이러한 상황을 방지하기 위해 지불 애플리케이션이 서버 응답을 받지 못할 때는(또는 다른 말로 응답 시간제한을 받으면) 시간제한 역전TOR 메시지를 생성한 후 보냄으로써 거래의 승인 여부에 상관없이 서버에게 거래를 취소하게 명령한다. TOR 모듈이 서버와 통신하지 못한다면 (이러한 상황에서의 행동과는 별개로 원래의 응답 시간제한으로 인한 같은 이유로 인해) 시간제한 역전 메시지를 TOR 데이터베이스에 축적하고 네트워크가 정상으로 회복되자마자 서버에게 전달한다. 이러한 과정은 S&F의 메커니즘과 매우 유사하다. TOR에 관한 주요 보안 문제 또한 S&F와 유사하게 민감한 인증정보를 저장하는 저장 공간이다.

S&F와 TOR의 기능으로 인해 민감한 인증 데이터의 유출은 새로운 미디어(단순한 메모리 처리 대신에 디스크 저장 공간)로 확대되고, 긴 시간(온라인 처리에 필요한 수 밀리초에서 몇 분, 몇 시간, 며칠로)으로 확장된다.

배치

배치 모듈(결제 모듈 또는 마감 배치Close Batch, 마감 이전Close Shift, 일일 마감End of Day이라고도 불림)은 특정 기간, 보통 영업일 하루 동안에 처리된 지불 거래의 기록과 결제를 담당한다.

배치Batch라는 단어는 신용카드를 수동으로 처리하는 날에서 유래됐다. 이 날은 특별히 고안된 수동 낙인 장치를 사용해 신용카드의 흔적을 새기는데, (플라스틱 카드의 앞면에 양각으로 새겨진) PAN과 유효기간, 그리고 카드 소유자의 이름에 대한 흔적을 거래 전표에 남긴다. 영업일 동안 이러한 종이조각은 배치에 쌓이고, 신용카드 회사로 결제를 위해 보내진다. 요즘 결제 처리는 보통 컴퓨터에 의해 자동으로 처리되는 시간만큼의 차이를 제외하고 거의 동시에 기록으로 남는다.

배치 마감 처리에 관해 주의를 기울여야 하는 몇 가지 세부 사항이 있다. 먼저 일부 처리자는 여전히 결제가 진행되는 동안 전체 PAN을 보낼 것을 요구한다. 이것은 하루 동안에 많은 양의 계정 번호가 PA에 의해 축적돼 보내진다는 것을 의미한다. 이 사실이 결제와 관련된 부분에게는 알려지지 않는다는 사실을 쉽게 상상할 수 있다. 하지만 일부 지불 처리자는 이미 자신의 인터페이스를 수정해 결제 과정에서 더 이상 PAN 정보를 보낼 것을 요구하지 않는다.

두 번째 문제는 훨씬 더 심각한데, 아직 해결 방법이 존재하지 않기 때문이다. 이것은 조정과 환불에 관련돼 있다. 일부 프로토콜은 상점의 지불 시스템에 의해 계산된 전체 금액과 서버에서 처리된 전체 금액이 일치하지 않으면 전체 거래 내역을 일일 마감 과정에서 재전송할 것을 요구한다. 이러한 오류 정정 과정은 조정이라고 불린다. 일일 결제 마감과 조정 과정 동안 거래는 처리자에 의해 어떤 이유로든 거부될 수 있다. 예를 들어 하나의 지불이 S&F 모듈에 의해 오프라인으로 승인되고 처리됐다면 이러한 거부는 지불거절chargeback이라고 불린다. 조정과 지불거절, 이 두 개의 문제는 서버에 보내질 전체 PAN을 요구한다는 점이다. 이것은 모든 계정 번호가 적어도 며칠 동안 보관돼야만 한다는 것을 의미한다. 배치 처리 모듈의 이러한 '기능'은 일부 개인에게는 매우 매력적이다.

데이터 저장소

프로토콜과 통신 인터페이스에 가장 깊은 관련돼 있는 '전송되는 데이터'와는 별개로 민감한 카드 사용자 정보의 가능한 다른 상태는 '저장된 데이터'다. 이 용어는 로그 파일이나 데이터베이스, 평면적인 데이터 파일과 같이 하드 드라이브 저장소에 저장되는 다양한 형태를 묘사하기 위해 사용된다. 지불 애플리케이션에서는 TOR과, S&F, 배치 기록, 프로그램 로그와 같이 데이터 저장소에 대한 여러 가지의 사용 사례가 있다. 단일 지불 애플리케이션이라 할지라도 여러 가지의 기술(과 보호 메커니즘)을 여러 모듈에서 활용할 수 있다. 예를 들어 프로그램 로그는 단순한 평문 데이터 파일에 저장되는 반면 TOR과 S&F, 배치는 MS SQL 서버와 같은 데이터베이스를 사용할 수도 있다. 이 경우 지불 애플리케이션은 분리된 암호화 계획을 데이터베이스와 평문 데이터 파일에 구현할 것이다.

통신과 메시지 프로토콜과는 다르게 지금까지 지불 애플리케이션의 데이터 저장소에 관한 표준을 제정하고자 하는 시도가 없었다. 사용할 수 있는 기술도 다양하고, 소프트웨어 제공자는 그들이 원하는 어떤 것이든 자유롭게 선택할 수 있다. 대부분의 경우 저장된 데이터의 암호화에 필요한 접근 방법에는 표준이 없다. 그러므로 개발자는 각자의 독점적인 암호화 방법을 '발명'하고, 키 관리 솔루션은 종종 산업 표준으로 승인된 강한 암호화 알고리즘을 사용하는 것으로 가정했다. 실제로 이것은 프로그램이 닷넷.NET의 `System.Security.Cryptography`나 자바의 `JCE` 같은 표준 암호화 라이브러리를 호출한다는 것을 의미하는데, 이것은 아주 훌륭하다. 암호화 라이브러리는 사용되면 될수록 좀 더 안전해지기 때문이다. 하지만 이러한 프로그램에서 사용되는 암호화 메커니즘의 전체 구현은 여전히 독점적인데, 이는 그것의 취약한 정도도 확인이 되지 않았다는 의미다.

요점은 어떤 암호화 알고리즘의 코드도 전체 암호화 메커니즘의 측면에서는 단지 한 면에 불과하다는 사실이다. 가장 강한 암호화 기법이라 할지라도 약한 인증과 허술한 키 관리로 둘러싸여 있다면 결국 뚫리고 말 것이다. 직불카드의 PIN 보호에 사용되는 DUKPT는 주목할 만한 예외로, 암호화 알고리즘(3DES)뿐만 아니라 키 관리와 그것을 둘러싼 물리적 환경까지도 잘 정의된 표준화된 기술의 한 예다(좀 더 자세한 DUKPT에 관해서는 8장을 참고하라).

여러 데이터 저장 기술의 사용은 다른 암호화 보호 메커니즘의 사용을 요구할 것이고, 프로그램의 취약성을 증가시킨다. 지불 애플리케이션의 데이터 저장에 필요한 표준화된 보안 기술의 부족은 저장된 데이터와 관련된 다양한 취약점을 만든다. 이러한 취약점은 6장에서 알아본다.

일반적인 지불 처리 흐름

모듈 사이에 통신이 어떻게 이뤄지는지 이해하기 위해 어떻게 민감한 인증 데이터가 다른 지불 애플리케이션의 모듈 사이를 흐르는지 보여주는 지불 처리의 단순한 가장 좋은 경우의 시나리오를 살펴보자.

그림 2-2는 가장 단순한 흐름이 상대적으로 독립된 세 개의 하부 흐름으로 나뉘어 있으며, 전체 과정은 이벤트 중심이라는 것을 보여준다.

지불 애플리케이션의 관점에서 모든 것은 계산원이 물건을 스캔하고 '지불' 버튼(다양한 POS 모델에서 다른 이름으로 부르지만, 개념은 항상 같다)을 누를 때 시작한다. 이것은 제어권을 POS에서 지불 애플리케이션으로 전환하는 것이다. 고객은 카드를 긁으라는 표시를 받고 카드를 긁는다. 카드를 긁으면 곧바로 식별이 되고 인증 요청 메시지가 생성돼 적절한 지불 처리자 연결로 경로가 설정된다(이것은 카드의 종류와 데이터베이스에 저장된 설정으로부터 읽어 들인 다른 매개변수에 근거한다). 처리자 연결은 메시지 프로토콜 규칙에 따라 메시지를 만든 뒤 서버와 통신을 시작하고, 통신 프로토콜을 사용해 인증을 위한 메시지를 전송한다. 이러한 최적의 경우에 대한 시나리오에서는 모든 것이 잘 작동한다.

따라서 프로그램은 서버로부터 승인 응답을 빠르게 받고, 결과를 배치 데이터베이스에 기록한 뒤 POS에서 지불이 완료됐다는 신호를 날린다.

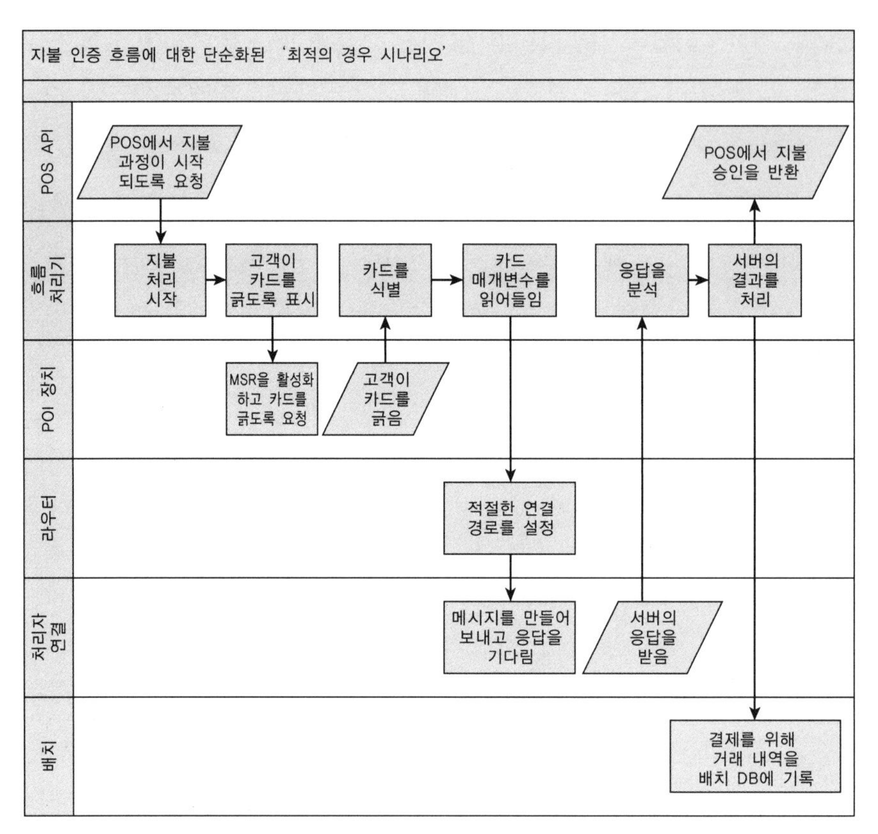

그림 2-2 일반적인 지불 처리 흐름

그림 2-2에서 볼 수 있듯이 가장 간단한 낙관적인 경우(고객 표시와 S&F, TOR, 결제 전의 아무런 예외 상황이 없는)라 할지라도 카드 소유자 정보는 지불 처리의 거의 모든 과정에서 존재한다. 단 한 번의 거래 동안에도 민감한 데이터는 (한 번 이상) 메모리와 저장 공간에 저장, 그리고 전송과 같은 모든 가능한 상태를 거쳐 지나간다. 해킹의 가능성은 끝없이 존재한다.

모듈 간 통신

외부 API와 장치 인터페이스에 덧붙여 여러 PA 모듈은 몇 가지 종류의 내부 메시지 프로토콜을 사용해 서로 통신을 해야만 하는데, 이것은 메시지와 명령에 필요한 독점적인 형식을 정의한다. 처음 보면 이러한 통신을 알아챌 수 없다. 특히 여러 모듈이 하나의 바이너리에 묶여 컴파일됐거나 같은 장치에 위치해 있다면 더더욱 그렇다.

다음과 같은 경우에 심각한 스니핑과 변조의 위험이 존재한다.

- 모듈이 서로 다른 컴퓨터에 존재하는 경우
- 같은 컴퓨터에 존재하지만, 각각의 기능이 쉽게 구분이 가능하고 자기만의 API를 갖는 경우

다음 절에서는 내부 PA 통신에 관한 좀 더 자세한 사항을 살펴본다.

물리적 통신

초기 신용카드 지불 터미널은 전화 연결 모뎀을 사용해 일반적인 전화선을 통해 지불 네트워크와 통신했다. 모뎀은 컴퓨터의 시리얼 통신 신호를 전기적인 파장(목소리와 유사)으로 전환하는 장치다. 전기적인 파장은 일반적인 지상 전화선을 통해 전송될 수 있다. 메시지가 전달되기 전에 모뎀과 서버 사이에 통신이 연결('전화 연결dial-up')되기 위해서는 매우 오랜 시간이 필요하기 때문에 모뎀을 이용한 통신은 매우 느렸다. 하지만 몇 가지 장점이 있었는데, 그 중 하나는 전통적인 네트워크 스니퍼를 사용해 원격으로 민감한 정보를 가로챌 수 없었다는 점이다.

일부 상점은 여전히 전화 연결 모뎀을 사용하는 반면 많은 상점에서는 전용 회선이나 프레임 릴레이를 통한 주요 네트워크 통신을 사용할 수 없거나 어떤 이유에서 인터넷이 끊긴 경우에만 장애 복구 메커니즘으로 모뎀을 사용

한다. 이러한 경우에 지불 애플리케이션은 자동으로 전화 연결을 사용하는 대체 통신선으로 전환해 지불 처리가 끊어지지 않고 계속되게 한다. 네트워크 연결이 정상으로 복구되면 곧바로 지불 애플리케이션은 주 채널로 전환한다.

전용회선과 프레임 릴레이 시스템은 전통적인 네트워크 통신을 위한 기저의 통신 수단으로서 상점에서 사용된다. 이것은 소매점과 그들의 지점 또는 지불 처리자 사이의 일반적인 연결 형태다.

인터넷과 같은 공공 네트워크로부터 분리되는 WAN은 분명한 보안적 이점이 있지만, PCI 보안 표준이 이러한 네트워크에서는 암호화를 요구하지 않는 것과 같은 문제점도 동시에 안고 있다.

RS232를 통한 시리얼 통신은 POI 장치와 컴퓨터를 이용하는 POS, 그리고 지불 애플리케이션 사이에서 가장 일반적으로 사용된다. 전화 연결 모뎀 또한 시리얼 COM 포트를 호스팅 서버와의 통신에 사용한다. 시리얼 포트는 전통적인 네트워크 스니핑에는 취약하지 않지만, 특별한 시리얼 스니퍼를 사용하면 도청이 가능하다.

통신 프로토콜

송신자와 수신자 간 메시지 교환은 OSI^Open System Interconnection^ 계층(표 2-2)의 상위 계층에 존재하는 통신 프로토콜을 이용해 이뤄진다. 이러한 통신 프로토콜을 구현하는 지불 애플리케이션의 모듈은 송수신자 간 접속과 메시지 전달, 오류 제어를 담당한다. 상위 계층 통신 프로토콜은 OSI 계층의 여러 계층[3]을 활용할 할 수 있으며, 보통 OSI 계층의 응용 계층 7단계의 작은 일부만을 사용해 통신하는 것처럼 투명하게 동작한다.

웹 서비스는 OSI 계층의 다른 계층에 존재하는 보안 문제와 관련된 복잡한 프로토콜의 한 예다.[4]

표 2-2 지불 애플리케이션 통신과 OSI 계층

계층 번호	계층 이름	지불 애플리케이션 통신	예
7계층	응용	통신 프로토콜	HTTP, SOAP
6계층	표현	통신 프로토콜	SSL
5계층	세션	통신 프로토콜	명명된 파이프(Named Pipes), RPC, 전 이중(Full Duplex)
4계층	전송	통신 프로토콜	TCP
3계층	네트워크	통신 프로토콜	IP
2계층	데이터 링크	물리적 연결	이더넷(LAN), 프레임 릴레이(WAN)
1계층	물리	물리적 연결	DSL, RS-232, 10BASE

내부 통신

내부 인터페이스와 POS API는 DLL API, 또는 윈도우 COM 같은 통신 프로토콜을 사용한다.

양쪽 클라이언트(예를 들면 POS 애플리케이션)와 서버(EPS)가 통일 OS 프로세스(같은 주소 공간)에서 동작한다면 DLL API와 프로세스 내부In-Process COM 호출이 사용된다.

POS와 EPS(또는 두 내부 PA 모듈)이 분리된 실행 프로그램일 때 서로 다른 프로세스 간 통신을 위해 외부 프로세스Out-of-Process COM이 사용될 수 있다. 내부(프로세스 간 또는 내부 프로세스) 메모리 내 통신은 네트워크 통신을 수반하기 않기 때문에 원격 스니핑에는 노출되지 않지만, RAM 스크래핑으로는 노출될 수 있다(5장에서 자세히 다룬다).

메시지 프로토콜

지불 애플리케이션의 통신에 관해 얘기할 때 메시지와 통신 프로토콜 간의 차이를 구분하는 것이 보안의 관점에서 매우 중요하다.

OSI 계층의 상위 계층인 응용 계층에서 동작하는 메시지 프로토콜은 다음과 같은 두 가지 주요 기능을 제공한다.

1. 특별한 메시지 형식을 이용해 자신의 내부 프로그램에서 사용하는 표현 방식을 통신 채널에 존재하는 다른 상대방이 이해할 수 있는 형태로 거래 매개변수(금액의 양과 트랙 1, 2, PAN 같은)를 변환한다. 일반적으로 이런 변환 과정을 메시지 직렬화serialization라고 부른다. 일단 송신자에 의해 거래 메시지가 직렬화되면 통신 프로토콜을 이용해 수신자에게 보내질 수 있다. 수신자는 수신 프로그램(송신자가 사용한 것과 같을 필요는 없다)이 읽을 수 있는 형태로 데이터를 전환하는 역직렬화라는 변환을 수행한다.
2. 응답 시간제한과 재전송 시도 횟수, 실패할 경우 대비책fallback, 그리고 많은 예외 상황과 오류 처리 등과 같은 메시지 처리 규칙에 대한 정의와 구현을 제공한다.
3. 그림 2-3은 지불 애플리케이션의 처리자 연결 모듈이 구현하고 있는 메시지 프로토콜을 보여준다.

표준과 독점 메시지 프로토콜

지불 애플리케이션과 처리자 사이의 데이터 교환에 사용되는 메시지 프로토콜은 대체로 마지막에 개발된다. 지불 카드 형태(마그네틱 선과 트랙에 대한 물리적 특정과 같은)에 대한 견고한 표준과 규제가 있는 반면에 메시지 프로토콜 분야에는 명백히 표준과 유사한 것이 없다. 금융 거래 메시지를 위해서는 공식적인 산업 표준(ISO 8583[5])이 존재한다는 사실에도 불구하고, 대다수의 처리자는 일부 ISO 8583이 변경된 경우와 종종 완전히 다른 형태와 규칙을 가진 경우에 자체적으로 프로토콜을 만들어왔다. (대부분 오래된) 몇 가지 독점적 메시지 프로토콜의 예가 온라인에 공개돼 누구든 사용 가능하다.[6,7,8]

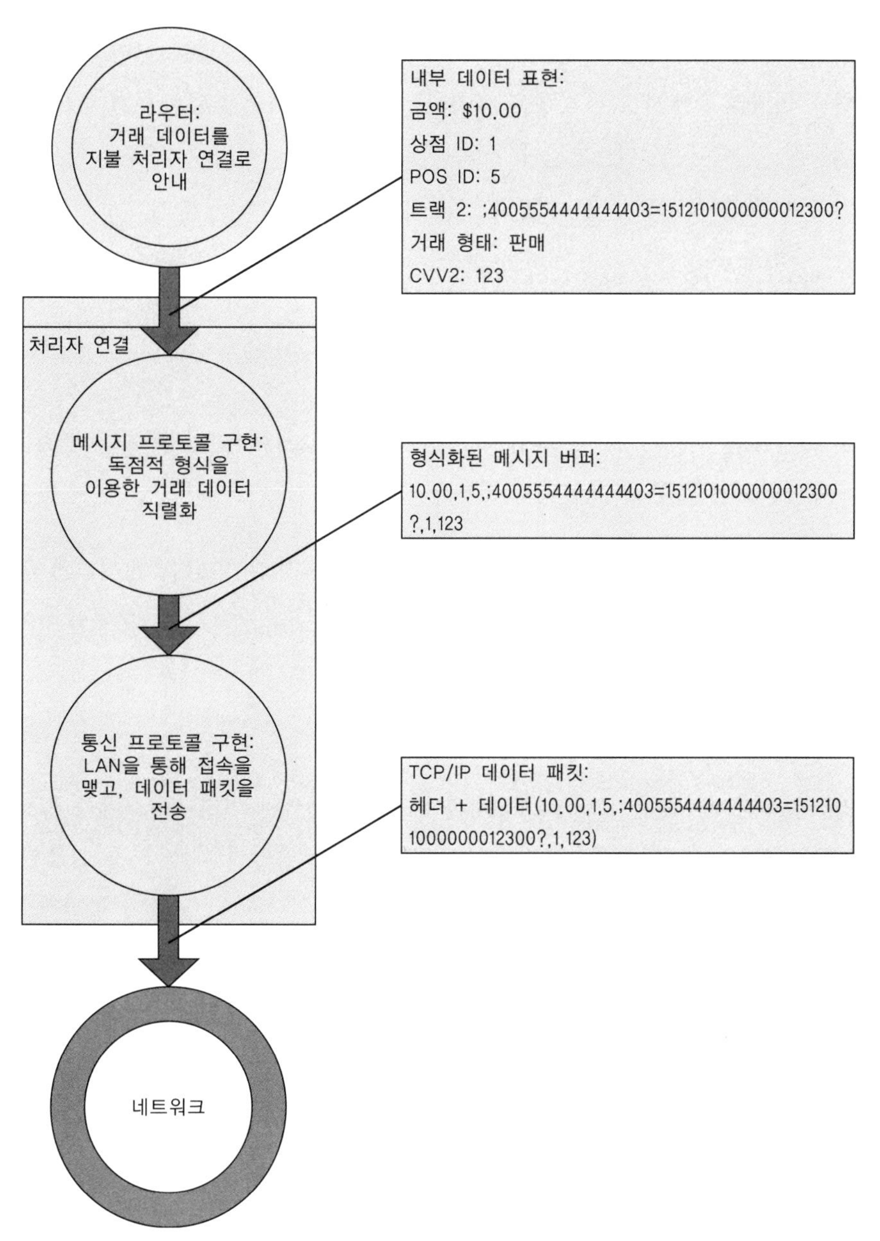

그림 2-3 처리자 연결 모듈 내 프로토콜 간 상호작용

많은 지불 처리자가 여전히 자신의 명세를 비밀로 유지하고 있다는 것은 알려지지 않음으로 인한 보안의 두드러진 예다.[9]

많은 메시지 프로토콜은 1990년대에 설계됐으며, 대부분은 보안에 관한 생각이 없이 만들어졌다. 유일한 관심사는 단지 안정성과 신뢰성이었다. 데이터를 비밀로 보호하고 무결성을 유지하는 (암호화와 암호 인증 또는 디지털 서명 같은) 내장된 기능은 없었다. 보안에 관해 지불 애플리케이션과 처리자는 대부분 다음과 같은 두 가지 요소에 의존한다.

1. **알려지지 않음으로 인한 보안** 이것은 많은 처리자에 대한 연결은 인증되지 않은 접근은 허용되지 않을 것으로 판단되는 전용선을 통해 유지된다는 가정에 근거한다.
2. **통신 보안** 지불 소프트웨어나 하드웨어 대신 (VPN 또는 IPSec과 같은) 네트워크 인프라를 통해 제공된다.

두 가지 접근 방법 모두 갖고 있는 명백히 불리한 점은 민감한 데이터가 평문으로 전송되고 쉽게 도청될 수 있다는 점이다.

내부 프로토콜

2장 앞부분에서 다룬 것과 같이 지불 애플리케이션의 인터페이스에는 POS API와 지불 처리자 연결, 그리고 POI 장치 연결, 이렇게 세 가지가 있으며, 모두 외부 통신 인터페이스다. 하지만 PA는 각각의 분리된 모듈이 물리적으로 분리된 위치에 배치되는 분산 아키텍처를 갖고 있을 수도 있다(2장의 뒷부분에 있는 '혼합 POS/상점 시스템' 절을 참조하라). 이런 경우 역시 (민감한 카드 소유자 정보를 포함하는) 데이터를 전체 지불 애플리케이션의 서로 다른 모듈로 전송하는 내부 통신 인터페이스가 있다. 그러한 내부 채널은 일반적으로 독점적인 종종 문서화되지 않는 외부 프로토콜과는 다른 메시지와 통신 프로토콜을 채용한다.

내부 통신에 사용되는 PCI DSS와 PA-DSS는 암호화된 LAN 통신을 요구하지 않으므로 보호되지 않는 내부 네트워크에서 동작한다. 그러므로 내부 통신은 외부 통신보다 더 취약할 수 있다.

통신 요약

표 2-3은 얼마나 많은 다른 형식의 PA 인터페이스가 다양한 형태의 연결과 통신, 그리고 메시지 프로토콜을 사용하는지 보여준다.

표 2-3 지불 애플리케이션 인터페이스와 프로토콜 요약

지불 애플리케이션 인터페이스	접속	통신 프로토콜	메시지 프로토콜	데이터 암호화 필수 여부	클라이언트 인증 필수 여부
지불 애플리케이션 연결	전화	시리얼	독점 프로토콜	–	–
	LAN, WAN	ICP/IP, HTTP, WS	ISO 8583, 독점 프로토콜	–	–
	인터넷	TCP/IP, HTTP, WS	ISO 8583, 독점 프로토콜	●	–
POI 장치	COM, USB	시리얼	독점 프로토콜	–	–
	LAN	TCP/IP	독점 프로토콜	–	–
POS API, 내부	메모리	DLL API, COM	독점 프로토콜	–	–
	LAN	TCP/IP,HTTP, WS	독점 프로토콜	–	–

표 2-3에서 목격되는 다음과 같은 PA 통신의 일부 일반적인 경향이 있다.

- 독점 메시지 프로토콜을 사용하는 대부분의 인터페이스는 보통 보안이 부족한 결과를 낳는다.
- 단 하나의 접속 형태(인터넷을 사용하는)만이 필수적으로 암호화(PCI DSS/PA-DSS)를 사용한다.

지불 애플리케이션의 배치

지불 애플리케이션 모듈은 물리적으로 다른 위치에 배치(배포)될 수 있다. 예를 들어 상점의 POS와 BO 장치, 그리고 심지어 원격 서버는 데이터 센터에서 동작하기도 한다. 배치 형태(모델)는 지불 시스템의 취약한 정도를 결정짓는다. 이 절에서는 다양한 설계 접근 방법이 어떻게 전체 시스템의 보안에 영향을 주는지 설명한다.

EPS의 개념

전자 지불 시스템EPS, Electronic Payment System의 세 번째 문자는 종종 '서버Server' 또는 '서비스Service'로 해석되기도 하는데, 용어의 의미가 크게 변하지는 않는다. EPS의 주요 목적은 전자 지불 처리 프로그램을 POS 기능의 나머지 부분으로부터 단절시키는 것이다. 많은 전문가가 지불 처리는 분리된 자급자족 비즈니스 분야라고 생각한다. 동시에 지불은 POS 처리 흐름의 중요한 부분이라는 것에는 의심의 여지가 없다.

EPS에 관한 명백한 '학문적' 정의가 없으며, 보통의 POS 기능과 지불 처리의 경계는 모호하다는 사실에도 불구하고, 보안의 관점에서 그러한 분리는 명백한 이점이 있다. EPS 소프트웨어를 만드는 제공자는 (보안을 포함해) 지불 기술의 주요 전문가인 반면에 POS 개발자는 (과세와 재고, 기타) 많은 분야에서 전문가가 돼야만 하므로 보안에 완전히 집중하지 못할 수 있다. POS와 지불 시스템의 논리적인(그리고 물리적인) 분리는 '범위에서 POS를 제거'(특정 프로그램이나 기계에 적용되지 않는 PCI와 같은 보안 표준의 요구를 의미하는 보안 감사 용어)가 가능하게 한다.

POS 애플리케이션이나 장치가 '범위의 밖에' 위치하는 것은 많은 소프트웨어 생산자와 소비자 모두에게 개발과 구현 작업을 절약할 수 있게 한다. 하지만 EPS는 모든 것을 해결해주는 해법이 아니며, 전체 시스템 보안에 영향을 미치는 배치 모델과 암호화 방식과 같은 많은 요소가 있다.

지불 스위치

소매점에서 사용되는 전형적인 컴퓨터는 적어도 POS와 BO라는 두 가지 형태의 기능을 가진다. 지불 애플리케이션 모듈은 소프트웨어 제공자 또는 가끔 상점 지불 처리자가 요구하는 특정 설계 요청에 따라 이러한 두 가지 형태로 구분될 수 있다. 사실 상점 외부에 위치할 수 있는 다른 (세 번째) 가능성이 있다.

많은 지불 소프트웨어 제공자나 상인은 거래 메시지를 복수의 상점으로부터 통합하고 적절한 지불 처리자에게 전달하는 자신들만의 처리 서버를 가진다. 이러한 서버는 일반적으로 지불 스위치라고 불린다. 지불 스위치의 첫 번째 기능은 지불 애플리케이션을 중앙 위치에서 처리되는 것이 더 나은 작업으로부터 분리하는 것이다. 예를 들면 BIN 범위나 카드 형태에 따라 거래 내역이 적절한 처리자에게 향하게 하는 것이다(그림 2-4를 보라).

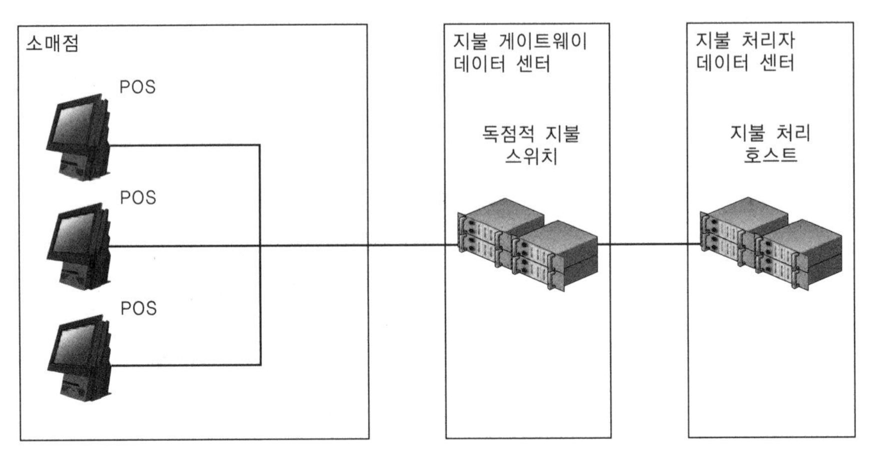

그림 2-4 지불 스위치

처음 보면 독점적인 지불 스위치를 갖는 배치 모델은 좀 더 안전한 것처럼 보인다. 그것은 소매점에서 찾을 수 있는 어떠한 종류의 위험한 환경에 노출되지 않게 프로그램을 데이터 센터에 보호하는 것이 쉽기 때문이다. 하지만 지불 애플리케이션은 여전히 상점에 있다. 핀패드와 POS, 그리고 스위치에 관해, 점원을 다루고 고객에게 알리고 처리하는 것에 관해, 그리고 상점 S&F와 TOR 메시지에 관해, 그리고 원격지로 보내서 처리할 수 없는 많은 필요한 기타 기능들에 관해 이야기해야 하는 뭔가가 있다.

독점적인 지불 스위치를 구현하는 것은 어떤 점(결제 기록의 장기 카드 소유자 데이터 저장소와 같은)에서는 민감한 데이터의 노출을 줄이는 것에 도움이 되지만, 상점의 전체적인 보안 단계를 크게 향상하지는 못한다.

배치 형태 비교

다른 아키텍처나 배치 형태와 관련된 위험성을 비교하기 위해서 다음과 같이 보안 위협에 노출될 때마다 점수를 얻는 것으로 계산되는 취약성 점수 방법을 사용할 것을 제안한다.

취약성 점수 계산

하나의 POS 기계와 BOSBack Office Server 컴퓨터를 상점의 서버로 사용하는 가상의 상점을 갖고 있다고 가정해보자. 실제로 대부분의 상점은 하나 이상의 계산대를 갖는데, 예를 들면 보통의 식료품 소매점은 십여 개의 계산용 줄이 있다. 하지만 POS 기계의 수는 직접적으로 시스템의 취약성에 영향을 주지 않는다. 모든 줄은 같거나 매우 유사한 하드웨어와 소프트웨어, 그리고 설정을 갖는다. 첫 번째 POS 데이터가 상점 네트워크를 지나면 곧바로 다른 장치의 틈으로 노출되기 쉽다.

상점 서버의 경우는 얘기가 다르다. 일반적으로 상점의 뒤편에 위치해 있어 고객에게 직접적으로 노출되지 않으므로, 적어도 물리적 관점에서 좀 더 잘 보호되기 때문이다. 또한 십여 개의 POS보다는 한 개의 POS가 더 안전할 수 있다.

반면에 상점의 모든 계산 줄에서 나오는 민감한 데이터는 상점의 서버로 모인다. 따라서 일단 상점 서버가 고장 나면 POS 기계의 어떤 데이터든 네트워크를 지날 필요가 없다. 그러므로 상점 서버에는 취약성 점수를 계산할 때 다수의 POS 기계와 같은 가중치가 주어져야 하고, 전체적인 상점의 점수는 다음과 같이 계산돼야 한다.

취약성 점수 = POS 점수 + 서버 점수

지불 스위치를 갖는 배치 형태에서 장기 데이터 저장소(기본적인 계정 번호를 포함하는 환불 처리를 위한 결제 데이터와 거래 내역)가 상점 밖으로 나와 데이터 센터에 구현될 때는 전체 취약성 점수에서 1점을 빼는 것이 일반적인 방법이다. 하지만 숨겨진 종종 문서화되지 않은 데이터가 여전히 존재할 수 있기 때문에 그렇게 하는 것을 추천하지는 않는다(숨겨진 데이터에 관한 자세한 내용은 6장을 확인하라).

각각의 PA 컴포넌트(장치)에 대한 점수는 다음과 같이 1장에서 정의된 지불 애플리케이션의 주요 취약 영역에서 도출되는 요소(노출 영역)에 근거해 계산된다.

- 메모리에 있는 데이터
- 저장된 데이터
- 전송되는 데이터
- 프로그램 코드와 설정

메모리에 있는 데이터와 프로그램 코드 & 설정은 단일 노출 영역으로 계산되는 반면, 저장된 데이터와 전송되는 데이터는 여러 하위 속성으로 나뉜다(표 2-4 참조).

표 2-4 취약성 점수 요소

노출 영역	주요 취약 영역
메모리	메모리에 있는 데이터
임시 데이터 저장소	저장된 데이터
결제 기록	저장된 데이터
프로그램 코드와 설정	프로그램 코드와 설정
POI 접속	전송되는 데이터
내부 통신	전송되는 데이터
서버 연결	전송되는 데이터

특정 노출 영역이 PCI DSS와 PA-DSS 요구 사항에서 다뤄지지 않는다면 점수는 규칙의 부재와 관련된 위험성을 수용하기 위해 2가 곱해진다.

상점 EPS 배치 형태

상점 EPS 배치 형태에서 지불 처리는 그림 2-5에서 묘사된 것과 같이 상점 서버의 중앙에 위치한 EPS에 의해 수행된다. EPS는 모든 POS, POI 장치와 직접 통신하며, 지불 거래를 처리하기 위해 공급되는 모든 카드 항목을 다룬다. 그러므로 POS와 EPS 사이에 전송되는 민감한 데이터는 없다.

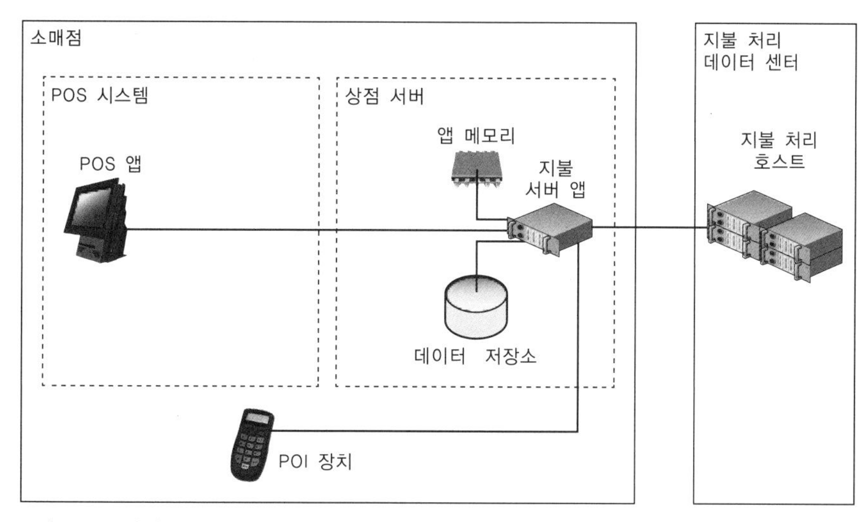

그림 2-5 상점 EPS 배치 형태

이 형태가 갖는 보안에 관한 장단점은 다음과 같다.

- **장점** POS 장치는 POI 장치와 통신하지 않기 때문에 민감한 데이터를 노출하지 않는다.
- **장점** POS와 상점 서버 사이의 통신에는 민감한 데이터를 포함하지 않는다. 따라서 통신 데이터를 암호화할 필요가 없다.
- **단점** POI 장치와 상점 서버 사이의 통신은 상점 LAN(일반적으로 TCP/IP 패킷)을 통해 구현되기 때문에 네트워크에 민감한 카드 소유자 정보가 노출된다.

상점 EPS 배치 형태의 입력 데이터와 취약성 점수 계산의 결과는 표 2-5에 나열돼 있다.

표 2-5 상점 EPS 배치 형태의 취약성 점수

노출 영역	필수 프로그램 보호 없음(X2)	POS 장치 취약성(+1)	상점 서버 취약성(+1)	점수
메모리	●	–	●	2
임시 데이터 저장소	–	–	●	1
결제 기록	–	–	●	1
프로그램 코드와 설정	●	–	●	2
POI 접속	●	–	●	2
내부 통신	●	–	–	0
서버 연결	●	–	●	2
취약성 점수				10

POS EPS 배치 형태

POS EPS 배치 형태에서 지불 처리는 그림 2-6에 묘사된 것과 같이 각각의 POS 장치에 위치한 EPS에 의해 수행된다. EPS는 POS, POI 장치와 직접 통신하며, 지불 거래를 처리하기 위해 공급되는 모든 카드 항목을 다룬다. 그러므로 POS와 EPS 사이에 전송되는 민감한 데이터는 없다. EPS는 상점 외부에 위치한 지불 처리자의 스위치와 직접 통신한다.

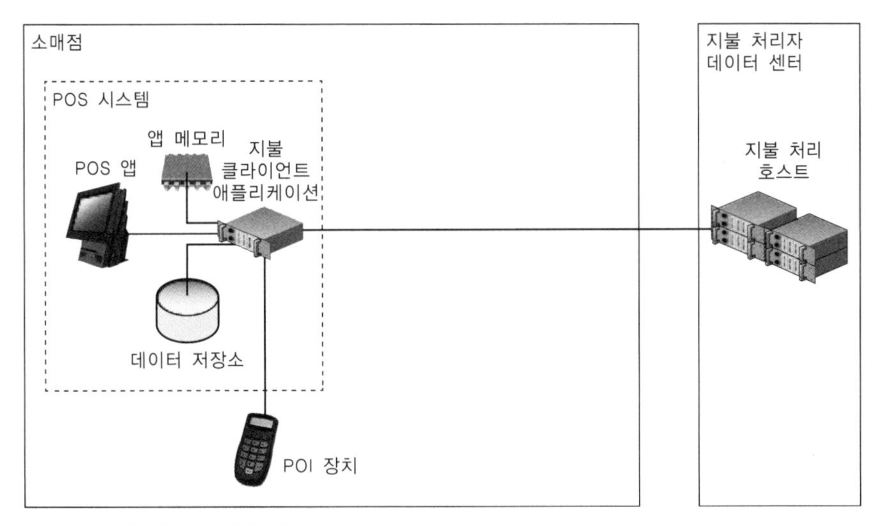

그림 2-6 POS EPS 배치 형태

이 형태가 갖는 보안의 장단점은 다음과 같다.

- **장점** 상점에는 메모리와 디스크 저장소, 또는 네트워크 트패픽에 존재하는 모든 민감한 데이터를 모으는 중앙 공간이 없다. 단일 기계와 프로그램의 경우에는 보호하기가 쉽다(그리고 덜 비싸다!). 하지만 일단 기계가 고장나면 상점의 모든 데이터가 유실된다.
- **장점** POS 애플리케이션(코드)은 모든 지불 기능은 분리된 EPS프로그램에 위임되기 때문에 민감한 데이터를 다루지 않는다.
- **단점** POS 장치와 지불 서버 사이의 통신뿐만 아니라 상점의 모든 POS 장치(메모리, 데이터 저장소)는 민감한 데이터에 노출된다.

POS EPS 배치 형태의 입력 데이터와 취약성 점수 계산 결과는 표 2-6에 나열돼 있다.

표 2-6 POS EPS 배치 형태의 취약성 점수

노출 영역	필수 프로그램 보호 없음(X2)	POS 장치 취약성(+1)	상점 서버 취약성(+1)	점수
메모리	●	●	–	2
임시 데이터 저장소	–	●	–	1
결제 기록	–	●	–	1
프로그램 코드와 설정	●	●	–	2
POI 접속	●	●	–	2
내부 통신	●	–	–	0
서버 연결	●	●	–	2
취약성 점수				10

혼합 POS/상점 배치 형태

혼합 POS/상점 배치 형태는 PA 모듈은 다른 물리적 장치에 걸쳐 퍼져 있기 때문에 가장 취약한 방법이다. 그림 2-7에 묘사된 것과 같이 처음 지불 처리는(POI 인터페이스와 지불 거래 흐름과 같은) POS 장치에서 수행되고, 상점 단계의 서버 모듈과 통신한다. 지불 스위치나 처리자와의 연결은 상점 서버에 구현된다.

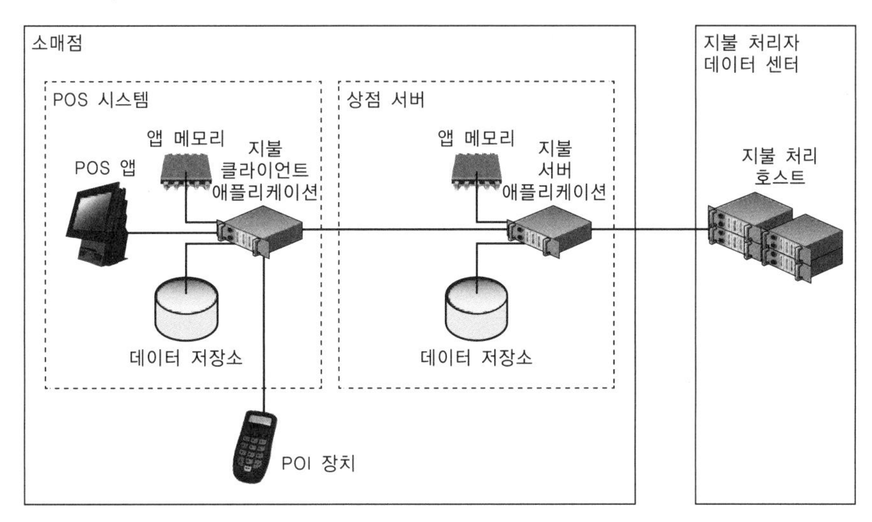

그림 2-7 혼합 POS/상점 배치 형태

이 형태와 관련된 보안의 장점은 없다. 단점은 POS와 상점 서버, 그리고 대부분의 컴포넌트(메모리, 데이터 저장소, 프로그램 코드, 통신선) 모두 전체적으로 취약하다는 것이다.

혼합 POS/상점 배치 모델의 입력 데이터와 취약성 점수 계산 결과는 표 2-7에 나열돼 있다.

표 2-7 혼합 POS/상점 배치 형태의 취약성 점수

노출 영역	필수 프로그램 보호 없음(X2)	POS 장치 취약성(+1)	상점 서버 취약성(+1)	점수
메모리	●	●	●	4
임시 데이터 저장소	–	●	●	2
결제 기록	–	–	●	1
프로그램 코드와 설정	●	●	●	4

(이어짐)

노출 영역	필수 프로그램 보호 없음(X2)	POS 장치 취약성(+1)	상점 서버 취약성(+1)	점수
POI 접속	●	●	–	2
내부 통신	●	●	●	4
서버 연결	●	–	●	2
취약성 점수				19

주유소의 지불 시스템

주유소의 지불 시스템 배치는 주유 펌프와 주유소forecourt 제어기 같은 일부 하드웨어와 소프트웨어가 추가되기 때문에 보통의 소매점과는 달라 보인다. POS와 POI 장치 같이 펌프 역시 여러 다른 제공자에 의해 생산되는 많은 종류가 있다. 지불 시스템의 보안 관점에서 보면 크게 디스펜서 결제 단말기DPT, Dispenser Payment Terminal와 독립 결제 단말기IPT, Island Payment Terminal 두 가지로 분류된다.

두 개의 차이는 간단하다. 전자는 펌프에 내장된 MSR과 핀패드 장치를 갖고 있는 반면에 후자는 펌프와 제어기로부터 내부적으로 독립된 POI 장치를 갖고 있다(하지만 펌프와 논리적으로 분리된 DPT 모델도 있다). 분명히 두 번째 형태는 POS와 지불 흐름 사이가 완전히 분리된 형태의 EPS를 구현할 수 있기 때문에 좀 더 안전하다.

통합된 지불 단말기인 첫 번째 그룹은 다음과 같은 두 가지 이유 때문에 취약하다.

1. 민감한 카드 소유자의 데이터가 소프트웨어와 연료 펌프와 통신선과 관련된 하드웨어의 추가 영역에서 노출된다.
2. 대부분의 내장 카드 리더와 연료 펌프 제어기는 현재까지 하드웨어 P2PE를 지원하지 않는다(P2PE에 관한 자세한 사항은 8장에서 확인하라).

게다가 연료 펌프는 가끔 무인으로 동작하는데, 이것은 명백하게 핀패드의 보안에 도움이 되지 않으며, 스키밍[1]을 위한 판도라 상자를 여는 것이다.[10]

결론적으로 주유소의 지불 애플리케이션은 보통의 소매점보다 더 위험할 수 있다.

모바일 결제

요즘의 전자 지불에 관해 말할 때 산업계의 가장 유망한 추세인 모바일 결제에 관해 언급하지 않을 수 없다. 미국에서는 소매점에서 휴대폰으로 결제하는 것이 아직은 일반적인 추세는 아니지만, 일반적인 것이 되기까지는 몇 년도 채 남지 않은 것 같다. 많은 지불 처리자와 지불 소프트웨어 제공자, 모바일 통신 제공자, 은행, 지불 회사, 벤처 회사, 그리고 심지어 인터넷 검색 엔진[11,12,13]은 최초로 모바일 결제를 받아들이고 이렇게 빠르게 발전하는 분야의 표준이 되고자 싸우고 있다.

항상 그렇듯이 새로운 기술은 보안에 관한 새로운 도전 과제를 가져온다.

현재까지 모바일 결제 기술의 주요 형태는 다음과 같다.

1. NFC^Near Field Communication^ 기반
2. 그 외

두 가지 접근 방법 모두 특정 모바일과 웹 애플리케이션 보안과 관련된 동일한 문제를 가진다. 하지만 NFC 기반 결제 애플리케이션은 추가적으로 상점의 POS와 모바일 장치가 서로 통신하는 방법과 관련된 취약점을 갖고 있다. 소매점의 전형적인 모바일 결제 솔루션에 관한 아키텍처와 배치 형태에 관해 다시 생각해보자.

1) 스키밍(Skimming): 기계를 이용해 신용카드의 마그네틱 선에 저장된 정보를 읽어 개인 정보를 도용하는 방법 – 옮긴이

NFC 기반 모바일 결제 기술

이 그룹의 모바일 결제 솔루션이 가진 공통 기능은 NFC 기술을 활용하는 것으로, 높은 주파수 대역(13.56MHz)의 통신을 사용하는 아주 가까운 근접한 전자 장치끼리 정보를 교환할 수 있게 한다. 본질적으로 여러 프로토콜과 표준[14,15,16]의 모음인 NFC는 근접 카드와 NFC 태그, 그리고 가장 최근엔 모바일 결제에 채용됐다. 구글 월렛Wallet 같은 모바일 결제 솔루션은 짧은 최대 범위(몇 인치보다 작은)와 아주 빠른 통신 설정 시간(<0.1s) 같은 독특한 NFC 기능(표 2.8 참조)을 활용한다.

표 2-8 NFC와 다른 비접촉식 통신 기술과의 비교

기술	일반적인 범위	접속 설정 시간	장치 외부 암호화
NFC	~ 1인치	0.1초 이하	없음
블루투스	30 피트	6초 이하	있음
와이파이	120 피트	수 초	있음

이러한 솔루션[17,18]에서 NFC 장치를 내장하고 있는 휴대폰은 비접촉식 지불 카드를 모방하므로 NFC를 사용할 수 있는 POI에 의해 읽혀질 수 있다(그림 2-8 참조).

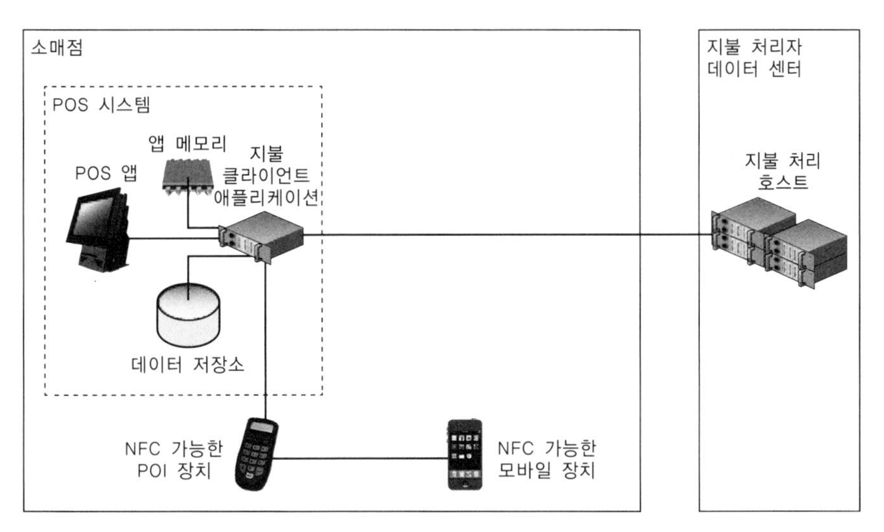

그림 2-8 NFC 기반 결제 솔루션의 아키텍처와 배치

지불 카드 인증 데이터(플라스틱 카드의 마그네틱 선 내용)는 모바일 장치에 저장되거나 클라우드에서 다운로드될 수 있다. 어떤 경우에든 민감한 데이터는 모바일에서 POI 장치로 전송돼 지불 처리가 시작돼야 한다. 이것은 잠재적인 공격의 문을 여는 것이고, 보안 문제를 유발한다.[19,20,21] 이러한 보안 문제는 8장에서 다룬다.

비NFC 모바일 결제 솔루션

NFC에 기반을 두지 않은 많은 '대안' 모바일 결제 솔루션이 있다. 이러한 프로그램은 NFC 장치를 필요로 하지 않으므로, 다음과 같이 NFC 기반 제품을 넘어서는 강한 이점이 있다.

- 애플의 아이폰과 같은 많은 유명 휴대폰은 NFC 전송기를 장착하지 않고 있다.
- 아주 제한적인 숫자의 생산자만이 NFC 리더가 포함된 POI 장치를 개발하고 있다.

'비NFC' 모바일 결제 프로그램의 한 예는 스타벅스의 모바일 앱으로, 휴대폰의 디스플레이에 바코드뿐만 아니라 카드 번호도 보여준다. 결제를 시작하기 위해서는 카드 번호를 수동으로 입력하거나 계산원에 의해 바코드가 읽혀져야 한다. 그리면 이때부터 전형적인 카드 결제와 같이 결제가 처리된다.

모바일 결제 프로그램이 보안을 염두에 두고 설계됐다면 장치에 카드 번호를 저장한 후 스크린에 보여주는 대신 고객의 모바일 장치와 상점의 POS를 연결하기 위해 무작위로 생성된 일회성 토큰이 (바코드로 변환돼) 화면에 표시됐을 것이다(그림 2-9를 보라). 모바일 솔루션과 지불 처리자의 데이터 센터(또는 지불 처리자가 모바일 결제 솔루션 제공자와 같아서 같은 데이터 센터에 존재) 사이에 실제 인증 데이터는 (PAN과 유효기간 같은) '인터넷으로' 전송된다.

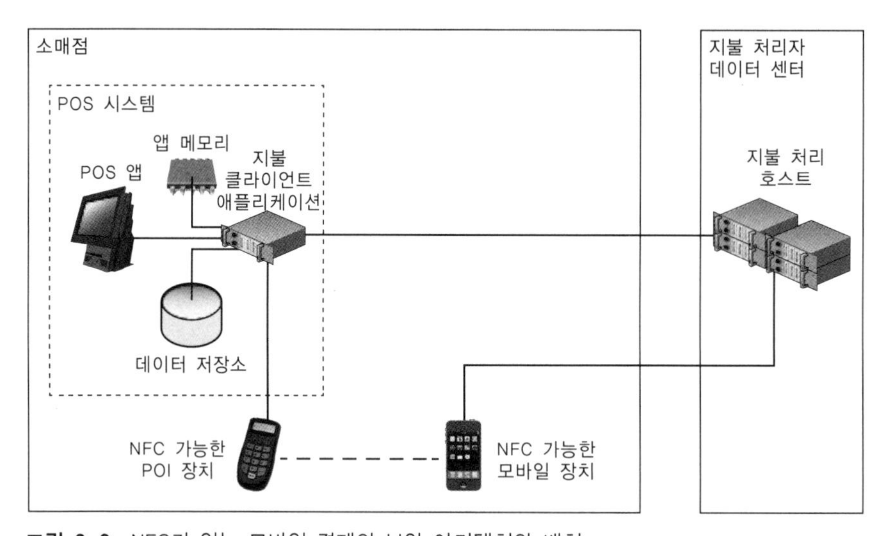

그림 2-9 NFC가 없는 모바일 결제의 보안 아키텍처와 배치

잘 설계된 '비NFC' 모바일 결제 솔루션에서 민감한 인증 데이터는 결코 모바일 장치와 POS 지불 애플리케이션을 건드리지 않는다. 이것은 실제 카드 데이터를 모바일 장치를 통해 POS로 전송해야 하는 비접촉/NFC 형태와 비교해 아주 큰 보안의 이점이다.

정리

전통적인 지불 애플리케이션은 다음과 같은 여러 인터페이스와 처리 모듈로 구성된다.

- 인터페이스
  - POI 장치
  - POS API
  - 지불 처리자 연결
- 처리 모듈
  - 라우터
  - S&F
  - TOR
  - 배치

인터페이스는 다양한 형태의 연결 방법과 통신 기술, 그리고 메시지 프로토콜을 사용해 외부 세계와 통신한다. 처리 모듈은 작업의 흐름을 실행하고 민감한 카드 소유자 정보를 하드 드라이브에 저장한다. 지불 애플리케이션의 인터페이스 프로토콜(전송되는 데이터) 또는 처리 모듈(저장되는 데이터)을 위한 표준 보안(암호화) 기술은 정의돼 있지 않다.

주요 지불 애플리케이션의 배치 형태는 다음과 같이 세 가지가 있다.

1. 상점 EPS
2. POS EPS
3. 혼합 상점/POS

각각의 모듈은 자신만의 보안에 관한 장단점을 갖고 있다. 하지만 혼합 상점/POS 형태가 가장 취약하다.

모바일 결제 솔루션은 다음과 같이 크게 두 가지 그룹으로 나뉜다.

1. NFC 기반
2. 비NFC

NFC 기반 프로그램은 민감한 카드 소유자 정보를 저장하고/하거나 전송하기 때문에 잠재적으로 더 취약하다.

참고 자료

1. PCI DSS 요구 사항과 보안 평가 절차 버전 2.0, PCI SSC(2010년 10월): https://www.pcisecuritystandards.org/documents/pci_dss_v2.pdf
2. PCI PA-DSS 요구 사항과 보안 평가 절차 버전 2.0, PCI SSC(2010년 10월): https://www.pcisecuritystandards.org/documents/pa-dss_v2.pdf
3. 국제 표준 ISO/IEC 7498-1, 정보 기술 - 개방형 시스템 상호 접속 - 기본 참조 모델: 기본 모델, ISO/IEC(1996): http://www.ecma-international.org/activities/Communications/TG11/s020269e.pdf
4. 마크 오닐Mark O'Neil 『웹 서비스 보안』(뉴욕: McGraw-Hill/Osborne, 2003년)
5. ISO 8583-1: 2003년, 금융 거래 카드 유래 메시지 - 상호 교환 메시지 명세 - 파트 1: 메시지, 데이터 요소와 코드 값, ISO(2003): http://www.iso.org/iso/iso_catalogue/catalogue_tc/catalogue_detail.htm?csnumber=31628
6. 온라인 처리, 기술적 명세, 페이멘테크Paymentech(2001): http://www.chasepaymentech.com/library/pdf/Online_5.0.pdf
7. 궤도 게이트웨이 인터페이스 명세, 체이스 페이멘테크Chase Paymentech(2008): http://rafeekphp.files.wordpress.com/2009/04/orbital-gatewayinterface-specification-43.pdf
8. 기술적 참조 가이드, 개방형 터미널 요구 사항 명세 - 1권, Nets(2012): http://www.nets.eu/dk-da/Service/verifikation-afbetalingsloesninger/Documents/ct-

trg-otrs-en.pdf

9. 부르스 슈나이어[Bruce Schneier], '비밀, 보안과 모호함' 크립토그램 뉴스레터[Crypto-Gram Newsletter](2002년 5월): http://www.schneier.com/crypto-gram-0205.html#1

10. 월넛 크리크[Walnut Creek]에서 찾은 신용카드 스키머, CBS(2013년 5월): http://sanfrancisco.cbslocal.com/2013/05/17/credit-card-skimmers-found-on-walnut-creek-gas-station-pumps/

11. 구글[Google] 월렛[Wallet]: http://www.google.com/wallet/buy-in-store/

12. 스타벅스 모바일 앱: http://www.starbucks.com/coffeehouse/mobile-apps

13. 스퀘어 월렛[Wallet]: https://squareup.com/wallet

14. ISO/IEC 18000-3, 정보 기술 - 항목 관리를 위한 라디오 주파수 확인 - 파트 3: 13.56MHz의 무선 인터페이스 통신에 대한 매개변수, ISO/IEC (2004): http://www.iso.org/iso/home/store/catalogue_tc/catalogue_detail. htm?csnumber=53424

15. ISO/IEC 14443-1, 신원 확인 카드 - 비접촉식 IC[Integrated Circuit] 카드 - 근접 카드 - 파트 1: 물리적 특성, ISO/IEC(2008): http://www.iso.org/iso/iso_catalogue/catalogue_ics/catalogue_detail_ics.htm?csnumber=39693

16. ISO/IEC 13157-1, 정보 기술 - 시스템 간 통신과 정보 교환 - NFC 보안 - 파트 1: NFC-SEC NFCIP-1 보안 서비스와 프로토콜, ISO/IEC (2010): http://www.iso.org/iso/home/store/catalogue_tc/catalogue_detail.htm?csnumber=53430

17. 바클레이카드 페이테그[Barclaycard PayTag]: http://www.barclaycard.co.uk/personal/pay-with-barclaycard/what-is-paytag

18. Isis: https://www.paywithisis.com/

19. 찰리 밀러[Chalie Miller], 내 곁에 너무 가까이 오지마: NFC 공격면 분석, DefCon 20(2010): https://media.blackhat.com/bh-us-12/Briefings/C_Miller/BH_US_12_Miller_NFC_attack_surface_Slides.pdf

20. 크리스틴 파겟[Kristin Paget], 신용카드 사기: 비접촉 생성, shmooCon(2012): http://www.shmoocon.org/2012/presentations/Paget_shmoocon2012-credit-cards.pdf

21. 에디 리Eddie Lee, NFC 해킹: 쉬운 방법(DefCon 20, 2012): http://blackwinghq.com/assets/labs/presentations/EddieLeeDefcon20.pdf

3

지불 카드 산업

한 질병에 많은 치료법이 제시된다면 그것은 불치병이라는 것을 의미한다.

– 안톤 체호프

표준을 만든다는 것은 특히 정보 기술 분야에서 흥미로운 현상이지만, 관료주의를 만들고 창의력을 말살하며 재능 있는 많은 사람을 쫓아버리기도 한다. 반면에 표준은 자원을 절약하고 신뢰성을 제공하며, 완전히 다른 사람과 조직이 같은 언어를 사용해 말을 할 수 있게 하기도 한다.

지불 카드 산업PCI, Payment Card Industry에서 이러한 현상은 좀 더 흥미롭다. 보안에는 근본적인 기술 표준은 없지만 이미 인정을 받고 있는 표준이 존재한다. 간단히 말해서 지불 애플리케이션이 사용하는 대부분의 보안 표준은 어떻게 동작하는가에 대한 설명 없이 보호 기능을 제공한다. 그것은 충분히 정의되지 않았으며, 표준화돼 있지 않다.

최근 지불 애플리케이션을 규제하는 보안 표준에 관해 논의할 때마다 맨 처음 떠오르는 것은 PCI다. 이러한 본능은 오늘날에는 그리 놀라운 것이 아니다. 2004년 이후 PCI 표준은 오랜 기간 비워져 있던 간극을 채워주고 있기 때문이다. 하지만 PCI 원칙이 결제를 규제하는 유일한 것은 아니다. 산업계에 영향을 미치는 다른 표준이 존재한다. 특히 요즘 새롭게 떠오르는 P2PE와 같은 기술이 경쟁에 참여하고, 그들은 지금까지 알려지지 않은 하드웨어와 소프트웨어의 요구 사항의 급증을 가져왔다. 3장에서는 '알려진' PCI 표준에 대해 알아보고, 지불 애플리케이션의 보안(암호화와 코딩)에 영향을 미치는 다른 표준은 이어지는 장들에서 알아볼 것이다.

> **노트** PCI는 지불 카드 산업(Payment Card Industry)를 의미하긴 하지만, 일반적으로 PCI를 말하는 것은 다양한 전자 지불 시스템을 규제하기 위해 개발된 일련의 표준 집합에 관해 말하는 것이다.

3장이 이 책에서 가장 지루한 장이 될지도 모르겠지만, 진짜 표준에 관심 있다면 표준이 무엇을 따라야 하는지, 그리고 어떤 것이 사용돼야 하는지 이해하기 위해서라도 적어도 한 번은 훑어보기 바란다.

PCI란?

PCI는 대단한 발명품이다. 이것은 지불 시스템이 좀 더 안전하게 만들어지도록 돕는다. PCI 표준이 가진 문제는 지불 카드 처리에 (안전하지 않은) 기술이 이미 자리를 잡고 광범위하게 퍼져 있는 이때에 너무 늦게 등장했다는 점이다. (진짜 보안을 제공하기 위해 필요한) 현재의 기술로부터 벗어나기 위해서는 전체 시스템을 바닥에서부터 재구축해야 하고, 전 세계적으로 구현을 하기 위해서는 수백만 달러가 필요할 것이다.

결과적으로 새로운 보안 기술을 제공하는 대신에 PCI 보안 표준이 취하는 주요 방법은 현재 기존 기술에 여러 가지 추가적인 보안 통제 단계를 구축함으로써 (설계적으로) 취약한 전자 지불 시스템을 보완하는 것이다. 이것은 말단 사용자(지불 처리자, 서비스 판매회사, 하드웨어/소프트웨어 판매회사, 그리고 마지막으로 종종 보안에 관한 어떠한 정보도 갖고 있지 않은 상점)가 그들의 구현 방식에 책임을 지게 하는 것이다. 그러므로 지불 시스템은 PCI를 준수하고 있더라도 종종 안전하지 않다.

그림 3-1은 2005년 이후 개인 정보 권리 처리 기관Privacy Rights Clearinghouse에 공식적으로 등록된 미국 내(소매점 부문에 국한)에서 발생한 정보 유출 숫자를 보여준다. 같은 해(좀 더 정확히 말하면 2004년 12월)에 PCI 정보 보안 표준DSS, Data Security Standards이 세계에 처음 소개됐다.

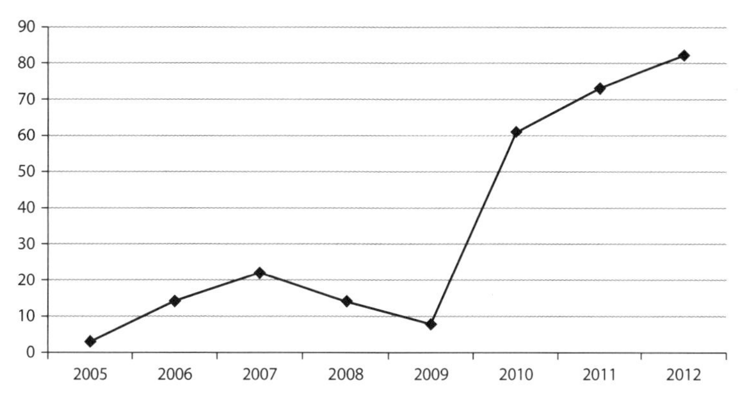

그림 3-1 2005년부터 2012년까지 미국에서 발생한 소매점/상점의 정보 유출 수[1]

불행하게도 PCI를 준수하는 상점 수의 통계는 나와 있지 않지만, 2005년 이후 이 숫자는 계속 증가한다고 가정하자. 2008년에서 2009년까지 유출 수는 감소했으,며 2010년에는 다시 증가하기 시작했다. 이런 '이상한' 현상은 쉽게 설명될 수 있다. 2008~2009년의 감소는 많은 상점이 PCI DSS 요구사항을 구현한 결과다. 하지만 해커는 상대적으로 빠르게 새로운 규칙에 적응했으며, 해커들이 POI 장치의 물리적 약점뿐만 아니라 보호되지 않은 채 남아 있는 메모리와 전송되는 데이터, 그리고 애플리케이션 코드와 설정 같은 지불 애플리케이션의 주요 취약점에 대한 공격 기법을 배워감에 따라 단한 영역, 저장되는 정보 영역에만 상당한 보호가 이뤄졌다. 이것이 2010년의 급격한 유출 숫자를 만들었다.

2010년 이래로 상황은 지속적으로 악화돼 지금 우리는 몇 년 전 나쁜 사람들의 행위를 막아줬던 중요한 장벽이 없었던 것과 같은 위치에 놓이게 됐다. 이 숫자가 정확하지 않다고 할지라도 PCI가 발표된 지 8년이 지났음에도 불구하고 심지어 더 많은 수의 지불 카드 정보 유출이 여전히 발생하고 있다는 것을 여러 언론을 통해 들어서 알고 있다.

PCI 보안 표준을 비판하는 것이 이 책의 목적은 아니므로 오해하지 말기 바란다. PCI는 필요한 보안 기준이며, 더 나은 발전을 위한 시작점이다. 특히 서비스 판매회사와 큰 상점에게 있어서는 더욱 그렇다. 여기서 얻고자 하는 것은, 특히 중소규모의 상점에 의해 구축된 지불 애플리케이션과 POS 시스템에 적용될 때 'PCI 준수'가 '보안'이 아니라는 점을 명확히 하는 것이다. 상점의 일부에 적용되는 잘못된 보안 인식보다 더 공격자에게 도움이 되는 것은 없다.

PCI 표준

PCI 표준은 전자 지불 생명주기의 여러 다른 측면을 다룬다. 첫 부분이자 가장 유명한 부분인 PCI 정보 보안 표준PCI DSS, PCI Data Security Standards은 상점(소매점 같은)과 서비스 판매회사(지불 처리자와 게이트웨이 같은)에게 어떻게 민감한 카드 소유자 정보를 보호할 것인가에 대해 이야기한다. 두 번째 부분이자 지불 소프트웨어 판매회사에게 가장 중요한 부분인 지불 애플리케이션 정보 보안 표준PA-DSS, Payment Application Data Security Standard은 지불 애플리케이션 개발자들이 자신의 제품이 PCI DSS를 준수하기 위해선 어떻게 설계돼야 하는지 알려준다. 세 번째 부분은 PTS로, POI나 HSMHardware Security Modules 같은 하드웨어뿐만 아니라 자신의 암호화 모듈과 펌웨어를 어떻게 보호하는가에 관해 이야기한다. 마지막으로 새로 만들어진 P2PE는 앞선 세 부분이 가진 문제와 추가적인 소프트웨어와 하드웨어 검증 요구 사항의 형태로 지금까지 알려지지 않은 새로운 도전 과제를 흡수해왔다. 표 3-1은 이러한 네 가지 PCI 표준의 적용 가능성을 보여준다.

표 3-1 PCI 표준의 적용 가능성

PCI 표준	대상	목표	주체
PCI DSS	환경	소매점과 지불 처리자 데이터 센터 등과 같은 지불 거래 처리	상점, 서비스 판매회사 (지불 처리자, 관문, 은행)
PA-DSS	소프트웨어	지불 애플리케이션	소프트웨어 판매회사
PTS	하드웨어	SCD(펌웨어 포함): POI, HSM	하드웨어 생산자
P2PE	환경, 하드웨어, 소프트웨어	P2PE 솔루션, P2PE 프로그램	P2PE 솔루션 판매회사, P2PE 소프트웨어 판매회사

특정 PCI 표준에 관해 항상 혼란과 많은 질문이 있으므로, 다른 관점에서 이러한 문제를 살펴보자(표 3-2). 하는 일에 따라 어떤 표준을 반드시 준수해야 하는가?

표 3-2 PCI 표준 준수

하는 일	준수해야 하는 표준
지불 애플리케이션의 개발과 판매	PA-DSS
지불 애플리케이션의 구매와 사용	PCI DSS
지불 애플리케이션 총판과 설치	-
단일 고객을 위한 지불 애플리케이션 개발	-
지불 애플리케이션 개발과 사용	PCI DSS
지불 애플리케이션을 서비스로 제공	PA-DSS 그리고/또는 PCI DSS
지불 거래 처리	PCI DSS
POI 장치 생산	PTS
HSM 장치 생산	PTS
P2PE 지불 애플리케이션 개발과 판매	P2PE

(이어짐)

하는 일	준수해야 하는 표준
P2PE 솔루션을 개발하고 서비스로 제공	P2PE
지불 애플리케이션 해킹	자신의 도덕적 표준

PA-DSS와 PCI DSS

PCI DSS와 PA-DSS의 실제 차이는 대상과 목적이나 주체가 아니라, 공격 벡터를 완화시키고 신용카드 보안의 부족을 보완할 책임이 누구에게 있는가 하는 점이다. 이러한 책임은 주요 부담을 상점에게 지우면서 합리적으로 어떠한 책임 비율도 갖고 있지 않은 소프트웨어 판매회사와 상점이 서로 공유한다. 표 3-3은 높은 수준의 공격 벡터와, PCI DSS와 PA-DSS가 정의하는 공격 벡터의 완화와 책임에 대해 검토한다.

표 3-3 PCI에 따른 보안 제어 구현을 위한 책임

취약 영역	언급하는 표준	완화에 대한 책임
지불 애플리케이션 메모리	PCI DSS	상점
내부 네트워크 통신	PCI DSS	상점
공공 네트워크 통신	PA-DSS, PCI DSS	PA 판매회사, 상점
PA와 POI 간 통신	PCI DSS	상점
지불 처리자 연결(공공 네트워크를 통하지 않는 경우)	PCI DSS	상점
애플리케이션 코드	PCI DSS, PA-DSS	상점
프로그램 설정	PCI DSS	상점
POI 장치(물리적)	PCI DSS	상점
암호화 키 관리	PCI DSS, PA-DSS	상점
민감한 정보 저장	PA-DSS, PCI DSS	PA 판매회사, 상점
카드 정보에 대한 전체적인 책임	PCI DSS	상점

표 3-3에서 볼 수 있듯이 심지어 소프트웨어와 자연스럽게 연관되는 메모리나 애플리케이션 코드 같은 영역의 보호는 사용자(상점)의 책임 아래에 놓인다. PA-DSS는 프로그램 개발자들로 하여금 자신의 컴파일된 코드를 혼란스럽게 만들거나 메모리에 존재하는 민감한 정보를 암호화할 것을 요구하지 않는다. 상점은 방화벽과 파일 무결성 모니터링 같은 모든 종류의 해결 방법을 구현해 지불 애플리케이션을 보호해야만 한다. 말단 사용자는 자신이 사용하는 프로그램의 보안에 관한 관리를 교육받은 사람들이 아니기 때문에 이러한 제어도 종종 실패한다는 사실은 그리 놀라운 것이 아니다.

PA-DSS

지불 애플리케이션 정보 보안 표준PA-DSS, Payment Application Data Security Standard은 여러 고객에게 제품을 판매하는 POS 소프트웨어 판매회사를 위한 검증 프로그램으로 개발됐으며, 구매자에게 구매한 제품이 PCI DSS 규칙을 위반하지 않았다는 것을 보증한다. PA-DSS는 지불 애플리케이션의 보안을 직접적으로 관리하는 표준 제품군 중 단 하나에 불과하다.

검증 과정

아주 간단히 말해 검증 과정은 테스트 절차(PA-DSS의 168) 목록을 한 번 통과하고 '준비 됨' 또는 '준비 되지 않음' 중 맞는 칼럼에 'V' 표시를 하는 것으로 구성돼 있다. 평가의 시작은 PA 판매회사가 PCI SSC 웹사이트[2]에 공개된 목록에서 자격을 갖춘 보안 평가자QSA, Qualified Security Assessor를 선택하고 기밀 유지 협약에 사인(그리고 물론, 비용을 지불)하자마자 시작된다. 최근에는 80여 개 회사가 PA-QSA(같은 회사나 사람이 QSA와 PA-QSA 모두 될 수도 있지만, PCI DSS 평가만 수행하게 인증된 QSA 회사와 혼동하면 안 된다)로 나열돼 있다.

검증 과정은 그리 복잡하지 않으며, 일반적으로 다음과 같은 과정으로 이뤄져 있다.

1. **시작 미팅(현장 또는 전화가 될 수 있다)** PA 개발자와 PA-QSA는 프로젝트의 범위와 시간 계획, 그리고 상위 프로그램 설계를 재검토하고 실험 환경과 문서 요구 사항에 관해 논의한다.
2. **현장 평가** 다음과 같은 두 단계를 포함한다.
   a. **판매회사 실험실에서 실제 프로그램 테스트 수행** 감사자, PA-QSA는 해당 시스템을 보는 것이 처음(이자 마지막)일 수 있기 때문에 개발자로부터 설명을 듣는다. 침투 시험은 모든 가능한 거래와 카드의 형태에 대해 수행하며, 민감한 정보가 하드 드라이브에 써지지 않는지 확인한다. 또한 인증 정보가 네트워크를 통해 평문으로 전송되지는 않는지 확인하기 위해 네트워크 스니핑을 수행하기도 한다. QSA는 전문적인 침투 테스터가 아니기 때문에 매력적인 도구나 기술은 필요하지 않으며, 아무도 실제로 시스템을 파괴하려 들지 않는다. 대부분의 경우 프로그램이 민감한 정보를 평문으로 저장하지 않는다면(또는 저장하지 않는 것처럼 가장한다면) 테스트를 통과하게 된다.
   b. **개인 인터뷰 수행** 이것은 형식적이다. 감사자는 몇 가지 질문을 하고 보고를 위해 개발자와 QA 팀의 이름을 기록한다.
3. **구현 프로세스와 문서, 그리고 증언을 재검토** 대부분 문서로 수행되는 단계다. 가장 고통스러운 부분은(특히 처음인 사람에게는) PCI 구현 가이드를 만드는 것이므로, 모든 PA 판매회사가 반드시 고객(지불 소프트웨어 사용자)에게 제공해야 하는 문서다. 이 문서의 내용은 대부분 기술적인 면책 조항으로, 상점에게 신용카드를 받는 것은 위험한 사업이고 지불 카드 처리를 위한 보안 설계의 결함을 보완하는 것은 상점의 책임이라는 점을 상기시킨다.
4. **검증 보고서(ROV, Report of Validation) 작성** 이 문서는 PA-QSA가 준비하며 수락을 받기 위해 PCI 위원회에 보내진다. 이 단계는 시간이 걸릴 수 있는데, 위원회에서 보고서의 특정 문장을 거부하고 QSA에게 되돌려 보낼 수 있기 때문이다. 그러면 QSA는 모든 거부된 부분을 좀

더 보안이 강화된 방법으로 재작성 후 다시 제출한다. 일단 ROV가 위원회에서 받아들여지면(승인되면) 청구서가 판매회사에게 발급되고 검증된 프로그램은 검증 목록에 기재된다(비용이 지불되자마자).

> **노트** ROV는 재검증을 요구하지 않는다(주요 변경이 없는 단순 변경 출시는 자체 검증). 이 경우 절차는 다음과 같이 좀 더 단순해진다. 판매회사는 검증 증명(AOV, Attestation of Validation) 메일을 작성해 비용 지불 방법과 함께 위원회에 직접 보낸다. 그러면 자동으로 목록에서 갱신된다.

검증된 지불 애플리케이션 목록

PCI 위원회는 웹사이트에 검증된 지불 애플리케이션 목록을 유지한다.[3] 새로운 지불 소프트웨어를 구매하거나 새 버전을 설치하기 전에 상점은 반드시 해당 제품이 검증되고 새로 배포되기에 충분한지 확인해야만 한다. 지불 애플리케이션은 새 버전을 출시하기 전이나 매년 재검증이 요구된다. 분명히 모든 패치 버전을 매번 재검증할 여력이 있는 소프트웨어 판매회사는 없으며, 실현 가능성도 없고(검증 과정은 인적 자원을 필요로 한다), 경제적으로도 이득이 없을 것이다(매번 재검증과 목록 갱신은 비용이 든다). 그러므로 검증 목록은 실제 상황을 반영하지 않고, 상징적인 것이지만 상점에게는 여전히 중요한 도구다.

13가지 요구 사항과 POS 보안

표 3-4는 13가지의 PA-DSS 요구 사항이 지불 애플리케이션의 주요 취약점으로부터 얼마나 개발자 보호에 도움이 되는지 검토한다. 이 검토는 전체 표준에 대한 일반적인 평가는 아니지만, 특별히 소매점이나 주유소와 같은 주로 소매 영업점에 배포되는 POS와 지불 애플리케이션에 적용된다.

표 3-4 PA-DSS 요구 사항과 지불 애플리케이션의 주요 취약 영역

	PA-DSS 요구 사항	메모리에 저장되는 정보	전송되는 데이터	저장된 정보	PA 코드와 설정
1	전체 마그네틱 선, 카드 인증 코드나 값(CAV2, CID, CVC2, CVV2), 또는 PIN 블록 정보를 보관하지 마라.	–	–	○	–
2	저장된 카드 소유자 정보를 보호하라.	–	–	●	–
3	안전한 인증 기능을 제공하라.	–	–	–	–
4	지불 애플리케이션의 행동을 기록하라.	–	–	–	–
5	안전한 지불 애플리케이션을 개발하라.	–	–	–	○
6	무선 전송을 보호하라.	–	○	–	–
7	취약성을 제거하기 위해 지불 애플리케이션을 테스트하라.	–	–	–	○
8	안전한 네트워크 구현을 가능하게 하라.	–	–	–	–
9	카드 소유자 정보는 인터넷에 연결된 서버에 절대로 저장하지 마라.	–	–	–	–
10	안전하게 원격으로 지불 애플리케이션에 접속할 수 있게 하라.	–	–	–	–
11	공공 네트워크를 통한 민감한 정보 통신을 암호화하라.	–	○	–	–
12	콘솔 이외의 모든 관리자 접근을 암호화하라.	–	–	–	–
13	고객과 총판, 그리고 시스템 통합을 위한 교육 프로그램과 안내 문서를 유지하라.	–	–	–	–

● 적절하게 구현된다면 적절하고 완전한 보호 제공

○ 제한되거나 선택적인 보호 제공

– 직접적인 보호를 제공하지 않음

표 3-4에서 볼 수 있듯이 이러한 13가지 요구 사항을 광적으로 따른다고 할지라도 어떤 식으로든 도난 당하는 카드 소유자 정보를 보호할 수는 없을 것이다. PA-DSS로 전체를 보호할 수 있는 것은 단지 저장되는 정보뿐이다. 역사적으로 마그네틱 트랙은 처음이자 가장 훔치기 쉬운 정보였다('PCI 이전' 시대 동안 개발자는 아무것도 암호화하지 않았기 때문에 해커의 일은 어떤 상점 정보를 훔칠 것인가 선택하는 것만큼 간단했다). 하지만 6장에서는 어떻게 가장 강한 PA-DSS 요구 사항마저도 쉽게 쓸모없는 것이 되는지 보여준다.

이제 이 13가지의 PA-DSS 요구 사항을 다시 한 번 좀 더 자세히 검토하고, 왜 이 요구 사항들이 명시적으로 애플리케이션 보안 제어에 전혀 도움이 되지 않는지 살펴보자.

요구 사항 1: 전체 마그네틱 선, 카드 인증 코드나 값(CAV2, CID, CVC2, CVV2), 또는 PIN 블록 정보를 보관하지 마라.

여기에서 가장 중요한 하위 요구 사항 1.1은 다음과 같다.

> 인증 후에 (암호화돼 있다고 할지라도) 민감한 인증 정보를 저장하지 마라.[4]

여기서 키워드는 '인증 후'다. 이것은 어떠한 민감한 정보(트랙 1과 2, PA, CVV2)든 거래가 처리자에게 승인되기 전에는 저장될 수 있다는 것을 의미한다. 처리자가 어떠한 이유(예를 들어 네트워크가 끊긴 경우)로 접근이 불가능한 경우라면 그 거래는 일반적으로 모든 민감한 정보와 함께 S&F와 TOR 데이터베이스로 가게 되며, 몇 초, 몇 분, 몇 시간 또는 심지어 통신이 가능할 때까지 며칠 동안 저장될 수 있다. 상당한 시간 동안 네트워크 접속이 끊긴다면 내부 POS 데이터베이스는 결국 수천 개의 민감한 정보를 갖고 있게 된다.

자, 이 요구 사항은 정말로 안전한 것인가? 정보가 적절하게 암호화돼 있다면 얼마나 많은 기록이 주어진 시간 동안 저장돼 있든지, 아무도 그 정보를 해독할 수 없을 것이다. 반면에 정보가 확실히 보호되지 않았다면 POS가 거래를 처리 중일 때 임시로 저장된 데이터를 '인증 전에' 하나씩 꺼내가는 방법으로 훔치는 것을 아무도 막을 수 없다.

결론 이 요구 사항은 잠재적인 정보 유출의 크기와 관계가 있다. 작은 양이 저장돼 있을 때 유출이 발생하면 작은 피해가 발생한다.

요구 사항 2: 저장된 카드 소유자 정보를 보호하라.

이 요구 사항이 PCI의 가장 중요한 업적이라는 것을 인정하는 것이 중요하다. 정확하게 구현이 됐다면(예를 들면 하드웨어 기반의 강한 암호화를 사용하고 키를 관리한다면) 진정한 정보 보호 메커니즘을 제공한다. 하지만 여기에는 두 가지 문제가 있다. 첫째, 대부분 정확하게 구현되지 않는다(그리고 그것 때문에 개발자를 비난할 필요는 없다). 둘째, 정보 저장소는 여러 취약 영역 중 하나에 불과한 것이다. 정보 저장소가 완전하게 봉인돼 있더라도 프로그램의 다른 면(메모리와 전송되는 데이터, 그리고 애플리케이션 코드와 설정)은 여전히 낯선 사람을 반긴다.

요구 사항 3: 안전한 인증 기능을 제공하라.

이 요구 사항이 POS에 적용되는 경우 현실과 동 떨어진다. 보통, 지불 애플리케이션은 종종 저장 단계에서조차 POS 장치에서 카드 소유자 정보에 어떠한 접근도 허용하지 않는다. 이것은 간단히 말해 캐셔가 트랙이나 PAN를 볼 필요가 없다는 것이다. 이 요구 사항은 POS가 아니라 서버 시스템과 관련이 있다. 그러므로 POS의 인증 관리를 강제하는 노력은 전혀 도움이 되지 않는다.

요구 사항 4: 지불 애플리케이션의 행동을 기록하라.

이 요구 사항의 구현은 아무것도 보호하지 않는다. '보안 제어 반응'[5]에 포함된 로그는 공격의 근원을 추적하는 컴퓨터 포렌식 조사자에게는 도움이 될 것으로 생각된다. 보통 정보 유출을 통한 첫 번째 기록 유출은 몇 개월 후에 발생한다.

요구 사항 5: 안전한 지불 애플리케이션을 개발하라.

이 요구 사항은 안전한 코딩의 모범 사례에 관한 여러 권고 사항을 포함한다. 이것은 다음과 같은 하위 요구 사항 5.2와 더불어 프로그램 보호에 도움이 될 것으로 생각된다.

> 모든 (웹을 통한 관리를 포함해 내부와 외부를 보호하기 위해) 지불 애플리케이션을 안전한 코딩 가이드라인에 근거해 개발하라. 소프트웨어 개발 과정에서 발생하는 일반적인 코딩 취약점을 예방하라.[6]

불행하게도 이 권고 사항에는 다음과 같은 작은 문제가 있다. 소매점에서 동작하는 POS 시스템을 위해서는 아무런 도움이 되지 않는다. 해커는 소매점의 POS에 침투하기 위해 다른 프로그램과 운영체제 취약점을 사용한다. 내부 네트워크 접속에 대한 스니핑과 POS 장치 메모리의 스캔밖에 할 수 있는 것이 없다면 카드 정보를 훔치기 위해 지불 애플리케이션의 버퍼 오버플로우 취약점을 공격하는 의미는 과연 무엇일까? 하지만 의심의 여지없이, (SQL 인젝션과 같은) 일부 취약점에 관한 가이드라인은 전자상거래 개발자에게 도움이 될 것이다. 안전한 코딩 가이드라인에 관한 좀 더 자세한 사항은 9장에서 찾아볼 수 있다.

요구 사항 6: 무선 전송을 보호하라.

이 요구 사항은 좀 혼란스럽다. 이것은 지불 애플리케이션 개발자에게 잘못된 메시지를 전달한다. 모든 종류의 통신에 관심을 갖기보다는 최종 사용자에게 내장된 무선 암호화(이것은 암호학을 다루지 않았을 것으로 생각되는 사람에 의해 구현되기 때문에 약할 수 있다)를 활성화하도록 지시하는 데 의존하거나, 자신의 제품은 무선 통신을 요구하지 않기 때문에 이 요구 사항은 적용될 필요가 없다고 간단히 선언하고 만다.

요구 사항 7: 취약성을 제기하기 위해 지불 애플리케이션을 테스트하라.

모든 의심을 넘어서 위험성 평가와 무결성 보호는 안전한 개발 과정에 필요한 속성으로, 이 요구 사항으로 촉진된다. 하지만 특정 위협을 방어하기에는 직접적으로 도움이 되지 않는다. 이미 설명된 요구 사항 5와 같이 공격자가 민감한 정보에 접근할 권한을 얻고자 할 경우에는 지불 애플리케이션 코드의 취약점은 거의 공격하지 않는다. 해커에 의해 공격받는 것은 오히려 전체 지불 시스템의 취약한 설계다. 보안 위반을 유발하는 것은 지불 애플리케이션 코드에 있는 버퍼 오버플로우가 아니라 POS 장치 메모리에 있는 평문의 트랙 2 정보와 상점의 LAN이다(PCI 표준에서는 둘 다 모두 허용된다).

요구 사항 8: 안전한 네트워크 구현을 가능하게 하라.

"지불 애플리케이션은 안티바이러스 보호, 방화벽 설정 또는 DSS 준수를 위해 요구되는 다른 장치나 프로그램, 설정과 직접 인터페이스하지 않는다." 이것은 짧지만 정말 재미있는 것 중 하나다. 안티바이러스와 인터페이스하는 프로그램을 어떻게 작성하는지 아는 프로그래머가 있는가? 아, 그런데 알려진 모든 종류의 안티바이러스와 방화벽을 갖고 테스트하는 것을 잊지 마라! 일부 무료 안티바이러스 프로그램에 대한 정말 안 좋은 경험을 가진 감사자가 있을 것이다.

요구 사항 9: 카드 소유자 정보는 인터넷에 연결된 서버에 절대로 저장하지 마라.

동의할 수 있다. 하지만 "지불 애플리케이션은 카드 소유자 정보를 내부 네트워크에 저장한다."는 사실(요구 사항 9.1.a)이 도난된 정보를 보호하는가? 불행하게도 그렇지 않다.

요구 사항 10: 안전하게 원격으로 지불 애플리케이션에 접속할 수 있게 하라.

이 요구 사항은 기본적으로 지불 시스템의 보안은 그 주변의 보안과 운영자의 정직함에 의존한다는 것을 인정한다. 이러한 접근 방법은 일단 그 주변의 보안이 깨지면(또는 내부로부터 유출이 된다면) 정보는 사라진다. 요구 사항 10.1로 촉진되는 이중 인증은 이중 제어 또는 지식 분할과 같지 않다는 점을 주의해야 한다. 이중 인증은 정말 대단한 기능이지만, 다른 종류의 보안을 위해 고안됐고, 나쁜 사용자와 내부자로부터 시스템을 보하지는 못한다. 지식 분할에 관한 것은 8장의 '점대점 암호화'에서 찾을 수 있다.

요구 사항 11: 공공 네트워크를 통한 민감한 정보 통신을 암호화하라.

이 요구 사항은 다음과 같은 세 개의 추가적인 질문을 유발한다.

1. 공공 네트워크와 사설 네트워크의 차이는 얼마나 중요한가?
2. 사설 네트워크가 안전한 것으로 간주된 것이 언제부터인가?
3. PCI 요구 사항에 따르면 지불 애플리케이션 판매회사가 공공 네트워크를 통한 암호화 통신을 제공할 수 있다면 모든 네트워크와 접속에 같은 작업을 수행하는 것이 더 낫지 않을까?

다음과 같은 테스트 절차는 특히 두렵다.

> 11.1.b 지불 애플리케이션이 공공 네트워크를 통한 전송을 허용한다면 판매회사가 준비한 PA-DSS 구현 가이드를 검토하고, 강한 암호화와 보안 프로토콜을 사용하기 위한 고객과 대리점/시스템 통합자를 위한 방향을 포함해 판매회사를 검증하라.[7]

이것이 진짜로 지불 애플리케이션 개발자가 반드시 '강한 암호화와 보안 프로토콜'을 '고객과 대리점/시스템 통합자'를 대신해 구현해야 한다고 말하는가?

요구 사항 12: 콘솔 이외의 모든 관리자 접근을 암호화하라.

이 요구 사항은 다음과 같이 간결하고 자명하다. "모든 콘솔 이외의 관리자 접근은 강한 암호로 암호화 하게 고객에게 안내하라." 안전한 시스템의 설계에 대한 책임은 소프트웨어 판매회사에서 말단 사용자로 옮기려는 시도로 보인다. 안전한 지불 처리 기술을 개발하게 요구해 상점이 자신의 컴퓨터와 네트워크를 지속적인 정보 유출의 위험이 없을 수 있게 하는 대신에 표준은 상점의 고용인이 'SSH, VPN, 또는 SSL/TLS 같은' 보안 프로토콜을 공부하도록 요구하길 원한다.

요구 사항 13: 고객과 총판, 그리고 시스템 통합을 위한 교육 프로그램과 안내 문서를 유지하라.

문서화는 가장 강력한 애플리케이션의 보안 메커니즘이다. 문서상으로 그렇다.

PA-DSS와 상점

상점(실제로는 그들의 IT와 보안 전문가, 그리고 관리자)은 '합법적인' 지불 애플리케이션의 취약점을 확인할 수 있어야 하므로, 반드시 PA-DSS를 이해해야만 한다. 또한 개발자에게 PCI 이외에 자신의 애플리케이션 보안 제어에 관한 올바른 질문을 할 준비가 돼 있어야 한다. 상점은 반드시 환경적인 보안의 부족(그리고 그 반대의 경우에도 지불 애플리케이션의 취약점을 보완하기에 충분히 강한 접근 권한과 네트워크, 물리적 제어를 가진다)을 보완하는 자신의 애플리케이션이 알맞은 보안 메커니즘을 갖게 PA-DSS의 약점을 배워야 한다. 이것에 관한 여러 예가 있다.

예를 들어 PCI DSS는 지불 애플리케이션이 민감한 정보를 내부 네트워크에서 암호화되지 않은 상태로 보내지도록 허용한다. 이것은 아주 큰 노출 영역이다. 이 경우 상점은 반드시 자신의 지불 애플리케이션이 표준을 준수하는지 아닌지 검증해야 한다(즉, 민감한 카드 소유자 정보를 평문으로 내부 네트워크를 통해 전송하는 것을 의미한다). 그렇다면 네트워크는 예를 들면 IPSec(좀 더 자세한 것은 8장을 보라)을 이용한 암호화된 터널과 같은 다른 방법으로 보호돼야만 한다. 이러한 여러 '오해'는 PA 판매회사이든 상점이든 정보를 보호하지 않는 상황을 유발할 수 있다. PA 판매회사는 상점이 PCI DSS 요구 사항에 따라 네트워크를 보호한다고 생각하는 반면, 상점은 소프트웨어 개발자의 보안 전문성에 의지한다.

PCI DSS

검증이라고 불리는 준수 상태 달성 절차인 PA-DSS와 달리 유사한 PCI DSS 절차는 평가라고 불린다. PA-DSS는 단일 지불 애플리케이션을 위한 것이고, PCI DSS는 전체 지불 처리 환경을 위한 것이라는 각각의 목적상 차이점 때문일 것이다.

기술적으로 PCI DSS 평가 절차는 테스트 절차 목록에서 올바른 항목에 'V'를 표시하고 보고서를 작성하는 PA-DSS 검증과 같기는 하지만, 다음과 같은 상당한 차이가 있다.

PCI DSS의 평가 범위는 너무 넓다(심지어 물리적으로도 상점, 사무실, 그리고 데이터 센터 같은 여러 위치를 포함한다). 따라서 감사자와 상점의 많은 양의 자원을 소모하며, 특정 주제에 집중하거나 철저히 테스트하지 못하게 한다. PCI DSS에는 310개의 테스트 절차가 있으며, PA-DSS의 168개 테스트에 비해 거의 두 배에 달한다. 따라서 전체 절차의 순환은 더 오랜 기간이 걸리고 좀 더 많은 증거(라고 쓰고, 문서 작업이라 읽는다)를 요구한다. 실제로 각각의 테스트 절차를 말로 발표한다고 가정해도 대략 30분이 걸린다(실제로 요구 사항을 설명, 고용인 인터뷰, 증거 재검토, 환경 테스트, 그리고 보고서 작성을 포함하기 때문에 훨씬 더 걸릴 수도 있다). 평가 작업은 하루 종일 일해도 거의 한 달이 걸린다! 작업에 필요한 노력은 상점의 수와/또는 데이터 센터의 수에 비례하고 일부 증거는 단 한 경우 이상의 견본을 요구하기 때문에 여러 상점을 가진 체인점의 경우 훨씬 더 오래 걸릴 수 있다.

감사가 끝나고 보고서가 작성돼 수락될 때까지 평가의 대상은 소프트웨어나 하드웨어의 특정 버전이 아니라 지속적으로 변하는 환경이기 때문에 평가의 시작점에서 실제 그림은 이미 다를 것이다.

PCI DSS는 이중 표준이다. 상점과 서비스 판매회사의 크기에 따라 평가의 형태와 규모는 상당히 다르다. 상점은 그들이 매년 처리하는 카드 거래의 양에 근거해 여러 등급으로 나뉜다. 모든 지불 회사는 자신만의 정의 규칙과 요구 사항이 있으며, 그것에 따라 등급을 나눈다. 따라서 인증 과정의 명확한 그림을 얻기 위해서는 여러 회사의 다른 규칙 간 상관관계가 반드시 필요하다. 등급에 따라 QSA의 고용이 필요하거나 완전한 자체 질문서SAQ, Self-Assessment Questionnaire가 요구될 수도 있다.

잘 알려진 대형 슈퍼마켓 체인 같은 큰 상점은 제3자 감사자와 함께 절대적으로 가장 힘든 과정을 거친다. 반면에 작은 상점은 단지 스스로의 서류 작업만으로 완료한다. 심지어 자세한 사항을 들여다 볼 필요도 없다. 간단히 말해서 많은 배치 형태는 제3자 감사자로부터 결코 테스트되지 않기 때문에 소유자에 따라 같은 POS라 하더라도 완전히 다른 보안 등급을 갖는 것은 명확하다.

PA-DSS 검증과는 달리 PCI 위원회는 PCI DSS 인증을 받은 조직의 목록을 유지하지 않는다. 지불 게이트웨이와 처리자 같은 서비스 판매회사의 표준 준수 상태는 전 세계에 등록된 서비스 제공자 목록Global Registry of Service Provider[8]에 속한 비자VISA 웹사이트에서 확인할 수 있다. 하지만 소비자가 사용할 수 있는 상점에 관한 정보와 같은 것은 존재하지 않는다. 상점에서 카드를 긁을 때 적어도 형식으로라도 우리의 민감한 계정 정보가 안전한지 확인할 방법은 없다. 비자에 따르면 1,700개의 미국에 기반을 둔 매년 20,000건 이상의 거래를 처리하는 상점은 여전히 PCI를 준수하지 않고 있다.[9] 작은 상점(20,000건 이하를 처리하는)에 관한 통계는 존재하지도 않는다.

12개의 요구 사항과 지불 애플리케이션 보안

PCI 보호 조치 목록을 훑어보고 왜 해커가 지속적으로 지불 카드 정보를 훔쳐내기 위해 거의 10년 이상된 상점의 PCI 준수를 관리하는지 이해하도록 노력해보자.

표 3-5는 어떻게 소프트웨어(지불 애플리케이션) 사용자(상점)가 논리적으로 상자 밖에 존재해야 하는 보안 제어를 구현하는 역할을 수행하는지 보여준다. 또한 표는 요구 사항이 상점에서 동작하고 있는 POS 지불 애플리케이션에 적용될 때 실제로 어떤 요구 사항이 효과가 있는지도 보여준다. 이것은 표 3-5를 검토한 후 좀 더 자세하게 설명된다.

표 3-5 PCI DSS 요구 사항과 지불 애플리케이션의 주요 취약 영역

	PCI DSS 요구 사항	메모리에 있는 데이터	전송되는 데이터	저장된 데이터	PA 코드와 설정
1	방화벽을 설치하고 설정을 유지해 카드 소유자 정보를 보호하라.	○	○	○	○
2	시스템 패스워드나 다른 보안 매개변수 등을 판매회사가 기본적으로 제공해준 대로 사용하지 마라.		○	○	
3	저장된 카드 소유자 정보를 보호하라.			●	
4	열린 공공 네트워크를 통해 전송되는 카드 소유자 정보를 암호화하라.		○		
5	안티바이러스 소프트웨어나 프로그램을 사용하고 지속적으로 업데이트하라.	○		○	○

(이어짐)

	PCI DSS 요구 사항	메모리에 있는 데이터	전송되는 데이터	저장된 데이터	PA 코드와 설정
6	안전한 시스템과 프로그램을 개발하고 안전하게 유지하라.	○	○	○	○
7	영업상 알아야 하는 카드 소유자 정보에 대한 접근을 제한하라.				
8	컴퓨터에 접근 권한을 가진 사용자에게 독특한 ID를 할당하라.	○	○	○	○
9	카드 소유자 정보에 대한 물리적 접근을 제한하라.				
10	네트워크 자원과 카드 소유자 정보에 대한 모든 접근을 감시하고 추적하라.				
11	보안 시스템과 프로세스를 정기적으로 점검하라.				
12	모든 개인에 대한 정보 보안 정책을 유지하라.				

● 적절하게 구현된다면 적절하고 완전한 보호 제공

○ 제한되거나 선택적인 보호 제공

– 직접적인 보호를 제공하지 않음

요구 사항의 약 50%정도만이 실제적으로 해커의 공격을 약간 억제하는 데 효과가 있다는 것을 인지했을 것이다. 사실 단 하나의 요구 사항(3. 카드 소유자 정보를 보호하라)만이 적절하게 (대략 해석과 구현에 따라) 단 하나의 취약 영역을 다루는 구체적인 척도를 갖고 있다. 이제 지불 소프트웨어의 공백을 매울 수 있도록 상점을 위해 지불 회사가 만든 12개 요구 사항 각각에 대해 검토해보자.

요구 사항 1: 방화벽을 설치하고 설정을 유지해 카드 소유자 정보를 보호하라.

이 요구 사항에 숨겨진 생각은 지불에 관련된(평문으로 작성된 민감한 카드 소유자 정보) 영역과 나머지 (네트워크 용어로 해커가 살고 있는) 세계 사이에 벽을 만들자는 것이다. 이것은 데이터 센터의 무균 조건에 근거한 것으로 보이는 아주 훌륭한 생각이다. 괜찮은 데이터 센터에서 모든 서버는 물리적으로 안전하며, 논리적인 접근은 매우 제한된다(예를 들어 보통 도메인 컨트롤러에서는 아무도 인터넷을 하지 못한다). 네트워크는 이 공간에 접근 가능한 다리에 불과하다. 이러한 거의 이상적인 환경에서는 제대로 설정된 방화벽은 외부 세계로부터 고립된 괜찮은 안전한 영역을 생성할 수 있을 것이다. 자격이 있는 네트워크 엔지니어는 이상한 정보의 유입과 비밀 정보의 유출이 차단되도록 방화벽을 정확히 설정할 수 있을 것이다.

이제 평균적인 소매점을 상상해보자. POS 컴퓨터와 POI 장치는 카운터 위에 있고, 모든 네트워크와 시리얼 통신은 물리적으로든 논리적으로든 완전히 노출돼 있다. 누구든지 물리적으로 접촉하거나 논리적으로 열리고 '보호된' 네트워크에 접속할 수 있다. 이러한 위험한 환경에서 정확히 어디가 외부이고 내부 영역일까? 누군가는 단지 POS 컴퓨터에 플래시 드라이브를 꼽거나 사무실 뒤편의 상점 서버에서 이메일을 확인하고 첨부 파일을 열어볼 수 있다. 그리고 바로 지불 시스템의 심장에 악성 프로그램이 설치된다!

또 다른 질문 모든 상점마다 방화벽을 적절하게 설정할 수 있는 자격이 있는 사람이 있을 수 있을까? 단 한 명이 아니라 수천, 수백만 명이 필요하다.

요구 사항 2: 시스템 패스워드나 다른 보안 매개변수 등을 판매회사가 기본적으로 제공해준 대로 사용하지 마라.

일반적인 보안의 관점에서 이것은 제대로된 요구 사항이다. 하지만 분리된 원칙으로 만들기엔 너무 기본적인 얘기가 아닐까? 방화벽 설정(요구 사항 1), 또는 안티바이러스와 소프트웨어 패치(요구 사항 5와 6)의 설치와 설정 같은 꽤 복잡한 요구 사항을 구현하는 사람을 위한 교육의 한 부분이 아닐까? '네트워크 자원에 대한 모든 접근을 추적하고 감시'하고 '보안 시스템과 절차를 정기적으로 점검'(요구 사항 10과 11)해야 하는 매장 내 보안 전문가에게 필요한 명백한 원칙이 아닐까?

요구 사항 3: 저장된 카드 소유자 정보를 보호하라.

PCI 시대 초기부터 이 요구 사항은 주요 초점의 대상이었다. 지불 시스템 공격의 맨 처음 공격 벡터는 다음과 같이 아주 단순했기 때문이다. 환경에 침투해서 항상 평문으로 저장돼 있는 민감한 카드 정보를 획득한다.

따라서 다음과 같은 경향을 멈추고자 요구 사항 3이 소개됐고, 부분적이긴 하지만 목표는 달성됐다.

- 먼저 많은 상점은 여전히 PCI를 준수하지 않고 있다.
- 다음으로 사람들은 잘 모르지만, 예를 들면 로그 파일의 에러 메시지 같은 곳에 여전히 평문으로 된 정보를 갖고 있을 수 있다.
- 마지막으로 지불 애플리케이션은 종종 약한 암호화 알고리즘이나 허술하게 구현된 키 관리 시스템을 사용한다.

이 보안 조치와 관련된 또 다른 문제는 주요 취약 영역 4개 중 1개밖에 보호하지 못한다는 점이다(표 3-5 참조).

요구 사항 4: 열린 공공 네트워크를 통해 전송되는 카드 소유자 정보를 암호화하라.

이 조치는 실제 애플리케이션 보안 제어를 상기시키는 몇 가지 중 하나지만, 범위는 매우 제한적이다. 오늘날 내부와 외부에서 네트워크에 침투하는 것은 아주 쉬운 현실에서 누구든지(보안 전문가가 아니더라도) 무선 네트워크나 인터넷을 통해 메시지를 전송할 때는 반드시 암호화해야 한다는 것쯤은 알고 있다. 하지만 10년 전 사람들에게 이것은 그리 당연한 것은 아니었고, 완전히 같은 식으로 모든 사람에게 인터넷이든, LAN, 또는 핀패드와 POS 기계 간 시리얼 케이블이든, 무엇이 됐든지 간에 선을 통해 전송되는 것은 뭐든지 반드시 암호화돼야 한다는 것은 당연한 것이 아니었다.

가장 큰 지불 처리자 중 하나인 하트랜드 지불 시스템Heartland Payment System은 2008년에 다음과 같이 자료 유출에 대해 실험했다.

> 유출의 출처: 악성 소프트웨어 조각이 회사의 지불 처리 네트워크에 심어져, 수천의 소매 고객이 지불 처리를 위해 하트렌드로 보내는 지불 카드 정보를 기록했다.[10]

요구 사항 5: 안티바이러스 소프트웨어나 프로그램을 사용하고 지속적으로 업데이트하라.

이 요구 사항에는 불합리한 것이 있다. 마치 "고객의 정보를 보호하기 위해 제공할 수 있는 것은 아무것도 없습니다. 뭔가를 시도할 수 있는 누군가를 불러보시기 바랍니다!"라고 말하는 것 같이 해방과 도움을 동시에 외치는 것처럼 들린다.

POS 장치에 안티바이러스를 설치하는 것은 아무런 문제가 없다. 사실 오늘날 모든 PC에는 기본적인 보안 조치로 안티바이러스가 실행되고 있다. 하지만 지불 카드 정보 사기에 대한 보호 조치로서 안티바이러스에 의존하는 것은 잘못된 것이다. 보통의 카드 소유자는 다음과 같이 질문할 수 있다. "내 개인 정보 보호는 안티바이러스 판매회사에 의존하고 있습니까?", "AV 판매회사는 민감한 카드 소유자 정보를 보호하는 것에 책임을 느끼고 있습니까?", "그들은 지불 시스템과 POS의 위협, 아키텍처, 그리고 취약점을 잘 알고 있습니까?"

> 뉴욕 타임즈에 따르면 회사의 안티바이러스 소프트웨어는 중국 해커에 의한 4개월에 걸친 사이버 공격 기간 동안 네트워크를 통해 설치된 45개의 악성 프로그램 중 44개를 놓쳤다.[11]

카드 정보를 훔치기 위해 만들어진 악성 프로그램은 보통 특정 지불 애플리케이션을 위해 맞춰지고, 프로그램이나 운영체제의 한 부분으로 가장한 특별한 작업을 목적으로 조작된 제로데이 소프트웨어다(제로데이 소프트웨어는 공개적으로 알려져 있지만, 아직 막거나 고칠 방법이 만들어지지 않은 취약점을 가진 소프트웨어다. - 옮긴이). 이것은 가능한 한 많은 컴퓨터를 감염시키고자 만들어진 보통의 바이러스나 웜과는 다르다. 안티바이러스 프로그램은 이러한 악성 프로그램이 매우 일반적인 '기성' 제품이 될 때에만 도움이 될 수 있다.

안티바이러스 사용의 또 따른 문제는 효과를 발휘하기 위한 바이러스 시그니처 데이터베이스를 지속적으로 갱신(다운로드)할 것으로 요구한다는 점이다. 이러한 갱신은 회사 IT 부서에서 만든 중앙 시스템이나 인터넷을 통한 직접적인 다운로드를 통해 이뤄질 수 있다. 대형 상점은 자신의 업데이트 시스템을 구축할 수도 있지만, 대부분의 상점은 여전히 지속적인 인터넷 접속을 유지할 것을 요구하는 직접적인 다운로드 방식을 사용한다. 맞다, 방화벽에 특정 프로토콜과 포트 번호, 그리고 서버만을 허용하게 설정할 수도 있지만, 평균적인 보통의 사용자가 정확하게 그러한 것을 설정하기란 기대하기 어렵다.

요구 사항 6: 안전한 시스템과 프로그램을 개발하고 안전하게 유지하라.

이 요구 사항은 많은 공격으로부터 보호해 줄 수 있는 합리적인 요구 사항이다. 윈도우나 구글 크롬 같은 자동화되고 사용자에게 보이지 않는 업데이트 메커니즘을 가진 소프트웨어를 사용하면 완벽하게 작동한다. 하지만 불행하게도 지불 애플리케이션을 개발하는 판매회사를 비롯해 많은 소프트웨어 판매회사는 여전히 제대로 된 위치에 그런 자동화된 시스템을 구비하지 않고 있다. 따라서 업데이트 과정은 사람의 개입이 필요하고 비효율적이다.

게다가 완전히 업데이트된 소프트웨어라 할지라도 모든 해결책이 되지 못한다. 메모리에 노출된 민감한 정보 같은 많은 취약 영역은 불가능하진 않지만 소프트웨어적으로 위험성을 완화하기 힘들다. 그러므로 지불 애플리케이션에서 자동 업데이트 메커니즘의 존재는 PCI 보안 표준에서 합법화돼 있다.

요구 사항 7: 영업상 알아야 하는 카드 소유자 정보에 대한 접근을 제한하라.

이 말은 비전문가라할지도 이해할 수 있을 정도로 명확하며, 완전히 위협을 제거하진 못하지만 주로 내부자와 같은 특정 위협에 대항하는 몇 가지 보호 기능을 제공한다. 문제는 지불 애플리케이션과 환경이 완전히 PCI를 준수한다고 할지라도 평문으로 저장된 데이터는 여전히 시스템에 여러 가지 형태로 존재한다는 점이다. 그리고 시스템 관리자나 네트워크 엔지니어, 고객 지원, 기술 지원, 보안 분석가, 그리고 가끔은 개발자와 같은 그런 정보에 완전한 접근이 가능한 사람들이 항상 존재한다. 유지 보수와 문제 해결을 위해 시스템에 가장 가까이 접근할 수 있게 허용되는 특별히 높은 신뢰성과 권한을 가진 직원이 있어야만 한다. 이런 사람이 나쁜 사람일 필요는 없다(가끔은 그렇기도 하지만!). 하지만 그들의 계정은 트로이목마와 키로거 또는 사회공학 기법을 통해 유출될 수 있으며, 똑같은 최고 단계의 접근 권한을 얻기 위해 해커에 의해 사용될 수 있다.

요구 사항 8: 컴퓨터에 접근 권한을 가진 사람에게 독특한 ID를 할당하라.

독특한 계정은 특정 위협으로부터 지불 애플리케이션을 보호해주는 보안 메커니즘이 아니다. 대신, 해커 추적에 필요한 정보 유출의 사후 조사에 도움이 될 수 있는 포렌식 도구다. 일부 보안 전문가는 보안 제어의 억지력(보안 정책의 위반을 좌절시키는 접근 제어)으로 분류될 수 있다고 말한다.[12] 하지만 추적이라는 것을 러시아나 중국 어딘가에 앉아 있는 나쁜 사람들을 쫓아버리는 것이라고 생각하기는 힘들다.

그럼에도 불구하고 요구 사항 8은 다음과 같은 몇 가지 하위 요구 사항을 포함하고 있다.

8.3 직원과 관리자, 그리고 제3자의 네트워크를 통한 원격 접속(외부 네트워크로부터 유입되는 네트워크 단의 접근)에는 2중 인증을 사용하라.

8.4 강한 암호화를 사용해 모든 시스템 컴포넌트에서 저장되고 전송되는 패스워드를 읽을 수 없게 만들어라.[13]

이러한 것들은 올바른 것이고 정확하게 구현이 된다면 잠재적인 보안 위협에서 여전히 아주 제한적인 영역(요구 사항 8.3에 명시된 외부 네트워크로부터의 접근과 요구 사항 8.4에 명시된 네트워크 스니핑 시도)을 다루기는 하지만, 다소 효과적인 수단이 될 수 있다. 하지만 지불 애플리케이션에서 취약 영역의 어떤 부분도 완전히 보호하지는 못한다.

요구 사항 9: 카드 소유자 정보에 대한 물리적 접근을 제한하라.

제대로 된 데이터 센터는 대부분 필요한 물리적 보안 제어가 이미 마련돼 있기 때문에 데이터 센터에서 정보를 처리하는 은행과 지불 처리자, 그리고 게이트웨이 같은 서비스 판매회사에게는 제대로 된 요구 사항이며, 쉬운 구현 방법 중 하나다.

하지만 상점에서 동작하는 지불 애플리케이션과 상점을 위해서는 전혀 소용이 없고 말이 안 되는 요구 사항이다. 상점에 '들어오기 전에 인증돼 있는' 고객과 '유효기간이 만료돼 현장 직원이 아닌 방문자로 인식하는 물리적 토큰(예를 들면 배지 또는 접근 장치)이 주어진' 고객(요구 사항 9.3.1.과 9.3.2)을 상상해보자. 상점의 환경은 낯선 사람에게 완전히 노출돼 있으며, 소프트웨어 개발자는 주어진 조건에서 이 사실을 반드시 받아들이고 지불 애플리케이션의 보호를 설계할 때 물리적 보안 제어에 완전히 의존할 수 없다는 점을 이해해야만 한다.

요구 사항 10: 네트워크 자원과 카드 소유자 정보에 대한 모든 접근을 감시하고 추적하라.

일반적으로 이 요구 사항은 앞의 요구 사항과 같은 문제를 갖고 있다. 큰 상점의 본사와 지불 처리자의 데이터 센터에 대해서는 말이 되지만, 소매점의 상황에는 맞지 않는다. 그러므로 지불 애플리케이션 보안에는 크게 기여하지 못한다.

이 요구 사항은 추적과 감시의 두 가지 주요 기능을 제공할 것으로 생각되는 로그의 전체적인 기록에 초점이 맞춰져 있다. 첫 번째 부분은 정보 유출 사실을 조사할 때에만 유용한 '사후' 서비스(요구 사항 8과 유사)를 제공하기 때문에 지불 애플리케이션과 정보 보호에는 관계가 없다. 두 번째 부분은, 이론적으로는 침입을 인식하는 데 도움이 될 수 있지만, 여전히 그것을 막을 수는 없다.

게다가 이러한 감시 행동은 특히 '적어도 매일 모든 시스템 컴포넌트의 로그를 검토'할 수 있는 전문 IT 인력을 갖출 수 없는 작은 상점의 환경(소매점의 환경)에서는 실행이 불가능하다(요구 사항 10.6).

요구 사항 11: 보안 시스템과 프로세스를 정기적으로 점검하라.

이것은 이론적으로는 좋지만, 실제로는 별로 효과가 없는 보안 제어의 또 다른 예다. 예를 들어 요구 사항 11.3을 살펴보자.

> 적어도 1년에 한 번 중요한 하부 구조 또는 프로그램의 업그레이드나 수정(OS 업그레이드, 서브네트워크 추가 또는 웹 서버 추가) 후에는 내부와 외부 침투 시험을 수행하라.[14]

진짜 전문가가 수행하는 훌륭한 침투 시험에는 많은 비용이 든다. 수백만의 상점 모두 어떤 변경이 있은 후에 철저한 침투 시험을 통과할 수 있는 가능성은 매우 적다. 지금, 1월 1일에 침투 시험이 성공적으로 끝났고, 1월 2일

방화벽 설정에 변화가 있었는데, POS 시스템을 가진 지불 네트워크 세그먼트에 대한 외부 접근이 열린 채로 남겨졌다고 상상해보자. 내년 1월 1일에 있을 다음 침투 시험에 가서야 취약점이 발견되고 보고될 것이므로, 1월 2일에나 고쳐질 것이다. 해커는 1년 동안 사용 가능한 창문을 통해 네트워크를 스캔하고 구멍을 찾아 환경에 침투한 후 악성 프로그램을 심을 수 있을 것이다.

또 다른 예는 다음과 같은 요구 사항 11.5다

> 파일 무결성 감시 도구를 설치해 무단으로 중요한 시스템 파일과 설정 파일 또는 정보가 들어 있는 파일을 수정하는 사람이 있음을 경고할 수 있도록 하고, 적어도 1주에 한 번은 중요한 파일의 비교를 수행할 수 있게 프로그램 설정하라.[15]

먼저 작은 상점은 내부에 고용된 전문가의 부족으로 이것을 구현할 수 없지만, 크거나 작은 상점 모두 훌륭한 파일 무결성 감시 도구를 구입하고 설치하는 것은 가능하다. 그러나 문제는 시스템에 존재하는 도구가 아니라 침입을 탐지할 수 적절한 설정과 사용이다. 많은 사용자는 탐지 기능(예를 들면 지불 애플리케이션 판매회사를 통한 자동 업데이트를 허용하는 것)을 부분적으로 비활성화하거나 알림 메시지를 무시한다(시스템이 새로운 파일을 즉시 차단하지 않는 대신 생성한 뒤에 메시지만 보낸다면).

요구 사항 12: 모든 개인에 대한 정보 보안 정책을 유지하라.

이것은 12개의 요구 사항 중 가장 흥미롭다. 하지만 불행하게도 이것은 또한 애플리케이션 보안의 관점에서 보면 가장 효과가 적은 것 중 하나이기도 하다. 실제로 예를 들면 어떻게 종이 뭉치가 트랙 2의 정보가 핀패드에서 POS 장치까지 평문으로 돌아다니거나 거래 후에 지불 애플리케이션 프로세스의 휘발성 메모리에 남아 있는 암호화되지 않은 PAN과 CVV2를 보호할 수 있는지 상상하기는 힘들다. 진정으로 보안 정책을 작성한 불쌍한 사람과 보안 감사자(1년에 한 번), 그리고 법률가(보안 유출이 발생한 후에)를 제외하고는 적어도 소매와 지불 산업에서 그들의 보안 정책을 읽는 사람을 알고 있는지 궁금하다.

하지만 일반적으로 요구 사항 12가 조직에 적용될 때 정확하지 않다는 것이 아니다. 사실 다음과 같은 하위 요구 사항 12.1.2는 공통의 보안을 유지하는 가장 좋은 방법으로서 매우 유용하다(다시 말하면 앞서 말한 많은 요구 사항과 같이 큰 조직만을 위한 것이다).

> 취약점과 위협을 확인하고, 형식적인 위험 평가서를 만드는 연간 절차를 포함하는 보안 정책을 설정해 공표하고, 유지하고, 배포하라.[16]

문제는, 카드 소유자는 자신의 개인 정보가 공개되는 것을 막을 수 있을 것으로 생각되는 강한 보안 제어의 방편으로 단기적인 정책과 절차에 의존할 수 없다는 점이다. 누구도 이러한 정책과 절차가 실제로 실행된다는 사실을 보증할 수 없으며, 심지어 실제로 수행이 된다고 할지라도 얼마나 자주, 그리고 실제 효과가 무엇인지 아는 사람은 없다.

프로그래머는 문서는 고장 나지 않지만, 코드는 고장 난다고 말한다. 이것을 다시 표현하면 정책은 유출되지 않지만, 지불 애플리케이션은 유출된다고 말할 수 있다.

PCI DSS와 작은 상점

12개의 PCI DSS 요구 사항에 대해 검토한 앞 절에서 눈치를 챘겠지만, 특정 요구 사항의 효과는 상점의 크기와 관련된 경우가 많다. 방화벽 설정과 같은 일부 보안 조치는 IT와 보안 자원을 가진 큰 상점에는 효과적일 수 있지만, 그들의 지불 관련 하드웨어와 애플리케이션 판매회사, 그리고 지불 처리자가 제공하는 보안에 전적으로 의지해야 하는 작은 상점에게는 전혀 쓸모가 없다.

게다가 대부분의 상점(보통 매년 6백만 건 이하를 거래를 하는)은 QSA와 SAQ가 채우는 제3자 평가조차 통과하지 못한다. 이것은 품질과 많은 제어의 구현 사실조차 의문을 품게 한다.[17] 이제 한 번 더 12개의 요구 사항을 살펴보고(표 3-6) 상점의 크기에 따라 어떤 수준의 보호를 제공하는지 알아보자.

표 3-6 상점의 크기에 따른 PCI DSS 요구 사항의 효과

	PCI DSS 요구 사항	대규모 상점	소규모 상점
1	방화벽을 설치하고 설정을 유지해 카드 소유자 정보를 보호하라.	●	–
2	시스템 패스워드나 다른 보안 매개변수 등을 판매회사가 기본적으로 제공해준 대로 사용하지 마라.	●	–
3	저장된 카드 소유자 정보를 보호하라.	○	○
4	열린 공공 네트워크를 통해 전송되는 카드 소유자 정보를 암호화하라.	●	○
5	안티바이러스 소프트웨어나 프로그램을 사용하고 지속적으로 업데이트하라.	●	–
6	안전한 시스템과 프로그램을 개발하고 안전하게 유지하라.	○	–
7	영업상 알아야 하는 카드 소유자 정보에 대한 접근을 제한하라.	●	–
8	컴퓨터에 접근 권한을 가진 사용자에게 독특한 ID를 할당하라.	●	–
9	카드 소유자 정보에 대한 물리적 접근을 제한하라.	–	–
10	네트워크 자원과 카드 소유자 정보에 대한 모든 접근을 감시하고 추적하라.	●	–
11	보안 시스템과 프로세스를 정기적으로 점검하라.	●	–
12	모든 개인에 대한 정보 보안 정책을 유지하라.	●	–

● 상점에 의해 구현될 수 있음

○ 지불 애플리케이션 판매회사에 의존

– 특별한 전문가와/나 추가적인(비싼) 자원을 요구하기 때문에 상점에 의한 적절한 구현을 기대하는 것은 비현실적이다.

표 3-6의 자료에서 볼 수 있듯이 소규모 상점은 효과적으로 표준에서 요구하는 모든 제어를 구현할 수 없기 때문에 PCI DSS를 통한 정보 유출을 막을 수 없다.

PCI DSS와 PA 개발자

암시적으로 지불 애플리케이션을 보살피는 PA-DSS와 달리 PCI DSS는 특정 소프트웨어 제품 대신에 전체적인 운영 환경에 초점이 맞춰져 있다. PA-DSS는 좀 더 널리 퍼지는 PCI DSS의 부분집합이라고 말하는 것도 유효하다. 하지만 이것이 지불 애플리케이션 개발자가 PCI DSS를 무시할 수 있다는 것을 의미할까? 아마도 아닐 것이다. PA-DSS는 지불 소프트웨어에서 좀 더 복잡한 PCI DSS를 지원하기 위해 만들어졌다. PA 개발자는 PCI DSS를 배워 PA가 위치하는 환경의 잠재적인 위험을 반드시 이해해야만 한다. 그들은 PA가 아무것도 없는 진공 속에서 동작하지 않고 분명히 안전하지 않은 소매점 환경에서 동작한다는 사실을 깨달아야 한다.

모든 지불 애플리케이션은 PA-DSS 검증을 통과하지 못한다. PA-DSS의 평가 적용 범위를 정하는 규칙이 있다. 다음과 같은 그룹에 속하는 지불 애플리케이션은 PA-DSS 감사를 받을 필요는 없지만, 개발자는 여전히 PCI DSS와 PA-DSS의 요구 사항을 따라야만 한다.

- 상점 내부에서 개발한 지불 애플리케이션
- 소프트웨어 판매회사가 단일 고객을 위해 개발한 지불 애플리케이션
- 설치 후에 사용자의 요구에 따른 수정이 많지 않은 '기성품'으로 판매된 지불 애플리케이션(거의 사용되지 않는 것으로, 생소한 예외 사항이다).

'예외'에 감춰진 생각은, 그러한 애플리케이션은 그들 스스로의 방법으로 PCI DSS 감사를 완료한다는 것이다. 이러한 경우에 애플리케이션은 공식적으로 PA-DSS 감사를 통과하지는 않았지만, PA-DSS 요구 사항을 준수한다는 의미의 'PA-DSS 감사 준비됨ready'이 돼야 한다. 해당 PCI DSS 요구

사항에 따라 PA-DSS 감사자 대신, PCI DSS 감사자가 평가할 것으로 생각된다. 그러므로 프로그램의 보안 설계와 개발 책임자는 PA-DSS나 PCI-DSS, 또는 둘 다 익숙해져야만 한다.

PA-DSS와 PCI DSS 요구 사항 비교

PCI DSS는 전체 310개의 시험 절차를 포함하는 211개의 하위 요구 사항과 12개의 요구 사항을 가진 아주 큰 표준이다. PA-DSS는 13개의 상위 단계 요구 사항을 갖고 있지만, 하위 요구 사항(90)과 시험 절차(168)의 수는 PCI DSS보다는 상당히 적다. 각각의 모든 하위 요구 사항과 테스트 절차를 검토하고 주석을 다는 것은 완전히 다른 책에서 다뤄야 하는 주제다. 그러므로 우리의 목적은 지불 애플리케이션에 직접적으로 관련이 있는 것을 고르고, 초점을 맞추는 것이다. 12개의 PCI DSS 요구 사항을 좀 더 가까이 들여다보면 그 중 일부는 PA-DSS 요구 사항과 중복된다는 것을 즉시 알 수 있을 것이다(반대의 경우도 마찬가지).

표 3-7은 두 개의 표준을 비교하고 좀 더 이해하기 쉽게 겹치는 요구 사항을 보여준다. 이것은 종종 애플리케이션의 보안 관점에서는 쓸모가 없는 일부 독립적인 요구 사항을 구분하는 데 도움이 된다.

표 3-7 PA-DSS와 PCI DSS 요구 사항 비교

PA-DSS 요구 사항	PCI DSS 요구 사항	강한 보호를 보장:	평범한 보호를 용이하게 함:
1. 전체 마그네틱 선, 카드 인증 코드나 값(CAV2, CID, CVC2, CVV2), 또는 PIN 블록 정보를 보관하지 마라.	3.2 인증 후에 민감한 인정 정보를 저장하지 마라(암호화돼 있다고 할지라도).	없음	저장된 데이터

(이어짐)

PA-DSS 요구 사항	PCI DSS 요구 사항	강한 보호를 보장:	평범한 보호를 용이하게 함:
2. 저장된 카드 소유자 정보를 보호하라.	3. 저장된 카드 소유자 정보를 보호하라.	저장된 데이터	저장된 데이터
3. 안전한 인증 기능을 제공하라.	8. 컴퓨터에 접근 권한을 가진 사용자에게 독특한 ID를 할당하라.	없음	저장된 데이터
4. 지불 애플리케이션의 행동을 기록하라.	10. 네트워크 자원과 카드 소유자 정보에 대한 모든 접근을 감시하고 추적하라.	없음	없음
5. 안전한 지불 애플리케이션을 개발하라.	6. 안전한 시스템과 프로그램을 개발하고 안전하게 유지하라.	없음	애플리케이션 코드
6. 무선 전송을 보호하라.	4. 열린 공공 네트워크를 통해 전송되는 카드 소유자 정보를 암호화하라.	없음	전송되는 정보
7. 취약성을 제기하기 위해 지불 애플리케이션을 테스트하라.	6. 안전한 시스템과 프로그램을 개발하고 안전하게 유지하라.	없음	애플리케이션 코드
8. 안전한 네트워크 구현을 가능하게 하라.		없음	없음
9. 카드 소유자 정보는 인터넷에 연결된 서버에 절대로 저장하지 마라.	1.3.7 카드 소유자 정보를 저장하는 시스템 컴포넌트(데이터베이스와 같은)를 DMZ이나 다른 신뢰할 수 없는 네트워크로부터 분리된 내부 네트워크 영역에 위치시켜라.	없음	저장된 데이터
10. 안전하게 원격으로 지불 애플리케이션에 접속할 수 있게 하라.	8.3 직원, 관리자, 그리고 제3자의 네트워크 원격(외부 네트워크를 통한 네트워크 단계의 접근) 접속에는 이중 인증을 사용하라.	없음	없음

(이어짐)

PA-DSS 요구 사항	PCI DSS 요구 사항	강한 보호를 보장:	평범한 보호를 용이하게 함:
11. 공공 네트워크를 통한 민감한 정보 통신을 암호화하라.	4. 열린 공공 네트워크를 통해 전송되는 카드 소유자 정보를 암호화하라.	없음	전송되는 데이터
12. 콘솔 이외의 모든 관리자 접근을 암호화하라.	2.3 모든 콘솔 이외의 관리자 접근은 강한 암호화 방법을 사용해 암호화하라. 웹 기반 관리와 다른 콘솔 이외의 관리자 접근에는 SSH, VPN, 또는 SSL/TLS 같은 기술을 사용하라.	없음	전송되는 데이터, 저장된 데이터
13. 고객과 총판, 그리고 시스템 통합을 위한 교육 프로그램과 안내 문서를 유지하라.		없음	없음
	5. 안티바이러스 소프트웨어나 프로그램을 사용하고 지속적으로 업데이트하라.	없음	저장된 데이터, 메모리에 있는 데이터, 애플리케이션 코드
	7. 영업상 알아야 하는 카드 소유자 정보에 대한 접근을 제한하라.	없음	없음
	9. 카드 소유자 정보에 대한 물리적 접근을 제한하라.	없음	없음
	11. 보안 시스템과 프로세스를 정기적으로 점검하라.	없음	없음
	12. 모든 개인에 대한 정보 보안 정책을 유지하라.	없음	없음

PTS

지불 애플리케이션이 핀패드 장치에서 동작하지 않는다면 지불 애플리케이션 판매회사에게는 PIN 거래 보안PTS, PIN Transaction Security이 그리 중요하진 않다. POS가 통합된 솔루션에서 PTS 평가의 주요 대상인 PIN 입력 장치PED, PIN Entry Device나 POI 장치는 잘 알려진 삼중 DES 암호화와 DUKPT 키 관리 메커니즘을 사용해 직불카드의 PIN 보안에 주의를 기울인다. 카드 정보의 보호를 위해 지불 터미널에서 같은 방법이 사용된다면 지불 애플리케이션의 보안 문제 중 대부분이 제거될 수도 있다.

하지만 거의 보편적으로 PIN 카드가 받아들여지기 전에 POS 장치에는 PED가 장착돼 있지 않았고, POI 장치가 통합되지도 않았다. 신용카드를 긁는 데 사용되는 보통의 MSR 장치는 DUKPT를 구현하게 하는 암호화 기능을 갖고 있지 않았다(요즘의 일부 장치에서는 그렇게 하고 있다). 그러므로 불행하게도 PTS는 민감한 지불 정보에 대한 직접적인 보호 기능을 제공하고 있지 않다. 하지만 검증된 PTS 장치가 P2PE 솔루션의 부분일 경우에는 예외다. P2PE 솔루션 분야에 들어선 후에 PTS에 관해 이제 막 듣게 된 PA개발자와 일부 PA 판매회사는 다양한 소프트웨어와 하드웨어 컴포넌트 사이의 느슨한 통합이 요구되는 P2PE 솔루션의 제공자가 된다. P2PE 표준 요구 사항에 관한 추가적인 정보는 다음 절에서 찾을 수 있다.

최근에는 HSM 생산자 또한 HSM을 위해 만들어진 특별한 버전의 PTS를 가진 자신의 제품을 검증하기 시작했다.[18] PTS 검증을 받은 핀패드와 HSM, 그리고 다른 장치에 관한 목록은 PCI SSC 웹사이트에 게시된다.[19]

P2PE

PCI SSC는 다음과 같은 P2PE 표준에 관한 모호한 정의를 제공하고 있다.

> 판매되는 솔루션이 지불 카드 정보의 보호를 위해 필요한 요구 사항을 충족시킬 수 있도록 애플리케이션 판매회사와 P2PE 솔루션 제공자에게 제공되는 자세한 보안 요구 사항과 시험 절차[20]

하지만 P2PE는 기존 PCI 표준을 넘어서는 커다란 도약이다. PCI 표준은 물리적, 논리적, 조직적으로 분리된 허술하게 보호되고 있는 보안 준수 단위로부터 안전한 지불 시스템을 구축하기 위해 시도했는데, 상점, POS와 PA 소프트웨어 판매회사, 하드웨어 생산자, 그리고 지불 처리자가 서로를 믿지 않고 비난하게 만든다. 반면 PCI P2PE는 핀패드 장치에서 POS까지 지불 게이트웨이나 처리자의 데이터 센터에 대한 보호막이 되는 진정으로 안전한 단일 시스템을 만들고자 처음으로 진지하게 시도되고 있다. 게다가 P2PE 시스템의 보안은 일반적으로 소프트웨어 판매회사가 제공하고, PCI DSS와 PA-DSS에 의해 굳어진 이상한 임시 제어와 발가벗겨지고 집에 만든 듯한 소프트웨어 기반의 암호화 대신 하드웨어로 보호되는 강한 암호화에 전적으로 의존하게 설계됐다.

P2PE를 검토하기 전에 하드웨어와 소프트웨어, 그리고 하이브리드(각 버전의 구현에 관한 제세한 사항은 8장의 '점대점 암호화' 절에서 확인할 수 있다)와 같은 다른 형태의 점대점 암호화가 존재한다는 사실을 주목할 필요가 있다. 가장 최근의 표준 버전에서는 하드웨어[21]와 하드웨어/하이브리드[22] P2PE 솔루션만을 다루고 있다. 소프트웨어 P2PE 요구 사항은 나중을 위해 계획돼 있지만, 정확한 날짜는 아직 제시되지 않고 있다. 오직 하드웨어 P2PE만이 최고의 실제적인 카드 소유자 정보 보호 기능을 갖고 있다. 소프트웨어적인 상점 수준의 암호화 구현은 어떤 방법을 사용하든 취약하다.

PCI P2PE 표준은 6개의 도메인에 491개의 요구 사항과 전체 648개(!)의 시험 절차를 가진 거대한 PCI DSS와 비교해봐도 아주 크다. 좋은 소식은 모든 도메인이 모든 솔루션에 적용되지는 않는다는 것이다. 예를 들면 도메인 2와 4는 많은 하드웨어 솔루션의 평가 범위에서 제외될 수 있다.

P2PE는 전체 지불 처리 과정을 다룬다는 사실 또한 표준의 구조를 나타낸다. 표준은 다음과 같이 여섯 개의 도메인으로 구성돼 있다.

- **도메인 1** 암호화 장치 관리는 POI 장치의 보안에 관한 것이다. P2PE 솔루션의 부분이 되기 위해서 장치는 반드시 '제공되는 기능'으로 표시된 안전한 읽기와 정보 교환SRED, Secure Reading and Exchange of Data과 함께 PCI PTS 인증[23]을 받아야 한다.
- **도메인 2** 애플리케이션 보안은 평문으로 작성된 민감한 정보를 다루지 않는 지불 애플리케이션 솔루션에는 적용되지 않는다. 단지 POI 장치의 펌웨어가 모든 키 관리와 암호화 동작에 주의를 기울이고 암호화된 정보만 POS에 의해 관리되는 PA로 보내는 경우에만 적용될 수 있다.
- **도메인 3** 암호화된 환경은 안전한 전송 절차와 관리, 그리고 키 삽입과 같은 POI 장치의 배치와 환경 문제에 관해 주의를 기울인다.
- **도메인 4** 암호화와 복호화 사이의 분할은 PCI P2PE에 따르면 "계정 정보는 PCI에 의해 승인된 POI장치에 의해 장치를 떠나기 전에 전송을 위해 암호화되고, 상점은 복호화 환경이나 암호화 키에 대한 접근 권한을 갖지 않으므로, 하드웨어/하드웨어 솔루션에 적용 가능한 요구 사항을 가지고 있지 않다."
- **도메인 5** 복호화 환경과 장치 관리는 지불 처리자의 데이터 센터 환경에 관한 보안에 관한 것이다. 모든 키 관리와 복호화 작업은 FIPS 140-2 와/또는 PCI PTS 인증을 받은 HSM을 통해 이뤄져야만 한다. 게다가 전체 환경은 반드시 PCI DSS를 준수해야만 한다.
- **도메인 6** P2PE 암호화 키 조작은 모두 안전한 생성, 회전, 그리고 삽입과 같은 암호화 키에 관한 것으로, POI의 안전한 암호화 장치SCD, Secure Cryptographic Device에 의한 암호화와 데이터 센터에서의 HSM을 통한 복호화에 필요한 키 관리에 주의를 기울이며, 추가적으로 키 삽입 시설KIF, Key Injection Facilities에 관한 요구 사항 모음을 포함한다. KIF는 암호화 키를 POI 장치의 SCD 안에 삽입한다. 이러한 시설은 또한 반드시 P2PE 솔루션에 포함되기 위해 P2PE QSA를 통한 검증을 받아야만 한다.

검증받은 P2PE 솔루션 목록은 PCI SSC 웹사이트[24]에 게시될 것으로 생각된다. 하지만 지금 시점에서 PCI 위원회로부터 인증을 받은 P2PE 솔루션은 아직 하나도 없다. 목록은 상대적으로 오랜 시간 동안 빈 채로 남아 있으며, 다른 PCI 표준에서는 일반적이지 않은 것으로, 적이도 다음과 같은 두 가지의 이유가 있다.

1. 먼저 표준 설계자는 요구 사항을 생성하는 모델로서 상점에서부터 정보를 처리하는 데이터 센터까지 전체 솔루션을 제어하는 큰 조직을 가진다. 불행하게도 현실은 다르고, 이 복잡한 게임에서 좀 더 중요한 요소가 있다는 것이 밝혀졌다.
2. 다음으로 표준에 의한 요구 사항의 수준은 요즘 사실상의 기술적 표준과 하드웨어/소프트웨어 판매회사와 상점의 표준 준수 상황보다 높다. 일부 요구 사항을 준수하기 위해 P2PE 솔루션 제공자는 새로운 하드웨어를 구매하고, 일부 경우 필요한 표준의 인증을 아직 받지 않은 새로운 버전의 소프트웨어를 구현할 필요가 있을 것이다.

상점에 있어서 P2PE 구현으로 얻을 수 있는 명확한 이점은 고객에 대한 보안, 정보 유출과 관련한 소송 비용 지출의 경감, 그리고 PCI DSS 제어에 필요한 투자를 낮출 수 있다는 점이다. P2PE를 구현한 상점은 다음과 같은 것을 가능하게 하는 특별한 P2PE 자체 평가 질의SQA P2PE-HW[25,26]를 사용할 자격이 주어진다.

PCI DSS 평가 인증 범위 축소와 축소된 PCI DSS 요구 사항 모음에 대한 검증[27]

PCI 지침

PCI DSS와 PA-DSS의 준수가 법적으로 요구되지는 않는다. 하지만 POS프로그램을 개발하고 판매하고자 한다면 어떤 고객에게든 제품을 팔 수 있는 가능성과 같은 이점을 얻기 위해서라도 PA-DSS 검증을 통과할 필요가 있다. 표준과 달리 지침은 가장 좋은 사례와 새로운 기술에 관해 추천하고 산업계 경향을 검토하는 백서와 유사하다. 모바일 POS 앱을 개발했고 판매하고자 한다면 아무도 모바일 PCI 지침을 따라야 한다고 요구할 수 없다. 하지만, 지침은 미래에 표준이 될 수 있는 충분한 가능성이 있다.

최근 PCI SSC는 POS와 지불 애플리케이션의 보안에 직접적으로 관련된 여러 가이드라인을 제공하고 있다.

토큰화에 대한 잘못된 생각

토큰화는 상점의 PCI DSS 준수 부담을 덜어주는 시도로서 지불 카드 산업에 소개 됐는데, 원래의 신용카드 계정 번호(PAN)를 토큰token이라 불리는 대체 수단으로 대체하는 것을 말한다. 토큰은 PAN을 유일하게 구분하고 원래의 계정 번호의 보안을 위배하지 않으면서 데이터베이스 조회 과정에서 표현한다. 임의의 전역적인 고유 IDGUID, Globally Unique Identifier를 생성하는 해시 함수에서부터 원래의 카드 계정 번호 형식을 흉내 내고, 숫자 형식(단지 문자 0-1만을 사용), 길이(16개 숫자), ISO 접두어(처음 6개 숫자), 그리고 마지막 4개의 숫자와 같은 원래의 특징을 보존하는 암호화 방식까지 다양한 토큰 생성 방법을 채용하고 있는 많은 종류의 토큰화 기술이 있다. 토큰은 사용자 지불 애플리케이션의 POS나 지불 데이터 센터에 있는 지불 애플리케이션 서버 또는 지불 처리자에 의해 생성될 수 있다. 어떻게 그리고 어디에서 토큰이 생성되든지 간에 토큰화는 극복할 수 없는 아주 큰 제한을 갖고 있다. 지불 처리자와 수용자는 지불 승인을 위해 원래의 정보(트랙 1 또는 2, PAN과 유효기간)을 갖고 있어야 하기 때문에 민감한 인증 정보를 보호할 수 없다. 그러므로 가장 안전한 토큰화 솔루션이라 할지라도 지불 시스템에 전체에 대한 적절한 보안을 제공할 수 없다.

몇 년 전 첫 토큰화 기술이 등장하기 시작할 때 주요 PCI DSS의 관심사였던 저장된 데이터에 대한 답을 제공했기 때문에 많은 관심을 끌었다. 하지만 시간이 흐름에 따라 토큰화는 PCI에 대한 잘못된 생각 중 하나라는 것이 밝혀졌다. 이것은 명확하게 특정 영역에 있어서 약간의 위안을 제공하기는 하지만, 여전히 지불 애플리케이션에 관련된 위협의 대부분을 전혀 완화하지 못한다.

표 3-8은 토큰화 솔루션의 구현이 어떻게 지불 애플리케이션 취약점의 다른 영역에 영향을 주는지 보여준다.

표 3-8 토큰화와 지불 애플리케이션 취약점

지불 애플리케이션 취약 영역	POS에서 PA에게 토큰화가 제공하는 보호
메모리	–
임시 저장소(S&F, TOR, 활성화된 거래)	–
장기간 저장소(배치, 결제 기록)	○
장기간 저장소(거래 내역)	●
로그 파일	○
내부 통신	–
POI 장치와 POS 간 통신	–
처리자 연결	–
애플리케이션 코드와 설정	–

● 정확히 구현이 된다면 적절한 전체 보호 기능 제공
○ 제한적이고 선택적인 보호만 제공
– 직접적인 보호를 제공하지 않음

PCI DSS의 토큰화 지침[28]은 토큰화 솔루션의 안전한 배치와 유지 보수뿐만 아니라 토큰 생성에 있어서 도움이 될 만한 좋은 사례를 포함한다. 이러한 지침은 미래에 표준이 될 만한 가능성이 있다.

EMV 지침

2010년 10월 PCI 위원회는 'EMV 환경에서의 PCI DSS 적용'이라 불리는 안내 문서를 발행했다.[29] 10쪽 분량의 문서는 왜 EMV가 기밀의 민감한 지불 정보 보호에 실패했는지, 그리고 EMV 카드를 처리하거나, 하지 않거나 상관없이 왜 상점은 여전히 PCI DSS를 반드시 준수해야 하는지를 다음과 같이 설명하고 있다.

> EMV 자체는 민감한 인증 정보와/나 카드 소유자 정보에 대한 부적절한 접근이나 기밀의 보호 기능을 제공하지 않는다.[30]

(지불 애플리케이션의 보안 관점에서) EMV의 문제는 원래 지불 정보의 기밀성을 완전히 보호하지 못하게 설계됐다는 점이다. EMV를 만든 목적은 신용카드 사기 방지였다. 지불 처리자로부터 떨어져 나온 EMV 터미널은 카드 소유자를 인증하고 지불 카드와 거래의 합법성을 보장할 수 있지만, 처리하는 정보의 보안에는 전혀 관심이 없다. POS에 있는 EMV 판독기와 카드의 EMV 칩 사이의 통신 결과가 일단 정보로 획득되면 처리되고, 저장되고, 그리고 평문으로 전송된다. 이것은 보통의 마그네틱 선을 이용하는 것과 같은 방식이다.

지침에는 다음과 같이 묘사된 또 다른 중요한 문제가 있다.

> EMV 거래를 처리하는 대부분의 환경은 오늘날 EMV와 비-EMV 거래를 모두 다루는 하이브리드 환경이다.[31]

이것은 모든 것을 설명하고 있다. 대부분의 EMV 카드는 EMV 칩에 덧붙여 마그네틱 선을 갖고 있고, 그 반대의 경우도 마찬가지다. 대부분의 EMV 터미널은 MSR이 함께 장치돼 있어 상점은 EMV 카드뿐만 아니라 보통의 마그네틱 선을 가진 카드도 수용할 수 있다. EMV 카드가 보통의 MSR에서 처리되거나 보통의 카드를 EMV가 가능한 터미널에 긁으면 이 거래는 여느 보통 마그네틱 선을 이용한 거래만큼이나 취약하게 된다.

EMV가 가능한 환경에서 마그네틱 선을 가진 카드를 처리하는 데는 다음과 같은 여러 가지 이유가 있다.

- 맨 처음으로, 가장 명백한 것은 카드가 칩을 갖고 있지 않은 경우다(일반적인 비EMV 카드에 해당한다). 여전히 마그네틱 선만 가진 다수의 카드가 있으며, 상점은 여전히 그런 카드도 수용하길 원한다.
- **기술적인 대체 수단** 칩이 망가져서 읽을 수 없다면 일부 터미널은 고객을 유지하기 위해 정보의 예비 자원으로 사용될 수 있는 카드를 긁으라고 표시할 것이다.
- **수동 입력** 마그네틱 선과 칩 모두 읽을 수 없다면 터미널은 엠보싱 처리된 PAN을 수동으로 입력하라고 표시할 것이다(이것은 마그네틱 선을 평문으로 입력하는 것과 같다).
- 상점은 같은 지불 애플리케이션을 통해 전화 주문을 처리할 것이다(계산원은 전화를 통해 고객이 전달한 PAN, 유효기간, 그리고 CVV2를 수동으로 입력할 것이다).

개발자를 위한 모바일 결제 지침

몇 년 전 모바일Mobile 결제가 크게 유행하기 시작했을 때 PCI 표준은 이와 같은 새로운 시대의 지불 처리에 전혀 어울리지 않는다는 점이 밝혀졌다. 누군가는 모바일 결제가 PCI 표준을 준수하지 않는다고 이 상황을 반대로 말하기도 한다. 이러한 논의는 시간 낭비다. 모바일 결제는 현재와 미래에 대한 전자 지불의 실현이며, 표준은 필요한 기술을 정의하고 적절한 보안을 제공하기 위해 적응해야만 한다.

2012년, 이 간격을 메우기 위해 PCI SSC는 개발자를 위한 PCI 모바일 결제 승인 지침을 마련했다.[32] 지침은 많은 유용한 권고 사항을 포함하고 있지만,

다음과 같은 많은 문제 역시 갖고 있다.

- 지침은 민감한 정보를 보호하기 위해 사용될 수 있는 어느 특별한 기술을 추천하거나 정의하지 않는다. 따라서 실용적인 기술에 관한 조언을 찾는 개발자라면 이것은 올바른 자료가 되지 못한다.
- 다시 말해 PCI DSS와 같은 경우로, 정보 보호를 위한 책임은 물론 말단 사용자(상점)를 비롯해 다섯 부분, 심지어 OS 개발자까지도 공유한다.
- 지불 애플리케이션이 모바일 결제 지침에 나열된 모든 권고 사항을 따른다고 할지라도 그것은 여전히 'PCI를 준수'하지 않는 것이다.

> 이 문서에 표현된 지침과 권고 사항을 충족한다는 것은 PA-DSS를 준수하는 것이라는 가정은 절대로 만들어질 수 없다.[33]

정리

완전히 PA-DSS와 PCI DSS가 구현됐다 할지라도 지불 애플리케이션이 가진 (네 가지 중) 메모리에 존재하는 정보, 전송되는 데이터, 그리고 애플리케이션 코드와 설정, 이 세 가지의 주요 취약점에 대한 위협을 보호하지 못하거나 최소한으로 제공한다. PA-DSS와 PCI DSS 모두 소프트웨어 판매회사가 강한 암호화 메커니즘을 구현한다면 이 네 가지 주요 취약 영역 중 하나(움직이지 않는 정보)에 대해 많은 부분(모두는 아니지만)의 보호를 용이하게 한다.

PCI DSS는 상점 내에 어느 정도의 실력을 갖춘 IT와 보안 인력이 없는 작은 상점에 의해 배치된 POS 시스템과 지불 애플리케이션에 대해서는 적절한 보호를 제공하지 않는다.

많은 PA-DSS와 PCI DSS 요구 사항은 큰 조직과 데이터 센터 또는 웹 애플리케이션을 위해 설계됐다. 그러므로 일반적인 소매점의 POS 시스템에 적용될 때는 효과가 없다.

토큰화는 지불 애플리케이션 취약점의 단일 영역에 집중하기 때문에 민감한 정보에 대한 적절한 보호 기능을 제공하지 못한다.

EMV 기술은 신용카드 사기를 막기 위해 설계됐지만, 카드 소유자와 인증 정보 같은 민감한 정보의 기밀 유지를 위한 기능을 제공하지 않는다.

PCI 모바일 결제 지침은 유용한 권고 사항을 포함하고 있지만, 강한 애플리케이션 보안 제어로 사용될 수 있는 결정적인 보안 기술에 대한 정보는 제공하지 않는다.

참고 자료

1. 정보 유출의 연대기: 보안 위반 2005, 현재, 개인 정보 보호 권리 정보 센터, https://www.privacyrights.org/data-breach
2. 지불 애플리케이션 QSA, PCI SSC, https://www.pcisecuritystandards.org/approved_companies_providers/payment_application_qsas.php
3. 검증된 지불 애플리케이션 목록, PCI SSC, https://www.pcisecuritystandards.org/approved_companies_providers/validated_payment_applications.php?agree=true
4. PCI PA-DSS 요구 사항과 보안 평가 절차 버전 2.0, PCI DSS(2010년 10월), https://www.pcisecuritystandards.org/documents/pa-dss_v2.pdf
5. 제임스 미셸 스튜어트James Micheal Stewart, 에드 티텔Ed Tittel, 마이크 채플Mike Chapple, 『CISSP, 공인 정보 시스템 보안 전문가Certified Information Systems Security Professional 학습 가이드, 3차 개정판』(Hoboken, NJ: Sybex, 2005), pp. 3, 461
6. PA-DSS 요구 사항과 보안 평가 절자 버전 2.0, PCI SSC(2010년 10월), https://www.pcisecuritystandards.org/documents/pa-dss_v2.pdf
7. 앞에 언급한 같은 책
8. 전 세계에 등록된 서비스 제공자 목록, 비자 USA, http://www.visa.com/ splisting/

9. 미국 PCI DSS 준수 현황, 비자(2012년 11월), http://usa.visa.com/download/merchants/cisp-pcidss-compliancestats.pdf

10. 브라이언 크랩스Brian Krebs, “Payment Processor Breach May Be Largest Ever”, 워싱턴 포스트(2009년 1월), http://voices.washingtonpost.com/securityfix/2009/01/payment_processor_breach_may_b.html

11. 데이비드 골드맨David Goldman, “Your antivirus software probably won’t prevent a cyberattack”, CNNMoney(2013년 1월 31일), http://money.cnn.com/2013/01/31/technology/security/antivirus/index.html?iid=EL

12. 제임스 미셸 스튜어트James Micheal Stewart, 에드 티텔Ed Tittel, 마이크 채플Mike Chapple, 『CISSP, 공인 정보 시스템 보안 전문가Certified Information Systems Security Professional 학습 가이드, 3차 개정판』(Hoboken, NJ: Sybex, 2005), pp. 3, 461

13. PA-DSS 요구 사항과 보안 평가 절자 버전 2.0, PCI SSC(2010년 10월), https://www.pcisecuritystandards.org/documents/pa-dss_v2.pdf

14. 앞에 언급한 같은 책

15. 앞에 언급한 같은 책

16. 앞에 언급한 같은 책

17. 상점 등급과 준수 확인 요구 사항 정의, 비자, USA, http://usa.visa.com/merchants/risk_management/cisp_merchants.html

18. 지불 카드 산업PCI, Payment Card Industry PIN 거래 보안PTS, Pin Transaction Security 하드웨어 보안 모듈HSM, Hardware Security Module 보안 요구 사항, 버전 2.0, PCI DSS(2012년 5월), https://www.pcisecuritystandards.org/documents/PCI_HSM_Security_Requirements_v2.pdf

19. 승인된 PIN 거래 보안 장치, PCI DSS, https://www.pcisecuritystandards.org/approved_companies_providers/approved_pin_transaction_security. php

20. PCI 점대점 보안P2PE에 관해 자주 문의되는 질문FAQ, PCI 보안 표준 위원회(2012년 8월), https://www.pcisecuritystandards.org/documents/P2PE_v1_1_FAQs_Aug2012.pdf

21. 지불 카드 산업PCI, Payment Card Industry 점대점 암호화 솔루션 요구 사항과 시험 절차: 암호화, 복호화, 그리고 안전한 암호화 장치에서의 키 관리. 버전 1.1 PCI SSC(2012년 4월), https://www.pcisecuritystandards.org/documents/P2PE_%20v% 201-1.pdf

22. 지불 카드 산업 전대점 암호화 솔루션 요구 사항과 시험 절차: 암호화와 보안 암호화 장치에서의 키 관리, 그리고 소프트웨어(하드웨어/하이브리드)에서 계정 정보 복호화, 버전 1.1, PCI SSC(2012년 12월), https://www.pcisecuritystandards.org/documents/P2PE_Hybrid_v1.1.pdf

23. 승인된 PIN 거래 보안 장치, PCI DSS, https://www.pcisecuritystandards.org/approved_companies_providers/approved_pin_transaction_security.php

24. 검증된 PIN 거래 보안 장치, PCI SSC, https://www.pcisecuritystandards.org/approved_companies_providers/approved_pin_transaction_security.php

25. 지불 카드 산업PCI, Payment Card Industry 정보 보안 표준 자체 평가 설문지 P2PE-HW와 표준 준수, 검증된 P2PE 솔루션에 국한된 하드웨어 지불 단말기, 저장 장치에 저장된 전자 카드 소유자 정보 없음에 관한 증명서, 버전 2.0, PCI DSS(2012년 6월), https://www.pcisecuritystandards.org/documents/PCI_SAQ_P2PE-HW_v2.docx

26. 지불 카드 산업PCI, Payment Card Industry 정보 보안 표준 자체 평가 설문지, 설명과 지침, 버전 2.1, PCI SSC, https://www.pcisecuritystandards.org/documents/pci_dss_SAQ_Instr_Guide_v2.1.pdf

27. PCI 보안 표준 위원회 발표, 점대점 암호화P2PE 자원: 지금 사용 가능한 프로그램 가이드와 자체 평가 설문지, PCI SSC 출판 펴냄(2012년 6월 28일), https://www.pcisecuritystandards.org/pdfs/120627-P2PE-Program-Guide_SAQ_Update.pdf

28. 정보 보충: PCI DSS 토큰화 지침, PCI SSC(2011년 8월), https://www.pcisecuritystandards.org/documents/Tokenization_Guidelines_Info_Supplement.pdf

29. EMV 환경하에서 PCI DSS 적용, 지침 문서, 버전 1, PCI 보안 표준 위원회, 2010년 10월, https://www.pcisecuritystandards.org/documents/pci_dss_emv.pdf

30. 앞에 언급한 같은 책

31. 앞에 언급한 같은 책

32. PCI 개발자를 위한 모바일 결제 수단 수용 보안 지침, 버전 1.0, PCI 보안 표준 위원회(2012년 9월), https://www.pcisecuritystandards.org/documents/Mobile_Payment_Security_Guidelines_Developers_v1.pdf

33. 앞에 언급한 같은 책

2부

POS 시스템 공격

드넓은 우주 공간 넘어 우리보다 뛰어난 지능을 가진 차갑고 냉정한 존재가
질투 어린 눈으로 지구를 지켜보고 있었다. 그들은 천천히,
그리고 확실하게 우리를 정복할 계획을 세웠다.
– 허버트 웰즈

2부에서 다루는 내용

4

40개의 숫자를 황금으로 전환

사람은 탁월한 창조적인 동물로, 목적을 위해 의식적으로 노력하는 운명을 타고났으며, 기술 발전에 종사한다. 하지만 왜 파괴와 혼돈 역시도 열정적으로 사랑하는 것일까?

– 표도르 도스토예프스키

지불 애플리케이션의 보안에 관한, 특히 어떻게 도둑으로부터 카드 소유자 정보를 보호할 것인가에 관해 많은 이야기가 있다. 하지만 이 카드 소유자 정보라는 것은 정확히 무엇이며, 왜 보호해야만 하는 것일까? 카드 정보 유출에 관해 말할 때 도난된 정보의 조각은 무엇일까? 그리고 이미 도난이 됐다면 그것으로 돈을 벌기가 그렇게 쉬운 것일까? 보안에 관해 얘기하기 전에 그런 질문의 답을 먼저 알면 안 되는 것일까? 4장에서는 이러한 관심사에 관해 고심해본다.

마법의 플라스틱

"상업적인 의미에서 신용이란 현재 가치에 대한 비용을 미래에 지불하기로 약속하는 것이다."[1] 이것이 기술과 결합하면서 맨 처음 마그네틱 신용카드를 만들어냈고, 현재까지도 마그네틱 지불 카드는 아주 성공적인 도구로 여겨지고 있다.

우리 대부분은 지불 카드의 큰 그룹을 이루고 있는 신용카드, 직불카드(PIN), 그리고 선불카드에 익숙하다. 이러한 카드들이 가진 기본적인 차이는, 신용카드는 카드 발행 회사에 빚진 돈을 다루는 것이고, 직불카드는 소유한 돈을 갖고 있는 것이며, 선불카드는 이미 사용한 돈을 갖고 있다는 점이다. 보안의 관점에서 보면 직불카드는 이 세 가지 형태 중에서 PIN 번호를 이차 인증 수단으로 지불을 처리하는 데 사용하기 때문에 가장 안전한 것처럼 보인다. 하지만 이는 사실이 아니다. 항상 PIN 번호를 요구하지는 않으므로 대부분의 직불 카드는 PIN을 사용하거나 사용하지 않고도 처리가 가능한 '이중 용도'를 갖고 있기 때문이다. 그러므로 도둑의 관점에서 보면 이러한 이중 용도 카드는 심지어 PIN 번호가 없더라도 여전히 유용하다.

물리적 구조와 보안 기능

디지털 정글로 뛰어들기 전에 대충 보기에는 명확해보이는 지불 카드의 물리적 구조에 대해 다시 한 번 살펴보자. 이 책의 대부분은 소프트웨어 보안에 초점을 맞추고 있기는 하지만 물리적 제어는 정보 보호 분야에서 굉장히 중요한 부분이기 때문에 현실 세계에 관해 생각하지 않을 수 없으며, 전자 지불의 보안이라고 해서 예외가 아니다.[2] 사실 대부분의 경우 도난된 신용카드의 정보는 복제된 플라스틱 카드를 만들기 전에는 쓸모가 없다.

위조된 플라스틱과 진짜 지불 카드를 구분할 수 있는 특징은 다음과 같다(이러한 특징들이 위조될 수 없다는 것은 아니다).[3,4,5,6,7]

- 지불 회사의 로고, 배경색, 그리고 이미지는 다양한 카드 회사와 카드의 형태를 구별한다, 그리고 이러한 것이 왜 강력한 보안 제어가 될 수 없는가에 대한 이유가 된다. 그림은 쉽게 복제될 수 있으며, 심지어 아무런 지식이 없어도 PVC 페인트를 이용해 만들 수 있다(시각 디자인에는 표준이 없기 때문이다). 수십여 가지의 자기만의 특색을 가진 각각의 카드 발급 은행들이 너무 많이 있고 표준화된 것이 없기 때문에 그림을 그냥 보는 것만으로 인증을 하는 방법은 사실상 불가능하다.
- (그림 4-1에서 보여주는 것과 같은) 양각된 기본 계정 번호PAN, 유효기간, 그리고 카드 소유자 이름은 수동으로 카드를 처리하던 시대에서부터 전해져 왔다. 옛날에는 카드 명세표 발행기에 플라스틱 카드의 양각된 정보를 찍는 것이 거래를 처리하는 유일한 방법이었다. 카드 명세표 발행기는 플라스틱에 양각된 정보를 카본 종이로 만들어진 거래 종이조각에 복사하는 기계 장치다. 많은 상점이 여전히 정전이나 POS 소프트웨어 에러가 난 상황에서도 영업을 계속하기 위해 카드 명세표 발행기를 보유하고 있다. 요즘은 양각된 정보가 아주 강하지는 않지만, 주로 추가적인 보안 기능으로 남아 있다. 양각 장치는 인터넷을 통해 300달러 미만에 구입할 수 있다.
- 카드 인증 번호CVV2, Card Verification Value는 카드의 앞면이나 뒷면에 써진 3개 또는 4개의 숫자 코드다(그림 4-2에 원으로 표시). 카드를 제시하는 거래에서는 거의 검증되지 않으며, 주로 실제 카드를 제시하지 않는 (온라인) 지불에서 사용하게 고안됐다(좀 더 자세한 것은 4장의 '카드 인증 번호' 절에서 볼 수 있다).
- 플라스틱의 앞면에 그려진 자외선UV 마크(그림 4-3)는 10달러가 채 안 되는 가격에 구입할 수 있는 특별한 자외선 플래시(그림 4-4)를 비추면 빛이 난다.[8,9] 계산원은 공항에서 TSA 보안 요원이 운전 면허증을 검사하는 것과 똑같은 간단한 방법으로 자외선 마크를 검증할 수 있다. 하지만 그러한 과정은 구매자의 기분을 해치고, 거래 처리 시간을 급격히 증가시키기 때문에 그렇게 하는 사람은 거의 없다. 또한 UV 마크는 보통의 잉크젯 프린터에서 UV 잉크를 사용하면 상대적으로 쉽게 복제가 가능하다.[10]

그림 4-1 플라스틱 지불 카드 전면

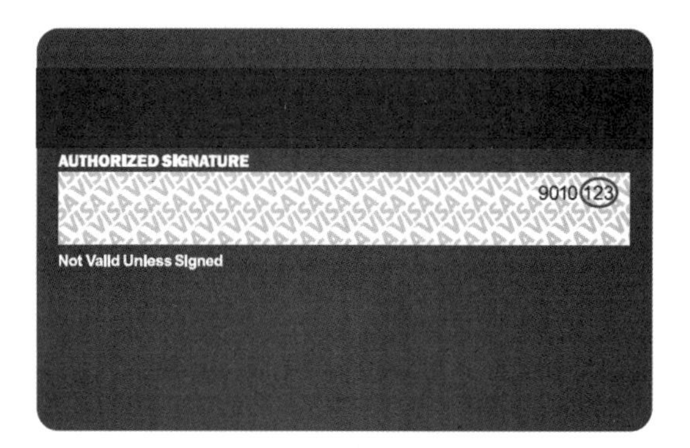

그림 4-2 플라스틱 지불 카드 후면

그림 4-3 평상시 가시광선에서 보이는 신용카드

그림 4-4 자외선 빛을 통해 UV 마크가 보이고 있는 신용카드

- 고객 서비스 전화번호는 발급 은행의 고객 서비스 담당자에게 전화를 걸어 카드를 검증하고, 도난 카드가 아니라는 것을 확인하거나 거래에 충분한 신용이 있는지 확인할 수 있게 한다.
- (선택적) 금속으로 처리한 끝부분은 양각된 숫자와 이름을 금색이나 은색으로 코팅해 두드러져 보이게 함으로써 카드 앞면의 배경과 쉽게 구분이 될 수 있게 한다. 이러한 시각적으로 좋아 보이는 기능도 250달러 미만의 기계(뜨겁게 달군 금속 박피를 찍는 기계)를 사용하면 복제할 수 있다.
- (선택적) 카드 뒷면의 카드 소유자 서명(그림 4-2)은 지급 거래 영수증에 쓰인 카드 소유자의 서명과 비교할 수도 있겠지만, 실제로 자신의 신용카드 뒷면에 서명을 해본 적이 있는 사람이 있을까?
- 발급자에 의해 카드의 앞면이나 뒷면에 (선택적으로) 추가되는 카드 소유자 사진은 카드를 사진이 부착된 신분증이 되게 할 수 있다. 사진을 비롯해 어떤 그림이라도 위조된 카드에 PVC 프린터를 이용해 배경 그림으로 삽입될 수 있다.
- (선택적) 지불 회사나 카드 발급자의 로고를 가진 홀로그램을 카드의 뒷면에서 찾아볼 수 있지만, 위치나 존재 여부 또는 홀로그램의 내용에는 일관성이 없다. 따라서 계산원은 홀로그램이 어디에 있어야 하는지, 찾을 수는 있는지 확신할 수 없다.

- (선택적) 홀로그램 마그네틱 선은 상대적으로 새로운 기능으로, 복제하기가 간단하지는 않다. 하지만 단지 존재하지 않는 것이라면 카드에 그것이 있는지 없는지 누가 알 수 있을까?

보안 기능이 실패하는 이유

지불 카드의 물리적인 보안 제어와 관련해 고려해야 하는 것은 다음과 같이 여러 가지가 있다.

- **보호 메커니즘에는 일관성이 없다.** 사실상의 표준과 같은 기능(양각된 계정 번호, 유효기간, 그리고 카드 소유자 이름)이 있지만, 여전히 공식적인 표준이 존재하지 않는다. 예를 들어 카드 검증 코드는 여러 가지 다른 이름(CSC, CVV, CAV, CVC, CID, CAV2, CVC2, CVV2)과 다른 길이(3개 또는 4개의 숫자), 그리고 다른 위치(마그네틱 트랙, 카드의 앞면 또는 뒷면)를 갖고 있다. 이것은 경험이 적은 계산원을 혼란스럽게 만든다(이러한 코드에 대해서는 4장의 '카드 검증 값' 절에서 좀 더 자세하게 다룬다).
- **많은 보안 기능 모두 필수가 아니다.** 예를 들면 카드 소유자의 사진을 카드에 출력하는 것은 아주 좋은 생각이다. 사실 그런 상대적으로 간단한 기능으로 신용카드를 사진이 부착된 신분증으로 만들어 (카드 소유자의 지갑이 도난됐을 때) 일반적인 사기를 방지할 수도 있을 것이다. 홀로그램 마그네틱 선은 꽤 강한 물리적 보호 기능의 또 따른 예로, 복제가 쉽지 않다(적어도 위조 카드의 생산 비용을 크게 증가시킬 수 있다). 하지만 이러한 기능은 선택적인 것으로, 표준이나 법으로 요구되지 않아 널리 사용되지 않기 때문에 이러한 기능에 의존할 수는 없다.
- **지불 카드는 마그네틱 선 판독기를 통해 자동으로 검증될 수 있는 물리적 보안 제어를 갖고 있지 않다.** 모든 물리적 보호 메커니즘은 사람(계산원, 점원, 웨이터)을 통해 인식되고 검증될 수 있게 설계됐다. 그러므로 ATM, 주유 펌프, 또는 자동화된 키오스크같이 점원이 없는 지불 계산기는 플라스틱의 진위

여부를 판단할 사람이 없기 때문에 쉬운 사기의 대상이 된다.

- **대부분의 물리적 제어는 쉽게 위조할 수 있다.** EMV 칩과 같은 높은 수준의 기술과는 다른 일반적인 물리 보안은 집에서도 쉽게 복제가 가능하다(4장의 '위조 카드 만들기' 절에는 필요한 장비에 대해 좀 더 자세한 설명이 있다).
- **물리적 보호 기능의 검증은 필수가 아니며, 상점의 점원은 종종 생략하기도 한다.** 신용카드가 홀로그램 마그네틱 선과 같이 상대적으로 강한 물리 보안 제어를 갖고 있다고 하더라도 계산원은 거의 검증을 하지 않는다. 많은 상점에서는, 특히 높은 회전율을 가진 대형 체인은 거래 처리 과정 속에 물리적 보안의 검증 과정을 포함하지 않는다. 이런 규칙은 지불 과정이 매력적이지 않게 만들지만, 좀 더 중요하게는 거래 처리 시간에 확실히 영향을 주고, 각각의 계산원이 근무 시간 동안 얼마나 많은 고객에게 서비스할 수 있는지를 정의한다. 더 긴 평균 거래 시간은 상점이 더 많은 계산원을 고용해야 한다는 뜻이다. 그러므로 많은 보호 메커니즘은, 특히 사람의 상호작용을 요구하는 물리 보안 제어는 비용에 효과적이지 않다. 가끔 발생하는 비용이 지불되지 않는 거래의 위험성은 정기적으로 지불해야 하는 추가적인 계산원의 임금보다 훨씬 위험하지 않다.

이와 같이 모든 존재하는 자동화되지 않은 지불 카드의 보호 방법은 수동 검증을 요구하지 않기 때문에 크게 효과적이지 않다. 이것은 매장 내의 구매로 얻을 수 있는 가장 큰 사기 수익 창출 전략에 문을 열어주는 꼴이다. 4장의 후반부에서 이에 관해 좀 더 자세히 설명한다.

마그네틱 선의 내부

카드 소유자의 정보는 플라스틱 지불 카드의 뒷면에 위치한 마그네틱 선에 저장된다. 마그네틱 선에 포함돼 있는 두 개의 트랙(트랙 1과 트랙 2로 불린다)이 전자 지불을 처리하는 데 사용된다. 또한 제3의 트랙(트랙 3)이 있는데, 이것은 POS 거래에서 사용되지 않는다. 마그네틱 트랙의 정보 형식은 ISO 7813 표준[11]에 정의돼 있으며, 신용카드와 직불카드, 선불카드, 플리트 카드, EBT, 그리고 다른 지불 카드의 형식은 모두 일치하지 않는다. 마그네틱 선을 등록기에 긁을 때 MSR 장치는 마그네틱 선에서 트랙을 읽어 지불 처리자 시스템으로 전송한다. 지불 처리자 시스템은 트랙 정보를 PAN과 유효기간, 서비스 코드, 그리고 추가적인 사용자 구별 정보(이것은 보통 플리트 카드 처리와 같은 특별한 경우에만 요구된다) 같은 여러 개의 세부 항목으로 해석한다.

"마그네틱 선은 아주 효과적이긴 하지만, 특히 보안의 관점에서 보면 아주 똑똑한 기술은 아니다."[12] 마그네틱 선은 복사돼(또는 세부 항목을 재조합해 다시 만들어 질 수도 있으며) 빈 플라스틱 카드에 마그네틱 선 인코더를 사용해 쓸 수 있다. 이런 장치는 상대적으로 저렴하고 누구나 구매해 사용할 수 있다. 트랙 1과 트랙 2가 대부분의 지불 처리에 충분한 정보를 갖고 있기 때문에 가장 중요한 요소다. 트랙 1이나 트랙 2는 소매점 거래나 ATM 현금 지급기에서 필요한 물리적 지불 카드가 하는 모든 기능에 사용될 수 있다. PAN(두 트랙에 위치한)은 온라인 구매에 사용될 수도 있다.

트랙 1

트랙 1은 카드 소유자의 전체 이름을 비롯해 카드 소유자의 모든 정보를 담고 있다. 트랙 1의 최대 길이는 79바이트이며, 첫 번째 바이트는 PAN이다. PAN 왼쪽에 '^' 문자로 구분된 카드 소유자의 이름이 있고, 유효기간이 오른쪽에 있다. 다음은 트랙 1의 예이고, 표 4-1은 이 예에서 사용된 세부 항목에 대한 목록이다.

%B4005554444444403^GOMZIN/SLAVA^15121010000000012300?

표 4-1 트랙 1 예에서 사용된 세부 항목

항목	정보
PAN	4005554444444403
유효기간	1512(2015년 12월)
카드 소유자 이름	SLAVA
카드 소유자 성	GOMZIN
서비스 코드	101
CVV	123

트랙 1과 트랙 2 모두 보호되지 않기 때문에 평문으로 저장돼 있다. 다시 말하면 단지 트랙 1의 79바이트(또는 트랙 2의 40바이트)만 구할 수 있다면 지불 카드의 전체 복사본을 만드는 것이 가능하다. 이런 복제된 카드는 같은 방식으로 원래의 지불 단말기에 긁을 수 있다. 트랙 1은 알파벳 문자만 포함된 트랙이다. 카드 소유자의 이름은 지불 처리에서 사용되지 않는다. 표 4-2는 트랙 1의 상세한 구조를 보여준다.

표 4-2 상세한 트랙 1의 구조

항목	길이(바이트)	정보 형태와 형식	설명
%	1	항상 '%' 문자	시작 표시
B	1	항상 'B' 문자	형식 코드
PAN	최대 19	숫자 0-9	자세한 구조는 'PAN' 절 참고
^	1	항상 '^' 문자	PAN과 카드 소유자 이름 구분자
이름	2-26	문자	이름
			'/' 구분자
			성

(이어짐)

항목	길이(바이트)	정보 형태와 형식	설명
^	1	항상 '^' 문자	카드 소유자 이름과 유효기간 구분자
유효기간	4	숫자	보통 YYMM
서비스 코드	3	숫자	3개의 세부 항목을 포함. 자세한 구조는 '서비스 코드' 절을 참조
사용자 인식 정보	가변적(이지만, 트랙의 전체 길이가 79바이트를 넘을 수 없도록 제한)	문자	카드 형태에 따라 선택적인 정보. 예를 들어 플리트 카드에는 특수한 표시 코드가 있어서 지불 애플리케이션에게 운전 면허증 정보나 주행 거리계를 읽도록 지시한다.
?	1	항상 '?' 문자	끝 표시
LRC	1	숫자	ISO 7811-2[13]에 정의된 세로 중복 검사. 일반적으로 읽은 데이터의 무결성 검증 목록으로, MSR에서 검증된다. 단, 주로 지불 애플리케이션에 의해 검증되는 PAN 검증 숫자와 혼동하면 안 된다.

트랙 2

트랙 2는 지불 처리에 필요한 최소한의 정보인 PAN과 유효기간, 서비스 코드, 그리고 카드 형태와 카드 발급자에 따라 다양할 수 있는 추가적인 정보를 담고 있다. 트랙 2는 트랙 1의 축소판으로 도입됐으며, 인증을 위한 통신 수단으로 땅에 매설된 전화선을 사용하는 오래된 전화 지불 단말기의 성능 향상을 목적으로 했다.

트랙 2는 여전히 대부분의 지불 수용자의 지불 처리에 충분해서 대부분의 애플리케이션에서 트랙 2는 선택 사항이다.[14] 트랙 2의 표준 길이는 40개의 아스키ASCII 문자다. 첫 번째 숫자(주로 16이지만, 16에서 최대 19까지 다양하다)는 PAN을 위해 예약돼 있다. '=' 문자는 PAN을 추가적인 사용자 구분 정보에 뒤따르는 4바이트의 유효기간과 분리한다. 다음은 트랙 2의 예이며, 표 4-3은 예에서 사용된 항목을 나열한다.

;4005554444444403=1512101000000012300?

표 4-3 트랙 2 예의 세부 항목

항목	정보
PAN	4005554444444403
유효기간	1512(2015년 12월)
서비스 코드	101
CVV	123

표 4-4는 트랙 2의 자세한 구조를 나열한다.

표 4-4 자세한 트랙 2 구조

항목	길이(바이트)	정보 형태와 형식	설명
;	1	항상 ';' 문자	시작 표시
PAN	최대 19	숫자 0-9	트랙 1과 동일
=	1	항상 '=' 문자	PAN과 유효기간 구분자
유효기간	4	숫자	트랙 1과 동일
서비스 코드	3	숫자	트랙 1과 동일
사용자 구분 정보	가변적(이지만, 트랙의 전체 길이가 40바이트를 넘을 수 없도록 제한)	숫자	트랙 1의 사용자 구분 정보 참조
?	1	항상 '?' 문자	끝 표시
LRC	1	숫자	트랙 1의 LRC 참조

PAN

기본 계정 번호PAN, Primary Account Number는 주로 16개의 숫자로 구성되지만, 아메리칸 익스프레스와 같은 예외 경우에는 15개의 숫자로 구성된다. 최대 길이는 19자이고, 플리트 카드와 같이 일부 카드는 19개의 숫자 계정 번호를 가진다.

PAN은 대부분의 카드 앞면에 양각이 돼 MSR이 마그네틱 선을 읽을 때 어떤 이유에서든 오류가 발생할 경우(일반적으로 카드가 물리적으로 손상된 경우) 수동으로 입력할 수 있게 한다. 양각된 PAN은 전자 시스템이 중지됐을 때 수동으로 거래를 처리할 때 사용될 수 있다. 이것은 또한 카드 소유자로부터 컴퓨터 해킹 없이 돈을 훔치는 가장 쉽고 오래된 방법이다. 즉, 간단히 PAN 숫자를 적어 놓은 뒤 온라인으로 구매할 때 적어놓은 PAN 번호를 사용하기만 하면 되는 것이다

표 4-5는 마그네틱 트랙에 위한 PAN을 보여준다.

표 4-5 마그네틱 트랙에서 PAN의 위치

트랙	정보
1	%B**4005554444444403**^GOMZIN/SLAVA^1512101000000012300
2	;**4005554444444403**=1512101000000012300?

트랙 1과 트랙 2 모두 같은 PAN을 갖고 있다. 이것은 또한 ISO 접두어와 계정 번호, 그리고 검사 숫자 같은 여러 항목으로 구성된다. 트랙 1과 트랙 2 전체를 갖는 것이 지불 카드를 위조하기 위해서는 이상적이긴 하지만, 카드를 제시하지 않는 온라인 구매와 같은 일부 경우 PAN만 아는 것으로도 사기 거래를 하기에는 충분할 수 있다.

온라인 구매에는 지불 카드를 긁을 필요 없이 PAN만 수동으로 입력하는 것으로 충분할 것이다. 온라인으로 구매를 진행할 동안 지불 애플리케이션

은 PAN과 유효기간, 카드 소유자의 전체 이름, 카드 소유자의 주소와 우편번호, 전화번호, 또는 다른 것과 같은 항목을 표시할 수도 있다. 사실 CVV2가 요구되지 않는다면 승인을 얻기 위해 필요한 것은 단지 PAN의 검증이다(좀 더 자세한 것은 다음 절에서 다룬다).

유효기간

유효기간은 네 개의 숫자로 구성되는데, 월과 년을 각각 두 개의 숫자로 표현한다. 트랙 1과 트랙 2 모두 유효기간을 포함하고 있으며, 트랙 2는 '='을 이용해 PAN과 구분하고, 트랙 1에서는 두 번째 카드 소유자 이름과 '^'를 이용해 구분한다(표 4-6). 월과 년의 순서는 ISO 표준에서 정의하고 있는데, 처음 두 숫자는 년이고 다음 두 숫자는 월을 표현한다(YYMM). 예를 들어 카드 유효기간이 2015년 12이라면 유효기간은 1512로 만들어진다.

표 4-6 마그네틱 선에서 유효기간의 위치

트랙	정보
1	%B4005554444444403^GOMZIN/SLAVA^**1512**101000000012300
2	;4005554444444403=**1512**101000000012300?

또한 유효기간은 카드의 전면에 양각된다. 양각된 유효기간의 월과 년 숫자의 위치는 트랙 내에 만들어진 형식과 반대이고, / 또는 -를 이용해 MM/YY나 MM-YY 같이 월과 년을 구분하는 것을 주의해야 한다.

지불 애플리케이션과 대부분의 지불 처리자와 수용자는 유효기간(또는 PAN을 제외하고 많은 항목 또는 심지어 모든 항목을)을 검사하지 않는다. 유효기간 검증 과정은 단지 기간이 지나지 않았음을 확인하는 과정에 불과하다. 유효기간의 확실성을 검증하는 과정이 없다는 것은, 검증을 위해 보내지는 유효기간은 카드 발급자의 데이터베이스에 있는 원래의 유효기간과 비교하지 않는다는 것을 의미한다. 그러므로 가상의 임의로 만든 현재 이후의 유효기간은 검증을 통과할 것이다(최대 년도와 같은 일부 제한은 있을 수 있다. 예를 들면 '7012'는 카드의 유효기간이 지불 애플리케이션에서 1970년 12월로 해석될 것이기 때문에 거부될 가능성이 높다).

게다가 전송과 저장 과정에서 유효기간은 일반적으로 지불 애플리케이션에 의해 암호화되지 않으므로(PCI 표준은 그것을 요구하지 않는다) 메모리에서, 통신과정에서, 데이터베이스에서 또는 로그 파일에서 쉽게 획득할 수 있다.

ISO 접두어와 BIN 범위

PAN의 처음 6개 숫자(표 4-7)는 ISO 접두어로 불리며, 공식적으로는 BIN 또는 IIN 접두어로 알려져 있다.

표 4-7 마그네틱 선에서 ISO 접두어의 위치

트랙	정보
1	%B4005554444444403^GOMZIN/SLAVA^1512101000000012300
2	;4005554444444403=1512101000000012300?

기술적으로 ISO 접두어는 카드 발급자에 대한 일반적인 정보를 담고 있기 때문에 계정 번호의 부분이 아니다. 그러므로 카드 소유자를 확인하는 실제 계정 번호는 9개의 숫자만을 갖고 있다. 16개 숫자의 PAN은 다음과 같을 것이다.

16(PAN) - 6(ISO 접두어) - 1(검사 숫자 - 아래 내용 참조) = 9

PCI 표준에서 처음 6개 PAN 숫자를 드러내는 이유는 다음과 같이 여러 가지가 있다.

- ISO 접두어는 카드 소유자의 신원을 확인하는 정보를 포함하지 않으며, 많은 카드 소유자는 자신의 카드에 똑같은 ISO 접두어를 갖고 있기 때문

에 비밀 번호가 아니다.

- ISO 접두어는 공개적으로 알려진 정보를 포함하기 때문에 인위적으로 생성될 수 있다.
- 대부분의 사용자 지불 시스템은 거래 내역을 적절한 처리자에게 보내기 위해 카드의 ISO 접두어를 알아야만 한다. 그러므로 민감한 카드 정보가 P2PE 암호화 방법(좀 더 자세한 내용은 P2PE 절 참고)을 이용해 암호화돼야 할 때조차 시스템은 거래를 처리하기 위해 여전히 ISO 접두어를 볼 수 있어야만 한다.

처음 6개와 마지막 4개 숫자는 거의 항상 평문으로 노출된다는 점과 '숫자 검사' 기능은 PAN 값에 기초해 계산된다는 사실은 6개의 숫자만 무작위 대입 공격을 하면 되기 때문에 PAN의 해시 함수를 파괴할 때 매우 중요하다.

[상호 참조] 해시 함수 취약점에 관한 좀 더 자세한 사항은 6장을 참조하라.

ISO 접두어(와 PAN)의 첫 숫자는 주요 산업 구분자MII, Major Industry Identifier로 불리고, 이름에서 암시하듯이 산업 분야를 구분한다. 실제로 주요 지불 회사는 1부터 6까지 할당된 MII 숫자를 갖고 있으며, ISO 접두어의 4개 숫자 중 첫 번째 숫자를 통해 구분할 수 있다(표 4-8).

표 4-8 BIN 범위

MII(첫 번째 숫자)	BIN 범위	지불 회사
1	1800xx	JCB
2	2131xx	JCB

(이어짐)

MII(첫 번째 숫자)	BIN 범위	지불 회사
3	34xxxx, 37xxxx	아메리칸 익스프레스
	300xxx – 305xxx, 36xxx, 38xxxx	다이너스 클럽
	35xxx	JCB
4	4xxxxx	비자
5	51xxxx – 55xxxx	마스터카드
6	6011xx, 65xxxx	디스커버

이 표는 가장 상위 단계의 구분만을 표시한다. 자세한 BIN 범위는 지불 회사[15]와 은행[16] 또는 다른 정보[17]를 통해 얻을 수 있다.

PAN 검사 숫자

PAN의 마지막 숫자는 (아주 드문 예외를 제외하고) 검사 숫자로 불린다. 이것은 메모리나 파일에서 PAN을 찾을 때 무작위로 생성된 숫자의 순서와 실제 카드 계정 번호를 구분할 수 있게 한다. 검사 숫자는 실제로 계정 번호의 부분이 아니다. 예를 들어 PAN의 길이가 16이라면 계정 번호는 처음 15개로 구성되고, 16번째 숫자는 검사 번호가 된다(표 4-9). 검사 번호는 특별한 Mod 10(10의 계수) 계산으로 결정되며(구현된 내용은 아래의 코드 샘플에서 보여준다), 미국의 첫 정보 과학자 중 한 명인 한스 피터 룬Hans Peter Luhn에 의해 고안돼 룬Luhn 공식으로도 알려져 있다.[18] 지불 카드를 위한 공식적인 Mod 10 알고리즘은 ISO 7812-1 부록 B에서 정의하고 있다.[19]

표 4-9 마그네틱 선에서 PAN 검사 번호의 위치

트랙	정보
1	%B400555444444440**3**^GOMZIN/SLAVA^1512101000000012300
2	;400555444444440**3**=1512101000000012300?

PAN와 유효기간 패턴은 구분자(트랙 2에서는 '=', 트랙 1에서는 '^')에 의해 매우 잘 구분될 수 있기 때문에 전체 트랙 1이나 2를 찾는 경우에는 검사 숫자 검증은 그리 중요하지 않다(4장의 '정규 표현식' 절에서 검사 숫자의 사용에 관해 좀 더 자세히 설명한다).

코드 견본: Mod 10 – PAN 검사 숫자 검증

```
public bool LuhnTest(string cardNumber)
{
   // Clean the card number - remove dashes and spaces
   cardNumber = cardNumber.Replace("-", "").Replace(" ", "");

   // Convert card number into digits array
   int[] digits = new int[cardNumber.Length];
   for (int len = 0; len < cardNumber.Length; len++)
   {
       digits[len] = Int32.Parse(cardNumber.Substring(len, 1));
   }
   int sum = 0;
   bool alt = false;
   for (int i = digits.Length - 1; i >= 0; i--)
   {
     int curDigit = digits[i];
     if (alt)
     {
       curDigit *= 2;
       if (curDigit > 9)
       {
         curDigit -= 9;
       }
     }
     sum += curDigit;
     alt = !alt;
```

```
    }
    // If Mod 10 equals 0, the number is good and this will return true:
    return sum % 10 == 0;
}
```

서비스 코드

서비스 코드의 3바이트(표 4-10)는 31바이트의 하위 필드로 구성돼 있다. 이 필드의 값은 지불 애플리케이션과 지불 처리자에게 지불을 승인하는 동안 카드를 어떻게 다뤄야 하는지 알려주기 때문에 매우 중요하다.

표 4-10 마그네틱 트랙에서 서비스 코드의 위치

트랙	정보
1	%B4005554444444403^GOMZIN/SLAVA^1512**101**000000012300
2	;4005554444444403=1512**101**000000012300?

가장 일반적인 서비스 코드는 101과 201다. 겉으로는 작아 보이는 한 숫자의 차이는, 사실 카드 소유자에게는 매우 중요하다. 첫 번째 숫자는 카드가 EMV 칩을 갖고 있는지 아닌지를 결정한다. 따라서 101 카드는 단순한 마그네틱 선 카드로, 사실상 미국 어디에서든지 받아들여진다(유럽의 EMV 혁명에 대한 무시 덕분에). 반면 201 카드는 카드에 몇 가지 제한을 가하는 칩이 포함돼 있다(EMV가 활성화된 POI 장치에서는 카드를 긁는 것이 허용되지 않는다).

표 4-11은 서비스 코드로 정의된 지불 애플리케이션과 처리에 대한 추가적인 중요한 명령을 보여준다. 이러한 명령은 수용 지역(국제 또는 국내)과 PIN 요구에 대한 표시, 그리고 제품 제한(상품과 서비스 전용, ATM 전용, 또는 제한 없음)을 포함할 수 있다.

표 4-11 서비스 코드 명령

명령		서비스 코드		
		1st 숫자	2nd 숫자	3rd 숫자
기술	칩을 가진 카드	2, 또는 6		
수용 지역	국제	1, 또는 2		
	국내	5, 또는 6		
인증	일반		0	
	발급자		2	
제한	제한 없음	0, 1, 또는 6		
	상품과 서비스 전용			2, 5, 또는 7
	ATM 전용			3
PIN 요구	PIN 요구됨			0, 3, 또는 5

이러한 서비스 코드 명령의 대부분은 보통 지역 POS 시스템에는 무시되고, 처리자나 수용자 서버에서 분석 용도로만 사용된다는 점을 유념해야 한다.

카드 확인 값

이제 문자 C와 V를 사용해 세 자로 요약하는 것이 무엇을 의미하는지 이해해볼 시간이다. 카드 확인 값CVV, Card Verification Value은 지불 회사에서 대량의 신용카드 사기와 맞서기 위해 고안한 것이다. CVV에는 두 가지의 형태가 있는데, 종종 혼동된다. 또한 각각의 지불 회사는 사실상 같은 코드에 대해 자신만의 고유한 이름 명명법을 갖고 있어서 혼란을 가중시키고 있으며, 산업계의 표준이 부족하다는 것에 대한 또 다른 예를 보여주고 있다.[20]

첫 번째 그룹은 표 4-12에 나열돼 있는데, 각각의 신용 회사들은 마그네틱 트랙 1과 2의 사용자 구분 정보 속에 삽입된 세 문자를 다른 조합으로 사용하긴 하지만, 일단 CVV라고 부르자.

표 4-12 마그네틱 선에 써진 카드 검증 값

지불 회사	코드	이름	위치	길이
아메리칸 익스프레스	CSC	카드 보안 코드	트랙 1, 2	3
디스커버	CVV	카드 확인 값	트랙 1, 2	3
JCB	CAV	카드 인증 값	트랙 1, 2	3
마스터카드	CVC	카드 검증 코드	트랙 1, 2	3
비자	CVV	카드 확인 값	트랙 1, 2	3

두 번째 그룹의 코드는 보통 CVV2로 불리지만, CVV의 경우와 마찬가지로 각각의 지불 회사마다 자신만의 이름을 갖고 있다(표 4-13). 이들 숫자는 플라스틱 지불 카드의 앞면이나 뒷면에 새겨져 있다.

표 4-13 플라스틱에 새겨진 카드 확인 값

지불 회사	코드	이름	위치	길이
아메리칸 익스프레스	CID	카드 구분 숫자	카드 앞면	4
디스커버	CID	카드 구분 숫자	카드 뒷면	3
JCB	CAV2	카드 인증 값 2	카드 뒷면	3
마스터카드	CVC2	카드 검증 코드 2	카드 뒷면	3
비자	CVV2	카드 확인 값 2	카드 뒷면	3

마그네틱 트랙에 써진 CVV

CVV(지불 회사에 따라 CSC 또는 CAV, CVS로 알려진)는 표 4-14에서 보여주는 것과 같이 마그네틱 트랙 1과 2의 사용자 확인 정보 영역에 써져 있는데, CVV2에 앞서 소개가 됐으며, 특별한 암호화 함수를 사용해 트랙의 정보 항목으로부터 얻어진다.

표 4-14 마그네틱 트랙에서 CVV의 위치

트랙	정보
1	%B4005554444444403^GOMZIN/SLAVA^1512101000000012300
2	;4005554444444403=1512101000000012300?

CVV는 수용자의 서버에서 승인이 진행되는 동안 POS가 트랙 1, 2 또는 두 개 모두의 전체 정보를 보낼 때 확인된다. 이 검증 과정에 숨겨진 생각은 간단하다. PCI 보안 표준이 소개되기 전에, 또한 소개된 후에도 상점이 데이터 저장소를 막 암호화하기 시작했을 때 PAN 숫자는 주로 결재가 진행되는 동안과 고객 서비스가 문의되는 오랜 시간 동안 저장돼 있기 때문에 쉽게 도난이 가능했다. 신용카드 사기의 초창기에 도둑의 일은 훨씬 더 쉬웠다. 위조된 플라스틱 카드를 만들기 위해 전체 트랙을 훔칠 필요가 없었던 것이다. 그때로 돌아가서 PAN과 유효기간(많은 승인자로부터 검증되지 않고 간단한 검증 공식과 맞게 무작위로 생성될 수 있는)은 다음과 같이 만들어질 수 있는 충분한 정보를 갖고 있다.

시작 문자: 항상 ';'

\+

PAN: '1234567890123456'

\+

구분자: 항상 '='

\+

유효기간: '1512'(단지 미래의 아무 년도나 월을 넣음)

\+

끝 문자: 항상 '?'

=

트랙 2: ;1234567890123456=1512?

요즘은 CVV 검증 기능 덕분에 트랙은 그렇게 쉽게 재구성될 수 없다. 도둑은 전체 트랙(다소 좀 더 어려워지긴 했지만, 불가능하지 않다)을 확보하거나 1,000여 개의 가능한 값을 가질 수 있는 CVV의 값을 추측할 필요가 생겼다.

PAN에서 트랙 1 또는 2만을 재구성하는 것은, 오프라인으로 CVV를 검증하는 기능을 가진 지불 애플리케이션은 없기 때문에 오프라인 거래를 목적으로 여전히 위조된 카드를 만들 때 사용될 수 있다.

[상호 참조] 강제적인 오프라인 인증 공격에 관한 좀 더 자세한 사항은 5장 '보안이 없는 구역에 침투'를 참조하라.

플라스틱에 새겨진 CVV2

CVV2(지불 회사에 따라 CAD와 CAV2, CVC2로도 알려진) 검증은 선택 사항이지만, 상점에게 추가적인 서비스로 제공될 수도 있다.[21] 카드는 물리적으로 제시돼 직원에 의해 검증될 수 있기 때문에 소매점에서는 이 코드가 거의 검증되지 않는다. CVV2는 주로 카드가 제시되지 않는 (온라인과 전화 지불) 거래에서 고객의 손에 있는 (단지 계정 번호가 아닌) 물리적인 실제 카드를 검증할 때 도움이 되므로 좀 더 중요하게 여겨진다. CVV2는 마그네틱 선에 포함돼 있지는 않지만, 그림 4-2에서 보여주는 것과 같이 플라스틱 카드의 앞면이나 뒷면에 새겨지므로, 이것이 가능하게 됐다.

카드가 제시되는 거래를 처리하는 상점 내의 지불 시스템에서 카드 정보(트랙 1과 2)가 도난 당한다면 일반적으로 CVV2는 포함되지 않으며, 따라서 온라인 쇼핑에 사용될 수 없다(여전히 나중에 설명되는 또 다른 수익 창출 방법이 존재하긴 하지만). 대조적으로, 카드 정보(PAN)가 온라인 지불 시스템에서 도난 당한다면 '덤프'에는 CVV2가 포함돼 있겠지만, 전체 마그네틱 트랙(과 CVV1)은 포함하지 않을 것이다.

정규 표현식

정규 표현식Regular Expression(또는 regex)이라고 불리는 특별한 프로그램 기법은 컴퓨터 메모리나 디스크 파일에서 트랙 1과 2, 그리고 PAN 항목을 찾을 목적으로 악성코드에서 사용된다. 정규 표현식은 정확한 문자열에 대응하는 문자 패턴을 명시할 목적으로 사용되는 구문이다.[22] 신용카드와 직불카드 숫자는 알려진 형식 패턴이 있으며, 특별한 정규 표현식 문법으로 써진 명령으로 쉽게 전환된다. 이러한 명령은 디스크 파일이나 메모리에 올라간 대량의 정보로부터 실제 계정 번호나 트랙을 추출할 목적으로 소프트웨어에 의해 해석될 수 있다. 예를 들어 모든 마스터카드 계정은 51부터 55까지의 숫자로 시작하고, 나머지 14개의 숫자는 임의의 0에서 9 사이의 숫자로 구성된다. 예를 들면 5100000000000000과 같다. 따라서 마스터카드의 PAN에 대한 정규 표현식은 ^5[1-5][0-9]{14}$가 될 것이다.

하지만 단순한 패턴만 사용한다면 검색 결과는 또한 PAN과 같아 보이지만 사실은 쓰레기 값을 가진 임의의 숫자 같은 많은 거짓 양성false positive을 포함할 것이다. 앞서 보여준 14개의 0을 가진 예는 실제 마스터카드의 계정 번호는 아니지만, 정규 표현식에 잘 맞는 올바른 패턴이다. 거짓 양성을 골라내기 위해 검증을 위한 다양한 방법이 검색 소프트웨어에서 활용된다. 그 중 하나가 Mod 10 검증이다. 신용카드 계정 번호의 마지막 숫자는 항상 검사용 숫자(체크섬checksum)로, 나머지 숫자를 Mod 10으로 계산해 비교하게 된다(Mod 10의 예제 코드는 4장의 앞부분 'PAN 검사 숫자' 절에서 볼 수 있다). 주요 지불 회사의 PAN에 대한 정규 표현식은 표 4-15와 같다.

표 4-15 주요 지불 카드 브랜드의 PAN에 대한 정규 표현식

지불 회사	정규 표현식
비자	^4[09}{12}(?:[0-9]{3})?$

(이어짐)

<table>
<tr><th>지불 회사</th><th>정규 표현식</th></tr>
<tr><td>마스터카드</td><td>^5[1-5][0-9]{14}5</td></tr>
<tr><td>아메리칸 익스프레스</td><td>^3[47][0-9]{13)$</td></tr>
<tr><td>디이너스 클럽</td><td>^3(?:0[0-5]|[68][0-9])[0-9]{11}$</td></tr>
<tr><td>디스커버</td><td>^6(?:01115(0-9)(2))(0-9){12}$</td></tr>
<tr><td>JCB</td><td>^(?:2131|1800|35\d{3})\d{11}$</td></tr>
</table>

다음의 C# 코드 예제는 추가적인 거짓 양성 필터를 갖고 있으며, 모든 주요 신용카드 회사의 패턴을 포함한다.

PAN 전용 정규 표현식 검색(모든 카드 회사):

```
string pan_regex = @"(?<![\d])(?:4[0-9]{12}|4[0-9]{3}\s?[0-9]{4}\s?
[0-9]{4}\s?[0-9]{4}|5[1-5][0-9]{14}|6(?:011|5[0-9][0-9])[0-9]{12}
|3[47][0-9]{13}|3(?:0[0-5]|[68][0-9])[0-9]{11}|(?:2131|1800|35\d{
3})\d{11})(?![\d])";
```

트랙 1과 2 검색(트랙 1과 2 패턴에 대한 추가적인 정규 표현식의 뒤를 이어 PAN 정규 표현식으로부터 시작)

```
string track_pan_regex = @"(?:4[0-9]{12}|4[0-9]{15}|5[1-5][0-9]
{14}|6(?:011|5[0-9][0-9])[0-9]{12}|3[47][0-9]{13}|3(?:0[0-5]|[68]
[0-9])[0-9]{11}|(?:2131|1800|35\d{3})\d{11})";
string track_main_regex = @"(?:(?:\=[0-2][0-9][0-1][0-2]|\^.+\^
[0-2][0-9][0-1][0-2]))";
string full_track_regex = track_pan_regex + track_main_regex;
```

5장과 6장에는 정규 표현식 프로그램의 실제 예가 있다.

덤프 얻기: 해커

나는 해커가 아니며, 결코 해커가 되길 바란 적이 없다. 죄 없는 사람들에게 문제를 일으키거나 법을 어기지 않고도 할 수 있는 흥미로운 것들이 정말 많이 있다. 하지만 이것이 내가 해커가 되지 못한다는 것을 의미하진 않는다. 사실 누구나 가능하다. 평균 이상의 지능이나 비범한 재능을 가진 엄청난 전문가로서의 해커를 생각한다면 그런 사람이 없는 것은 아니지만, 틀린 것이다. 일반적으로 해커들은 단순히 일반 대중보다 높은 위치에서 필요한 인증을 받지 않은 채 뭔가를 하길 원하는 평범한 사람들이다. 그리고 이것은 해커에 대항하기 위해서 엄청나게 똑똑할 필요가 없다는 것을 의미하기 때문에 우리에겐 아주 좋은 소식이다. 이제 우리 자신을 보호하기 위해 우리가 해야 하는 것은 우리의 취약점을 이해하고 가장 효과적인 방법으로 그것을 어떻게 완화할 수 있는지 배우는 것이다.

다른 가상의 목표에 대해 말하자면 해커에게는 지불 시스템을 뚫고 들어가고자 하는 세 가지의 주요 동기가 있다. 바로 재미와 정치적인 목적의 테러리즘 또는 돈이다. 이 책에서는 전자 지불에 있어서 가장 위험한 3번째 이유에 집중한다. 하지만 위험을 평가하고 위협을 구체화할 때는 여전히 세 가지 모두 고려해야만 한다.

보안 위반

표 4-16에 나열된 행동은 보안 위반이라는 단 하나의 단어로 설명될 수 있다. 보안 위반(또는 정보 유출)이라는 용어는 지불 산업과 보안 분야에서 민감한 카드 소유자 정보의 누출과 부정 사용에 관련된 일련의 사건을 이름 지을 때 사용된다. 이 용어를 찾을 수 있는 공식적인 참고 문헌은 PCI DSS와 PA-DSS 보안 표준 같은 것이 있다.[23,24] 카드 정보 유출에 관한 자세한 정보를 찾는 것은 그리 간단하지 않다. 회사들은 대부분의 주에서 주의 법에 그렇게 하게 요구하고 있음에도 불구하고, 보안 위반이 발생할 경우 서둘러

공개하지 않는다.[25,26,27] 데이터 유출 사실이 공개됐다 하더라도 그들은 공개되는 사실의 양을 최소화하고, 사건으로부터 공공의 관심을 다른 곳으로 돌리려고 노력한다. 2008년, 나라에서 가장 큰 지불 처리자 중 한곳에서 보안 위반이 발생했을 때 공식 발표는 오바마 대통령 취임 하루 만에 만들어졌다.[28]

표 4-16 일반적인 카드 정보 유출 단계

단계	행동	기간
1. 정보 수집	소매점의 환경 제어에 관해 학습(예를 들어, 취약점 검색) 대상 지불 애플리케이션 기술과 취약점에 관해 학습	며칠에서 몇 주
2. 악성코드 준비	지불 애플리케이션에 관한 정보를 기초로, 존재하는 악성코드를 입맛에 맞게 변경하거나, 새로운 것을 만듦	며칠에서 몇 주
3. 상점 환경 침투	상점의 논리적 또는/그리고 물리적인 제어를 파괴함 악성코드를 설치	몇 시간에서 며칠
4. 민감한 정보 탐색	메모리나 디스크 저장소 또는 통신 과정에서 민감한 정보를 수집하고 수집된 정보를 공격자의 컴퓨터에 올림	몇 시간에서 몇 년
5. 카딩(옮긴이 - 다음 절에서 설명됨)	해커는 '덤프'(수집된 민감한 정보 모음)를 수익을 얻을 수 있는 범죄 집단에 판매함	몇 시간에서 몇 주
6. 수익 창출	신용카드: 온라인으로 물건을 구매하거나 소매점에서 쇼핑 구매한 상점을 되팔고 현금을 확보 PIN(직물)카드: ATM에서 현금을 인출	몇 시간에서 몇 년
7. 공개	내부에서 발견된 (비정상적인 시스템 동작) 것을 공개(사기 거래에 관한 소비자 보고) 조사와 완화	며칠에서 몇 개월

개인정보 권리 처리 기관은 지불 시스템의 정보 유출을 비롯해 2005년 이래로 보고된 모든 보안 위반 기록을 유지하고 있다.[29]

가장 복잡한 형태의 보안 위반 형태는 자주 발생하지 않는다. 사실 일부 형태는 아직 발생하지도 않았다. 해커는 간단한 취약점을 공격해 같은 결과를 얻을 수 있는데, 왜 좀 더 많은 시간과 자원을 어려운 공격 시나리오에 쓰려고 하겠는가? 하지만 시간이 지나고 추가적인 보안 조치가 간단한 침입에 대한 보호 방법으로 구현됨에 따라 새로운 공격은 좀 더 복잡해지고 있다. 보안은 끊임없는 경쟁이다.

훔친 신용카드 정보로부터 돈을 만들려면 여러 단계가 수행될 필요가 있다(표 4-16 참고). 먼저 상점 지불 시스템에 침투하고 다음 두 장에서 설명할 취약점 중 하나를 공격해 민감한 기록을 확보할 필요가 있다. 따라서 첫 번째 단계는 상점 환경에 침투하는 것으로서 인터넷을 통해 원격으로, 또는 상점의 물리적 보안을 무력화시키거나 사회공학적 기법이나 내부자의 도움을 이용해 내부에서 수행한다.[30] 일단 물리적이거나/그리고 논리적인(네트워크) 보호 계층이 무력화되면 다음 단계는 악성코드를 설치하는 것이다. 악성코드는 특별하게 작성된 소프트웨어로, 지불 애플리케이션의 제어를 파괴하고 민감한 기록을 검색해 공격자의 '지휘 본부'에 업로드한다.

가장 큰 규모의 POS 유출

티제이 맥스T.J. Maxx와 마샬스Marchalls의 모 회사인 티제이엑스 사TJX Companies, Inc.의 정보 유출은 상점의 지불 카드 데이터 도난 기록 중 가장 큰 예로 남아 있다.[31] 초기 공격은 무선 통신을 통한 상점의 네트워크를 침입해 들어가는 워드라이빙wardriving 기법을 사용해 수행됐다. 당시 무선 통신 환경은 몇 분이면 무력화시킬 수 있는 WEPWired Equivalent Privacy로 미약하게 보호되고 있었다. 민감한 인증 정보가 포함된 수백만의 기록이 회사 서버의 POS 시스템에 기록돼 있었으며, 전체 마그네틱 트랙과 CVV2, 그리고 직불카드의 PIN 번호가 포함돼 있었다.[32] 한 보고서에 따르면 유출은 TJX 상점에 더해 오피스맥스OfficeMax, 반스앤노블스Barnes&Noble, 타겟Target, 스포츠 오쏘리티Sports Authority, 보스톤 마켓Boston Market에도 영향을 줬으며, 많은 회사가 결코 유출을 감지하거나 당국에 통보하지 않았을 것이다.[33]

TJX 사건과 다른 유사한 '작업'을 조직한 주역인 알버트 곤잘레스Albert Gonzales는 20년 형을 선고 받고 복역 중이다.

비트를 현금으로 전환: 카더

일단 민감한 정보가 검색돼 전송되고 대상 상점 환경의 외부에 저장되면 '덤프'라고 불리는 도난된 기록의 묶음은 특별한 시장을 통해 다른 사람에게 온라인으로 판매된다.[34,35] 이러한 시장을 카딩carding이라고 부르며, 그에 따라 카더carder라고 불리는 사람들로 하여금 도난된 카드 정보 기록을 거래할 수 있게 한다. 『어둠의 시장: 사이버 도둑과 사이버 경찰, 그리고 당신』(Knopf, 2011)의 저자인 미샤 글래니Misha Glenny는 카딩을 '도난 당했거나 해킹한 상세한 신용카드 정보를 팔거나 구매하는 행위'라고 정의하고 있으며, '사이버 범죄의 일용할 양식'이라고 부른다.[36] 보통 해커는 카드 정보를 훔쳐 직접적으로 수익화하지 않고, 비트를 돈을 전환할 수 있는 특화된 개인이나 조직에게 덤프를 팔아 돈을 번다. 이러한 '작업'을 하는 사람은 카딩 웹사이트에서 해커로부터 덤프를 구매한 후 가짜 플라스틱을 생산해 최종적으로 덤프의 형태에 따라 마지막 단계를 수행하고자 가상현실을 실제 세계로 전환한다.

보통의 신용카드로는 온라인으로 물건을 구매하거나, 소매점에서 소품을 구매한다. 그런 다음 구매한 것들을 온라인으로 되팔아 현금화시킨다. 직불카드로는 PIN 코드를 갖고 있다면 ATM에서 직접 현금을 인출한다. 직불카드 덤프는 물건을 판매해 현금화하는 것과 관련된 비용과 문제를 제거할 뿐만 아니라, 가짜 카드로 물건을 구매할 수 있는 위험성을 제거한다. 게다가 위조된 신용카드는 구매 당시 계산원이 수행하는 육안 검사를 통과해야만 하기 때문에 외형에 대한 요구 수준은 매우 높다. 가짜 직불카드의 경우는 무인 ATM 기기에서 받아들여지기만 한다면 마그네틱 선을 가진 아주 단순한 하얀 플라스틱이더라도 괜찮다. 뱅크인포시큐리티BankInfoSecurity에 의하면 2015년 1월, '비자가 발행한 미국 지불 카드 발행자를 위한 자문'에서 단 한 주말 동안 수많은 국가의 ATM 기기에서 발생한 수천 건의 현금 인출 사건에서 제한된 숫자의 도난 지불 카드가 사용되고 있는 최근의 경향에 관해 경고하고 있다.[37]

최근 CVV2 검증이 매우 일반화되고 있기는 하지만, 여전히 카드 확인 코드를 제시할 것을 표시하지 않는 일부 웹사이트가 존재한다. 예를 들어 웹사이트에서 기부금을 모으고 있는 많은 비영리 단체에서는 여전히 CVV2를 요구하지 않는 지불 애플리케이션을 사용한다. 또한 CVV2가 요구된다고 할지라도 그러한 웹사이트는 여전히 카더에 의해 덤프가 유효한지 확인하기 위한 수단으로 사용될 수 있다.[38,39] 그것이 어떻게 동작하는지를 보면 먼저 카더는 배송지에 관한 자세한 정보와 추가적인 정보를 요구하지 않는 비영리 단체의 웹사이트를 찾는다(구매가 아니라 기부다!). 그런 다음, (1달러 또는 그보다 적은) 매우 작은 금액의 기부를 시도한다. 거래가 진행이 되면 PAN은 유효한 것이고 덤프는 대부분 확실하게 위조 카드를 만들어 쇼핑에 사용될 수 있다.

노트

불행하게도 이 과정의 모든 단계에서 이 책의 범위를 넘는 많은 흥미로운 세부 사항이 남아 있으며, 주로 이 현상의 기술적인 면에 집중돼 있다. 카딩에 관한 추가적인 정보는 4장의 끝에 나열된 참고 자료 40과 41, 42에서 찾을 수 있다.

수익화 전략: 환전업체

앞서 설명한 방법 중 한 가지를 사용해 신용카드 또는 직불카드의 덤프를 확보한 뒤에는 돈을 버는 일만 남는데, 바로 이때 환전업체가 게임에 참여하는 시점이다. 이 과정에서 다른 형태의 카드 정보 덤프뿐만 아니라, 다른 기술과 심리학적 기법을 요구하는 두 종류의 주요한 수익화 전략이 사용된다. 즉, 환전업체는 일반적으로 온라인과 실제 행동이라는 두 전략 중 하나를 고수한다.

온라인 수익화 전략은 온라인 쇼핑과 게임 같은 인터넷을 통해 수행되는 현금화 행동을 포함하며, 집을 떠나지 않고서도 전적으로 컴퓨터를 통해 거의 모든 것을 수행할 수 있다. 그들의 소파를 떠나지 않아도 된다는 사실에 덧붙여 온라인 수익화는 논의의 여지가 없는 이점을 갖는데, 그것은 전적으로 기술적인 부분에만 의존하고 어떤 특별한 심리학적 기술이나 사회공학적 기법, 의사소통 능력을 요구하지 않는다. 온라인을 통한 현금화에 필요한 덤프는 종종 온라인 지불 처리에 필요한 PAN과 유효기간, 그리고 CVV2를 포함한다.

대조적으로 실제 세계에서의 행동을 통한 수익화 전략은 소매점에서 쇼핑하기, 또는 ATM에서의 현금 인출 같은 물리적인 세계와의 상호작용을 요구한다. 일부 경우 보기 좋은 위조 신용카드의 생산에 필요한 장비를 구매하는 추가적인 투자가 필요하다. 상점에서 현금화할 때 필요한 덤프에는 트랙 1이나 트랙 2 또는 두 가지 모두를 포함하고 있다(대부분의 시스템에서는 단지 한 트랙만 읽을 수 있다고 하더라도 결제 승인에 지장이 없다).

위조 카드 생산

앞서 설명한 것과 같이 ATM 현금 인출과 상점 구매, 두 가지의 수익화 전략은 최소한 물리적인 카드를 필요로 한다. 신용카드와 직불카드의 위조 과정은 처음 보기보다 쉽다. 만들어지는 결과물에 요구되는 품질 수준에 따라 4개 또는 5개의 과정으로 이뤄진다. 그리고 인코딩 과정만 모든 경우에 필요하다. 또한 마지막에 요구되는 품질과 제품의 외양에 따라 각각의 과정은 수백에서 수천 달러에 달하는 비용이 드는 특별한 장비를 필요로 한다. 각 단계는 다음과 같다.

1. 인코딩 과정은 덤프를 마그네틱 선 인코더라는 특별한 장치를 사용해 빈 카드 템플릿의 마그네틱 선에 써넣는 과정이다.
2. 출력 과정은 배경색과 회사 로고, 그리고 (카드 소유자의 사진과 같은) 다른 이미지를 카드에 적용할 때 필요하다. 특별한 열전사 PVC 또는 잉크젯 프린터(그림 4-5와 4-6)는 가끔 원래의 것과 구분이 쉽지 않을 정도로 꽤 괜찮은 이미지를 만들어낼 수 있다. 또한 눈에 보이지 않는 UV 마크도 이 과정에서 새겨질 수 있다.

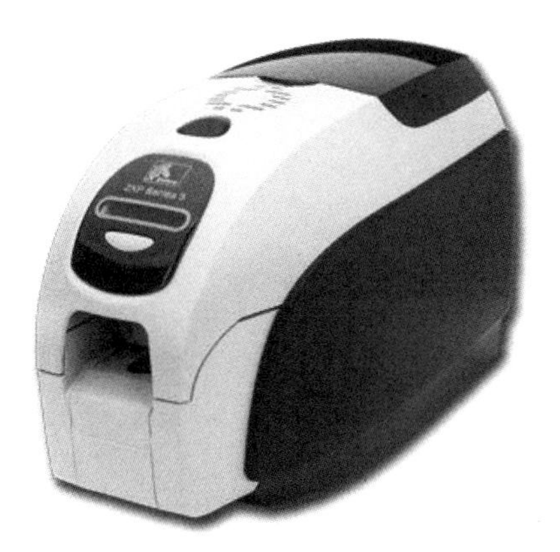

그림 4-5 열전사 PVC 프린터

그림 4-6 평평한 면에 출력하는 잉크젯 프린터

3. 양각 과정은 PAN과 카드 소유자 이름, 그리고 유효기간을 양각하는 과정 이다. 이 과정에는 그림 4-7에서 보여주는 양각 프린터가 사용된다.

그림 4-7 양각 프린터

4. 티핑tipping은 양각된 숫자와 문자에 금이나 은박지를 그림 4-8에서 보여 주는 것과 같은 티퍼tipper를 사용해 칠하는 과정이다.

그림 4-8 티퍼

다양한 형태의 양각 프린터와 팁퍼는 온라인에서 구매할 수 있다.[43,44] 출력, 양각, 팁핑 과정은 꽤 비싼 노획물을 부티크boutique 같은 곳에서 아무런 의심도 사지 않고 구매하기 위해 완전한 외양의 카드가 판매원에게 제시돼야 할 때 필요하다. 이런 경우에는 최상의 품질을 가진 카드를 만들기 위해 홀로그램과 같은 추가적인 보안 기능의 복제가 필요할 수도 있다.

현금 인출에 사용되는 직불카드, 또는 '내부자'(계산원으로 근무하는 공범자)가 POS에 긁을 때 사용하는 신용카드는 단순한 흰색의 플라스틱 카드여도 무방하다. 즉, 양각이나 보기 좋은 그림 같은 것은 필요 없다.

인코더

마그네틱 선 판독MSR 장치는 단순히 읽기만 하거나 읽고 쓰는encoder 기능 모두를 할 수도 있다. 판독기는 스키밍 공격(7장 참조)뿐만 아니라 정상적인 POS 시스템에서 활용된다. 마그네틱 선 인코더는 빈 플라스틱 카드 템플릿의 마그네틱 선에 어떤 정보라도 써 넣을 수 있기 때문에 4장에서 다룬다. 카드 인코더와 빈 카드 템플릿 모두 온라인에서 구매 가능하고 가짜 카드를 만들 때 사용될 수 있다.[45,46] 200달러 미만의 가격으로 온라인에서 누구나 구매할 수 있는 그림 4-9에서 보여주는 것과 같은 단순한 인코더를 사용하면 지불 시스템에서 훔쳐낸 마그네틱 트랙('덤프')을 빈 플라스틱 카드 템플릿에 써 넣을 수 있다. 몇 가지를 추가해 꾸미고 난 뒤에 만들어진 최종 결과물은 사기 거래에 사용될 수 있다.

그림 4-9 마그네틱 선 인코더

보통, 장치 신제품은 주요 운영체제에서 필요로 하는 드라이버와 직관적인 그래픽 사용자 인터페이스를 가진 단순한 관리 프로그램, 그리고 바로 그 자리에서 사용할 수 있는 여러 개의 빈 플라스틱 카드를 포함한다. 또한 일반적인 인코더는 USB나 시리얼 포트를 통해 어떤 컴퓨터에든 연결될 수 있다. 덤프에서 가져온 트랙 정보(트랙 1과 2에 한함. 트랙 3은 금융거래에 사용되지 않는다)는 그림 4-10에서 보여주는 것과 같이 관리 도구 인터페이스 윈도우에 간단히 복사해서 붙여 넣을 수 있다.

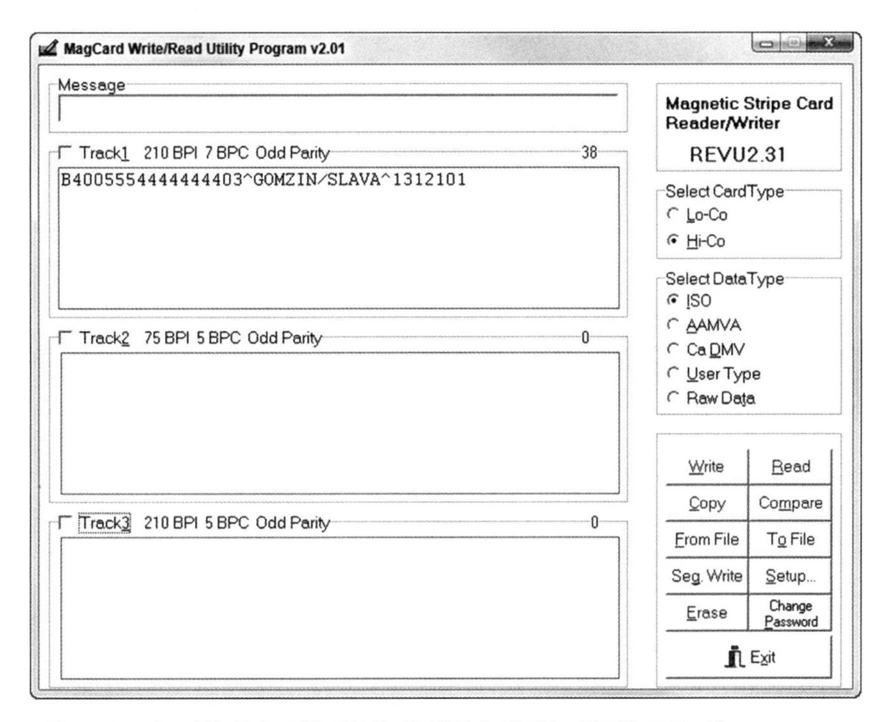

그림 4-10 마그네틱 선에 트랙 정보를 쓸 준비가 돼 있는 인코딩 프로그램

트랙 정보를 해당 텍스트 상자에 넣은 후에 '쓰기' 버튼을 한 번 클릭하고 빠르게 카드를 긁으면 완성된 카드가 만들어진다(그림 4-11).

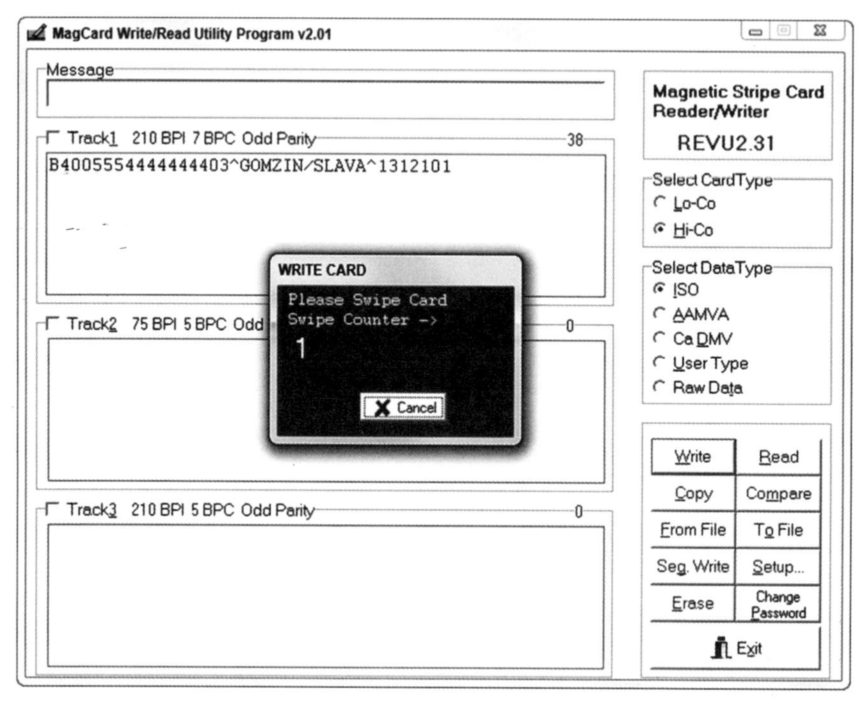

그림 4-11 인코딩 완료

덤프에 보조적인 PIN 코드와 함께 직불카드 트랙이 있다면 ATM 기기는 플라스틱의 외형을 검증하지 않기 때문에 추가적인 단계 없이 바로 현금 인출에 사용될 준비가 된 것이다. 지불 카드는 (인코딩을 통해 복제될 수 있는 마그네틱 선과 달리) ATM에서 검증될 수 있는 물리적인 제어 기능을 갖고 있지 않다.

프린터

빈 PVC 카드에 이미지를 출력할 수 있는 다음과 같은 두 종류의 출력 장치가 있다.

1. 전자 PVC 프린터는 1,000달러에서 그 이상의 비용이 든다(그림 4-5를 보라).[47] 이것을 사용하면 빈 플라스틱 카드에 칼라로 된 고품질의 배경 그림과 지불 회사의 로고를 만들어낼 수 있다.

2. 평면에 출력할 수 있는 잉크젯 프린터(그림 4-6에서 보여주는)는 열전사 PVC 프린터에 비해 가격이 싸다.[48] 이런 프린터는 초기에는 CD와 DVD 표면에 이미지를 출력하게 설계됐지만, 25달러 정도밖에 하지 않는 특별한 PVC 트레이를 추가하면 PVC에 출력할 수 있게 업그레이드할 수 있다.[49] 하지만 품질과 특히 이미지의 내구성은 열전사 프린터가 더 높다.

잉크젯 프린터로 할 수 있는 또 다른 중요한 기능은 UV 마크를 만드는 것이다. UV 마크를 만들기 위해서는 보통의 조건에서는 보이지 않고 자외선에서만 반짝이는 특별한 UV 잉크가 든 잉크 카트리지를 사용해야만 한다.

정리

마그네틱 선 지불 카드는 설계상 안전하지 않다. 주요 원인은 다음과 같다.

- 도둑으로부터 보호할 수 있는 적절한 기능이 여전히 제공되지 않는 여러 가지 물리적인 보안 기능이 있다.
- 민감한 카드 소유자 정보는 평문으로 마그네틱 트랙에 기록된다.

여러 단계로 구성되는 카드 정보 유출은 몇 개월 동안 공표되지 않는 채 남아 있을 수 있으며, 수천의 신용카드와 직불카드 기록을 도난 당한다.

위조 카드는 원래 카드에서 추출된 트랙 1과 2의 전체 정보를 이용해 쉽게 만들어질 수 있다. 인코딩, 출력, 양각, 팁핑이 전체 과정에서 중요한 과정이다.

- (PIN이 사용 가능하다면) ATM에서 현금을 인출할 때는 인코딩 과정만 있으면 된다.
- 카드 트랙 정보에서 선택된 항목(PAN과 CVV)은 물리적인 플라스틱 카드를 만들 필요 없이 온라인 쇼핑에서 사용될 수 있다.

참고 자료

1. 예술, 과학, 문학, 그리고 일반 정보에 관한 사전, 엔클로페디아 브리테니커 대백과 사전 11번째 개정판 중 7번째 권(뉴욕: 엔클로페디아 블테니커 회사, 1910), p.390.

2. 슬라바 곰진[Slava Gomzin], "스마트폰을 이용한 무료 이중 인증," PayAppSec 블로그 (2011년 6월), http://www.gomzin.com/1/post/2011/06/free-two- factor-authentication-with-your-smartphone1.html

3. 아메리칸 익스프레스 카드 보안 기능(아메리칸 익스프레스 카드사), https://secure.cmax.americanexpress.com/Internet/International/japa/SG_en/Merchant/PROSPECT/WorkingWithUs/AvoidingCardFraud/HowToCheckCardFaces/Files/Guide_to_checking_Card_Faces.pdf

4. 비자 카드 보안 기능(비자 카드사, 2012년) http://usa.visa.com/download/merchants/card-security-features-mini-vcp-111512.pdf

5. 마스터 카드 보안 기능을 이용한 사기 방지 지원, 2008년, 글로벌 마스터카드사, http://www.mastercard.com/us/merchant/pdf/MST08004_CardFeatures_r4.pdf

6. 디스커버 카드 사용자 확인 기능, 디스커버 카드사, http://www.discovernetwork.com/merchants/fraud-protection/prevention.html

7. JCB 카드의 홀로그램 마그네틱 선, JCB 카드사, http://partner.jcbcard.com/acceptance/holographicstripe.html

8. 미 달러화, 신용카드, 그리고 여행자 수표를 어떻게 확인할 것인가, 어큐뱅크[AccuBanker], http://www.accubanker.com/docs/verify_en.pdf

9. 아마존에서 구매할 수 있는, http://www.amazon.com/s/ref=nb_sb_noss?url=search-alias%3Daps&field-keywords=UV+flashlight

10. 아마존에서 구매할 수 있는 눈에 보이지 않는 UV ink, http://www.amazon.com/s/ref=nb_sb_noss_1?url=search-alias%3Daps&field-keywords=invisible+uv+ink

11. 국제 표준 ISO/IEC 7813, 정보 기술 - 카드 신원 확인 - 금융 거래 카드, ISO/IEC, 2006.

12. 데이비드 S 에반스David S. Evans와 리처드 슈말렌지Richard Schmalensee, 『플라스틱으로 지불하기: 구매와 대여의 디지털 혁명 개정판(The Digital Revolution in Buying and Borrowing, 2nd ed)』(마이애미(MA) 캠프리지, MIT 출판사, 2005년), 9페이지

13. 국제 표준 ISO/IEC 7811-2, 신원 증명 카드 - 기록 기술 -2부: 마그네틱 선 - 낮은 보자력(保磁力) ISO, 2001.

14. 기술 참조 설명서, 개방 터미널 요구사항 명세 - 1권, 네츠(Nets) (2012년 12월), pp. 2-4-7, http://www.nets.eu/dk-da/Service/verifikation-af-betalingsloesninger/Documents/ct-trg-otrs-en.pdf

15. 디스커버Discover® 네트워크 카드를 지원하는 POS 소프트웨어 프로그램과 장치 요구 사항(디스커버 카드사, 2012년 4월), http://www.discovernetwork.com/value-added-reseller/images/Discover_IIN_Bulletin_Apr_2012.pdf

16. "카드의 신원 확인과 인증", 범위와 역할, 바클레이카드Barclaycard(2013년 3월), http://www.barclaycard.co.uk/business/documents/pdfs/bin_rules.pdf

17. 비자 카드 BIN 조회 정보, bin-iin.com, http://bin-iin.com/visa-BIN-range.html

18. 캐롤린 와트Carolyn Watters, 『정보 과학 기술 사전(Dictionary of Information Science and Technology)』(뉴욕: 아카데미 출판사, 1992년), p. 132.

19. 국제 표준 ISO/IEC 7812-1, 카드 확인 - 발급자 신원 확인 - 1부: 번호 부여 체계(Numbering system), ISO/IEC, 2006.

20. PCI 포렌식 조사자PFI, PCI Forensic Investigator 프로그램 가이드, 버전 2.0, PCI SSC (2012년 11월), https://www.pcisecuritystandards.org/documents/ PFI_Program_Guide.pdf

21. 사기, CVV/CVC, 그리고 CVV2/CVC2 검사, 맥박, 디스커버 금융 서비스사(A Discover Financial Services Company), https://www.pulsenetwork.com/fraud/index.html

22. Findstr 함수, Windows XP Professional 제품 문서, 마이크로소프트웨어, http://www.microsoft.com/resources/documentation/windows/xp/all/proddocs/en-us/findstr. mspx?mfr=true

23. PCI PA-DSS 요구 사항과 보안 평가 절차 버전 2.0, PCI SSC(2010년 8월), https://www.pcisecuritystandards.org/documents/pa-dss_v2.pdf

24. PCI DSS 요구 사항과 보안 평가 절차 버전 2.0, PCI SSC(2010 8월), https://www.pcisecuritystandards.org/documents/pci_dss_v2.pdf

25. 캘리포니아 주정부 청구서 양식 SB-1386, 캘리포니아 주정부 상원(2003년 7월), http://info.sen.ca.gov/pub/01-02/bill/sen/sb_1351-1400/sb_1386_bill_20020926_chaptered.html

26. 국가 보안 위반 공지에 관한 법률(주 입법부 국가 회의), http://www.ncsl.org/issues-research/telecom/security-breach-notification-laws.aspx

27. 정부에 의한 보안 위반 공개 법률 기반, 비길리안트마인트 주식회사(VigilantMinds, Inc.)(2007년 2월), http://www.contrib.andrew.cmu.edu/~dmarkiew/docs/breach_matrix_200702.pdf

28. 브라이언 랩스Brian Krebs, "지불 처리자의 유출이 가장 심각할 수 있다" 워싱턴포스트(2009년 1월), http://voices.washingtonpost.com/securityfix/ 2009/01/payment_processor_breach_may_b.html

29. 정보 유출 연대기: 2005년판 보안 위반 - 개인정보 권리 처리 기관 제공, https://www.privacyrights.org/data-breach

30. 공격 해부학, 스피어 피싱 10단계의 절충 방안(만디안트Mandiant), http://www.mandiant.com/threat-landscape/anatomy-of-an-attack/

31. "역사상 가장 큰 규모의 TJX 해킹", ComputerWeekly.com(2007년 4월), http://www.computerweekly.com/news/2240080607/TJX-hack-the-biggest-in-history

32. 그레이 벅Gary G. Berg, 미셰 프리먼Michelle S. Freeman과 켄트 슈나이더Kent N. Schneider, "T.J. Maxx의 정보 보안 실수 분석(Analyzing the T.J. Maxx Data Security Fiasco) : 감사자에 대한 교훈" 회계사 저널(2008년 8월), http://www.nysscpa.org/cpajournal/2008/808/essentials/p34.htm

33. 제임스 베리니James Verini, "엄청난 사이버 강도" 뉴욕 타임즈(2010년 11월), http://www.nytimes.com/2010/11/14/magazine/14Hacker-t.html?pagewanted=all&_r=0

34. 카딩 포럼, Forum Jar 제공, http://www.forumjar.com/forums/Carding

35. 스킴드 덤프 판매자Skimmed Dumps Seller 포럼, http://www.voy.com/195759/36.html

36. 미샤 글레니Misha Glenny, 『검은 시장: 사이버 강도, 사이버 경찰 그리고 일반인』(뉴욕: 알프레드 놉Alfred A. Knopf, 2011년), p. 8.

37. "비자 카드사, ATM 현금 인출을 경고하다", 뱅크인포시큐리티BankInfoSecurity(2013년 1월 22일), http://www.bankinfosecurity.com/visa-warns-banks-atm-fraud-a- 5438/op-1

38. 브라이언 커브스Brian Krebs, "훔친 신용카드를 시험하기 위해 로빈 후드 행세를 하는 사기꾼", 워싱턴포스트(2007년 7월), http://voices.washingtonpost.com/securityfix/2007/07/odd_charity_donations_could_pr.html

39. "어린이 자선 단체에 수수료를 환불하는 은행", Irish Examiner(2013년 7월), http://www.irishexaminer.com/archives/2013/0722/ireland/bank-to-refund-fees-to-childrenaposs-charity-237504.html

40. 미샤 글레니Misha Glenny, 『검은 시장: 사이버 강도, 사이버 경찰, 그리고 일반인』(뉴욕: 알프레드 놉, 2011년)

41. 케빈 폴젠Kevin Poulsen, 『중심 인물: 한 해커가 지하로부터 10억 달러에 달하는 사이버 범죄를 넘겨받는 방법』(뉴욕: 크라운 출판사, 2011년)

42. 카딩 학교, http://browse.feedreader.com/c/Carding_School

43. 이베이에서 구매할 수 있는 PVC Card 양각기, http://www.ebay.com/bhp/pvc-card-embosser

44. 이베이에서 구매할 수 있는 PVC용 카드 팁퍼, http://www.ebay.com/bhp/credit-card-tipper

45. 이베이에서 구매할 수 있는 신용카드 인코더, http://www.ebay.com/bhp/credit-card-encoder

46. 이베이에서 구매할 수 있는 빈 마그네틱 플라스틱 카드, http://www.ebay.com/sch/i.html?_trksid=m570.l1313&_nkw=Blank+Magnetic+Plastic+Card&_sacat=0&_from=R40

47. 아마존에서 구매할 수 있는 열전사 PVC 프린터, http://www.amazon.com/s/ref=nb_sb_noss?url=search-alias%3Doffice-products&fieldkeywords=thermal+pvc+printers

48. 아마존에서 구매할 수 있는 잉크젯 PVC 프린터, http://www.amazon.com/s/ref=nb_sb_noss?url=search-alias%3Daps& field-keywords=inkjet+pvc+printers

49. 아마존에서 구매할 수 있는 잉크젯 프린터용 PVC 카드 트레이, http://www.amazon.com/s/ref=nb_sb_noss_1?url=search-alias%3Daps&fieldkeywords=PVC+ID+Card+Tray

5

보안 취약 구역 침투

도둑에게 그냥 준다면 도둑은 훔칠 수 없고, 그는 더 이상 도둑이 아니다.

- 윌리엄 사로얀

PCI 보안 표준은 보안 제어를 구현하는 책임을 상점과 지불 게이트웨이, 처리자, 그리고 소프트웨어 판매회사와 같은 지불 처리 산업 전체에 두고 있다. 하지만 새롭게 나타나고 있는 흥미로운 경향은, 표준은 지불 시스템 판매회사(이 경우에는 하드웨어와 소프트웨어 모두, 상점의 관점에서는 큰 차이가 없다)에게 '시스템 외부에' 안전한 시스템을 제공할 것을 요구해 설계상 하드웨어와 소프트웨어에 다수의 취약점이 내장될 수 있게 허용했다. 동시에 상점에게는 그들의 지불 시스템에 부족한 보안 기능을 보완할 수 있는 보안 제어를 구현할 것을 요구했다. 이것은 결과적으로 소프트웨어와 하드웨어 판매회사가 보안을 제공할 것을 희망하는 상점이 자신의 가게 환경을 보호하기 위해 스스로에게 의지하는 것이 됨으로써 다수의 보안 침해 사고를 유발했다. 예로든 이 시나리오에는 메모리 내에서 보호되지 않는 정보와 암호화되지 않은 내부 네트워크 통신, 그리고 그 외의 다양한 취약점이 있다. 5장에서는 이러한 취약점에 대해 설명한다.

지불 애플리케이션의 메모리

2009년 11월, 가장 큰 지불 카드 회사인 비자 카드사는 '서비스 분야 대상 취약점Targeted Hospitality Vulnerability'이라고 불리는 정보 보안 경고문을 발표했는데, 여기에서 "휘발성 메모리 정보를 해석하는 디버깅 도구 사용의 증가는 POS 시스템 디스크에 기록되지 않은 지불 카드 정보를 획득하기 위해 공격자가 사용한 기술이 성공적으로 적용된 것을 시사한다."[1]는 것을 인정했다. 비자 카드사는 다시 2013년 4월, '식료품점에서 메모리 정보를 해석하는 악성코드의 공격 방어하기'라는 부제를 단 보안 경고문의 새로운 버전을 발표했다. 여기에서는 "식료품점이 연루된 네트워크 침입이 증가하고 있는데, 상점 내부 네트워크에서 윈도우 기반의 현금 등록기 또는 상점BOH, Back of House 서버에 해커가 전체 마그네틱 선 정보를 추출할 목적으로 메모리를 해석하는 악성코드를 설치한다."[2]는 것에 관해 경고하고 있다.

램 스크래핑

램 스크래핑RAM scraping 또는 메모리 해석기라고도 알려진 메모리 스크래핑은 지불 애플리케이션 프로세스의 메모리에서 민감한 지불 카드 정보를 찾아내는 데 사용되는 기술을 말한다. 메모리 스크래핑을 위해 특별히 만들어진 악성코드는 지불 애플리케이션을 공격해 메모리에서 카드 소유자의 정보를 훔쳐낸다.[3,4] 대부분의 지불 애플리케이션은 저장되거나 전송되는 비밀 정보(트랙 1, 2와 PAN)를 암호화한다고 할지라도 여전히 카드 정보를 얻기 위해 휘발성 메모리에 평문으로 된 정보를 갖고 있어야만 한다. 이러한 정보는 전송되고 계산원을 통해 처리되며, 고객에게 표시될 필요도 있는 등 여타 기능을 위해 필요하다. 양 끝단의 데이터를 암호화하는 것과 같은 새로운 보호 기법을 도입한 새로운 시스템에 대한 투자 없이 이 문제를 해결할 수 있는 소프트웨어 기술은 오늘날에도 없다. 따라서 표준에 따르면 현재 지불 소프트웨어 판매회사는 자신의 프로그램 메모리를 보호할 의무가 없다. 대신에 소프트웨어를 사용하는 상점이 PCI DSS 요구 사항(좀 더 자세한 것은 3장 참고)에 나열된 네트워크와 물리적 제어와 같이 다른 형태로 보완할 수 있는 메커니즘을 구현함으로써 그러한 프로그램이 동작하는 자신의 컴퓨터 메모리를 보호할 의무를 지닌다.

지불 애플리케이션의 프로세스에 접속해 메모리를 긁어내는 것은 상대적으로 쉽다. 특히 악성코드가 지불 애플리케이션의 부분이 되게 하는 경우에는 더욱 그렇다. 메모리를 긁어내는 악성코드는 '비자 정보 보안 경고문'에 추가적으로 보고됐다.[5,6]

윈헥스

특별한 도구를 사용해 윈도우 시스템의 메모리를 들여다보는 것이 가능하다. 윈헥스WinHex는 그런 도구 중 하나로 보안 실험과 포렌식 조사에 사용된다.[7] 윈헥스는 그림 5-1에서 보여주는 것과 같이 하드디스크나 컴퓨터 메모리 이미지 전체를 읽어 들이고, 보여주고, 수정할 수 있는 기능을 갖추고 있다. 이 도구는 또한 이러한 작업에서 필요로 하는 검색 기능도 갖추고 있다. QSA는 사전 정의된 카드 번호를 갖고 다양한 형태의 거래를 실행해 PA-DSS와 PCI DSS를 평가할 때 사용하고, 전체 디스크에서 이 카드 번호를 검색할 때도 사용한다. 하지만 PAN이 메모리에서 평문으로 검색된다고 할지라도 PCI 표준은 메모리 보호를 요구하지 않기 때문에 감사는 여전히 통과한 것으로 간주된다. 그림 5-2는 지불 애플리케이션의 메모리에서 검색된 트랙 1을 보여준다.

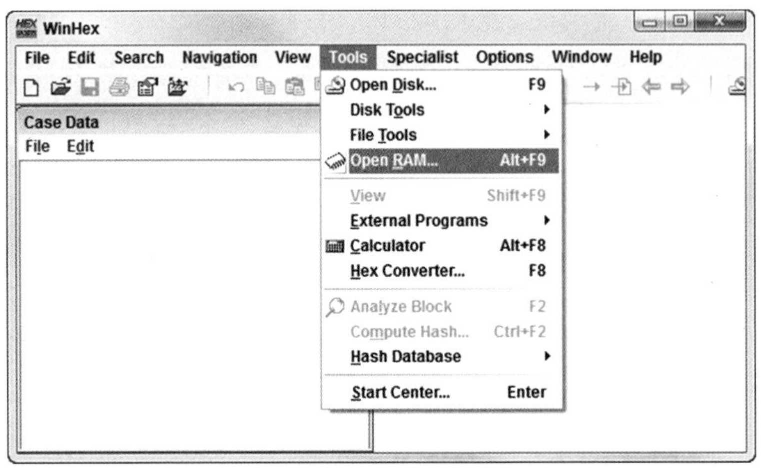

그림 5-1 윈헥스(WinHex) 도구

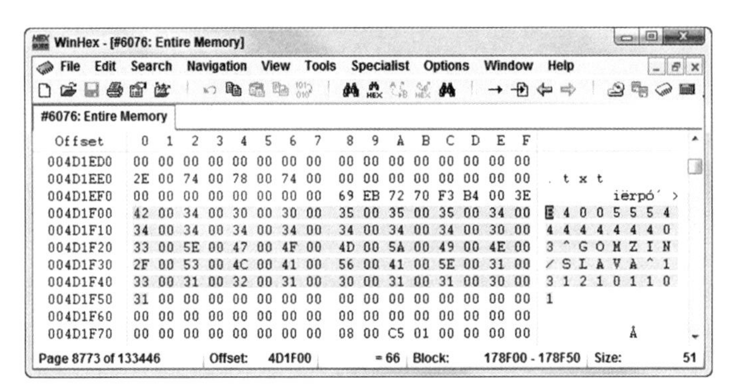

그림 5-2 트랙 1을 평문으로 보여주는 윈헥스 메모리 검색 결과

메모리스크래퍼

이 절에서는 닷네.NET C# 언어를 이용해 구현한 도구의 예를 설명한다. 이 도구는 윈도우의 어떤 프로그램 프로세스에든 붙을 수 있으며, 지불 카드의 PAN과 트랙 정보를 정규 표현식으로 검색할 수 있다. 프로그래머가 아니라면 다음의 자세한 설명은 넘어가고 이 코드를 자신이 선호하는 POS 프로그램을 대상으로 간단히 실험해볼 수 있다. 그냥 지불 애플리케이션과 MemoryScraper.exe를 실행하고 프로그램 프로세스를 콤보 박스에서 선택

한 후 시작 버튼(그림 5-3)을 누르면 된다. 검색이 완료되자마자 선택된 프로그램의 메모리에서 카드 정보가 검색되면 레코드 수가 화면에 표시되고, 로그 보기(View Log) 버튼이 활성화될 것이다(그림 5-4). 자세한 검색 결과는 메모리스크래퍼MemoryScraper 홈 디렉토리에 위치한 로그 파일에서 찾아 볼 수 있다(그림 5-5).

그림 5-3 메모리스크래퍼

그림 5-4 메모리스크래퍼의 검색 결과

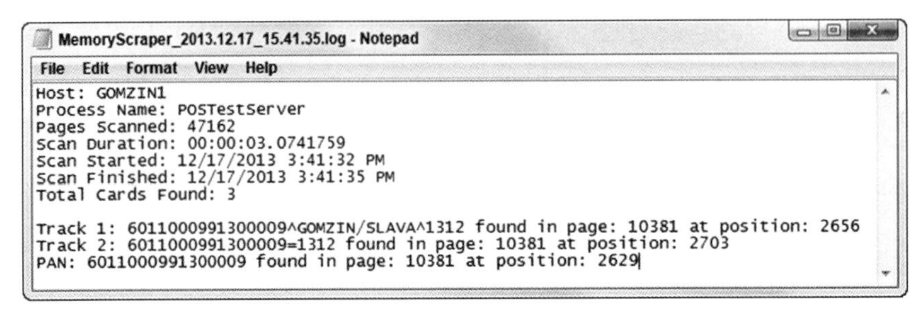

그림 5-5 메모리스크래퍼 로그

이것은 실제 악성코드에서 사용되는 코드는 아니다. 해커는 대부분 어셈블러, C, C++ 또는 델파이Delphi(파스칼)와 같이 실행할 수 있는 바이너리 형태로 빌드할 수 있는 언어로 작성한다. 그러한 코드는 다른 라이브러리에 대한 의존성이 아주 적거나 없기 때문에 어떤 환경에서든 동작할 수 있다. 하지만 이 도구는 메모리를 긁어내는 절차에 관해 몇 가지 기본적인 것을 보여준다.

메모리스크래퍼의 전체 소스코드와 컴파일된 실행 파일은 이 책의 웹사이트 www.wiley.com/go/hackingpos와 에이콘출판사 도서정보 페이지 http://acornpub.co.kr/book/pos-hacking에서 다운로드할 수 있다.

메모리에서 정보 읽어 들이기

윈도우 운영체제는 특정 프로그램 프로세스에 접속해 메모리에 있는 정보를 읽어 들일 수 있는 기능을 제공한다. 이것(ProcessMemoryLoader 클래스)을 위해 세 개의 윈도우 API를 반드시 포함해 호출해야 한다. 이 메소드의 순서와 설명은 이름을 통해 알 수 있다.

```
DllImport("kernel32.dll")]
public static extern IntPtr OpenProcess(
   UInt32 dwDesiredAccess,Int32 bInheritHandle, UInt32 dwProcessId);

DllImport("kernel32.dll")]
public static extern Int32 ReadProcessMemory(
```

```
    IntPtr hProcess, IntPtr lpBaseAddress, [In, Out] byte[] buffer,
    UInt32 size, out IntPtr lpNumberOfBytesRead);

DllImport("kernel32.dll")]
public static extern Int32 CloseHandle(IntPtr hObject);
```

프로세스 메모리는 모두 한 번에 읽을 수 없다. 따라서 정보를 정해진 크기로 한 번에 하나씩 읽기 위해 여러 개의 ReadProcessMemory 함수 호출이 필요하다. 기본적인 메모리 페이지의 크기는 4KB(4,048바이트)이므로, 각각의 반복 과정에서 메모리 페이지 크기를 정보의 단위 매개변수로 사용할 것이다(MemoryScanner 클래스).

```
const int MEM_PAGE_SIZE = 4096;
```

ReadProcessMemory API 호출을 위해 필요한 다른 매개변수는 lpBaseAddress다. 확실히 프로세스 메모리의 처음부터 시작해서 기본 주소로부터 MEM_PAGE_SIZE만큼 증가하면서 끝을 만날 때까지 이동해야 한다.

```
while (memAddress + MEM_PAGE_SIZE <= processMemSize)
{
    buffer = loader.LoadMemory(
      (IntPtr)memAddress,(uint)bufferSize, out readCount);
    if (readCount > 0)
    {
      // regex search code
    }
    memAddress += MEM_PAGE_SIZE;
}
```

최대 주소(processMemSize)는 프로세스의 매개변수 중 하나를 이용해 계산할 수 있다.

```
long processMemSize = process.PeakVirtualMemorySize64;
```

카드 정보 찾기

지불 애플리케이션 메모리에서 가져온 연속된 바이트에서 지불 카드의 PAN과 트랙 정보를 걸러내기 위해 MemoryScraper는 4장에서 간단히 설명한 정규 표현식regex을 사용한다. 정규 표현식은 문자열 형태의 정보에 적용돼야 하므로 민감한 정보 검색에 사용되는 메모리 덩어리는 먼저 바이너리 형태에서 문자열 형태로 변환돼야 한다. 메모리에 저장된 지불 애플리케이션의 트랙 정보와 PAN를 위해 사용될 수 있는 여러 형태의 데이터 해석 방법이 있다. 다양한 개발 환경은 같은 문자열을 다른 형태로 표현할 수 있다. 하지만 가능성이 높은 것은 아스키ASCII코드와 유니코드Unicode다. 예를 들어 닷넷은 기본적으로 유니코드를 사용하는 반면, 델파이나 C++로 작성된 프로그램은 PAN과 트랙 정보를 아스키 문자의 배열로 저장할 것이다. 아스키와 유니코드의 차이는 간단하다. 아스키는 각각의 문자를 단일 바이트(8비트)로 저장하는 반면, 유니코드 문자열은 각각의 문자를 위해 2바이트(16비트)를 예약해 사용한다. 하지만 PAN과 트랙 패턴(표 5-1에서 보여주는 것과 같이)을 찾기 위해 사용되는 정규 표현식에서 사용하는 숫자와 기본 심볼은 둘 다 아스키코드를 사용한다.

표 5-1 숫자와 트랙 정보 필드 구분자로 사용되는 아스키코드와 유니코드

문자	아스키코드 (10진수)	아스키코드 (16진수)	유니코드 (10진수)	유니코드 (16진수)
0	48	30	0	48
1	49	31	0	49
2	50	32	0	50
3	51	33	0	51
4	52	34	0	52
5	53	35	0	53

(이어짐)

문자	아스키코드 (10진수)	아스키코드 (16진수)	유니코드 (10진수)	유니코드 (16진수)
6	54	36	0	54
7	55	37	0	55
8	56	38	0	56
9	57	39	0	57
=	61	3D	0	61
^	94	5E	0	94

유일한 차이는, 유니코드는 추가적인 0바이트를 갖고 있다는 점이다.

표 5-2는 아스키와 유니코드 형태로 메모리에 저장된 PAN의 예를 보여준다. 메모리에 있는 실제 정보는 주로 16진수로 표시된다. 소스코드에서 16진수는 보통 앞에 '0x'를 붙이기 때문에 10진수와 구별할 수 있다. 예를 들어 문자 '0'은 아스키코드 48(10진수) 또는 0x30(16진수)이다.

표 5-2 아스키와 유니코드로 인코딩된 PAN 예

인코딩	문자열 표현	메모리에 저장된 실제 정보 (16진수 형식)	길이(바이트)
아스키	4005554444444403	34 30 30 35 35 35 34 34 34 34 34 34 34 34 30 33	16
유니코드	4 0 0 5 5 5 4 4 4 4 4 4 4 4 0 3	00 34 00 30 00 30 00 35 00 35 00 35 00 34 00 34 00 34 00 34 00 34 00 34 00 34 00 34 00 30 00 33	32

보통 프로그램이 아스키를 쓰는지 유니코드 문자열을(또는 둘 다) 사용하는지 미리 알려주지 않으므로, MemoryScraper는 메모리 버퍼를 두 번 변환(그리고 정규 표현식을 이용해 검색)할 것이다(MemoryScanner 클래스).

```
string ASCIItext = Encoding.ASCII.GetString(buffer);
string Unicodetext = Encoding.Unicode.GetString(buffer);
searchLine.Search(
   ASCIItext, pageNumber.ToString(), string.Empty, ref res);
searchLine.Search(
   Unicodetext, pageNumber.ToString(), string.Empty, ref res);
```

검색의 통계와 결과는 메모리 긁기가 일단 완료되면 res 목록에 축적되고, 텍스트 파일에 로그로 기록된다.

```
ScanInfo scanInfo = new ScanInfo();
scanInfo.searchResults = res;
Logger.GetLogger(LogType.MemoryScraper).AddToLog(scanInfo);
```

정규 표현식 검색의 동작 방식

정규 표현식은 패턴이나 검색되는 객체로 고정된 매개변수의 집합을 사용한다. 우리의 경우에 객체는 PAN, 트랙 1과 2다. 이러한 매개변수는 최종 표현을 생성하는 특별한 구문으로 변환된다(표 5-3 참조).

표 5-3 PAN과 트랙 정보 검색에 사용되는 정규 표현식 설명

구문	설명	사용
\s?	\s는 특정 공백 문자와 일치한다. ?은 바로 전에 나타난 0개, 또는 하나 이상의 항목과 일치한다.	4[0-9]{3}\s?[0-9]{4}\s?[0-9]{4}\s?[0-9]{4}은 4개의 숫자로 그룹 지어진 계정 번호를 찾는다. 예를 들면 4005 5544 4444 4403
[x-y]	[x-y]는 x와 y 사이 범위에 속하는 특정 숫자와 일치한다.	예 1: 5[1-5][0-9]{14}은 51,52,53,54, 그리고 55가 앞에 붙은 ISO를 갖는 모든 카드를 찾는다. 예 2: [0-2][0-9][0-1][0-2]는 예를 들어 1402와 같이 yymm 형식을 갖는 유효기간을 찾는다.

(이어짐)

구문	설명	사용
{n}	{n}은 정확히 n번 나타나는 이전 항목과 일치한다.	5[1-5][0-9]{14}은 5499830000000601의 예에서 앞에 붙는 54를 제외한 PAN을 찾는다.
x	특정 숫자 x와 일치한다.	5[1-5][0-9]{14}는 맨 앞에 5를 갖는 PAN을 찾는다. 예를 들면 5499830000000601
+	바로 전에 나타난 하나 이상의 항목과 일치한다.	\^.+\^은 다양한 길이를 갖고 두 개의 필드 구분자 '^'를 갖는 트랙 1에서 카드 소유자 이름을 찾는다. 예를 들면 4005554444444403^GOMZIN/SLAVA^1512

정규 표현식 언어: 빠른 참조[8]

PAN은 길이가 알려져 있고, 숫자만을 포함하고 있으며, 알려진 접두어로 시작한다.

이러한 속성은 다음과 같은 정규 표현식 구문으로 변환할 수 있다.

```
(?:4[0-9]{12}|4[0-9]{3}\s?[0-9]{4}\s?[0-9]{4}\s?[0-9]{4}|5[1-5]
[0-9]{14}|6(?:011|5[0-9][0-9])[0-9]{12}|3[47][0-9]{13}|3(?:0[0-5]
|[68][0-9])[0-9]{11}|(?:2131|1800|35\d{3})\d{11})
```

PAN 인식 패턴에 덧붙여 트랙 1과 2는 미리 결정된 항목 순서의 고정된 구조도 갖는다. PAN에 YYMM 형식으로 구성된 4개 숫자, 구분자 ^로 나뉜 트랙 1, 구분자 =로 나뉘는 트랙 2가 더해진다.

```
(?:(?:\=[0-2][0-9][0-1][0-2]|\^.+\^[0-2][0-9][0-1][0-2]))
```

거짓 양성과의 싸움

PAN을 찾기 위해 정규 표현식을 사용할 때의 문제점 중 하나는 보통의 PAN과 거의 똑같아 보이는 일련의 임의의 연속된 숫자가 검색되는 거짓 양성을 검출할 가능성이 매우 높다는 것이다. 이러한 잘못된 결과를 피할 때 사용할 수 있는 다양한 방법이 있다.

우선 하나의 분리된 PAN을 검색할 때 사용하는 정규 표현식을 보면 (?<!)로 시작해서 (?!)라는 수식으로 끝난다. 예를 들어 정규 표현식 4[0-9]{12}는 13개의 숫자로 구성돼 항상 4로 시작해서 12개의 숫자가 붙는 VISA PAN을 찾게 한다. 모든 형태의 카드를 한 번에 검색하기 위해서는 다음과 같이 여러 정규 표현식을 하나로 연결할 수 있다.

```
string pan_pattern =
   @"(?<![\d])(?:4[0-9]{12}|4[0-9]{3}\s?[0-9]{4}\s?[0-9]
{4}\s?[0-9]{4}|5[1-5][0-9]{14}|6(?:011|5[0-9][0-9])[0-9]
{12}|3[47][0-9]{13}|3(?:0[0-5]|[68][0-9])[0-9]{11}|
(?:2131|1800|35\d{3})\d{11})(?![\d])";
```

여기서 (?<! 수식) 표현식은 바로 앞에 길이가 0인 '수식'이 없어야 함negative look-binhind assertion을, (?! 수식) 표현식은 길이가 0인 '수식'이 뒤에 없어야 함negative look-ahead assertion을 확인하는 것이며, [\d]는 모든 10진수와 일치하는 것을 뜻한다. 그러므로 (?<![\d])와 (?![\d]) 표현식은 PAN의 앞과 뒤에 숫자가 없는 것을 확인함으로써 PAN이 임의의 연속된 숫자의 연속 중 한 부분이 아니라는 것을 확인하기 위해 추가된 것이다.

test_pattern은 test_rgx 정규 표현식에 의해 또 다른 거짓 양성을 방지하는 수단으로 사용된다.

```
string test_pattern =
   @"(?:0{7}|1{7}|2{7}|3{7}|4{7}|5{7}|6{7}|7{7}|8{7}|9{7})";
```

지불 회사와 처리자가 만들고 지불 소프트웨어 판매회사에서 시스템을 시험하기 위해 사용하는 실험 대상 카드의 PAN은 종종 보통 7번 또는 그 이상의 횟수로 여러 번 반복되는 같은 숫자를 갖고 있다(표 5-4 참고).

표 5-4 거짓 양성 실험 카드의 예

실험 카드 PAN	카드 종류
4005554444444400	비자
4485530000000120	비자
5499830000000600	마스터카드
5567300000000010	카스터카드
371111111111114	아메리칸

test_rgx 정규 표현식은 7번 또는 그 이상 반복되는 숫자를 포함하는 카드 번호를 걸러낸다.

```
test_rgx = new Regex(test_pattern, RegexOptions.IgnoreCase);
MatchCollection test_matches = test_rgx.Matches(result.PAN);
if (test_matches.Count > 0)
   break;
```

Mod-10 숫자 검증은 또한 복수의 거짓 양성을 인지할 때 사용될 수 있는 기본적인 보호 수단 중 하나다(Mod 10 [룬[Luhn]] 검증 절차와 코드는 4장에서 설명한다).

```
if (!PassesLuhnTest(result.PAN))
   break;
```

거짓 양성을 방지하기 위한 이러한 모든 수단은 트랙 1과 트랙 2를 찾는 정규 표현식의 PAN 부분에는 필요 없다. 트랙 1과 2는 유효기간 형식과 각각을 쉽게 잘 구분하기 위한 구분자 표시를 갖고 있기 때문이다. 이에 관한 내용 역시 4장에서 설명한다.

윈도우 페이지 파일

윈도우 페이지 파일Windows page file(pagefile.sys, 종종 스왑 파일swap file로도 불림)은 보통 루트 디렉토리(C:\)에 위치해 있으며, OS 메모리 이미지를 갖고 있다. 윈도우의 물리적 메모리가 고갈되면 현재 사용하지 않고 있는 메모리 페이지(예를 들어 오랜 동안 활성화되지 않고 있는 프로그램의 메모리)를 디스크에 저장하는 가상 메모리를 사용하기 시작한다. 시스템의 물리적 메모리가 얼마 남지 않게 되면 메모리 페이지는 하드 드라이브에 좀 더 자주 저장되고 다시 읽어오는 과정이 반복된다. 이 과정은 운영체제에 의해 관리 되므로, 애플리케이션은 잘 인식하지 못한다. 지불 애플리케이션도 예외는 아니므로, 메모리에서 민감한 정보를 처리할 때 그러한 정보도 역시 확실히 교환된다. 페이지 파일의 내용은 기본적으로 암호화되지 않으며, 카드 소유자 정보를 추출하기 위해 악성코드에 의해 검색될 수 있다.[9]

스니핑

전송되는 정보를 도청하는 것은 지불 애플리케이션에게는 메모리 스크래핑 다음으로 가장 위험한 보안 이슈일 것이다. 현대의 POS 시스템 하드웨어와 소프트웨어는 모두 모듈화된 구조를 갖고 있으며, 이것은 종종 POS 기계, 상점 서버, POS 앱과 지불 애플리케이션, 지불 애플리케이션과 POI, 지불 애플리케이션과 지불 게이트웨이, 그 외의 장치 등과 같은 물리적으로 분리된 서로 다른 모듈로 구성되는 것을 의미한다. 그러므로 이러한 모듈들은 이더넷(LAN, TCP 소켓), 시리얼 포트(COM), 또는 내부 메모리(윈도우 COM, DLL API) 같은 다양한 기술을 사용해 통신을 해야 한다. 지불 소프트웨어 판매회사는 PA-DSS 표준에 의하면 이러한 연결 과정의 암호화를 제공할 의무가 없고,[10] PCI DSS에 의하면 상점도 자신의 내부 네트워크를 암호화하게 요구받지 않으므로,[11] 특히 상점 LAN의 도청은 지불 애플리케이션의 가장 큰 취약점 중 하나로 남아 있다.

[상호 참조] 지불 애플리케이션의 구조에 관한 자세한 정보는 2장을 참조하라.

내부 네트워크 통신

'도청tap into the wire'에는 또 다른 방법이 있다.[12] 다양한 스니핑 공격 시나리오 중 하나는 상점 네트워크에 숨겨진 네트워크 탭 장치일 것이다. 탭 장치는 지불 애플리케이션의 통신을 포착하고 원격의 공격 지휘 본부에 복사해 놓는다.[13] 1,000달러 미만 가격의 이 작은 컴퓨터는 공기 청정기나 전기 멀티탭으로 위장할 수 있고, 4G/GSM 무선 통신과 WIFI 무선통신(802.11b/g/n), 고성능 블루투스와 USB 이더넷 어댑터도 장착할 수 있다.[14]

이러한 형태의 취약점이 소매점의 위치에서 발생하면 얼마나 위험할 수 있는지 이해하는 데 초점을 맞춰보자. PCI DSS와 PA-DSS 모두 인터넷과 같은 공공 네트워크상에서 통신이 이뤄질 경우만 네트워크 암호화를 요구하고 있다. 종종 서로 다른 장치에 위치한 지불 시스템의 모듈 간 통신은 상점 LAN을 통해 이뤄진다. 이러한 형태의 공격은 하이브리드 POS/상점 서버 구조가 특히 위험한데, 민감한 카드 소유자의 지불 정보를 각각의 POS에서 상점 서버로 추가적인 처리를 위해 전송하기 때문이다. 하지만 POS EPS 또는 상점 EPS 시스템 역시 영향을 받을 수 있는데, 지불 처리자에 대한 연결을 유지하고 있기 때문이다.

네트워크 스니퍼

네트워크 통신을 가로채기 위해서는 패킷 분석기 또는 네트워크 스니퍼라고 불리는 특별한 소프트웨어가 사용된다. 네트워크 패킷이 암호화돼 있지 않다면 민감한 정보는 앞서 설명된 메모리 스크래핑과 유사한 방법으로 추출될 수 있다. 와이어샤크wireshark는 네트워크 스니퍼 프로그램 중 하나의 예다.[15] 그림 5-6은 POS 클라이언트와 서버 간 전송되는 TCP/IP 패킷과 TCP 패킷 페이로드에 담긴 평문으로 된 트랙 1의 정보를 보여준다.

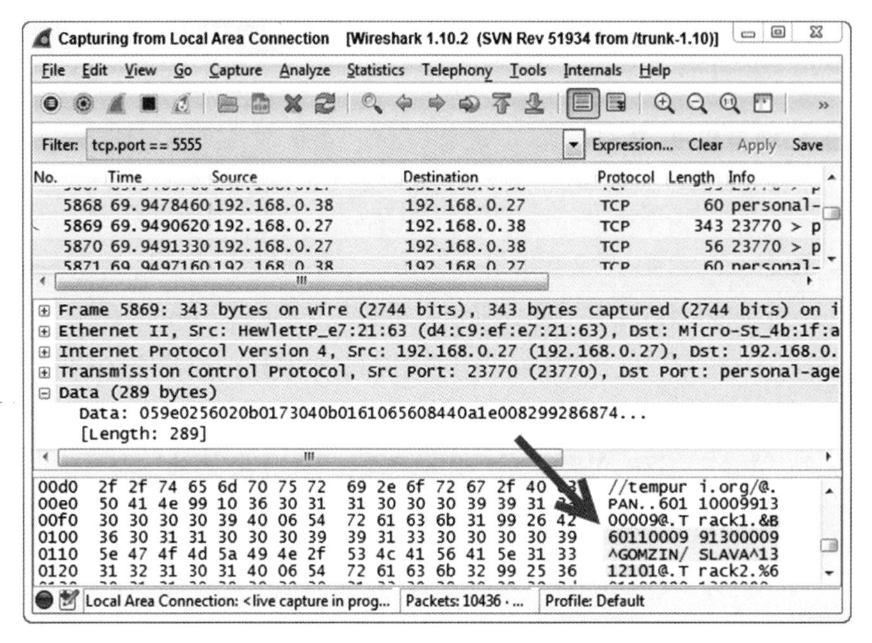

그림 5-6 TCP/IP 패킷 페이로드에 담긴 트랙 1을 보여주는 와이어샤크 네트워크 스니퍼

네트워크를 스니핑하는 악성코드 목록은 '비자 정보 보안 경고문'에서 참조할 수 있다.[16,17] 물론 악성코드는 이러한 도구를 직접 사용하지는 않지만, 유사한 원리를 사용해 작성한 스니핑 코드를 갖고 있다.

넷스크래퍼

넷스크래퍼NetScraper는 닷넷 C# 프로그램 중 하나로, POS에 설치돼 네트워크 통신 트래픽에서 민감한 지불 카드 정보를 추출하고 저장하는 기능을 보여준다. 앞에서 설명한 메모리 스크래퍼 도구처럼 이것을 구현하는 방법에 대한 자세한 내용에 관심이 없을 경우 이 절은 넘어가고, 와일리Wiley 웹사이트에서 프로그램을 다운로드해 테스트할 수 있다.

넷스크래퍼가 실행된 후에는 제일 먼저 활성화된 내부 네트워크 인터페이스를 검사하고 검색할 IP 주소를 선택할 수 있게 화면에 나타낸다. 기본적으로 IP 목록의 첫 번째 주소가 자동으로 선택된다(그림 5-7).

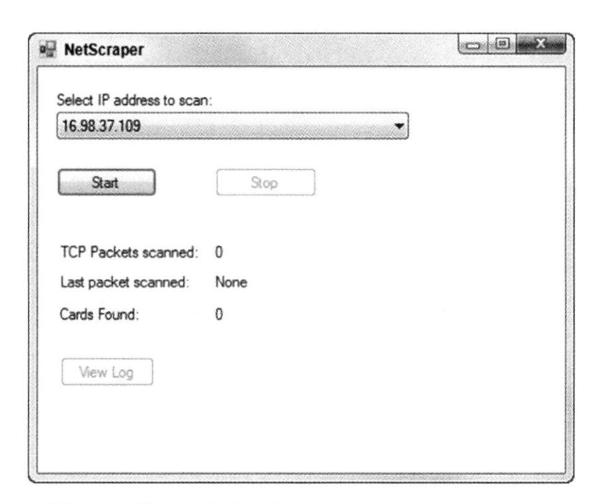

그림 5-7 넷스크래퍼 도구

시스템에는 하나 이상의 네트워크 인터페이스(예를 들면 이더넷, 무선 랜, VMWare)가 설치돼 있을 수 있으므로, 윈도우의 ipconfig 도구를 이용해 정확한 주소를 선택할 수 있다. 그림 5-8은 ipconfig의 실행 결과 예로, 내부 LAN IP 주소 192.168.0.27을 보여준다.

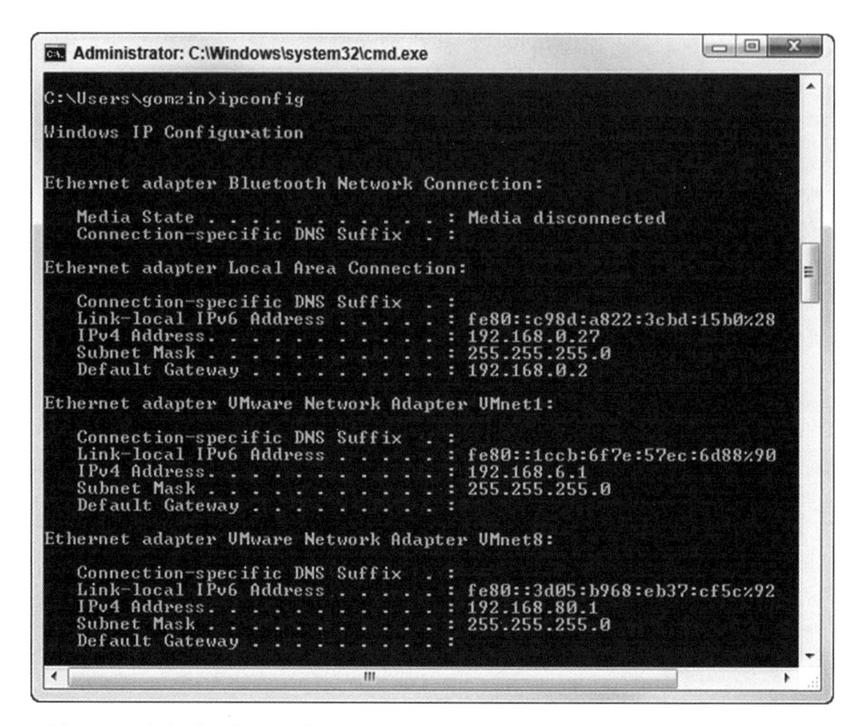

그림 5-8 여러 네트워크 인터페이스에 설정된 IP 주소를 보여주는 ipconfig 결과

넷스크래퍼는 시작 버튼이 눌려지면 TCP/IP 패킷을 조사하기 시작하고, 정지 버튼이 눌려질 때까지 계속한다. 그런 다음 조사 결과를 로그 파일로 생성하고, 이 파일은 보기(View) 버튼을 눌러 확인할 수 있다(그림 5-10).

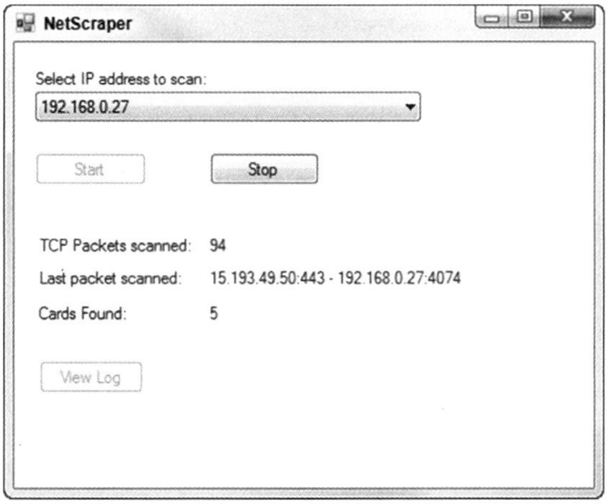

그림 5-9 내부 네트워크 192.168.0.27의 통신을 조사하고 있는 넷스크래퍼

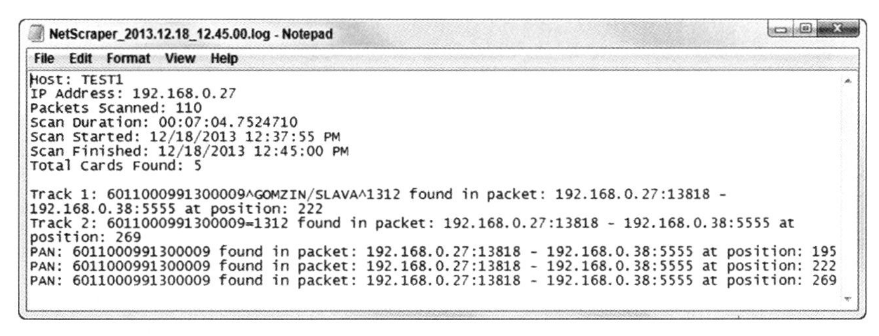

```
Host: TEST1
IP Address: 192.168.0.27
Packets Scanned: 110
Scan Duration: 00:07:04.7524710
Scan Started: 12/18/2013 12:37:55 PM
Scan Finished: 12/18/2013 12:45:00 PM
Total Cards Found: 5

Track 1: 6011000991300009^GOMZIN/SLAVA^1312 found in packet: 192.168.0.27:13818 -
192.168.0.38:5555 at position: 222
Track 2: 6011000991300009=1312 found in packet: 192.168.0.27:13818 - 192.168.0.38:5555 at
position: 269
PAN: 6011000991300009 found in packet: 192.168.0.27:13818 - 192.168.0.38:5555 at position: 195
PAN: 6011000991300009 found in packet: 192.168.0.27:13818 - 192.168.0.38:5555 at position: 222
PAN: 6011000991300009 found in packet: 192.168.0.27:13818 - 192.168.0.38:5555 at position: 269
```

그림 5-10 네트워크 조사 결과가 기록된 넷스크래퍼 로그

네트워크 조사

넷스크래퍼의 코드는 아주 단순하다. 먼저 소켓을 생성하고 사용자가 선택한 IP 주소에 대해 접속을 대기listening한다.

```
socket = new Socket(
   AddressFamily.InterNetwork, SocketType.Raw, ProtocolType.IP);
socket.Bind(new IPEndPoint(IPAddress.Parse(listeningAddress), 0));
```

어떠한 IP 단위의 데이터든 포착할 수 있게 소켓을 설정한다.

```
socket.SetSocketOption(
   SocketOptionLevel.IP, SocketOptionName.HeaderIncluded, true);
```

이 방법을 통해 예를 들면 UDP와 TCP 같은 IP 기반의 여러 프로토콜 패킷을 포착할 수 있다.

소켓은 명시된 IP를 통해 IP 패킷을 주고받을 때마다 이벤트(OnDataReceived 프로시저로 포착)를 발생시킬 것이다.

```
socket.BeginReceive(
   dataBuffer, 0, dataBuffer.Length, SocketFlags.None,
   new AsyncCallback(OnDataReceived), null);
```

일단 데이터가 수신되면 패킷을 분석해 IP 패킷이 전송하는 데이터의 프로토콜 ID를 조사한다.

```
IPHeader ipHeader = new IPHeader(dataBuffer, dataLength);
if (ipHeader.ProtocolID == BaseHeader.PROTOCOL_TCP)
   TCPHeader tcpHeader = new TCPHeader(ipHeader.Payload,
     ipHeader.PayloadLength);
```

넷스크래퍼가 관심을 갖는 것은 TCP 패킷뿐이다. 프로그램의 통신에 주로 사용되는 것은 TCP/IP이기 때문이다. 다른 프로토콜(예를 들면 UDP)은 필요하면 포착할 수 있다.

일단 TCP 패킷의 페이로드가 수신되면 넷스크래퍼는 패킷을 조사해 프로그램의 메모리에서 추출된 정보를 갖고 메모리스크래퍼가 했던 것과 정확히 동일한 방법으로 트랙과 PAN을 추적한다.

```
string ASCIItext = Encoding.ASCII.GetString(ipHeader.Payload);
string Unicodetext = Encoding.Unicode.GetString(ipHeader.Payload);
string route =
   ipHeader.SourceAddress + ":" + tcpHeader.SourcePort +
   " - " + ipHeader.DestinationAddress + ":" +
```

```
    tcpHeader.DestinationPort;
searchLine.Search(ASCIItext, route, "", ref res);
searchLine.Search(Unicodetext, route, "", ref res);
```

사실 넷스크래퍼와 메모리스크래퍼는 같은 검색 로직을 사용한다. 이것은 PANandTracksSearch 클래스에 캡슐화돼 있으며, HackingPOS.Scrapers.Common.dll에 있다.

추가적인 통신 취약 지점

LAN 통신은 도청하기에 가장 편리한 통신 방법일지도 모르지만, 통신과 관련된 다른 여러 가지 가능한 방법이 있다.

POS와 POI 장치 간 통신

POS 장치는 주로 시리얼(COM) 포트나 USB, 또는 LAN을 통해 호스팅(POS) 시스템과 연결된다. COM 포트는 요즘에는 구식처럼 보이지만, 소매점에서는 여전히 폭넓게 사용하고 있다. 시리얼 포트로 연결된 POI 장치는 네트워크를 통해 원격에서 접속 가능하다.[18]

POS와 PA 간 통신

이런 종류의 통신은 원격으로나 내부적으로 가능하며, 시스템의 구조와 배치에 의존한다. POS와 PA가 물리적으로 같은 기계에 존재한다면 윈도우의 COM, DLL API, 또는 TCP 소켓을 사용해 내부적으로 통신한다. 어떤 경우이든 데이터는 내부 장치의 메모리를 통해 전송되고, 메모리 스크래핑으로 도청될 수 있다. POS와 PA가 물리적으로 분리돼 있을 때는 (예를 들어 여러 POS가 상점 서버에 위치한 단일 PA와 통신하는 경우) 대부분 분명히 LAN을 통해 통신한다. 따라서 트래픽은 네트워크 스니퍼로 도청될 수 있다.

기타 취약점 공격

'표준적인' 취약점 공격은 주로 소프트웨어를 통해 민감한 정보를 훔치는 데 초점이 맞춰진 것과 달리 색다른 차이를 보이는 서로 다른 두 영역의 공격 벡터가 있다. 첫 번째로는 소프트웨어가 아닌 하드웨어를 대상으로 하는 공격이다. 두 번째는 민감한 카드 소유자 정보의 기밀성이 목표가 아니라, 지불 애플리케이션의 기능과 무결성을 해침으로써 얻을 수 있는 경제적 결과를 얻는 공격이다.

애플리케이션 조작

지불 애플리케이션 공격 벡터에서는 여러 가지가 있는데, 애플리케이션 코드의 취약점을 공격하는 기법으로 그룹 지을 수 있다. '주류'가 되는 공격(메모리 스크래핑과 네트워크 스니핑 같은)과 애플리케이션 코드를 대상으로 한 공격의 차이는, 후자는 애플리케이션에 대한 상당한 지식이 있어야만 한다는 점이다. 전자의 방법은 좀 더 일반적인 방법으로, 사실상 모든 지불 애플리케이션에 적용될 수 있다. 다음 절에서는 애플리케이션을 대상으로 하는 공격 시나리오에 대해 간략히 설명한다.

외부로 노출된 PA API 오용

POS에서만 노출될 것으로 생각되는 민감한 정보는 지불 애플리케이션의 API를 통해 외부로 노출될 수 있다. 하지만 PA API는 일반적으로 클라이언트 애플리케이션 인증과 같은 접근 제어를 통해 보호되지 않으므로, 악성코드는 POS로 가장하고 PAN 또는 트랙 1과 트랙 2를 평문으로 반환하는 특별한 API 메소드를 호출할 수 있다.

설정 조작

애플리케이션 설정(닷넷 프로그램에서는 .config 파일, 전통적인 프로그램에서는 .cfg 파일)은 애플리케이션의 동작 방식을 바꾸기 위해 변경될 수 있다. 예를 들어 서버 주소가 수정돼 모든 트래픽을 가짜 서버로 향하게 하고, 가짜 서버에서는 모든 트래픽의 패킷에서 민감한 카드 정보를 조사한 뒤에 다시 정상적인 서버로 보낼 수 있다.

소프트웨어 갱신 조작

모든 소프트웨어 제공자는 주기적으로 보안 문제나 버그를 수정한 패치뿐만 아니라, 새로운 기능이 포함된 새 버전의 프로그램을 발표한다. 상업적이든 독점적이든 정상적인 패치로 가장하고 악성코드 삽입을 목적으로 한 조작된 갱신 시스템이 있을 수 있다.

프로그램 코드 분해

지불 애플리케이션 코드는 컴파일돼 바이너리로 빌드되고 POS 시스템에 설치된다. 이러한 파일들은 분해disassemble하거나 리버스 엔지니어링을 하면 원본 소스코드를 얻을 수 있고, 애플리케이션 로직을 분석할 수 있다. 결과적으로 코드에 하드코딩된 암호화 키 컴포넌트와 같은 민감한 정보를 얻거나 수정할 수 있게 된다. C#과 자바Java 같은 현대 언어는 주로 이러한 형태의 공격에 취약한데, 거의 원본과 흡사한 소스코드로 되돌려질 수 있는 중간 코드를 사용하기 때문이다.

클라이언트 자격증명 스푸핑

POS 장치에 클라이언트가 있고 데이터 센터나 상점 서버 또는 클라우드에 서버가 동작하는 클라이언트/서버 구조를 가진 POS 시스템은 스푸핑 공격에 취약하다. 시스템이 클라이언트와 서버 사이에 일종의 인증 메커니즘을 가진다면 클라이언트에게는 자격증명을 저장할 만한 진짜 안전한 장소는 없다. 공격자가 클라이언트 POS 장치에 접속했다면 클라이언트 자격증명은 도난 당할 수 있고 정상적인 클라이언트로 가장하는 가짜 클라이언트 소프트웨어를 사용해 나른 장소에서 서버에 접근할 때 사용될 수 있다.

하드웨어 조작

POS 소프트웨어 해킹은 잘 동작하므로 신뢰할 만하지만 그것만이 카드 소유자 정보를 훔쳐내는 유일한 방법은 아니다. 하드웨어는 모든 지불 솔루션의 가장 근본적인 부분이고, 이것 역시 해킹 가능하다.[19]

POI 장치에 악성코드 삽입

POI 장치에 악성코드를 삽입해 동작을 변경할 수 있고, 민감한 정보를 추출하는 플러그인을 설치해 추출한 정보를 지휘 본부로 보낼 수도 있다. 인증되지 않은 악성코드 삽입의 예는 블랙 햇 2012 보안 컨퍼런스에서 제시됐다.[20]

POI 장치 스키밍

일반적으로 스키밍은 진짜 MSR과 키패드의 기능을 복제한 가짜 하드웨어 부품을 원래의 지불 단말기에 설치해 변경하는 것이다. 가짜 하드웨어는 카드 소유자 정보를 가로채 공격자에게 전송한다.[21] 스키밍의 위협은 PCI에서 분리해 다루기에 충분할 정도로 큰 주제다.[22] 사실 이것은 산업계가 하드웨어를 이용한 점대점 암호화로 이동하는 과정에서 가장 전도유망한 공격 기법 중 하나일 것이다. 핀패드 장치에 대한 스키밍 공격에 관한 정보는 '비자 보안 경고문'에서 찾아볼 수 있다.[23]

신기술을 목표로 한 공격

새로운 지불 처리와 정보 보호 기술이 발전하면서 새로운 공격 기법 역시 나타나고 있다. 하지만 신기술은 아직 폭넓게 구현되지 않고 있으며, 메모리 스크래핑과 네트워크 스니핑 같은 전통적인 소프트웨어 공격 기법을 사용해 카드 소유자 정보를 훔치는 것이 여전히 매우 쉽기 때문에 새로운 공격 기법 벡터에 관한 명확하고 충분한 정보가 아직 제공되지 않고 있다. 그러므로 미래의 POS 시스템 해킹에 관한 잠재적인 공격 기법에 관해서는 단지 추측만 가능하다.

하드웨어 P2PE

하드웨어 P2PE의 발상은 소프트웨어를 통한 민감한 정보의 도난을 방지하고자 하는 것이다. 하드웨어 P2PE에 대한 대응으로, 해커는 하드웨어와 사회공학적 기법을 통한 해킹 같은 대안적인 공격 벡터를 개발할 수 있을 것이다. 예를 들어 지불 터미널을 공격할 때 오늘날 사용되는 동일한 하드웨어 스키밍은 미래의 P2PE 솔루션에도 여전히 적용될 수 있을 것이다. 암호화 키 컴포넌트는 (예를 들면 키 관리인으로부터) 사회공학적 기법이나 솔루션 제공자와 키 삽입 장치 간 통신을 가로챔으로써 확보할 수도 있다.

모바일 결제 수단

모바일 결제 수단(스마트폰 등을 이용한 지불)은 상대적으로 새로운 영역으로, 아직 보안 표준에서 규제를 하고 있지 않기 때문에 취약하다.

게다가 대부분의 스마트폰은 안티바이러스와 다른 보안 소프트웨어를 통한 보호가 이뤄지지 않고 있다. 스마트폰은 사용자용 장치라서 기업용 보안 정책으로 관리, 통제가 불가능하므로, 악성코드가 설치되더라도 오랜 기간 동안 밝혀지지 않고 남아 있을 수 있다.

EMV

EMV는 오래된 기술이긴 하지만 마그네틱 선을 사용하는 미국과 같은 국가에서는 여전히 새롭다. 하지만 EMV가 이미 구현된 국가라 하더라도 EMV 칩을 우회하는 방법이 다수 존재한다. PCI 표준의 EMV 지침에 따르면 대부분의 EMV 카드는 EMV 이전 환경에서 이전 버전과의 호환성을 지원하거나, EMV를 지원하는 칩을 읽을 수 없을 때 기술적인 대비책(기술적 대비책은 EMV를 지원하는 장비에서 EMV 카드의 칩 정보 대신에 마그네틱 선을 읽어 예외를 처리하는 것을 말한다)으로서 마그네틱 선을 갖고 있다. 이런 상황에서 EMV가 제공하는 보안 메커니즘은 사실상 우회되고, 거래 내역 보안은 마그네틱 선의 그것으로 되돌아간다.[25]

무결성과 가용성에 대한 공격

이 책은 지불 처리 시스템 자체보다는 소프트웨어와 관련된 취약점에 초점을 두기는 하지만, 지불 애플리케이션만이 유일한 대상이 아니라는 것을 보여주는 것도 중요하며, 소프트웨어의 취약점을 통한 공격으로부터 완전히 보호된다고 할지라도(사실상 불가능하다) 전체 지불 시스템은 여전히 불완전하고 다른 방향으로 공격 받을 수 있다.

가짜 음성 인증

시스템 무결성에 대한 이런 형태의 공격은 표준 강제 게시(음성Voice 인증이라고도 알려진) 기능의 취약점을 이용한다. 강제 게시는 지불 처리자에 의해 지불 거래가 거부됐을지라도 상점이 승인(강제)할 수 있음을 의미한다. 일반적으로 이런 형태의 승인은 전화를 통해 이뤄진다(이것이 '음성 인증'이라고 부르는 이유다). 신용카드를 POS에 긁은 뒤에 거절되면 계산원은 보통 카드 뒷면에 적힌 전화번호로 전화를 걸어 음성 인증을 요구하기로 마음먹는다. 은행에서는 카드 소유자의 계정을 확인하고 거래를 승인할 것을 결정할 수 있다. 이 경우 특별한 인증 코드(보통 6개의 숫자나 문자)가 계산원에게 제공된다. 그러면 계산원은 수동으로 POS에 코드를 입력한다. 이 시스템에는 보안의 허점이 있는데, 보통 음성 인증 코드는 온라인으로 확인되지 않고, 어떠한 숫자나 문자 조합이든 입력 가능하다는 점이다.[26,27]

오프라인 인증 강제

지불 처리 서버나 네트워크 통신이 중단되면 대부분의 POS 시스템은 오프라인 승인 모드(또한 저장과 전달S&F, Store and Forward이라고도 불림)로 전환되고, 지불 거래는 실제 카드 소유자에 대한 정보 확인 없이 지불 애플리케이션에 의해 내부적으로 승인된다. 따라서 기본적인 확인 절차(PAN 검사 번호와 유효기간)를 건너뛰는 POS에 카드를 긁으면 어떤 카드이든 지불이 받아들여지게 된다. 이런 사실은 공격자가 강제로 네트워크 접속을 차단할 수 있다면 공격에 사용될 수 있다. 예를 들어 원격의 상점이 지불 네트워크와 통신하기 위해 위성 안테나를 사용한다면 공격자는 위성 수신 안테나를 얇은 호일로 덮어 위성 신호 수신을 방해함으로써 지불 애플리케이션을 S&F 모드로 빠지게 할 수 있다.[28,29]

정리

지불 애플리케이션 공격에 사용되는 두 가지의 주요 공격 벡터는 메모리 스크래핑과 내부 네트워크 스니핑이다. PCI 보안 표준은 이 두 영역을 보호할 수 있는 요구 사항을 갖추고 있지 않다. POS 장치에 설치된 악성코드는 정규 표현식을 사용해 지불 애플리케이션 메모리나 원격 지불 애플리케이션 간의 통신 트래픽을 조사할 수 있다. 메모리스크래퍼와 넷스크래퍼는 견본 도구로, 메모리와 네트워크에서 민감한 카드 정보를 찾아 모으는 코드를 어떻게 작성하는지 보여준다. 이러한 '주류'의 공격 벡터에 덧붙여 애플리케이션 코드, 하드웨어 또는 지불 시스템의 무결성이 가진 취약점을 이용한 POS

시스템 공격에 사용될 수 있는 대안적인 공격 방법이 있다.

참고 자료

1. 서비스 분야 대상 취약점, 비자 정보 보안 경고문(2009년 11월), http://usa.visa.com/download/merchants/targetedhospitality-sector-vulnerabilities-110609.pdf

2. 소매점의 메모리 해석 악성코드 방어, 비자 정보 보안 경고문(2013년 4월), http://usa.visa.com/download/merchants/alert-prevent-grocer-malware-attacks-04112013.pdf

3. 맥아피 연구소McAfee Labs, 신용카드 지불 단말기를 대상으로는 VSkimmer Botnet, https://blogs.mcafee.com/mcafee-labs/vskimmerbotnet-targets-credit-card-payment-terminals/comment-page-1#comment-453678

4. POSPoint-of-Sale와 메모리 스크래퍼(2012년 12월), http://www.xylibox.com/2012/12/point-of-sale-and-memory-scrappers.html

5. POS 시스템을 대상으로 하는 덱스터 악성코드, 비자 정보 보안 경고문 (2012년 12월), http://usa.visa.com/download/merchants/alert-dexter-122012.pdf

6. 메모리 해석 악성코드가 대상으로 하는 소매점 - 갱신 버전, 비자 정보 보안 경고문(2013년 10월), http://usa.visa.com/download/merchants/Bulletin__Memory_Parser_Update_082013.pdf

7. X-Ways 소프트웨어 기술 AG, 윈헥스WinHex: 컴퓨터 포렌식과 자료 복구 소프트웨어(Computer Forensics & Data Recovery Software), 16진수 편집기와 디스크 편집기(Hex Editor & Disk Editor), http://winhex.com/winhex/index-m.html

8. 마이크로소프트, 정규 표현 언어(Regular Expression Language - Quick Reference), http://msdn.microsoft.com/en-us/library/az24scfc.aspx

9. 스왑 파일에는 민감한 정보가 있다. 스택익스체인지(Swap file may contain sensitive data, Stackexchange), http://security.stackexchange.com/questions/29350/swap-file-may-contain-sensitive-data

10. PCI PA-DSS 요구 사항과 보안 평가 절차, 버전 2.0(2010년 8월), 요구 사항. 11.1, 43쪽, https://www.pcisecuritystandards.org/documents/pa-dss_v2.pdf

11. PCI DSS 요구 사항과 보안 평가 절차, 버전 2.0(2010년 8월), 요구 사항. 4.1, 35쪽, https://www.pcisecuritystandards.org/documents/pci_dss_v2.pdf

12. 크리스 샌더스Chris Sanders, 『실세계의 네트워크 문제 해결을 위한 와이어샤크를 사용한 패킷 분석 실무 개정판』(샌프란시스코: 노스타치No Starch 출판사, 2011년), 17-33페이지

13. 로버트 맥밀란Robert McMillan, 『당신의 네트워크를 해킹할 수 있는 작고 하얀 상자』(와이어드 출판 2012년 3월), http://www.wired.com/wiredenterprise/2012/03/pwnie/

14. Pwn Plug Elite, Pwnie Express, http://pwnieexpress.com/products/pwnplug-elite

15. 와이어샤크 다운로드 http://www.wireshark.org/download.html

16. 악성코드와 인터넷 프로토콜 주소, 비자 정보 보안 경고문(2009년 4월), http://usa.visa.com/download/merchants/20090401_malware_ip.pdf

17. 최상위 취약점 - 패킷 스니핑, 비자 정보 보안 경고문(2009년 2월), http://usa.visa.com/download/merchants/20090202_packet_sniffing.pdf

18. 무어H.D. Moore, 『연쇄 범죄자: 시리얼 포트 서버에 넓게 퍼진 허점』(Security Street Rapid7 2013년 4월), https://community.rapid7.com/community/metasploit/blog/2013/04/23/serial-offenders-widespread-flaws-in-serial-port- servers

19. 도둑이 신용카드 정보를 훔치는 5가지 방법, Bankrate.com, http://www.bankrate.com/finance/credit-cards/5-ways-thieves-steal-creditcard-data-1.aspx

20. 헨리 슈워츠Henry Schwarz, PinPadPwn, http://henryschwarz.blogspot.com/2012/07/black-hat-usa-2012-versus-atm-and-eft.html

21. Don't Get Sucker Pumped, Krebs on Security(July 2013), http://krebsonsecurity.com/2013/07/dont-get-sucker-pumped/

22. 스키밍 방어: 상점을 위한 모범 사례 개요, PCI SSC(2009년), https://www.pcisecuritystandards.org/documents/skimming_prevention_overview_one_sheet.pdf

23. PIN 입력 장치에 대한 공격으로부터 카드 소유자 정보 보호에 도움이 될 만한 것, 비자 보안 경고문(2012년 11월), http://usa.visa.com/download/merchants/alert-compromised-PED-reminder.pdf

24. "보고서: 2013년의 모바일 결제 수단의 유출 위협 증가", 오늘날의 모바일 결제 수단(2012년 11월), http://www.mobilepaymentstoday.com/article/205561/Report-fraud-threat-to-mobile-payments-togrow-in-2013

25. EMV 환경에서 PCI DSS 적용 - 지침 문서, PCI 보안 표준 위원회 (2010년 8월), 7쪽, https://www.pcisecuritystandards.org/documents/pci_dss_emv.pdf

26. "새로운 신용카드 사기 순찰하기", The Dealertrack Sales, F&I, 그리고 보안 준수 블로그, http://www.dealertracksfi.com/content/new-credit-card-scam-making-the-rounds

27. "당신의 카드가 거부됐다는 메시지를 받았다면 어떻겠습니까?" 존 메일리벤 블로그 (JohnMayleben), 미시간 상점 현합(2013년 4월), http://www.retailers.com/john-mayleben-blog/what_if_you_get_a_card_declined_or_pick_up_card_message#.Unrzv_nbOPZ

28. "주유소의 정보 보안 유출을 표면에 떠오르게 한 '얇은 호일'", ISO & AgentWeekly (2013년 8월 29일), 5쪽, http://www.isoandagent.com/media/pdfs/29Aug2013ISOAgent.pdf?ET=isoandagent:e17675:

29. "기름 도난을 위한 주유소의 위성 통신 차단", 노스웨스트 타임즈[Northwest Times] (2012년 8월 22일), http://www.nwitimes.com/news/local/laporte/michigan-city/station-s-satellite-blocked-to-steal-gas/article_50980df5-d933-5e4c-9721-c287557458e9.html

6

PCI 표준으로 보호되는 구역 침입

그리고 기억이 희미해지고 기록도 날조되는 상황이 되면 확인해볼
기준도 없어지고 더 이상 존재하지도 않고 결코 다시 있을 수도 없기 때문에
사람들의 생활이 나아졌다는 당의 주장도 받아들여질 수밖에 없다.
– 조지 오웰

대부분의 지불 애플리케이션 판매회사는 오늘날 PA-DSS가 검증된 소프트웨어를 판매한다. 그리고 많은 상점은 PCI DSS를 준수한다. 따라서 이미 PCI 규칙에 의해 보호되고 있는 취약 영역은 실제로 다른 것 보다 덜 취약하다고 가정하는 것이 합리적일 것이다. 하지만 이것이 어느 정도 사실이라고 하더라도 모든 것이 다 그런 것도 아니고, PCI로 보호되는 영역도 보안의 구멍을 갖고 있다.

PCI 표준이 관심을 갖는 영역

대부분 역사적인 이유 때문에 PCI 보안 표준은 민감한 카드 정보가 탈취될 수 있는 매우 구체적인 위치에만 관심을 갖는다. 3장에서 제공하는 PCI DSS와 PA-DSS 요구 사항을 자세히 들여다본다면 저장된 데이터와 전송되는 데이터라는 두 개의 주요 영역을 쉽게 구분할 수 있을 것이다. 저장되는 정보의 보호는 PCI 표준이 거의 다 지원을 하는 반면, 전송되는 정보는 상점이나 데이터 센터 내부에서 매우 제한적이고 비효과적으로 보호되고 있다. 표 6-1에서는 이러한 결과를 요약해 보여준다.

표 6-1 PCI가 제공하는 지불 애플리케이션 보호

취약 영역	하위 영역	필수 보호 여부	PCI DSS 요구 사항
메모리에 있는 데이터		–	
저장된 데이터	임시 저장소(S&F, TOR, 활성화된 거래 DB)	●	요구 사항 3: 저장된 카드 소유자 정보를 보호하라.
	장기간 저장(배치, 결제, 기록 보관)	●	요구 사항 3: 저장된 카드 소유자 정보를 보호하라.
	로그 파일	●	요구 사항 3: 저장된 카드 소유자 정보를 보호하라.
전송되는 데이터	내부 통신	–	
	POI 장치와 POS 간 통신	–	
	처리자와의 통신	○	요구 사항 4: 열린 공공 네트워크를 통해 전송되는 카드 소유자 정보를 암호화하라.
애플리케이션 코드와 설정	애플리케이션 코드	–	
	프로그램 설정	–	

● PCI DSS는 전체 보호를 요구함
○ PCI DSS는 제한적인 보호를 요구함
– PCI DSS는 특정 보호 수단을 요구하지 않음

저장된 데이터: PCI의 진언

저장된 데이터라는 것은 보안 분야에서 사용하는 용어 중 하나로, 하드 드라이브에 저장된 정보를 말한다. 이는 어느 정도는 다양한 장치와 컴퓨터 사이를 여행하는 정보를 뜻하는 전송되는 데이터에 대한 반대 개념으로, PCI 표준이 가장 많은 보호를 추구하는 대상이다. PCI의 원칙은 주로 저장된 데이터를 공격으로부터 보호하는 데 집중돼 있다. 역사적으로 카드 소유자의 정보를 훔치는 가장 쉬운 두 가지 방법 중 하나이기 때문이다(다른 하나는 '전송되는 데이터'로, 다음 절에서 다룬다).

PCI 시대 이전에 민감한 정보는 하드 드라이브에 저장돼 있었고 백업 드라이브는 암호화돼 있지 않았으며, 상점의 네트워크와 물리적 보안 제어를 통해서만 보호됐는데, 종종 매우 약하거나 완전히 누락돼 있기도 했다. PCI가 도입된 이후로 지불 소프트웨어 판매회사는 암호화 기법을 적용해 저장된 정보를 보호하기 시작했고, 이런 종류의 취약점이 공격받을 가능성을 현저히 낮출 수 있었다. 하지만 암호화가 제공하는 보안의 수준은 암호화 알고리즘과 키 길이, 그리고 키 관리 방법 같은 서로 다른 요소를 갖는 구체적인 구현 방법에 의존한다. 데이터베이스와 로그 보호에는 심지어 PA-DSS를 검증받은 소프트웨어라 할지라도 일반적으로 약한 암호화 알고리즘과 빈약한 키 관리 방법이 사용됐다.

PCI는 지불 애플리케이션 판매회사나 사용자에게 프로그램의 설정에 대한 암호화는 요구하지 않고 종종 평문으로 저장돼 아무런 제재도 없이 수정될 수 있기 때문에 프로그램 설정이 사용되는 상황은 훨씬 더 암울하다. 언뜻 보기에 설정 정보 자체에는 카드 소유자 정보와 같은 민감한 정보를 갖고 있지 않으므로 그렇게 위험해보이진 않지만, 다음 설명에서 잘못된 설정 때문에 지불 애플리케이션이 얼마나 손상될 수 있는지를 볼 수 있을 것이다.

임시 저장소

일부 지불 애플리케이션 판매회사는 자신의 시스템이 민감한 정보를 POS 시스템에 저장하지 않기 때문에 저장된 데이터를 대상으로 한 공격에 취약하지 않다고 주장한다. 이런 주장은 사실이 아닐 수 있는데, 거짓말은 아니라고 할지라도 사실이 아닌 이유는 다음과 같다. 제품 관리자는 보통 저장소를 데이터베이스 보관과 같이 정보를 오랫동안 저장하는 곳이라고 생각하는 반면, 개발자는 많은 경우에 데이터는 임시로 저장된다는 것을 알고 있다. "세상에는 영원한 것은 없지만, 변하는 것은 많다."[1]

이러한 임시 저장소의 가장 좋은 예는 S&F(저장과 전송)와 내부 데이터베이스 테이블이나 단순한 데이터 파일로도 구현될 수 있는 시간제한 역전TOR, Timeout Reversals 기록이 있다. 이러한 두 컨테이너(S&F와 TOR에 관한 자세한 내용은 2장에서 확인할 수 있다)의 기능적 필요성과 중요성에 관한 논의가 없더라도 이 두 가지는 거의 모든 POS 지불 시스템에 존재한다는 것을 유념해야 한다. 가장 중요한 것은, PCI는 민감한 인증 정보를 저장하는 저장소를 금지한다는 사실이다.

> 민감한 인증 정보는 인증 후에 절대로 저장하면 안 된다(암호화할지라도).[2]

실제로 이런 파일들은 여전히 트랙 1과 2 전체를 갖고 있기 때문에 굉장히 매력적인 공격 대상이 된다. PCI 규칙에는 이러한 서버 '공격'에 관해 S&F와 TOR 기록은 인증 서버가 접속 불가능할 때, 즉 인증을 받지 못하면 민감한 인증 정보를 저장소에 저장하는 것이 가능하다고 간단히 설명하고 있다.

> 인증 후에 민감한 인증 정보가 저장되는 것을 금지하는 것은, 거래 과정에서 인증 과정이 완료됐고 고객은 최종 거래 승인을 받았다는 것을 가정하는 것이다.[3]

S&F와 TOR의 중요한 특징은, 이러한 기록은 하드디스크에 임시로 저장될 때 암호화되지만, 추가적인 처리를 위해 곧바로 복호화해야 하기 때문에 암호화와 복호화 과정이 같은 장치에서 수행될 필요가 있다는 것이다. 그러므로 동기화된 암호화 정책만이 사용된다. 해시나 공개 키 암호화 방식을 사용할 수 없다는 것은 복호화 키를 항상 시스템 내에서 얻을 수 있다는 것으로, 심지어 숨겨지고 암호화돼 있다고 할지라도 언젠가는 공격자가 찾을 수 있기 때문에 이러한 암호화 시스템은 취약하다는 것을 의미한다.

추가적으로 이러한 임시 저장소를 사용하는 보안의 일반적인 문제는 키 순환의 부족, 소스코드에 박힌(하드 코딩된) 키 컴포넌트, 또는 안전하지 않은 키 저장소(이와 같은 취약점은 6장의 뒷부분에서 좀 더 자세히 다룬다)와 같이 약한 암호화 알고리즘과 빈약한 암호화 키 관리 시스템을 사용한다는 점이다. 빈약하게 설계된 키 관리 방식은 가장 강한 암호화 알고리즘을 사용한다고 할지라도 쉽게 손상된다.

다시 말해 S&F와 TOR 데이터의 임시 저장 특징은 보안 평가 과정에서 종종 간과되고, 악용 수준이 적절하게 보호되지 않는다.

애플리케이션 로그

지불 애플리케이션의 로그 파일은 상상하는 것보다 훨씬 더 해커에게 흥미로운 정보를 제공할 수 있다. 제품 관리자가 관리 감독하는 애플리케이션의 기본 기능과는 달리, 로그 파일과 파일에 포함돼 있는 내용은 일반적으로 가끔은 보안에는 관심이 없는 개발자가 통제한다. 개발자는 원격에서도 문제를 해결하려고 애플리케이션의 동작 상황에 관해 가능한 한 많은 것을 알길 원한다. 따라서 개발자는 (아무에게도 말하지 않고) 카드의 트랙과 계정 번호를 비롯해 모든 것을 로그 파일에 기록하게 결정할 수도 있다. 최선은 민감한 정보를 암호화하는 것이지만, 암호화 키는 코드에 박혀 있거나 잘못 관리될 수 있다. 오랜 기간 동안 모든 데이터를 암호화하는 데 같은 키가 사용된다면 로그 파일의 기록은 암호 해독('암호 깨기의 예술과 과학'[4])에 필요한 충분한 정보를 갖고 있을 수 있다.

로그를 남기는 것에 관한 또 다른 위협은 PAN의 해시 함수를 사용해 생성한 토큰이다. 얼핏 보기에는 기본적으로 토큰은 안전한 것처럼 생각되고 실제 카드 계정 번호를 대체할 수 있을 것으로 생각되지만, 해시로 생성되면 해킹하기가 생각보다 쉽다(PAN 해시 함수의 취약점에 관한 좀 더 자세한 내용은 다음 절에서 다룬다).

임시 저장소와 로그 파일의 위치

임시 저장소와 로그는 보통 다음과 같은 형태 중 하나로 존재한다.

- 데이터베이스
- 일반 데이터 파일
- 텍스트 파일

많은 POS와 지불 애플리케이션은 임시 정보를 마이크로소프트 SQL 서버나 오라클Oracle, 인터베이스Interbase, 또는 MySQL 같은 상용 데이터베이스 관리 시스템을 사용해 저장한다. 이러한 시스템이 POS 장치나 상점의 서버에 설치된다는 사실은 POS와/나 지불 애플리케이션은 정보 저장소로 대부분 이런 특정 데이터베이스 중 하나를 사용한다는 것을 의미한다.

데이터베이스는 일반적으로 패스워드로 보호하지만, 지불 애플리케이션은 종종 (표 6-2에서 보여주는 것과 같은) 기본 패스워드를 갖거나 평문으로 저장된(코드에 박혀있거나 설정 파일에 있는) 패스워드를 사용하는 잘 알려진 관리자 계정을 그대로 사용한다.[5,6]

표 6-2 데이터베이스의 기본 계정과 패스워드 예

데이터베이스	로그인 계정	패스워드
인터베이스	SYSDBA	masterkey
마이크로소프트 SQL 서버	sa	
오라클	system/manager	sys/change+on_install
MySQL	root	

SQL 서버 데이터베이스의 접속 문자열을 갖고 있는 다음과 같은 PA 설정 파일 조각은 데이터베이스 패스워드를 평문으로 저장하고 있는 예다.

```
Server=localhost;Database=Payments;User Id=sa;Password=ld50fAnkesOTSUMW;
```

언뜻 보기에 패스워드는 암호화돼 있는 것처럼 보이지만, 이것은 평문으로만 작성된 패스워드다.

일반 데이터 파일은 고객이 자체적으로 구현한 데이터베이스 시스템에서 사용될 수도 있다. 이러한 파일에 있는 정보는 일반적으로 텍스트 파일에서 사용되는 아스키코드ASCII(32-126) 대신, 사용 가능한 모든 바이트(0-255)를 사용해 인코딩하면 바이너리 형태로 저장될 수 있다.

POS와 지불 애플리케이션은 보통 로그를 텍스트 파일에 저장하므로 개발자나 기술적으로 가능한 사람이라면 누구나 쉽게 읽을 수 있다. 로그 파일은 일반적으로 .log 또는 .txt와 같은 파일 확장자를 갖는다.

해시로 작성된 PAN

해시 함수의 표준적인 사용 방법은 메시지나 파일을 짧게 요약하는 것이다. 해시 함수는 단방향 암호화라고도 불리는데, 요약된 것으로부터 원래의 메시지를 재구성하는 것이 수학적으로 불가능하기 때문이다. 좀 더 정확하게는 "둘을 서로 뒤집을 수 있는 간단한 방법이 없음을 알고 있다."[7]는 것이다.

해시의 이런 속성은 지불 시스템에서 안전한 암호화 키 없이도 (간단히 말해 대부분의 해시를 구현하기 위해서는 키가 필요 없기 때문에) 신용카드 계정 번호를 '암호화'하기 위해 활용된다. 표 6-3은 PAN 암호화에 활용되는 다른 형태의 해시 함수를 보여준다. 오늘날 MD5는 더 이상 사용되지 않는 반면, SHA-256 알고리즘은 안전한 것으로 여겨진다.

표 6-3 PAN 해시 함수의 예

해시 함수	크기	예
평문 PAN	16	4005554444444403
MD5	32	73bd8d04cc59610c368e4af76e62b3f1
SHA-1	40	f9b5eededb928241974368cbd97c055141813970
SHA-256	64	f85d4630aabe6d0d037ccb0ec0d95429aef6927b1e45a26da62c bd0bc344f6b4

무차별 대입과 레인보우 테이블

신용카드 번호 해시의 문제는 잘 알려진 여섯 자리의 맨 앞 숫자와 마지막 숫자는 검증을 위한 Mod 10 체크섬으로 예약돼 있는, 카드 회사마다 미리 정해진 고정된 길이(15-19, 대부분은 16)와 숫자로만 구성된 '예측할 수 있는' 숫자라는 사실이다. 그것보다 더 중요한 것은 처음 여섯 개와 마지막 네 숫자는 종종 평문으로 노출돼 있다는 점이다. 이것은 PCI와 다른 표준에서도 허용하고 있는 것으로, 실제로는 여섯 숫자(16-6-4)만 추측하면 된다(표 6-4). 이런 요인들로 인해 신용카드 번호를 구하기 위한 무차별 대입 공격brute-force은 상대적으로 간단한 일이 된다.[8]

표 6-4 PCI 규칙에 따라 감춰진 PAN의 예

카드 종류	감춰진 PAN	추측할 숫자의 수
비자	400555******4403	6
마스터카드	557552******7645	6
아멕스카드	379640*****1007	5

무차별 대입 공격 방법으로 PAN을 공격하기 위해서는 계정 번호의 모든 경우의 수(10^{16} 또는 마지막 네 숫자가 알려진 경우 단지 10^{6}개만)를 대입해 해시 함수를 사용해 생성된 결과를 지불 애플리케이션의 로그 파일이나 데이터베이스에서 가져온 '암호화된' (해시) 숫자와 비교하면 된다는 것을 의미한다. 이 과정을 단순화하기 위해 레인보우 테이블Rainbow Table을 사용할 수도 있다.

레인보우 테이블은 미리 만들어 놓은 해시 결과로, 모든 경우의 수를 사용해 해시 함수를 실행시킬 필요 없이 해시로 만들어진 PAN과 동적으로 비교할 때 사용할 수 있다. 주요 카드 회사가 사용하는 접두 번호(0, 7, 8, 9 같은)와 유효하지 않은 Mod 10 검사 번호를 가진 계정 번호는 제외시켜 레인보우 테이블의 크기를 줄이는 것도 가능하다. 표 6-5는 SHA-1 함수로 계산한 주요 카드 회사의 계정 번호에 대한 레인보우 테이블의 일부분을 보여준다. 유효하지 않은 Mod 10 숫자를 가진 번호는 제외됐다는 점을 주의해야 한다.

표 6-5 PAN 레인보우 테이블 예의 일부분

PAN	SHA-1
...	...
4005554444444390	e690e41f949423016e9346df2b4e7d6eb205c3b6
4005554444444400	f9b5eededb928241974368cbd97c055141813970
4005554444444410	96e8bddce2202451c828d57be33c94ae747f3594
...	...

안전하지 않은 암호화 키 저장소

PCI 표준의 가장 강한 면은 저장된 데이터 보호를 위해 좀 더 강력한 것을 요구한다는 점이다. 이러한 요구 사항은 많은 소프트웨어 판매회사와 상점을 통해 구현되고 있으며, 대부분 대칭 암호화 알고리즘을 사용한다. 대칭과 비대칭 암호화 알고리즘에 관한 자세한 사항은 7장에서 찾을 수 있지만, 여기에서는 대칭 암호화 알고리즘은 같은 암호화 키를 암호화와 복호화 모두에 사용할 수 있다는 특징이 있다는 점만 알자. 지불 애플리케이션과 관련해 이것은 POS가 데이터(예를 들면 임시 저장소나 로그 파일에 덤프하기 전에)를 암호화할 수 있다면 애플리케이션이 그렇게 프로그램돼 있지 않다고 할지라도 같은 시스템에서 데이터를 복호화할 수 있는 가능성이 언제나 있다는 것을 의미한다. 이것은 (복호화 키도 될 수 있는) 암호화 키가 컴퓨터 어딘가에 존재하기 때문이다.

키를 숨길 수 있는 방법은 매우 적은데, 하드웨어나 소프트웨어에 저장하는 것이다. 하드웨어를 선택하면 각각의 POS 장치에 하드웨어 암호화 모듈을 사용해야 하므로 매우 비싼 비용이 들기 때문에 범위를 벗어나는 것이고, 소프트웨어를 이용하는 데는 보통 다음과 같은 방법이 있다.

- 하드 드라이브(데이터 파일)
- 레지스트리(물론 윈도우 기반 시스템에 한한다)
- 애플리케이션 코드에 고정(하드 코딩, 애플리케이션 바이너리 파일 내부)
- 위와 같은 방법의 다양한 조합

오늘날의 많은 소프트웨어 판매회사는 강한 암호화 알고리즘을 사용한다는 사실을 고려해볼 때 암호화 키를 찾아내 민감한 데이터를 복호화하는 것은 암호 해독과 같은 다른 방법과 비교하면 공격자에게 가장 쉽고 그럴 듯한 시나리오다.

그렇다면 암호화와 복호화 키가 다르고 암호화 키를 데이터 복호화에 사용할 수 없는 비대칭 알고리즘을 개발자가 사용하지 않는 이유는 무엇일까? 간단히 말해 지불 애플리케이션은 일반적으로 저장된 정보도 읽을 필요가 있기 때문이다. 즉, 임시 S&F나 TOR 기록과 같은 경우 저장소에서 읽은 정보를 복호화할 수 있어야 한다는 것을 의미한다.

DEK와 KEK

단순한 암호화 구현에서 데이터는 파일이나 레지스트리, 또는 애플리케이션 코드에 박힌 평문으로 된 암호화 키를 사용해 암호화된다. 좀 더 복잡한 애플리케이션에서는 데이터 암호화 키(DEK, Data Encryption Key)를 사용해 데이터를 암호화하고, 키 암호화 키(KEK, Key Encryption Key)를 사용해 보호한다. 이런 경우 DEK는 여전히 앞에서 나열한 '비밀스런' 위치 어딘가에 저장돼 있지만, KEK로 암호화 돼 있다(그림 6-1). 이런 접근 방법의 문제는 분명히 단 하나의 키를 사용하는 암호화보다는 좀 더 안전하긴 하지만 KEK도 여전히 어딘가에 숨겨져 있어야 하고, 숨길 장소는 DEK와 마찬가지로 하드 코딩이나 파일 아니면 레지스트리 중에서 선택한다는 점이다(보통 KEK는 거의 변경되지 않기 때문에 하드 코딩한다). 따라서 키를 찾아 암호문을 복호화하는 공격자의 작업은 보통 똑같다. 단순히 시간과 노력을 좀 더 들여 KEK를 먼저 찾고 난 후 암호화된 DEK를 찾아 복호화하고, 마지막으로 복호화된 DEK를 사용해 암호문을 복호화하면 된다.

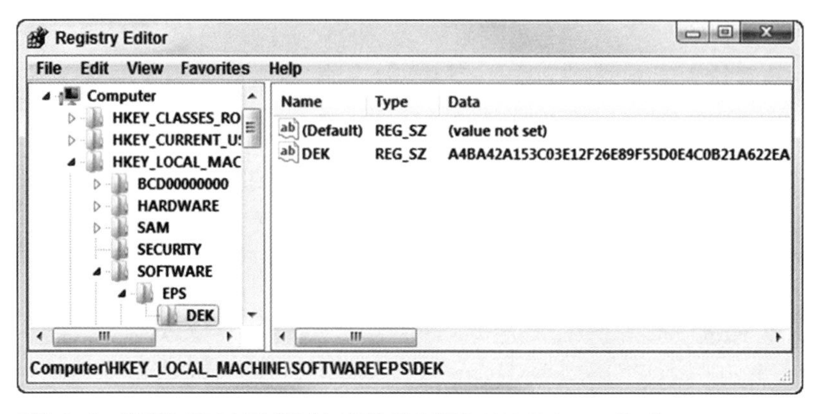

그림 6-1 윈도우 레지스트리에 '숨겨진' 암호화된 AES 256 DEK의 예

키 순환

키 순환은 적어도 다음과 같은 두 문제를 해결할 수 있게 고안된 보안 메커니즘이다.

1. **암호 해독 방지** 같은 암호화 키를 사용해 생성한 대량의 암호문(암호화의 결과)에 공격자가 접근할 때 일부 경우에 키가 무엇인지 추측하는 것이 가능하다. 암호화 키가 자주 변경(순환)될 때 이런 작업은 매우 어려워지거나 불가능할 수도 있다.
2. **단일 암호화 키가 공격자에게 넘어가더라도 유출되는 데이터의 양을 최소화함** 키가 자주 순환되면 많은 양의 신용카드 기록을 훔치기 위해 공격자는 반드시 일정한 기준으로 만들어지는 키를 찾아내는 방법을 알아내야만 한다.

키 순환의 문제는 구현이 쉬운 작업이 아니라는 점이고, 특히 정확하게 구현하는 것은 더욱 어렵다. PCI 표준에는 자동 키 순환 기능의 구현에 관한 기술 요구 사항이나 추천하는 소프트웨어 공급업체도 명시돼 있지 않다. 키 순환에 관한 유일한 요구 사항은 최소한의 기본 기능을 제공하는 것이므로, 많은 프로그램 판매회사는 수동으로 어떻게 키를 변경하는가에 대한 방법만

상점에 제공한다.[9]

자연스럽게 이러한 상점은 수천 또는 수백의 POS 장치에 상당한 영업 중단 없이 이러한 수동 절차를 수행하는 것이 불가능하기 때문에 결코 키 순환을 하지 않는다.

어떤 경우에든 키 순환은 훌륭한 억제 수단이 된다. 하지만 대칭 암호화 키는 자주 순환된다고 할지라도 여전히 장치 어딘가에 존재해야만 하고, 공격자가 찾아낼 수 있기 때문에 근본적인 데이터 보호 수단이 되지 못한다.

기본 키

기본 암호화 키를 사용하는 것의 문제는 키 순환과 다소 관련이 있다. 많은 상점은 지불 애플리케이션 판매회사로부터 지불 소프트웨어를 받아 상자를 벗긴 상태 그대로 기본 설정을 사용해 설치한다. 프로그램 판매회사가 자동으로 키를 생성하고 순환하는 메커니즘을 설계하지 않는다면 그들의 모든 고객의 POS 장치는 똑같은 기본 암호화 키를 사용할 가능성이 있다.

키 구하기

공격자는 키를 찾기 위해 먼저 키가 어디에 어떻게 저장돼 있는지 알아야만 한다. 이러한 정보는 내부자 또는 리버스 엔지니어링의 도움을 통해 확보할 수 있다.

내부자는 지불 소프트웨어 판매회사나 통합 작업자 또는 상점에서 일했거나 일하는 사람을 지칭한다. 그들은 프로그램의 설계에 익숙하고 코드나 문서에 접근했던 적이 있다. 이러한 현재 또는 이전 직원은 권한과 지식을 그들의 금융적인 목적 달성이나 어떤 종류의 복수를 위해 남용할 수 있다. 시스템에 관련된 그들의 지식을 사용해 스스로 키를 찾아내는 악성코드를 만들거나 해커에게 관련 정보를 팔 수도 있다.

역어셈블Disassembling이라고도 불리는 리버스 엔지니어링Reverse Engineering은 '코드를 해독'하는 과정이다. 지불 애플리케이션 작성에 사용되는 대부분의 프로그래밍 언어는 컴파일러가 아니면 인터프리터다. 많은 경우 코드 빌드 과정의 마지막 과정으로 몇 가지 종류의 바이너리 파일을 생성한다. 컴파일러가 기계어 실행 코드(예를 들어 C/C++ 또는 델파이)를 만든다면 소스코드source code라고 불리는 원래의 형태로 되돌리기 위한 역어셈블 과정은 아주 어렵게 된다. 중간 코드를 생성하는 현대적인 언어(자바나 C# 같은)를 사용하면 바이너리 코드가 난독화돼 있지 않다면 원래의 코드를 이해하는 것이 그리 어렵지 않다. 어떤 경우에든 다소 시간이 걸리더라도 키를 탐색하고자 코드를 되돌리는 것은 불가능한 작업이 아니다.

[상호 참조] 코드 난독화에 관해서는 9장에서 좀 더 자세히 확인할 수 있다.

마지막으로, 프로그램이 데이터를 암호화하고 복호화하기 위해서는 DEK를 복호화해야만 한다는 점을 잊어서는 안 된다. 대부분의 지불 애플리케이션은 소프트웨어 암호화를 사용하는데, 모든 암호화는 애플리케이션 메모리 안에서 이뤄지므로 암호화되지 않은 DEK는 메모리에 존재해야만 하고, POS 장치에 설치된 악성 메모리 검색 프로그램에 의해 읽혀질 수 있다.

일단 애플리케이션의 동작 방식이 학습되면 악성코드가 만들어지는 것은 프로그래머의 능력과 시간의 문제가 된다. 악성코드는 키를 검색해 지불 애플리케이션에 저장된 카드 소유자의 정보를 해독해 수집한 뒤 인터넷이나 무선 인터넷 또는 블루투스를 통해 공격자에게 보내게 된다.

디스크스크래퍼 도구

PAN과 트랙 정보 저장소를 암호화하는 것이 가장 강력하고 가장 유명한 PCI 요구 사항이긴 하지만, 누군가가 정보를 삭제하는 것을 잊거나 POS 소프트웨어의 버그 때문에라도 여전히 많은 기록이 암호화되지 않은 채 외부에 놓일 가능성이 있다. 민감한 정보를 하드 드라이브에서 찾아내는 유료 또는 오픈소스로 사용 가능한 여러 도구가 있다. 이러한 도구를 실행하면 PA-DSS 검증된 애플리케이션이 실행 중인 PCI DSS를 준수하는 장치에서 지워졌어야만 하는 트랙 정보와 계정 번호가 여전히 존재한다는 사실에 놀랄 수도 있다. 디스크스크래퍼DiskScraper는 견본 닷넷 도구로, 민감한 정보를 갖고 있을 것으로 생각되는 파일(.log, .txt, .dat 같은)을 검색하고, 지불 카드의 PAN과 트랙 1, 2를 찾는다(그림 6-2). 이것은 5장에서 설명한 메모리스크래퍼와 넷스크래퍼에서도 구현된 것과 같은 검색 기술인 정규 표현식을 사용한다. 선호하는 POS 소프트웨어가 설치된 컴퓨터에서 실행 파일(DiskScraper.exe, 소스코드와 함께 www.wiley.com/go/hackingpos에서 다운로드 할 수 있다)을 실행하면 검색 결과는 로그 파일에 표시될 것이다(그림 6-3). 그리고 다시 한 번 말하지만 프로그래머가 아니고 자세한 코드 내용이 궁금하지 않다면 다음 절로 넘어가기 바란다.

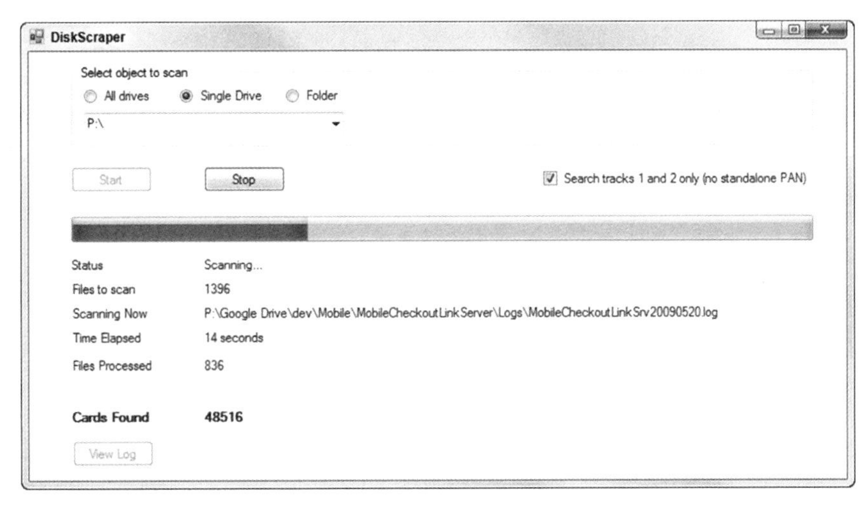

그림 6-2 디스크스크래퍼 도구

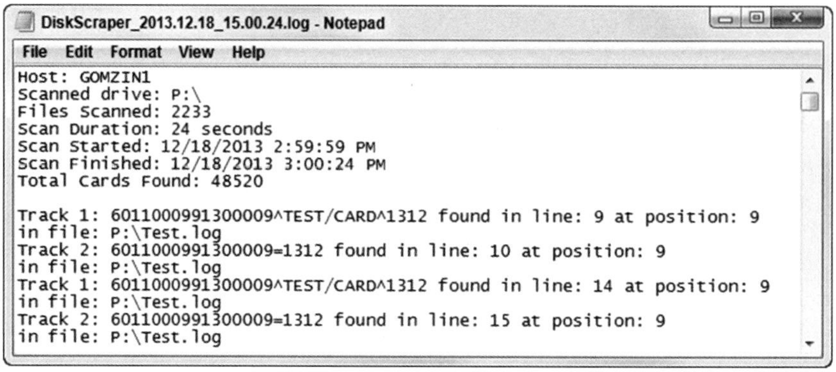

DiskScraper_2013.12.18_15.00.24.log - Notepad

File Edit Format View Help

```
Host: GOMZIN1
Scanned drive: P:\
Files Scanned: 2233
Scan Duration: 24 seconds
Scan Started: 12/18/2013 2:59:59 PM
Scan Finished: 12/18/2013 3:00:24 PM
Total Cards Found: 48520

Track 1: 6011000991300009^TEST/CARD^1312 found in line: 9 at position: 9
in file: P:\Test.log
Track 2: 6011000991300009=1312 found in line: 10 at position: 9
in file: P:\Test.log
Track 1: 6011000991300009^TEST/CARD^1312 found in line: 14 at position: 9
in file: P:\Test.log
Track 2: 6011000991300009=1312 found in line: 15 at position: 9
in file: P:\Test.log
```

그림 6-3 디스크스크래퍼 검색 결과

재귀 검색

디스크스크래퍼를 단일 드라이브나 전체 드라이브에서 모든 파일을 검색하게 설정하면 트리(이 경우에는 폴더 트리)를 검색하는 아주 우아하고 간단한 재귀법을 사용한다.

재귀 함수는 루트 폴더에서 시작해 폴더 트리의 '바닥' 가지를 만날 때까지 자기 자신을 호출한다.

```
bool RecursiveScan(DirectoryInfo Directory, bool CountOnly)
{
   ...
   IEnumerable<DirectoryInfo> dirs =
       Directory.EnumerateDirectories();
   foreach (DirectoryInfo dir in dirs)
   {
     if (!RecursiveScan(dir, CountOnly))
       return false;
   }
   ...
   return true;
}
```

그런 다음, 폴더에 있는 모든 파일을 검색하고 '자동으로' 다음 가지로 이동한다.

```
IEnumerable<FileInfo> files = Directory.EnumerateFiles();
foreach (FileInfo file in files)
   if (!ProcessFile(file, CountOnly))
     return false;
```

결과적으로 모든 폴더를 거치고 모든 파일을 검색한다.

텍스트 파일과 바이너리 파일

파일의 형태에는 크게 텍스트와 바이너리가 있다. 텍스트 파일은 아스키와 유니코드 문자 행으로 구성된다. 텍스트 행은 캐리지 리턴Carriage Return 문자(0x0D)와 개행 문자(0x0A) 아스키코드로 구분된다. 바이너리 파일은 임의의 값을 갖는 바이트의 배열이다. 파일 형태에 따라 파일을 열어 내용을 반복해 읽는 방법이 서로 다르다.

텍스트 파일은 닷넷의 StreamReader(TextFileSearch 클래스)를 사용해 읽을 수 있다.

```
StreamReader sr = new StreamReader(fName);
```

그런 다음 한 줄 한 줄 읽는 것은 간단하다.

```
while (sr.Peek() >= 0)
{
   input = sr.ReadLine();
   LineNumber++;
   searchLine.Search(input, LineNumber.ToString(), fName, ref res);
}
```

바이너리 파일은 닷넷의 FileStream과 BinaryReader(BinaryFileSearch 클래스)로만 열 수 있다.

```
using (FileStream fs = new FileStream(
     fName, FileMode.Open, FileAccess.Read, FileShare.ReadWrite))
{
   using (BinaryReader br = new BinaryReader(fs,
        new ASCIIEncoding()))
   {
     ...
   }
}
```

바이너리 파일은 단일 블록으로 읽기에는 너무 클 수 있으므로 청크Chunk 단위로 읽어야만 한다. 데이터 블록(청크)의 크기는 기본적으로 4,096(4KB)이지만, 원하는 성능에 따라 어떤 크기든 될 수 있다.

```
chunk = br.ReadBytes(CHUNK_SIZE);
while (chunk.Length > 0)
{
   string ASCIItext = Encoding.ASCII.GetString(chunk);
   string Unicodetext = Encoding.Unicode.GetString(chunk);
   searchLine.Search(ASCIItext, position.ToString(), fName, ref res);
   searchLine.Search(Unicodetext, position.ToString(), fName, ref res);
   chunk = br.ReadBytes(CHUNK_SIZE);
   position += CHUNK_SIZE;
}
```

디스크스크래퍼는 카드 계정 번호와 트랙을 찾기 위해 메모리스크래퍼와 네트워크스크래퍼에서 사용하는 같은 코드(HackingPOS.Scrapers.Common에 있는)를 사용한다.

전송되는 데이터: PCI가 보호하는 것

통신 보호와 관련된 요구 사항 중에서 PCI 표준은 '공공에 열린' 네트워크와 그 외의 네트워크를 구분한다.

> 공공의 열린 네트워크를 통한 카드 소유자 정보의 암호화 전달[10]

이러한 구분이 갖는 문제점은 상점 내부 LAN과 기업 WAN, 그리고 상점과 처리자 사이의 프레임 릴레이를 포함하는 비'열린 공공' 네트워크도 지불 애플리케이션에서 아주 중요한 역할을 한다는 점이다. 더욱이 지불 애플리케이션은 대부분 민감한 정보 전송을 위해 이런 유형의 네트워크를 사용한다(표 6-6).

표 6-6 네트워크 보호 요구 사항

네트워크 형태	PCI의 암호화 요구 여부	민감한 정보 전송에 사용되는 구간
인터넷	요구함	POS와 지불 관문/처리자 사이
무선	요구함	POS와 상점 사이 POS와 지불 관문/처리자 사이 서버
LAN	요구하지 않음	POS와 상점 서버 사이 POS와 지불 관문/처리자 사이 지불 프로그램 모듈 사이
WAN	요구하지 않음	POS와 지불 관문/처리자 사이 상점 서버와 기업 본점 사이

표에서 보여주는 것만 봐도 PCI DSS 요구 사항을 간단히 분석해보면 대부분의 'PCI를 준수하는' 지불 애플리케이션은 5장에서 설명한 기본적인 네트워크 스니핑 공격에도 취약할 수밖에 없다. 하지만 심지어 PCI로 보호되는 '열린 공공' 네트워크도 약간 더 복잡한 공격에 여전히 취약하다.

SSL 취약점

보안 소켓 계층SSL, Secure Socket Layer은 매우 유명하고 전송되는 데이터를 보호하기 위해 잘 정립된 프로토콜로, 지불 애플리케이션에 적용되는 것도 예외는 아니다. 하지만 SSL도 깨질 수 있고, 유출될 수 있다. 특히 적절하게 설정되지 않으면 더욱 그렇다.[11]

[상호 참조] SSL 구현에 관한 자세한 내용은 8장에서 찾을 수 있다.

구식 버전의 SSL/TLS

SSL은 1995년 넷스케이프NetScape 사에서 처음 고안된 이래로 몇 번의 수정을 거쳤다.[12] SSL의 마지막 버전은 3.0이고, 그 다음부터는 전송 계층 보안TLS, Transport Layer Security 프로토콜이라는 이름으로 이어져 오고 있다. 지불 애플리케이션이 TLS의 마지막 가장 상위 버전(이 책이 출판된 시점에서는 1.2)을 사용하고 있지 않다면 SSL와 TLS의 각 버전은 보안 패치를 갖고 있기 때문에 대부분 공격에 취약할 것이다.[13]

약한 암호화 방식

SSL의 기능 중 하나는 클라이언트와 서버 간 암호화 형태와 수준을 협상할 수 있는 것이다. 이 기능은 서로 다른 형태의 클라이언트와 서버가 서로 통신할 수 있는 이점이 있는 반면, 한편으로는 공격자가 암호화 수준을 낮추고 안전한 통신인 것처럼 변조할 수 있게 된다.[14]

중간자 공격

중간자 공격MITM, Man-in-the-Middle은 가장 유명한 공격 방법 중 하나로, 공격자가 의심을 받지 않는 클라이언트와 서버 사이의 네트워크 트래픽에서 티가 나지 않게 민감한 지불 카드 정보를 훔쳐낼 수 있다. 클라이언트 설정을 조작해 다른 호스트 주소와 주소에 유효한 서버 인증서를 통해 가짜 서버와 통신하게 할 수 있다. 클라이언트가 호스트 URL과 서버 인증서의 발급자를 검증하지 않는다면 클라이언트는 가짜 서버를 정상적인 서버라고 생각하고 통신하게 된다.

중간자 공격이 가능한 다른 시나리오는 가짜 프록시(클라이언트와 서버 사이에서 요청과 응답을 전송하는 중간자)를 삽입해 정상적인 클라이언트와 서버 사이의 네트워크 트래픽을 그림 6-4에서 보여주는 것과 같이 가짜 서버 인증서를 사용해서 가로채는 것이다. 가짜 프록시는 정상적인 서버와 통신을 맺고 정상적인 클라이언트로 행세한다. 이것은 다음과 같은 여러 조건에서 가능하다.

1. 공격자는 원래의 서버 인증서를 발급한 공공 또는 사설 인증기관에 대한 접근을 관리하고 정상적인 발급자를 대신해서 가짜 인증서를 발행한다.[15] 일부 상점과 처리자는 사내에 구축한 사설 인증기관이 발급해 적절한 보안 통제가 부족한 '자체' 인증서를 사용할 수도 있다.
2. 공격자는 자신의 서버 인증서를 정상적인 인증서 같이 클라이언트의 인증서 저장소에 '심는다'. 클라이언트는 그 서버 인증서가 유효하다고 생각하고 가짜 프록시와 통신이 가능하게 한다.[16]

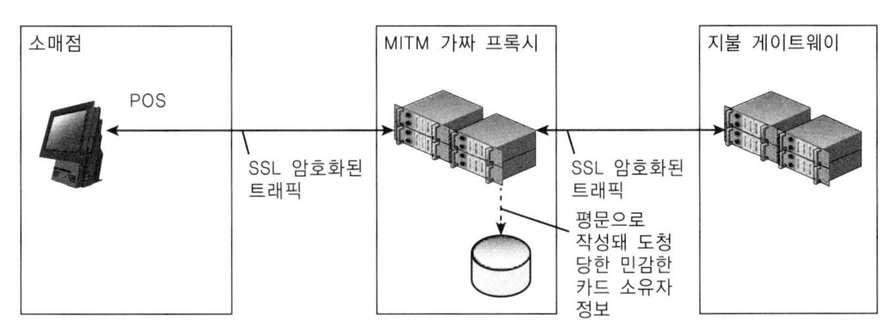

그림 6-4 중간자 공격

정리

PCI 보안 표준은 제한적이고 상대적으로 작은 지불 애플리케이션 영역을 보호하며, 대부분 저장된 데이터 보호에 집중돼 있다. 저장된 정보에는 S&F의 임시 저장소와 하드 드라이브에 있는 TOR과 로그 파일, 그리고 여타의 것이 포함된다. 하드 드라이브에 저장된 모든 민감한 정보는 PCI 요구 사항에 의하면 반드시 암호화돼야 하지만, 지불 애플리케이션은 단순한 공격에도 취약한 약한 키 관리 시스템이 구현된 소프트웨어적인 암호화를 사용한다. 암호화 키는 애플리케이션 코드 '내부'(하드 코딩)와 윈도우 레지스트리, 또는 데이터 파일에 '숨겨진다'. 하지만 쉽게 탐색 가능하고 민감한 카드 소유자 정보를 복호화하는 데 사용된다.

PCI는 또한 전송되는 민감한 데이터를 매우 제한된 양만 보호한다. 전송되는 데이터는 무선 LAN이나 인터넷과 같은 '열린 공공 네트워크'를 통해 전송되는 데이터만을 뜻한다. PCI를 준수하는 지불 애플리케이션은 상점 LAN이나 기업 WAN, 또는 지불 처리자와 연결된 프레임 릴레이에서 돌아다니는 데이터 트래픽에 대한 암호화는 하지 않아도 된다. 무선 네트워크와 인터넷에서 트래픽이 암호화돼 있다고 할지라도 SSL과 같은 암호화 프로토콜의 취약점을 공격해 네트워크 통신을 도청해 민감한 카드 소유자 정보를 훔쳐낼 수 있다.

참고 자료

1. 조나선 스위프트Jonathan Swift, "마음의 능력에 관한 중요한 논문(A Critical Essay upon the Faculties of the Mind)", 조나선 스위프트 목사, 성 패트릭St. Patrick 주임 사제가 역사적이고 중요한 참고 자료를 이용해 더블린에서 작성한 작품 제 2권, 토마스 셰리단Thomas Sheridan(A.M.)이 정리(1808년 런던), 460 쪽.

2. PCI DSS 요구 사항과 보안 평가 절차 버전 2.0, PCI SSC(2010년 10월), 요구 사항 3.2, 3.2.1, p. 29, https://www.pcisecuritystandards.org/documents/pci_dss_v2.pdf

3. PCI PA-DSS 요구 사항과 보안 평가 절차 버전 2.0, PCI SSC(2010년 10월), 요구 사항 1.1, 1.1.1, pp. 17-18, https://www.pcisecuritystandards.org/documents/pa-dss_v2.pdf

4. 브루스 슈나이어Bruce Schneier, 『인가된 암호화, 개정판: 프로토콜과 알고리즘, 그리고 C로 작성된 소스코드』(Hoboken, NJ: Wiley, 1996), p. 13.

5. 기본 패스워드, CIRT.net, http://www.cirt.net/passwords

6. 기본 패스워드 데이터베이스, Virus.org, http://www.virus.org/default_passwds

7. 브루스 슈나이어Bruce Schneier, 『인가된 암호화, 개정판: 프로토콜과 알고리즘, 그리고 C로 작성된 소스코드』(Hoboken, NJ: Wiley 1996), p. 35.

8. "신용카드 번호 해시: 안전하지 않은 프로그램 사례"(2007년), http://www.integrigy.com/files/Integrigy_Hashing_Credit_Card_Numbers_Unsafe_Practices.pdf

9. "PCI PA-DSS 요구 사항과 보안 평가 절차 버전 2.0, PCI SSC"(2010년 10월). 요구 사항 2.3, pp. 24-26, https://www.pcisecuritystandards.org/documents/pa-dss_v2.pdf

10. "PCI DSS 요구 사항과 보안 평가 절차 버전 2.0, PCI SSC"(2010년 10월), 요구 사항 4, 35쪽, https://www.pcisecuritystandards.org/documents/pci_dss_v2.pdf

11. 데이비드 와그너David Wagner와 브루스 슈나이어Bruce Schneier, "SSL 3.0 프로토콜 분석", https://www.schneier.com/paper-ssl.pdf

12. "SSL 프로토콜, 넷스케이프"(1996년), http://web.archive.org/web/19970614020952/, http://home.netscape.com/newsref/std/SSL.html

13. TLS/SSL 강화와 호환성 보고서 2011년, G-Sec, http://www.g-sec.lu/sslharden/SSL_comp_report2011.pdf

14. 약한 암호화 방식: 약한 암호화 방식 시험하기, Sslyze(2012년 3월), https://code.google.com/p/sslyze/wiki/WeakCipherSuites

15. "코모도 사기 사건, 코모도"(2011년 3월), http://www.comodo.com/Comodo-Fraud- Incident-2011-03-23.html

16. 스티븐 J 보간-니콜라스Steven J. Vaughan-Nichols, "NSA와 상사는 어떻게 SSL을 가로채어 풀어낼까" ZDNet(2003년 6월), http://www.zdnet.com/ how-the-nsa-and-your-boss-can-intercept-and-break-ssl-7000016573/

3부

방어

장군이란 확률이 대부분 절반인 기회를 가진 평범한 사람이다.
하지만 성공적으로 3번을 잇따라 이기면 그는 위대한 장군으로 간주된다.
– 엔리코 페르미

3부에서 다루는 내용

7
지불 애플리케이션 암호화

모든 문제는 결국 과학의 문제다.
– 조지 버나드 쇼

정보를 보호해야 하는 곳에는 언제나 암호화의 필요성이 숨어있다. 그저 단순한 암호화가 아니라 적절한 응용이 필요하다. POS 애플리케이션의 경우 전체 지불 처리 과정 동안 정보를 캐내려고 하는 눈으로부터 반드시 숨겨져야 하는 민감한 카드 소유자의 정보가 존재한다. 암호화에 관해 너무나도 잘 써진 책이 이미 많다.[1] 7장의 목적은 수학이나 알고리즘 구현에 관한 또 다른 설명이 아니라 특정한 방법과 구현을 통해 지불 애플리케이션 보안에 적용되는 암호화에 관한 것이다. 사용할 수 있는 보호 메커니즘을 이해하기 위해서는 특정 상황에서 암호화가 적절한지, 정확히 구현이 됐는지에 상관없이 여전히 약간의 이론적 지식이 필요하다.

빙산의 일각

현대의 지불 애플리케이션은 많은 경우에 이미 암호화를 사용한다. 하지만 항상 가장 안전한 방법으로 사용되고 있지는 않다. 많은 개발자가 '내부적으로' 증명되지 않은 새로운 코드를 작성하기보다는 이미 구현된 잘 알려진 암호화 알고리즘을 사용하는 것에 익숙해져 있다. 문제는 암호화라는 것은 단 하나의 알고리즘을 구현하는 라이브러리로 한정되는 것이 아니라, 단지 빙산의 일각이라는 것이다. 키 관리의 전체적인 문제로 모든 형태의 암호화를 둘러싸고 있으며, 지불 애플리케이션을 설계할 때 적절한 주의가 요구된다. 대칭 키나 공개(개인) 키 인증서를 코드에 넣고 잊어버리는 것은 좋은 접근 방법이 아니다. 반드시 다음과 같은 여러 질문에 답해야 한다. 이러한 키를 어떻게 보호할 것인가? 어떻게 순환시킬 것인가? 새로운 키를 어떻게 생성하고 배포할 것인가? (그리고 오래된 것은 없애 버릴 것인가?) 기존 키가 손상되고 유효기간이 만료됐다면?

지불 애플리케이션의 보호 수준을 평가하는 동안 감사자나 호기심이 많은 사용자는 종종 "어떤 종류의 암호화 방법을 사용하나요?"라고 질문한다. 여기에 그런 질문에 대한 일반적인 답의 예가 있다. 바로 'AES'를 사용하고 좀 더 높은 기밀성을 제공해야 한다면 아마도 'AES 256'라고 답할 수 있다. 두 답은 확실히 사용되는 암호화 방법에 대한 몇 가지 정보를 제공하지만, 여전히 다음과 같은 많은 질문을 남긴다. 알고리즘의 구현은 무엇으로 하는가? 키 관리 정책은 무엇인가? 키는 어떻게 생성되고 보호되는가? 키의 순환과 삭제는 어떻게 되는가? 키 컴포넌트나 키에 접근한 사람은 누군가? 그 사람들이나 프로그램, 또는 조직이 믿을 만한가? 실제 그림을 완전히 이해하기 위해 반드시 대답을 해야 하는 많은 질문이 명백히 존재한다.

대칭, 비대칭, 또는 단방향?

지불 애플리케이션 개발자가 내세우는 전체적인 암호화 시스템의 첫 번째 (그리고 많은 경우 유일한) 특징은 보통 알고리즘의 이름이다. 이름은 사실상 구현된 암호화와 키 관리에 관해 많은 것을 말해주진 않지만, 적어도 시스템의 잠재적인 약점과 기본적인 행동을 확인시켜준다.

암호화 기능은 크게 대칭과 비대칭, 그리고 단방향이라는 세 가지 그룹으로 나뉜다(표 7-1 참조). 각각의 그룹은 다른 수학적 개념에 근거하며, 의도된 서로 다른 작업을 목적으로 한다. 암호화 방식을 선택할 때 반드시 고려해야 하는 또 다른 중요한 차이점은, 암호화와 복호화 키의 관계다. 간단히 말해서 대칭 키는 암호화와 복호화에 사용되는 키가 같고, 비대칭 알고리즘은 암호화와 복호화에 다른 키를 사용한다. 그리고 단방향 암호화 해시 함수는 키를 전혀 사용하지 않는다(예외가 있기는 하지만). 키 관리에 있어서 이러한 다양성은 주로 실제로 적용되는 응용 영역을 나타낸다.

표 7-1 대칭과 비대칭, 그리고 단방향 암호화 사이의 차이점 요약

	대칭	비대칭	단방향 해시
키	암호화와 복호화에 같은 키를 사용	두 개의 다른 키를 사용, 하나는 암호화, 다른 하나는 복호화에 사용	키 없음
복호화	암호문은 암호화에 사용된 키를 이용해 복호화될 수 있다.	암호문을 복호화 하기 위해서는 다른 키가 필요하다.	단방향 해시로 만들어진 데이터는 원래 데이터로 되돌릴(복호화) 수 없다
성능	높음	낮음	높음

(이어짐)

	대칭	비대칭	단방향 해시
데이터 암호화 사용 예	❖ 임시 데이터 저장소(S&F) ❖ 카드 결제 기록 ❖ 장기 처리 기록 ❖ 통신 데이터 암호화 ❖ 소프트웨어 P2PE	❖ 소프트웨어 P2PE	❖ 패스워드 암호화 ❖ 토큰화
일부분으로 사용되는 암호 체계	❖ 하드웨어 P2PE ❖ SSL	❖ 전사 서명 ❖ 코드 서명 ❖ 클라이언트 인증 ❖ SSL	❖ 전자 서명 ❖ 코드 서명 ❖ SSL
알고리즘 예	AES, TDES	RSA	SHA
허용 키/다이제스트* 길이(비트)	AES: 128 TDES: 112(두 배 길이 키)	RSA: 1024	SHA: 160
권고하는 키/다이제스트 길이(비트)	AES: 256 TDES: 168(세 배 길이 키)	RSA: 2048	SHA: 256

* 다이제스트: 암호화 방식에서 사용하는 해시 함수가 입력된 데이터를 기초로 만들어내는 고정된 길이의 고유한 ID – 옮긴이

표 7-1에서 보여주는 것과 같이 대칭 암호화가 지불 애플리케이션의 데이터 암호화에 가장 쓸모 있는 암호화 방식이다. 하지만 일반적으로 모든 형태의 암호화가 어느 정도는 POS 시스템에 사용된다.

길이가 중요할까?

7장을 시작하면서 언급한 것과 같이 암호화에 관한 질문의 표준적인 대답은 'AES' 같은 암호화 알고리즘의 이름이다. 운이 좋다면 'AES-256'과 같이 3~4개의 숫자로 된 접미사 형태의 추가적인 정보도 얻을 수 있다. 이 숫자는 키 길이로, 비트다. 일부 알고리즘에는 이름과 직결된 '고정된' 길이의 키가

있다. 예를 들면 삼중Triple DES는 일반적으로 길이가 112비트인 키를 의미한다. '일반적'이라고 하는 이유는, 삼중 DES에는 2TDEA와 3TDEA 같은 다른 형태가 있기 때문이다. 2TDEA는 '두 배 길이의 키를 갖는 삼중 DES'라는 뜻으로, 키 길이가 112비트(원래 DES의 키 길이는 56이므로, 두 배 길이는 2×56=112가 된다)를 의미한다. 3TDEA는 '세 배 길이의 키를 갖는 삼중 DES'라는 뜻으로, 키 길이가 3×56=168비트라는 의미다. 모든 암호화 알고리즘의 일반적인 규칙은 "클수록 더 좋다"다. 암호화 알고리즘을 공격하는 가장 간단한 방법은 가능한 모든 비트 조합을 키 형태로 만들어 올바른 키를 찾을 때까지 대입시키는 무차별 대입 공격이기 때문이다. 현대의 정보 처리 기능을 사용하면 수십 비트 길이의 무차별 대입 공격이 가능하다. 예를 들어 56비트 키를 갖는 DES(2^{56}개의 조합이 가능)는 하루도 걸리지 않고 깰 수 있다.[2] 하지만 키에 비트를 추가하면 필요한 시간이 기하급수적으로 증가한다(그림 7-1 참조). 이것이 112비트 키(2^{211})를 갖는 2TDEA가 여전히 안전한 이유다(하지만 컴퓨터의 능력은 2년마다 두 배로 증가한다는 무어Moor의 법칙[3]에 따르면 2TDEA도 그리 오래 걸리지 않아 깨질 수 있다).

비대칭 알고리즘은 대칭 키 암호화 알고리즘에 비해 키 크기에 관해서는 보안적으로 규모가 다르다. 예를 들어 1,024비트 RSA 키는 80비트의 대칭 키와 같다.[4]

단방향 해시 함수는 대부분의 경우 키가 없다. 따라서 해시 함수가 만들어내는 다이제스트의 길이에 따라 강도가 결정된다. 예를 들어 오늘날 가장 좋은 방법으로 알려진 SHA-256은 256비트의 다이제스트를 만들어낸다.

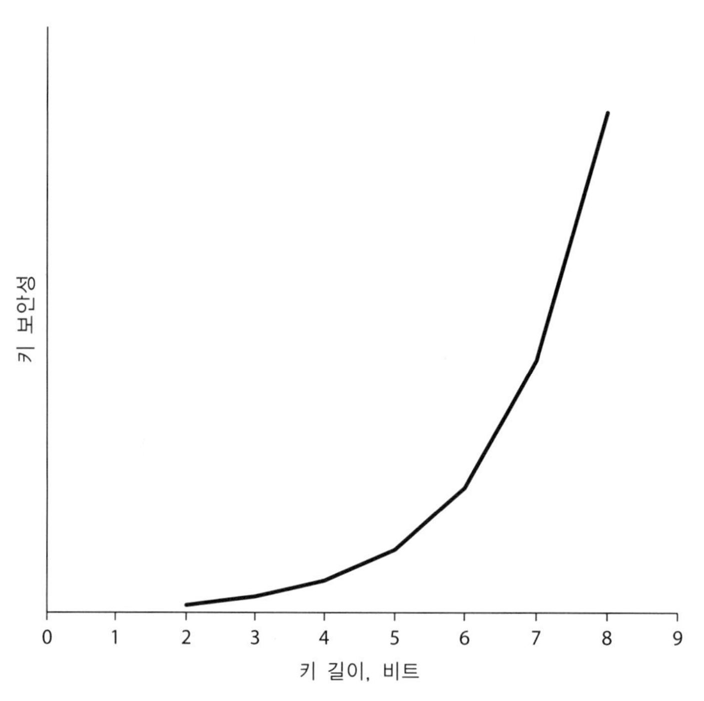

그림 7-1 추가적인 키를 더함에 따라 기하급수적으로 증가하는 암호화 알고리즘의 보안성

키 엔트로피

수학을 빼고 간단히 말하자면 엔트로피는 키 값의 예상 가능성을 의미한다. 새로운 키나 키 컴포넌트를 생성할 때 무작위 결과를 만들어내는 함수를 사용하는 것이 중요하다. 대부분의 암호화 라이브러리는 초기 엔트로피로서 사용자 입력이나 시스템 시계와 같은 자연적인 사건을 기반으로 하는 무작위 값 생성기를 제공한다. 예를 들어 닷넷의 `System.Security.Cryptography`는 키 컴포넌트나 키, 또는 초기화 벡터(다음 '대칭 암호화' 절에서 좀 더 자세히 설명한다)에 필요한 무작위 수 생성에 사용할 수 있는 `RandomNumberGenerator` 클래스를 제공한다.

키 늘임

키 늘임 기술을 사용해 길이와 엔트로피를 증가시킬 수 있다. 그리고 결과적으로 암호와 암호 구문 같은 보통의 사용자 입력을 통해 유도된 암호화 키의 보안성도 향상된다.[5] 사용자가 만든 암호와 암호 구문의 문제는 사전이나 무차별 대입 공격을 사용해 상대적으로 쉽게 추측이 가능하다는 점이다. 이 문제를 해결하기 위해 키 늘임 알고리즘은 입력된 데이터를 여러 번 변환하는 과정(해시 함수와 같은)을 수행해 최종적으로 적당한 길이와 보안 수준을 갖는 암호화 키를 생성한다. 닷넷의 `System.Security.Cryptography`에 있는 `Rfc2898DeriveBytes` 클래스는 PKCS #5 표준에서 정의하고 있는 원칙에 따라 키 늘임을 구현하는 예 중 하나다.[6] `Rfc2898DeriveBytes`는 다음 절에서 설명하는 `EncryptionDemo` 애플리케이션에서 키를 생성하기 위해 사용됐다.

대칭 암호화

'대칭'이라고 이름 지어진 것은 암호화와 복호화에 같은 키를 사용하기 때문이다(그림 7-2).

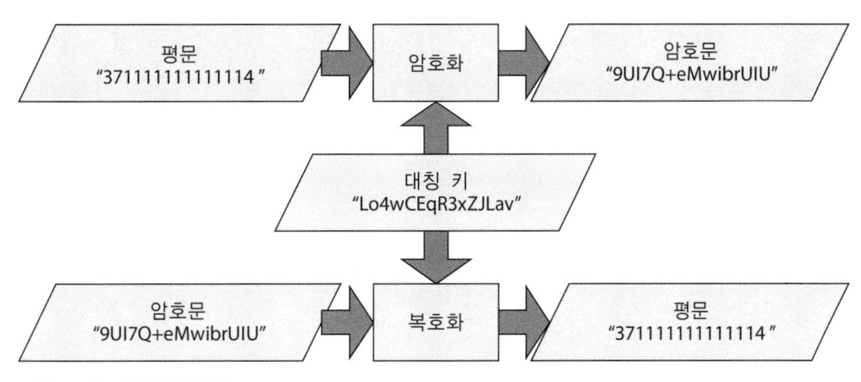

그림 7-2 대칭 암호화

이 기능은 동시에 좋기도 하고 나쁘기도 하다. 이것은 키 관리를 단순화한다. 양쪽(예를 들어 POS 애플리케이션과 지불 게이트웨이 서버)은 같은 키를 공유해 한쪽에서는 메시지를 암호화하고 다른 쪽에서는 복호화한다. 하지만 한편으로는 한쪽이 공격을 받아 공격자가 키를 획보하면 양쪽에 저장된 정보를 복호화할 수 있다. 그러므로 대칭 암호화를 사용하기에 안전한 특별한 경우는 다음과 같다.

1. **암호화하는 쪽과 복호화하는 쪽 모두 같은 장치에 위치할 경우** 이 경우 프로그램이 공격을 받으면 복호화 키도 접근이 가능하기 때문에 비대칭 암호화를 사용하는 것은 의미가 없다(다음 절에서 이에 관해 자세히 설명한다). 이것이 대부분의 지불 애플리케이션이 임시 저장 공간에 대칭 알고리즘을 사용하는 이유 중 하나다.
2. **키가 하드웨어에 저장돼 있어 대상 컴퓨터가 손상돼도 검색이 불가능한 경우** P2PE가 이 경우에 속한다(P2PE에 관한 자세한 정보는 8장에서 볼 수 있다).
3. **키가 자주 변경('순환')되는 경우** 새로운 데이터 암호화 키가 각각의 통신 세션(SSL과 같이)이나 각각의 처리 과정(DUKPT와 같이)마다 생성된다면 단일 키가 훼손된다고 할지라도 이전이나 앞으로의 세션/거래를 훼손하지 못하며, 대량의 데이터에 접근할 방법을 제공하지 않는다.

대칭 암호화의 또 다른 중요한 이점은 높은 성능이다. 대칭 암호화는 비대칭에 비해 단순한 수학을 사용한다. 그러므로 구현된 코드는 낮은 CPU 주기를 사용하므로 훨씬 더 빠르다.

강한 알고리즘

데이터 보호를 위한 독립 프로그램으로, 그리고 전자 서명이나 SSL 같은 암호화 솔루션에 통합되는 일부분으로서도 일반적으로 사용되는 많은 대칭 암호화 알고리즘이 있다. 향상된 암호화 표준AES, Advanced Encryption Standard과 삼중 정보 암호화 표준TDES, Triple Data Encryption Standard은 지불 애플리케이션에서 널리 사용된다. DUKPT 키 관리 구조와 함께 삼중 DES는 직불카드의 PIN 암호화 기술의 부분이 되는 길고 잘 입증된 트랙 기록에 사용되는 반면, 국가안보국NSA, National Security Agency은 AES를 기밀 정보의 암호화에 사용하게 권고하고 있다.[7]

EncryptionDemo

`EncryptionDemo` 애플리케이션(그림 7-3)은 대칭과 비대칭, 그리고 단방향 암호화 세 가지의 모든 암호화를 보여준다. 각각은 `HackingPOS.Cryptography.Encryption.dll`에 각각 분리돼 구현돼 있으며, 다른 프로그램에서 재사용될 수 있다. 이들 바이너리 파일들은 www.wiley.com/go/hackingpos에서 다운로드해 소스코드(역시 다운로드 가능하다) 컴파일 없이 테스트할 수 있다.

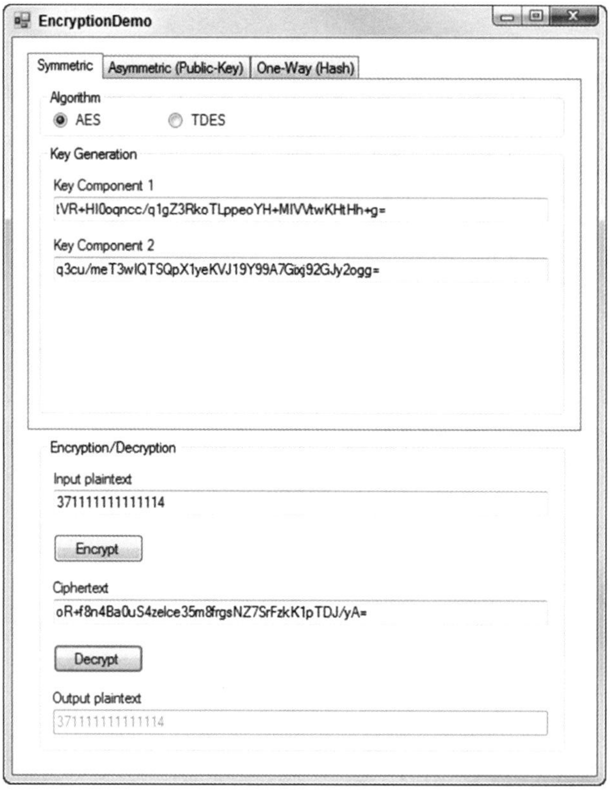

EncryptionDemo

Symmetric | Asymmetric (Public-Key) | One-Way (Hash)

Algorithm

AES TDES

Key Generation

Key Component 1

tVR+HI0oqncc/q1gZ3RkoTLppeoYH+MIVVtwKHtHh+g=

Key Component 2

q3cu/meT3wIQTSQpX1yeKVJ19Y99A7Gxxj92GJy2ogg=

Encryption/Decryption

Input plaintext

371111111111114

Encrypt

Ciphertext

oR+f8n4Ba0uS4zelce35m8frgsNZ7SrFzkK1pTDJ/yA=

Decrypt

Output plaintext

371111111111114

그림 7-3 EncryptionDemo 애플리케이션: 대칭 암호화

대칭 암호화 구현

몇 년 전까지만 해도 프로그래머는 자신의 애플리케이션에서 데이터 암호화가 필요할 때마다 스스로 암호화 코드를 작성해야만 했지만, 현대적인 개발 환경에는 대부분의 일반적인 알고리즘과 키 관리 기능을 제공하는 암호화 라이브러리가 있기 때문에 암호화의 구현은 상대적으로 간단한 작업이 되었다. 하지만 지불 애플리케이션에 적합한 암호화는 아직 제대로 구현되지 않았으며, 강력한 솔루션을 얻기 위해서는 여전히 손봐야 하는 코드들이 남아 있다.

키 생성

EncryptionDemo 애플리케이션에서 대칭 키는 어디에도 저장되지 않으며, 암호화나 복호화가 필요할 때마다 동적으로 재구성되지도 않는다. deterministic generator(Rfc2898DeriveBytes 클래스)의 입력으로는 다음과 같이 세 개의 키 컴포넌트가 사용된다.

1. generateKey 메소드는 KeyComponent1로부터 Rfc2898DeriveBytes의 salt 매개변수 값을 만든다.

```
Random random = new Random(keyComponent1.GetHashCode());
byte[] salt = new byte[16];
random.NextBytes(salt);
```

2. 그런 다음, 하드 코딩된 KeyComponent3과 KeyCompoent2로부터 Rfc2898DeriveBytes의 password 매개변수 값을 만든다.

```
SHA256 sha256 = SHA256.Create();
byte[] password = sha256.ComputeHash(
  Encoding.ASCII.GetBytes(keyComponent2 + keyComponent3));
```

3. 마지막으로 Rfc2898DeriveBytes 클래스의 인스턴스는 키를 "생성한다."

```
Rfc2898DeriveBytes keyGenerator = new Rfc2898DeriveBytes(
    password, salt, ITERATIONS);
return keyGenerator.GetBytes(KEY_SIZE);
```

이 세 개의 키 컴포넌트는 다른 매체 간에 키와 관련된 정보를 확산할 때 사용할 수 있다. 예를 들어 컴포넌트 1은 프로그램 안에 하드 코딩될 수 있고, 컴포넌트 2는 하드 드라이브의 파일에 써질 수 있으며, 컴포넌트 3은 레지스트리에 저장될 수 있다. 공격자는 애플리케이션 코드, 파일 시스템, 그리고 레지스트리 세 영역 모두에 대한 접근 권한을 확보해야만 한다.

암호화 시스템에서 종종 사용되는 또 다른 방법은, 프로그램이 사용자가 암호를 입력할 수 있게 표시해 사용자가 입력한 암호를 유일한 키 컴포넌트로 사용하는 것이다. 이러한 접근 방법은 사용자가 암호를 잊어버릴 수도 있고 매번 세션나다 암호를 입력해야 하거나 무인의 독립형 서비스 프로그램의 경우에는 사용할 수 없을 수 있기 때문에 제한적으로 사용된다.

블록과 패딩, 초기화 벡터

블록 암호Block cipher는 평문plaintext(평문 형태의 암호화될 정보)의 길이가 키보다 길 때 사용된다. 평문은 여러 블록으로 나뉘고, 나뉜 블록별로 전체 정보가 암호화(복호화)될 때까지 암호화 작업이 진행된다. 블록을 나누는 방법에는 앞의 블록이 다음 블록과 어떻게 연결되느냐에 따라 구분되는 여러 가지 방법mode이 있다. CBCCipher Block Chaining 방법은 현재 평문 블록과 이전의 암호화된 블록을 XOR(배타적 OR) 연산해 연결한다.

```
provider.Mode = CipherMode.CBC;
```

패딩padding(덧붙이기)는 블록의 크기와 평문의 크기가 다를 때 필요하다(예를 들면 전체 데이터의 마지막 블록). PKCS #7 패딩 문자열은 연속된 바이트로 구성되는데, 각각은 더해지는 전체 패딩 바이트의 수와 같다.[8]

```
provider.Padding = PaddingMode.PKCS7;
```

초기화 벡터IV, Initialization Vector는 평문의 첫 번째 블록에 필요한 입력을 제공하기 위한 것으로, 암호화 블록이 필요하다. IV는 무작위로 생성돼야 한다.

```
byte[] IV_seed = new byte[IV_SEED_SIZE];
RandomNumberGenerator IVGenerator = RandomNumberGenerator.Create();
IVGenerator.GetNonZeroBytes(IV_seed);
```

IV의 시드seed는 출력된 암호문에 더해진다.

```
result = new byte[IV_SEED_SIZE + ciphertext.Length];
Buffer.BlockCopy(IV_seed, 0, result, 0, IV_SEED_SIZE);
Buffer.BlockCopy(
    ciphertext, 0, result, IV_SEED_SIZE, ciphertext.Length);
```

이제 암호화된 데이터는 복호화 과정에서 복호화 함수의 첫 번째 블록을 초기화하기 위해 읽혀질 수 있다.

```
byte[] IV_seed = new byte[IV_SEED_SIZE];
Buffer.BlockCopy(Ciphertext, 0, IV_seed, 0, IV_SEED_SIZE);
```

암호화와 복호화

암호화 과정에는 여러 스트림 처리 클래스가 필요하다.

```
using (ICryptoTransform encryptor = provider.CreateEncryptor(
     provider.Key, provider.IV))
using (MemoryStream memStream = new MemoryStream())
   using (CryptoStream encryptStream = new CryptoStream(
       memStream, encryptor, CryptoStreamMode.Write))
   {
     using (StreamWriter streamWriter = new StreamWriter(
          encryptStream))
          streamWriter.Write(Plaintext);
     byte[] ciphertext = memStream.ToArray();
   }
```

이것은 대칭 암호화이므로 복호화를 위한 코드는 암호화와 유사하고, 단지 순서만 반대다.

```
using (ICryptoTransform decryptor = provider.CreateDecryptor(
   provider.Key, provider.IV))
   using (MemoryStream memStream = new MemoryStream(
       actual_ciphertext, 0, actual_ciphertext_length))
       using (CryptoStream decryptStream = new CryptoStream(
           memStream, decryptor, CryptoStreamMode.Read))
           using (StreamReader streamReader = new StreamReader(
               decryptStream))
               result = streamReader.ReadToEnd();
```

비대칭 암호화

공개 키 암호화라고도 불리는 비대칭 암호화는 암호화와 복호화에 다른 키가 사용되기 때문에 붙여진 이름이다(그림 7-4).

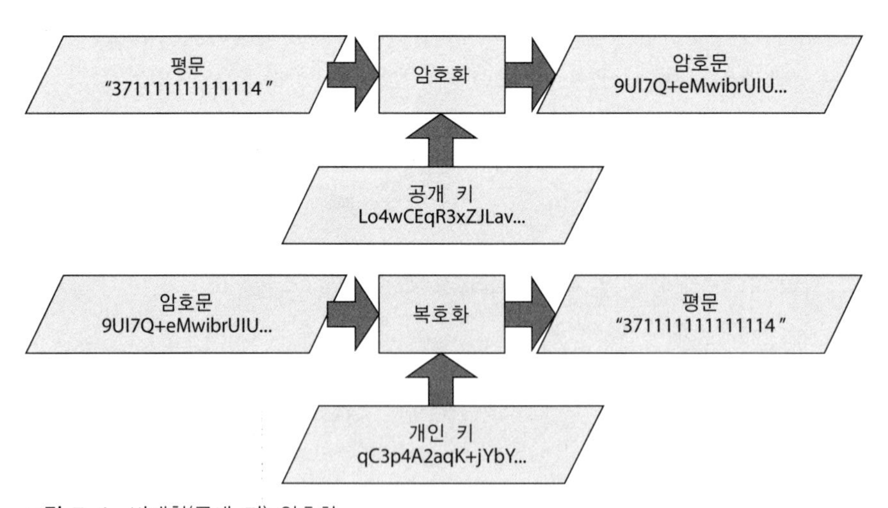

그림 7-4 비대칭(공개 키) 암호화

암호화와 복호화에 같은 키가 사용될 수 없다. 비대칭 암호화는 처음으로 암호화한 쪽(암호화 키)이 공격을 받았다고 할지라도 노출에 대한 두려움 없이 정보를 암호화할 수 있게 했기 때문에 암호화 기법에서 가장 위대한 발명품 중 하나로 여겨지고 있다. 무엇보다 암호화 키는 모두에게 공개될 수 있어(공개 키라고 부르는 이유다) 누구든 암호화된 데이터를 복호화 키(개인 키)를 가진 송신자에게 보낼 수 있다. 비대칭 암호화의 이런 기능은 SSL 프로토콜과 함께 인터넷 보안에 필수라고 할 수 있는 공개 키 기반 구조PKI, Public Key Infrastructure에서 사용된다. 전자 서명Digital Signature 구현에서 비대칭 알고리즘은 반대 방향으로 동작한다. 즉, 송신자가 자신의 개인 키(메시지 다이제스트)로 데이터를 암호화하는 반면, 수신자는 송신자의 공개 키를 사용해 서명을 검증한다.

공개 키 암호화 구현

아주 드문 경우이긴 하지만 지불 애플리케이션 개발자는 클라이언트와 서버 인증서나 SSL, 또는 전자 서명과 같은 것을 묵시적으로 사용하기보다는 P2PE 솔루션에 필요한 데이터 암호화 메커니즘과 같은 경우에 공개 키 암호화를 직접 구현해야 할 필요가 있다. `EncryptionDemo` 애플리케이션은 별도의 비대칭 암호화를 위한 탭에서 RSA 알고리즘과 인증서에 저장된 비대칭 키를 이용한 작업을 보여준다(그림 7-5).

그림 7-5 EncryptionDemo: 비대칭(공개 키) 암호화

키 생성

보통, 지불 애플리케이션은 비대칭 키를 생성하지 않고 키 컨테이너나 전자 인증서의 형태로 받는다. X.509 인증서는 전자 서명 형태에 관한 산업계 표준 중 하나다.[9] 인증서는 공개 키만 포함할 수도 있고, 특정 인증서와 프로그램에서 정의한 기능에 따라 공개 키와 개인 키 모두를 포함할 수도 있다. 예를 들어 POS 애플리케이션이 P2PE 암호화를 구현하고 있다면 공개 키를 포함하는 인증서를 가질 수 있다. 반면, 개인 키는 P2PE 서버에만 저장돼 있을 것이다.

자체 서명 인증서

MakeCert.exe는 마이크로소프트의 닷넷 프레임워크 SDK(버전 1.1과 이후)와 마이크로소프트 윈도우 SDK에 포함돼 있는 인증서 생성 도구다.[10] MakeCert는 기초적인 데모 프로그램에는 충분한 기본적인 자체 서명 인증서(.cer 파일)를 생성하는 데 사용될 수 있다. 개인 키는 분리된 .pvk 파일에 만들어진다.

```
makecert.exe EncryptionDemoCert.cer
-r -a sha256 -len 2048 -n "CN= EncryptionDemo
-b 01/01/2013 -e 01/01/2023 -sv EncryptionDemo.pvk -sky exchange
```

표 7-2는 EncryptionDemo 애플리케이션에서 사용할 수 있는 자체 서명 인증서와 개인 키를 생성할 때 사용할 수 있는 MakeCert의 매개변수와 값에 대한 목록을 갖고 있다. MakeCert는 또한 안전한 개인 키를 생성하고 보호하기 위한 암호를 입력받을 수 있게 표시한다. 만들어진 개인 키는 .pvk 파일에 저장된다. 이 명령의 실행 결과로 EncryptionDemo.cer와 EncryptionDemo.pvk 파일이 생성된다.

표 7-2 자체 서명 인증서와 개인 키 생성을 위한 MakeCert 매개변수

매개변수	값	설명
N/A	EncrytionDemo.cer	생성될 인증서(공개 키) 파일의 이름과 위치
-r	N/A	자체 서명 인증서 생성
-a	sha256	서명 해시 알고리즘으로 SAH-256 사용
-len	2048	2,048비트 RSA 키(기본 길이는 1,024비트) 생성
-n	"CN=EncryptionDemo"	인증서 이름
-b	01/01/2013	효력 시작 날짜
-e	01/01/2023	효력 만료 날짜

(이어짐)

매개변수	값	설명
–sv	EncryptionDemo.pvk	생성될 개인 키 파일의 이름과 위치
–sky	exchange	암호화/복호화의 키 형태 설정

PFX 인증서 파일

인증서와 개인 키 파일이 만들어진 뒤에 `Pvk2Pfx.exe` 도구[11]를 이용해 공개 키와 개인 키를 하나의 통합 키 컨테이너 PFX^Personal Information Exchange^ 인증서 파일로 묶는다. 이것은 암호화와 복호화 과정에서 입력으로 사용될 수 있다.

```
pvk2pfx -pvk EncryptionDemo.pvk -spc EncryptionDemo.cer
-pfx EncryptionDemo.pfx -pi HackingPOS
```

이 명령의 결과로 EncryptionDemo.pfx 파일이 만들어진다. 표 7-3은 PFX 형식의 단일 인증서를 생성하는 데 사용되는 `Pvk2pfx`의 매개변수와 값에 관한 목록을 갖고 있다.

표 7-3 PFX 형식의 단일 인증서를 생성하기 위한 Pvk2pfx 매개변수

매개변수	값	설명
–pvk	EncryptionDemo.pvk	입력되는 개인–키 파일 이름과 위치
–spc	EncryptionDemo.cer	입력되는 인증서(공개–키) 파일 이름과 위치
–pfx	EncryptionDemo.pfx	출력되는 PFX 인증서 파일 이름과 위치
–pi	HackingPOS	개인 키 암호(앞의 MakeCert 세션에서 입력 받음)

`Pvk2pfx` 도구는 윈도우 SDK의 일부분으로, bin\x86 폴더(Win32) 또는 bin\x64 폴더(Win64)에 있다.

`EncryptionDemo` 애플리케이션과 비대칭 암호화를 테스트하기 위해서는 `EncryptionDemo` 애플리케이션이 미리 생성된 테스트용 인증서 파일

(EncryptionDemo.cer과 EncryptionDemo.pfx)과 함께 제공되기 때문에 새로운 인증서를 생성할 필요가 있다. 테스트용 인증서 파일은 모든 바이너리 파일과 함께 와일리Wiley 웹사이트에서 다운로드할 수 있다.

서버와 클라이언트가 서로 원격으로 떨어져 있을 때 MakeCert와 Pvk2pfx 도구를 사용해 클라이언트와 서버 인증에 필요한 다양한 인증서를 생성할 수 있다.[12] SSL 암호화와 클라이언트 인증, 그리고 전자 서명 시나리오의 좀 더 복잡한 형태는 8장과 9장에서 설명한다.

암호화

키를 생성하고 적절한 형태로 인증서 파일에 묶은 뒤에 코드 자체(AsymmetricEncryption 클래스)를 암호화하고 복호화하는 것은 그리 복잡하지 않다. 앞서 설명한 것과 같이 비대칭 암호화의 주요 이점은 암호화와 복호화에 다른 키를 사용한다는 점이다. 암호화에는 단지 공개 키 컴포넌트만 필요하다. X509Certificate2 클래스는 EncryptionDemo.cer 인증서 파일에서 공개 키를 읽어 해석하는 데 사용된다.

```
X509Certificate2 certificate = new X509Certificate2(CERName);
```

RSACryptoServiceProvider 클래스 인스턴스는 인증서에서 읽은 공개 키로 초기화해 평문을 암호화한다.

```
using (RSACryptoServiceProvider RSA = (RSACryptoServiceProvider)
    certificate.PublicKey.Key)
{
   encryptedData = RSA.Encrypt(PlainText, false);
   return encryptedData;
}
```

복호화

공개 키로 암호화한 암호문을 복호화하기 위해 X509Certificate2 클래스 인스턴스는 PFX 인증서 파일을 읽어 해석한다. X509Certificate2 클래스 인스턴스가 개인 키를 위한 암호를 설정할 때 두 번째 인자는 반드시 제공돼야만 한다. 이것은 MakeCert 명령으로 PVK 파일을 생성할 때 입력받은 것이다.

```
X509Certificate2 certificate = new X509Certificate2(PFXName, Password);
```

RSACryptoServiceProvider 클래스 인스턴스는 개인 키로 초기화돼 암호문을 복호화한다.

```
using (RSACryptoServiceProvider RSA = (RSACryptoServiceProvider)
     certificate.PrivateKey)
{
   plaintext = RSA.Decrypt(Ciphertext, false);
   return plaintext;
}
```

단방향 암호화

해시 함수라고도 불리는 단방향 암호화는 이름에서 암시하듯이 한쪽 방향으로만 동작한다. 다시 말해 암호화된 메시지는 복호화할 수 없다(그림 7-6).

그림 7-6 단방향 암호화(해시 함수)

해시 함수는 유일한 데이터 입력에는 유일한 결과(다이제스트) 생성을 보장한다(하지만 실제로는 아주 적지만 충돌의 가능성이 있다. 두 개의 다른 입력이 같은 해시를 만들어 낼 수 있다). 해시 함수의 주요 기능 중 하나는 암호화에 키가 필요하지 않다는 점이다. 이 기능은 장점과 단점을 모두 가진다. 한편으로는 아무런 키 관리도 필요하지 않기 때문에 암호화의 구현이 아주 편한 반면, 다른 한편으로는 추가적인 보안 수단을 사용하지 않으면 해시 함수는 무차별 대입 공격이나 레인보우 테이블 공격을 사용하면 쉽게 깨질 수 있다(좀 더 자세한 내용은 6장 참조). 그러므로 해시 함수는 솔트[salt]와 같은 추가적인 보호 메커니즘과 함께 구현될 경우에만 안전하다.

지불 시스템에서 해시 함수를 직접적으로 적용할 수 있는 영역은 토큰화와 패스워드 암호화 영역이다. 게다가 해시는 전자 서명과 공개 키 구조에 있어서 가장 기본적인 컴포넌트다.

단방향 암호화 구현

EncryptionDemo 애플리케이션에는 단방향 암호화를 위한 탭이 있는데, SHA-256 해시 알고리즘이 어떻게 동작하는지 보여준다(그림 7-7).

해시를 구현하는 것은 아주 간단하고 암호화 라이브러리(닷넷 System.Security.Cryptography)를 사용하면 쌍으로 된 두 줄만으로 완성할 수 있다

```
SHA256 sha256 = SHA256.Create();
byte[] hash_result = sha256.ComputeHash(pan_bytes);
```

하지만 6장에서 설명한 것과 같이 간단히 해시 함수를 사용하는 것은 레인보우 테이블과 무차별 대입 공격으로 인해 위험할 수 있다. 그러므로 공격을 방어하거나 최소한 공격의 가능성을 낮추기 위해서라도 솔트를 사용해야만 한다. EncryptionDemo는 세 부분에서 구성된 솔트 사용 예를 갖고 있다.

1. **불변 컴포넌트** 프로그램에 하드 코딩된다.

2. **사용자 정의 컴포넌트** 사용자마다 아주 다양할 수 있고 프로그램의 설정 파일에 저장될 수 있다.

3. **가변 컴포넌트**

   - **토큰 대상** 사용자 입력으로 얻어지며 해시로 만들어지는 데이터에는 포함되지 않는다. 예를 들면 유효기간과 CVV(트랙 1과 트랙 2 모두 갖고 있으며, 거래가 완료된 후에는 저장되지 않는 것으로 가정한다)가 있다.
   - **패스워드 대상** 매번 함수 호출마다 유일한 무작위 값을 생성한다.

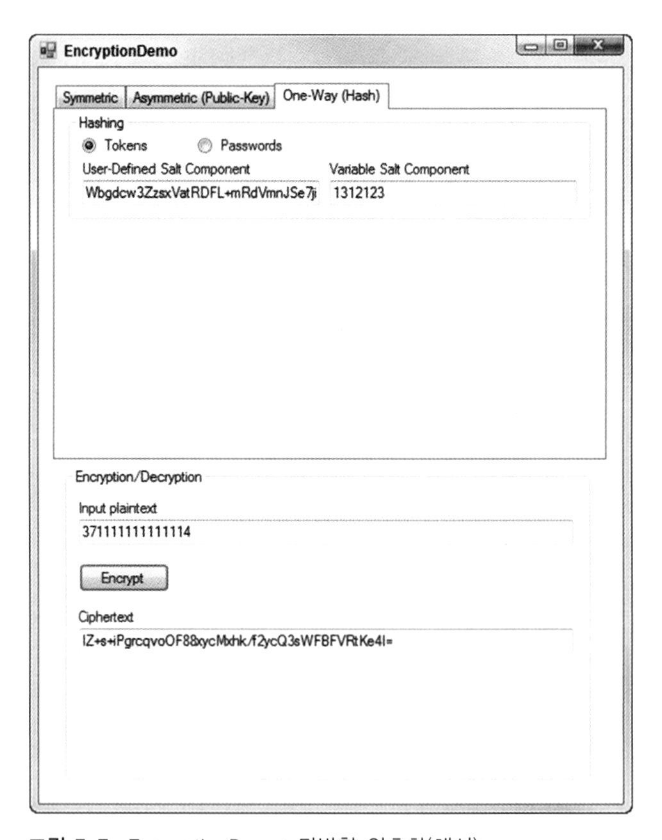

그림 7-7 EncryptionDemo: 단방향 암호화(해시)

토큰 솔트 구성

해시 함수는 종종 토큰 생성에 사용된다. 토큰은 유일한 ID로, 실제 민감한 카드 소유자 정보를 노출하지 않으면서 상점의 지불 시스템과 기업 시스템 전체에 걸쳐 사용되는 지불 카드를 대신해 사용된다. PAN은 트랙 1과 2 모두 갖고 있으며, 항상 카드를 유일하게 구분할 수 있기 때문에 이러한 토큰은 일반적으로 해시 알고리즘 중에 하나를 PAN 값에 적용해 생성한다.

VariableSaltComponent는 saltGenerator의 입력으로 사용되기에는 너무 짧을 수 있기 때문에 VariableSaltComponent의 해시 코드를 통해 VariableSaltComponent를 늘이기 위해 Random 클래스가 사용될 수 있다.

```
Random random = new Random(VariableSaltComponent.GetHashCode());
byte[] variable_salt_bytes = new byte[SALT_SIZE];
random.NextBytes(variable_salt_bytes);
```

hash 메소드는 CONSTANT_SALT_COMPONENT와 user_defined_salt_component, 그리고 VariableSaltComponent 세 개의 컴포넌트에서 동적으로 솔트를 구성한다. 세 컴포넌트는 Rfc2898DeriveBytes를 사용해 함께 섞인다.

```
Rfc2898DeriveBytes saltGenerator = new Rfc2898DeriveBytes(
    Encoding.ASCII.GetBytes(
    CONSTANT_SALT_COMPONENT + user_defined_salt_component),
    variable_salt_component, ITERATIONS);
salt_bytes = saltGenerator.GetBytes(SALT_SIZE);
```

세 컴포넌트에서 솔트가 일단 구성되면 최종적으로 해시 함수의 입력으로 만들어지기 위해 입력되는 평문과 연결돼 하나의 버퍼에 들어간다(그림 7-8).

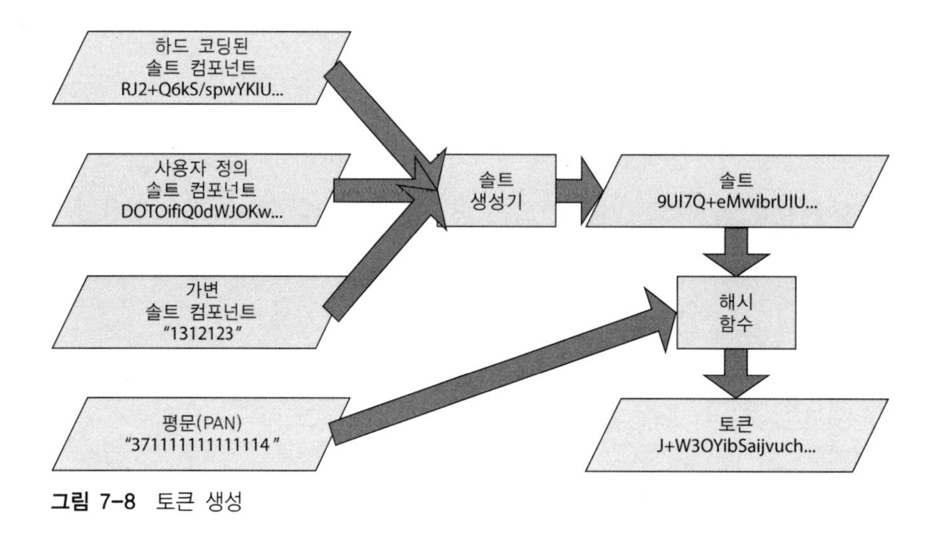

그림 7-8 토큰 생성

```
byte[] plaintext_bytes = new byte[SALT_SIZE + pan_bytes.Length];
Buffer.BlockCopy(salt_bytes, 0, plaintext_bytes, 0, SALT_SIZE);
Buffer.BlockCopy(pan_bytes, 0, plaintext_bytes, SALT_SIZE,
    pan_bytes.Length);
SHA256 sha256 = SHA256.Create();
return sha256.ComputeHash(hash_input);
```

패스워드 솔트 구성

패스워드 암호화와 검증 같은 일부 해시를 응용한 곳에서는 동일한 입력(평문 패스워드)에 대한 다른 암호문(암호화된 패스워드)을 얻기 위해 무작위로 생성된 솔트 컴포넌트의 추가가 필요하다. 패스워드 파일에 공격자가 접근한다고 하더라도 패스워드의 노출 가능성을 방지하기 위해 이러한 방법을 사용한다. encryptPassword 메소드는 앞서 설명한 CreateToken과 동일한 해시 로직을 사용한다. 차이점은 Random 클래스를 사용해 늘려지는 가변 컴포넌트 대신에 RandomNumberGenerator를 사용해 무작위 솔트 컴포넌트를 생성한다는 점이다.

```
dynamic_password_salt_component = new byte[16];
RandomNumberGenerator generator = RandomNumberGenerator.Create();
generator.GetNonZeroBytes(dynamic_password_salt_component);
```

무작위 솔트 컴포넌트를 사용하지 않으면 두 개의 유사한 패스워드에 대한 동일한 해시 결과가 만들어질 수 있어 공격자는 정상적인 사용자처럼 동일한 패스워드를 입력할 수도 있고, 패스워드 파일을 검색해 사용자의 패스워드를 알아낼 수도 있을 것이다. 또한 패스워드 검증은 사용자 입력을 해시로 만들고 패스워드 파일(그림 7-9에서 보여주는 것과 같이)에 저장된 원래 패스워드 해시와 비교해 이뤄지므로, 무작위 솔트 컴포넌트는 패스워드를 검증하기 위해 해시의 결과에 반드시 더해져야 한다.

```
byte[] encrypted_password =
    new byte[SALT_COMPONENT_SIZE + hash_result.Length];
Buffer.BlockCopy(
    random_password_salt_component, 0,
    encrypted_password, 0, SALT_COMPONENT_SIZE);
Buffer.BlockCopy(
    hash_result, 0, encrypted_password,
    SALT_COMPONENT_SIZE, hash_result.Length);
```

변하지 않는 상수 솔트 컴포넌트와 사용자 정의 솔트 컴포넌트는 하드 코딩되거나 코드에서 분리돼 저장될 수 있다. 이것에 숨겨진 생각은 패스워드 레코드에서 전체 솔트 값을 찾아 낼 수 없게 만들고자 하는 것이다. 그러므로 공격자가 패스워드 데이터베이스에 접근했지만 애플리케이션 코드와 설정에 접근할 수 없다면 단지 하나의 무작위 솔트 컴포넌트에서 솔트 값을 재생성할 수 없을 것이다.

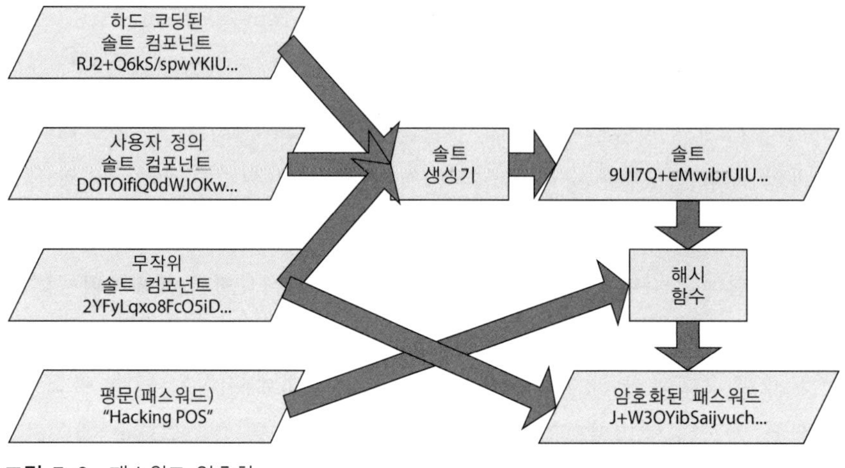

그림 7-9 패스워드 암호화

패스워드 검증

패스워드 검증은 암호화된 패스워드 레코드는 특정 사용자 계정과 연결돼 있으며, 따라서 해시 데이터를 사용해 검색할 필요가 없다는 가정에 근거한다. 그러므로 암호화된 패스워드는 무작위로 솔트가 가해질 수 있으며, 무작위 솔트 컴포넌트는 암호문과 함께 출력에 더해질 수 있다. `ValidatePassword` 메소드는 원래의 레코드에서 무작위 솔트 컴포넌트를 찾아낸다.

```
byte[] original_random_salt_component = new
byte[SALT_COMPONENT_SIZE];
Buffer.BlockCopy(
    original_password_hash, 0,
    original_random_salt_component, 0, SALT_COMPONENT_SIZE);
```

그런 다음, 검증된 패스워드의 해시를 생성한다(원래 패스워드와 완전히 동일한 방법으로 생성).

```
string encrypted_password_to_validate = encryptPassword(
     PasswordToValidate, original_random_salt_component);
```

마지막 단계는 암호화된 두 패스워드를 비교하는 것이다.

```
return encrypted_password_to_validate.Equals(OriginalPasswordHash);
```

두 문자열이 같다면 검증은 통과한 것으로, 사용자는 정확한 패스워드를 입력한 것을 의미한다(그림 7-10).

그림 7-10 EncryptionDemo: 패스워드 검증

전자 서명

전자 서명Digital Signature은 암호화 적용에 있어서 가장 뛰어난 사례 중 하나로, 소프트웨어뿐만 아니라 메시지와 전자 문서의 저자를 인증하는 기능을 제공한다. 이것은 지불 애플리케이션을 사용하고 금융 거래를 할 때 필요한 중요 기능이다. 공개 키와 단방향 암호화를 사용해 서명을 생성할 수 있으며, 서명은 사인하는 사람의 개인 키로 암호화된 다이제스트 메시지로 구성된다. 그러므로 전자 서명을 검증하기 위해서는 메시지나 문서를 받는 사람은 공개 키를 사용해 다이제스트를 복호화하고, 갖고 있던 해시 결과와 비교한다.

첨부되는 서명과 분리되는 서명

전자 서명에는 첨부되는 것과 분리되는 것 두 가지 형태가 있다. 전자는 서명되는 데이터의 부분이 되는 것으로, 예를 들면 바이너리 파일에 내장된 인증 코드 서명이 있다. 후자는 분리돼 생성되는 것으로, 예를 들면 S/MIMESecure/Multipurpos Internet Mail Extensions 표준을 따르는 이메일 전자 서명을 갖고 있는 .p7s 파일 등이 있다.

분리되는 서명은 서명되는 파일의 내용을 변경하지 않기 때문에 분리된 서명을 이용하면 어떤 형태의 파일이든 서명할 수 있다. 첨부되는 서명은 특정 형태의 파일과 사용자가 정의한 메시지 형식만을 서명할 수 있다.

첨부되는 서명은 좀 더 일반적인 X.905 인증 표준에 근거하는 PKCS #7 표준에서 정의하고 있으며, 분리되는 서명 컨테이너를 구현할 때 사용될 수 있다.[13] .p7s 파일 형식은 분리된 전자 서명의 내용을 저장하고 사용될 수 있다.[14] 표 7-4는 첨부되는 서명과 분리되는 서명이 사용되는 다양한 경우를 보여준다.

표 7-4 분리되는 서명과 첨부되는 서명의 잘 알려진 구현 예

서명 대상	첨부되는 서명	분리되는 서명
코드 파일	인증코드[15] .NET 강력한 이름 서명[16]	
데이터 파일	XML 서명[17]	
메시지		이메일 서명: S/MIME[18]

코드와 설정 서명

코드와 설정 서명은 지불 애플리케이션에 있어서 전자 서명의 사용 사례 중 가장 중요한 것 중 하나다. 코드 서명을 사용해 애플리케이션 코드가 변조되는 것을 방지할 수 있으며, 설정을 서명하면 인증 없이 설정이 변경되는 위험을 감소시킬 수 있다. 코드와 설정 서명의 구현은 9장에서 자세히 설명한다.

데이터 파일과 메시지 서명

특히 민감한 카드 소유자 정보와 같은 데이터 서명에 관해 말할 때 전자 서명은 데이터의 기밀성은 보호하지 않는다는 점을 이해하는 것이 중요하다. 그러므로 서명을 하는 데 덧붙여 정보가 노출되는 것을 방지하기 위해 다른 보안 수단(암호화)을 강구해야 한다. 하지만 전자 서명은 인증 받지 않은 사람이나 악성코드에 의해 변경되는 위협에 노출되지 않는 민감한 정보의 보호에 사용될 수도 있다. 예를 들어 POS 거래 파일(POS와 상점 서버, 그리고 기업 본점 사이를 돌아다니는 완전한 사용자 거래 내역에 관한 정보)은 전자 서명을 적용하기에 좋은 후보가 될 수 있다.

암호화 하드웨어

어떠한 암호화 기능이든 소프트웨어로 구현될 수 있다. 하지만 실제로는 많은 암호화 기능이 전용 하드웨어 모듈과 애플리케이션에 위임된다. 지불 애플리케이션에게 있어서 다음과 같이 아주 중요한 암호화 하드웨어의 두 가지 기능이 있다.

1. CPU를 집중적으로 사용하는 암호화 작업(암호화, 복호화, 키 관리)을 수행해 POS의 사용자 기능front-end과 내부 기능back-end을 수행하는 프로그램이 실행되는 상점 호스트 컴퓨터의 과부하를 제거한다.
2. 해커에게 노출되는 안전하지 않은 컴퓨터와 네트워크, 그리고 물리적이고 논리적인 제어를 통해 위험한 환경으로부터 격리되는 하드웨어 내부에 위치한 안전한 지역 사이의 경계를 생성한다.

변조 방지 보안 모듈과 하드웨어 보안 모듈은 대부분의 지불 애플리케이션 솔루션에서 사용하는 암호화 하드웨어의 예다.

- 변조 방지 보안 모듈TRSM, Tamper-Resistant Security Module은 암호화 키의 생성과 저장, 그리고 암호화를 수행하기 위해 지불 단말기에 설치되는 하드웨어 모듈이다. TRSM은 물리적인 침입을 인지하고 누군가 키를 찾아내려고 시도하면 키를 파괴하게 설계됐다.
- 하드웨어 보안 모듈HSM, Hardware Security Module은 암호화 하드웨어 어플라이언스 또는 확장 카드의 형태로, 대부분 암호화 키 관리와 복호화 용도로 내부 시스템back-end에서 사용된다. HSM은 X9.24와 TR-39, 그리고 PCI HW-P2PE 표준(여러 개의 키 컴포넌트와 관리자를 두는)의 요구 사항을 따르는 키 관리 기능을 제공한다. 특별한 형태의 HSM 또한 단복 보안 카드 인식기와 지불 단말에 PIN과 P2PE 키를 삽입하는 키 삽입 메커니즘으로 사용된다.

암호화 표준

PCI는 오늘날 가장 유명하긴 하지만 지불 카드 보안 규정의 유일한 표준은 아니다. 금융과 은행 산업, 프로그램 보안, 그리고 암호화와 같은 좀 더 일반적이고 인접한 영역에서 파생된 다른 표준이 있다. 몇 년 전까지만 해도 FIPS 140-2와 TR-39는 AMT 장치와 PIN 거래를 다루는 보안 전문가들에게 가장 잘 알려져 있었다. 지불 산업계가 자신들의 보안에 점점 더 많이 투자함에 따라 전문가 수준의 암호화가 소매 카드 지불 처리까지도 다루게 됐다. 오늘날 지불 애플리케이션은 불과 몇 년 전까지 전문적인 암호 해독자에게만 알려졌던 암호화 라이브러리를 사용한다. 하드웨어 점대점 암호화 솔루션은 높은 보안 수준의 암호화 하드웨어를 활용해 소매점에서 민감한 데이터를 암호화하고 지불 처리자의 데이터 센터에서 복호화하고 있다.

NIST와 FIPS

미 국립 표준기술 연구원NIST, National Institute of Standards and Technology은 구현된 암호화의 검증과 인증뿐만 아니라 암호화의 표준 개발을 이끌고 있다. NIST는 암호화 알고리즘과 시스템의 요구 사항을 정의하는 일련의 연방 정보 처리 표준FIPS, Federal Information Processing Standards을 개발해 왔다.

NIST가 만든 것 중 가장 유명한 것은 FIPS 197로, AESAdvanced Encryption Standard로 잘 알려져 있다.[19] 또 다른 것은 FIPS 180-4로, 이것 또한 SHASecure Hash Algorithm로 알려져 있다.[20] 둘 모두 데이터 보호를 위해 애플리케이션 보안에 널리 사용되고 있다(지불 애플리케이션도 예외가 아니다).

FIPS는 정부 조직에서 필수일 뿐만 아니라 상업적인 부분에서도 정보 보안에 있어서 사실상의 표준으로 널리 사용되고 있다. FIPS의 형태는 암호화 알고리즘(AES의 FIPS 197과 같은)과 검증 프로그램(암호화 모듈 검증의 FIPS 140-2와 같은)의 두 가지가 있다.

폐기된 알고리즘: DES와 삼중 DES

DES는 FIPS 46-3에서 정의한 표준 암호화 알고리즘으로 사용됐다. DES는 직불카드 PIN 보호를 위해 DUKPT 키 관리와 함께 사용되는 암호화 알고리즘으로 구현됐다. DES는 1997년에 처음으로 깨졌으며, 결국 AES로 대체됐다.

FIPS 46-3, 데이터 암호화 표준DES, Data Encryption Standard은 암호화 알고리즘으로서 더 이상 연방 정부의 정보에 대한 보안을 제공할 수 없기 때문에 2005년 5월 19일 사용 중지됐다. DES는 더 이상 인가된 알고리즘이 아니다.[21]

하지만 금융 산업계에서는 DES의 사용을 완전히 중단할 수 없었으며, 보안의 강도를 보강한 버전인 삼중 DESTriple DES를 여전히 사용한다. TDES는 기본적으로 각각의 데이터 블록에 DES를 세 번 적용한 것으로, 2030년까지 사용이 허용됐다.[22,23] TDES는 DES의 세 배 길이인 168비트 키(3×56비트 DES 키)를 사용하기 때문에 DES보다 안전하다. 하지만 사실 두 배 길이(2중 키)의 112비트 키(K1과 K3키 컴포넌트가 같다)가 여전히 종종 사용된다. 2015년 12월 31일 이후, 2중 키 TDES는 더 이상 암호화에 사용될 수 없다.[24]

표 7-5는 NIST가 인가한 현재까지 사용 가능한 것과 더 이상 사용되지 않는 암호화 알고리즘 모두를 보여준다. 알고리즘의 사용 허용 여부는 알고리즘이 사용하는 키(또는 해시의 경우 다이제스트)의 길이에 의존적이라는 점을 유념해야 한다. 대략적으로 일반적인 규칙은 키나 다이제스트에 비트 수가 더 많아질수록 알고리즘은 더 강해진다. 하지만 128비트 키 AES는 168비트 키를 사용하는 TDES보다 더 안전하다.

표 7-5 NIST가 인가한 암호화 알고리즘

알고리즘	표준	키/다이제스트 길이, 비트	사용 여부
DES	FIPS 46-3	56	불허
단일 길이 TDES	없음	56	불허
이중 길이 TDES(2TDES)	NIST SP 800-67	112	2015년 이후 불허
삼중 길이 TDES(3TDES)	NIST SP 800-67	168	2030년 이후 불허
AES 128	FIPS 197	128	수용 가능
AES 192	FIPS 197	192	수용 가능
AES 256	FIPS 197	256	수용 가능
SHA-1(비전자 서명 프로그램)	FIPS 180-4	160	수용 가능
전자 서명 SHA-1	FIPS 180-4	160	2013년 이후 불허
SHA-224	FIPS 180-4	224	수용 가능
SHA-256	FIPS 180-4	256	수용 가능
SHA-384	FIPS 180-4	384	수용 가능
SHA-512	FIPS 180-4	512	수용 가능

FIPS 140-2

FIPS 140-2는 암호화 모듈 검증 프로그램으로, 보안 수준을 4단계로 정의한다. 프로그램은 소프트웨어와 하드웨어 모두에게 열려있지만, 엄격한 물리 보안 요구 사항으로 인해 소프트웨어 모듈은 상위(3과 4) 수준을 달성할 수 없다. HSM 어플라이언스는 주로 2와 3단계로 검증된다. PCI HW-P2PE 표준은 암호화와 키 관리에 사용되는 HSM의 경우 3단계 이상 승인이 가능하다. 검증 결과는 온라인으로 공개된다.[25]

ANSI

P2PE와 관련해 X9.24-1과 TR-39 두 개의 미국 표준협회ANSI, American National Standard Institute 표준이 있다.

X9.24-1: DUKPT

X9.24-1은 DUKPT를 정의한다. 이것은 지불 카드 PIN 암호화와 P2PE 솔루션에서 사용되는 대칭 키 관리를 위한 공통 기술이다.

TR-39: 키 삽입

(TG-3이라고도 알려진) TR-39는 직불카드 PIN과 P2PE 솔루션에서 중요한 부분인 키 삽입 기능을 규제하는 보안 표준이다.[26] TR-39는 ANSI X9F6 실무단에서 관리하며, 키 삽입을 수행하기 위해 직불카드 처리 네트워크(STAR, NYCE, PULSE 등등)에서 사용한다. TR-39에서 인증은 TG-2 감사자(CTGA)가 인증하며, 유효 기간은 2년이다.

PKCS

공개 키 암호화 표준PKCS, Public-Key Cryptography Standards은 RSA 보안 주식회사에서 만들었다. 가장 유명한 것은 PKCS #1으로, RSA 알고리즘을 정의한다. PKCS #7은 전자 서명 구현에 있어서 중요한 부분이다.[27] PKCS #12는 여러 개인 키와 공개 키 인증서를 저장할 때 일반적으로 사용되는 컨테이너 형식을 정의한다(.P12 또는 .PFX 파일).

정리

암호화는 현대 POS와 지불 애플리케이션에게 기본적인 부분이다. 암호화 알고리즘에는 대칭과 비대칭(공개 키), 그리고 단방향 해시와 같이 세 개의 주요 그룹이 있다. 대칭 알고리즘은 암호화와 복호화에 같은 키를 사용하며, 비대칭 알고리즘은 공개 키와 개인 키 두 개를 가지고 암호화와 복호화에 각각 사용되고, 같은 키가 사용될 수 없다. 단방향 해시 함수는 입력된 평문의 디지털 다이제스트를 생성하며, 대부분의 경우 키를 필요로 하지 않는다. 공개 키와 해시 알고리즘은 전자 서명과 전자 인증서에 사용된다. 암호화 알고리즘과 암호화 하드웨어의 요구 사항을 구현하는 다양한 암호화 표준이 있다.

참고 자료

1. 브루스 슈나이어Bruce Schneier, 『적용된 암호화: C 언어로 작성된 프로토콜, 알고리즘, 그리고 소스코드 개정판(Applied Cryptography: Protocols, Algorithms, and Source Code in C, Second Edition)』(Wiley, 1996)

2. SciEngines, "1일 이내로 DES 깨기(Break DES in less than a single day)", http://www.sciengines.com/company/news-a-events/74-des-in-1-day.html?eab1dd0ce8f296f6302f76f8761818c0=0b59c5b91984fe01986ef3bbc6de9871

3. 인텔, 무어의 법칙 타임라인(Intel, Moore's Law Timeline), http://download.intel.com/pressroom/kits/events/moores_law_40th/MLTimeline.pdf

4. EMC2, "키의 크기는 어느 정도가 돼야 하는가?(What Key Size Should Be Used?)", http://www.emc.com/emc-plus/rsa-labs/standards-initiatives/key-size.htm

5. 존 캘시John Kelsey, 브루스 슈나이어Bruce Schneier, 크리스 홀Chris Hall, 데이비드 와그너David Wagner, "낮은 엔트로피 키의 안전한 적용 사례(Secure Applications of Low-Entropy Keys)"(2000), https://www.schneier.com/paper-lowentropy.pdf

6. IETF, “PKCS #5: 패스워드 기반 암호화 명세서 V2.0(PKCS #5: Password-Based Cryptography Specification Version 2.0)”, ttp://tools.ietf.org/html/rfc2898

7. NSA, “암호화/암호화 상호 운영성 세트 B(Suite B Cryptography/Cryptographic Interoperability)”, http://www.nsa.gov/ia/programs/suiteb_cryptography/index.shtml

8. MSDN, “패딩 모드 열거(PaddingMode Enumeration)”, http://msdn.microsoft.com/en-us/library/system.security.cryptography.paddingmode(v=vs.110).aspx

9. IETF, “인터넷 X.509 공개 키 기반: 인증 경로 구축(Internet X.509 Public Key Infrastructure: Certification Path Building)”, http://tools.ietf.org/html/rfc4158

10. MSDN, “MakeCert.exe(인증서 생성 도구)(MakeCert. Exe (Certificate Creation Tool))”, http://msdn.microsoft.com/en-us/library/bfsktky3.aspx

11. MSDN, “Pvk2Pfx”, http://msdn.microsoft.com/en-us/library/windows/hardware/ff550672(v=vs.85).aspx

12. 슬라바 곰진Slava Gomzin, “SSL을 사용을 통한 .NET 웹 서비스 보호: 클라이언트와 원격 서버 사이에서 ‘전송되는 데이터’를 어떻게 보호할 것인가(Securing .NET Web Services with SSL: How to Protect ‘Data in Transit’ between Client and Remote Server)”, ttp://www.gomzin.com/securing-net-web-services-with-ssl.html

13. IETF, “공개 키 기반(X.509)(Public-Key Infrastructure (X.509)”, http://datatracker.ietf.org/wg/pkix/charter/

14. IETF, “RFC-5751 - 안전한/다목적 인터넷 메일 확장 S/MIME 버전 3.2 메시지 명세서(RFC 5751 - Secure/Multipurpose Internet Mail Extensions (S/MIME) Version 3.2 Message Specification)”, http://tools.ietf.org/pdf/rfc5751.pdf

15. Microsoft TechNet, “인증 코드(Authenticode)”, http://technet.microsoft.com/en-us/library/cc750035.aspx

16. MSDN, “관리 대상 프로그램을 강한 이름으로 서명하기(Strong-Name Signing for Managed Applications)”, http://msdn.microsoft.com/en-us/library/h4fa028b(v=vs.90).aspx

17. W3C, XML 서명 형식과 처리(개정판)(XML Signature Syntax and Processing (Second Edition)), http://www.w3.org/TR/xmldsig-core/

18. Microsoft TechNet, "S/MIME의 이해(Understanding S/MIME)", http://technet.microsoft.com/en-us/library/aa995740(v=exchg.65).aspx

19. NIST, "AES, 향상된 암호화 표준(Advanced Encryption Standard (AES))", FIPS Publication 197(June 2008), http://csrc.nist.gov/publications/fips/fips197/fips-197.pdf

20. FIPS, "안전한 해시 표준(Secure Hash Standard (SHS))", FIPS Publication 180-4 (2012년 3월), http://csrc.nist.gov/publications/fips/fips180-4/fips-180-4.pdf

21. NIST, "폐기된 검증 시험, 데이터 암호화 표준(Retired Validation Testing, Data Encryption Standard (DES))", http://csrc.nist.gov/groups/STM/cavp/

22. NIST, "TDEA 블록 암호화 권고(Recommendation for the Triple Data Encryption Algorithm (TDEA) Block Cipher)", Special Publication 800-67(Revised January 2012), http://csrc.nist.gov/publications/nistpubs/800-67-Rev1/SP-800-67-Rev1.pdf

23. NIST, "키 관리 1부: 일반(3차 개정)(Recommendation for Key Management - Part 1: General (Revision 3))", Special Publication 800-57(2012년 7월), http://csrc.nist.gov/publications/nistpubs/800-57/sp800-57_part1_rev3_general.pdf

24. NIST, "전환: 암호화 알고리즘과 키 길이의 사용 전환을 위한 권고 (Transitions: Recommendation for Transitioning the Use of Cryptographic Algorithms and Key Lengths)", Special Publication 800-131A(January 2011), http://csrc.nist.gov/publications/nistpubs/800-131A/sp800-131A.pdf

25. NIST, "FIPS 140-1과 FIPS 140-2 판매회사 목록(FIPS 140-1 and FIPS 140-2 Vendor List)", http://csrc.nist.gov/groups/STM/cmvp/documents/140-1/1401vend.htm

26. ANSI, "TG-3 소매 금융 서비스 준수 가이드라인 - 1부: PIN 보안과 키 관리(TG-3 Retail Financial Services Compliance Guideline - Part 1: PIN Security and Key Management)", http://webstore.ansi.org/RecordDetail.aspx?sku=ANSI%2fX9+TR-39-2009

27. "PKCS #7: 암호화 메시지 구문 표준, RSA 기술 연구소 노트(PKCS #7: Cryptographic Message Syntax Standard, An RSA Laboratories Technical Note)", http://www.emc.com/emc-plus/rsa-labs/standardsinitiatives/pkcs-7-cryptographic-message-syntax-standar.htm

8

카드 소유자 정보 보호

원칙을 실천하는 것보다 철학서 열 권을 쓰는 게 더 쉽다.

– 레오 톨스토이

PCI 표준은 단지 디스크 저장소 암호화만 요구하며, 일부 경우에만 통신의 암호화를 요구한다. 지불 카드 처리를 둘러싼 핵심 기술은 근본적인 보안 결함을 갖고 있으므로, 지불 애플리케이션은 메모리, 저장소, 전송 과정 등 가능한 모든 곳에서 민감한 카드 소유자 데이터를 반드시 암호화해야 한다. 이에 덧붙여 가능한 모든 곳에 추가적인 방어 계층을 두는 심층 방어 원칙을 구현하는 것이 좋다. 예를 들어 네트워크로 데이터를 보낼 때 지불 애플리케이션은 대칭 알고리즘을 이용해 민감한 데이터를 암호화할 수 있으며, SSL이나 HTTPS, 또는 IPSec 같은 투명한 보안 메커니즘을 사용해 통신 세션 전체를 암호화할 수도 있다. 이론적으로 물리적, 논리적 보안 제어는 추가적인 보호 계층을 형성할 수 있다. 하지만 공개적으로 직접 노출되는 POS의 위험한 작업 환경에서 이러한 것은 효과적이지 않다.

메모리에 있는 데이터

메모리 보호에 관한 질문의 답은 간단하다. 메모리에 정보가 위치하기 전에 암호화하지 않으면 민감한 카드 소유자 정보는 완전히 안전할 수 없다는 것이다. 현존하는 보안 메커니즘 중에서는 메모리 스크래핑을 방어할 수 있는 것은 없다. 공격자가 POS 호스팅 컴퓨터에 접속할 수 있는 권한을 얻는다면 민감한 데이터를 다루는 대부분의 작업(암호화와 복호화, 그리고 암호화 키 관리를 포함)은 메모리에서 수행되기 때문에 데이터 유출의 가능성은 매우 높아진다.[1]

데이터 유출 최소화

데이터 유출을 최소화하게, 더 정확하게는 메모리에 데이터가 평문으로 남아있는 시간을 줄이도록 구현할 수 있는 몇 가지 방어 수단으로, 예민하지 않고 복잡한 메모리 스크래퍼는 트랙을 확보할 충분한 시간을 갖지 못하게 할 수 있다. 그렇게 하려면 지불 애플리케이션은 메모리에 존재하는 민감한 데이터를 대부분의 시간 동안 암호화해 저장할 필요가 있다. 그리고 평문으로 처리할 필요가 있을 때만 아주 잠깐 복호화해야 한다.

보안 문자열

닷넷 `SecureString` 클래스는 자신의 내용을 자동으로 암호화하는 보안이 적용된 저장 컨테이너로 사용될 수 있다.[2] 다만 `SecureString`은 아주 제한적인 보호 기능만 제공하므로 주의해야 한다. 많은 클래스가 기본적으로 `SecureString`을 지원하기 전까지는 `SecureString`의 내용으로 어떤 작업을 할 때는 반드시 보통 문자열로 변환이 돼야 한다.

삭제

평문 데이터를 사용 후에 삭제하는 것은 매우 중요하다. 예를 들어 민감한 데이터를 갖고 있는 메모리 버퍼memory buffers(바이트 배열)가 (언제 동작할지 알 수 없는) 가비지 컬렉션GC, garbage collection을 기다리며 남아 있어서는 안 되고, 버퍼에 대한 참조를 잃기 전에 특별한 방법을 사용해 초기화돼야 한다. 그러므로 특히 프로그래머가 문자열을 직접 제어하지 않는 닷넷 프레임워크나 자바 가상머신 같은 관리 대상의 실행 환경에서 문자열에 버퍼를 사용하는 편이 바람직하다.

종단 간 데이터 암호화

메모리에 있는 데이터를 보호하는 가장 신뢰할 만한 방법은 평문으로 된 데이터를 메모리에 두지 않는 것이다. 종단 간, 또는 점대점 암호화P2PE 기술은 (지불 단말 또는 독립형 MSR 장치 내부) 호스트 장치의 메모리에 도착하기도 전에 데이터를 암호화하는 기능을 제공하고, (지불 게이트웨이의 데이터 센터에 있는) POS를 떠난 후에만 복호화한다. POI 장치에서 동작하는 프로그램의 데이터를 암호화하는 소프트웨어 P2PE라 할지라도 여전히 취약하긴 하지만, P2PE를 전혀 갖고 있지 않아 POS RAM에 데이터를 노출하는 것보다는 훨씬 더 높은 수준의 기밀성을 제공한다. 또한 P2PE는 단순히 메모리를 보호하는 것이 아니라, 민감한 데이터가 전송되고 저장되는 영역에 도달하지 못하게 보장한다.

전송 중인 데이터

네트워크를 통해 전송되고 있는 민감한 데이터는 다음과 같은 두 가지 방법으로 보호할 수 있다.

1. **페이로드 암호화** 선택된 민감한 필드는 대칭이나 비대칭 방법을 사용해 암호화된다.

2. **전송단 암호화** SSH나 HTTPS, 또는 IPSec 같은 보안 프로토콜을 사용해 전체 통신을 암호화한다.

[상호 참조] 대칭과 비대칭 암호화 방법에 관한 추가적인 정보는 7장을 참조하라.

두 방법을 결합해 계층화된 보호를 제공함으로써 해커의 작업을 더 힘들게 만들 수 있다. 즉, 한 계층이 파괴되더라도 여전히 작업을 해야 하는 다른 계층이 존재하게 된다.

SSL 구현

넷스케이프는 증가하는 인터넷 보안에 관한 우려에 대응하고자 1994년 SSL^Secure Sockets Layer 프로토콜을 개발했다.[3] SSL은 보안 프로토콜로, 네트워크를 통한 도청이나 변조, 또는 메시지 위조를 보호한다. 인증뿐만 아니라 기밀성을 위해 SSL을 사용한 것은 아주 성공적이었다.[4] SSL 최근 버전은 전송 계층 보안^TLS, Transport Layer Security이라고 불리지만, 많은 경우에 두 개의 약어를 상호 교환해 사용한다. SSL에 관해 아주 상세한 부분까지도 설명하는 책들이 많다.[5]

서버 인증서

SSL은 큰 암호화 시스템의 한 부분으로서 암호화 알고리즘을 간접적으로 사용하는 지불 애플리케이션의 예 중 하나다. SSL 클라이언트(인터넷 브라우저 또는 POS 애플리케이션일 수도 있다)는 서버 인증서를 사용해 서버를 인증함으로써 정상적인 개체와 통신하게 한다. SSL 핸드셰이크 과정[6] 동안 클라이언트에 의해 다운로드되는 서버 인증서는 비대칭 키 쌍 중에서 공개되는 부분을 가진 반면에 개인 키는 서버에 저장된다(그림 8-1). SSL은 공개 키 암호화 알고리즘을 키 교환에 사용한다. 일단 키 교환 과정이 완료되면 클라이언트와 서버 사이에 전송되는 데이터는 비대칭 암호화에 비해 성능이 우수한 대칭 키 알고리즘을 사용해 암호화된다.

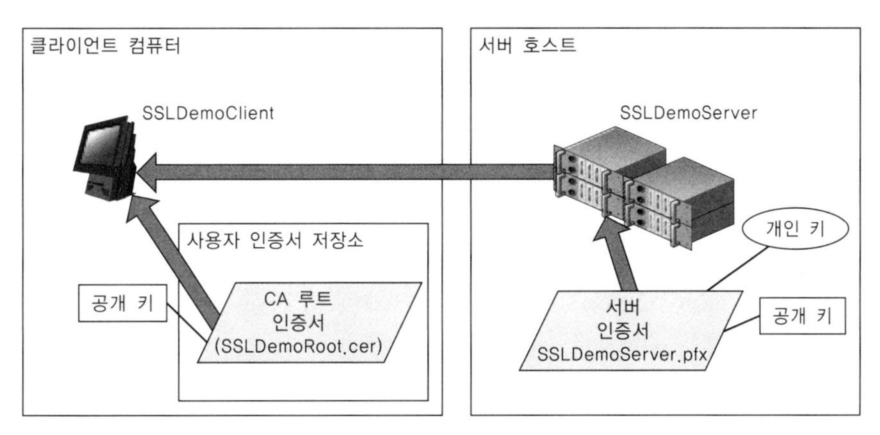

그림 8-1 서버 인증서 검증

SSL 접속을 맺기 위해 서버 프로그램은 핸드셰이크 과정 동안 SSL 서버 인증서를 공개 키와 함께 클라이언트에게 제공할 필요가 있다.

서버 인증서는 다음과 같은 두 가지 역할이 있다.

1. **서버 인증** 클라이언트와 통신하고 있는 서버가 정상적인 프로그램인지 확인한다.
2. **통신 암호화** 인증서의 공개 키는 초기 SSL 핸드셰이크에서 사용돼 데이터 암호화에 사용되는 대칭 키를 교환한다.

SSLDemo 애플리케이션

SSLDemo는 윈도우 커뮤니케이션 파운데이션WCF, Windows Communication Foundation 클라이언트(그림 8-2의 SSLDemoClient.exe)와 WCF 자체 호스팅 서버(그림 8-3의 SSLDemoServer.exe) 사이의 안전한 통신을 보여준다.

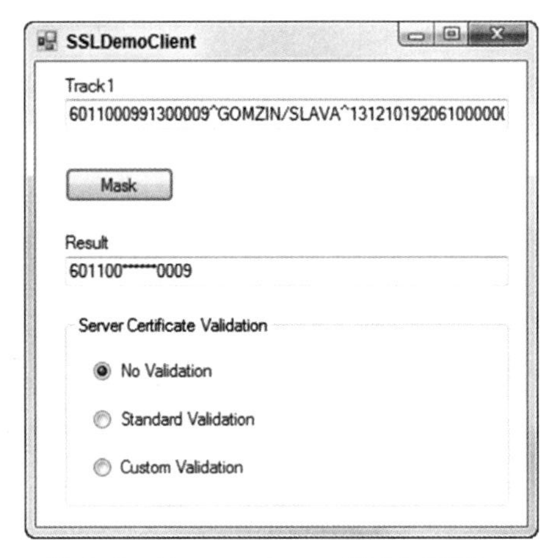

그림 8-2 SSLDemoClient 애플리케이션

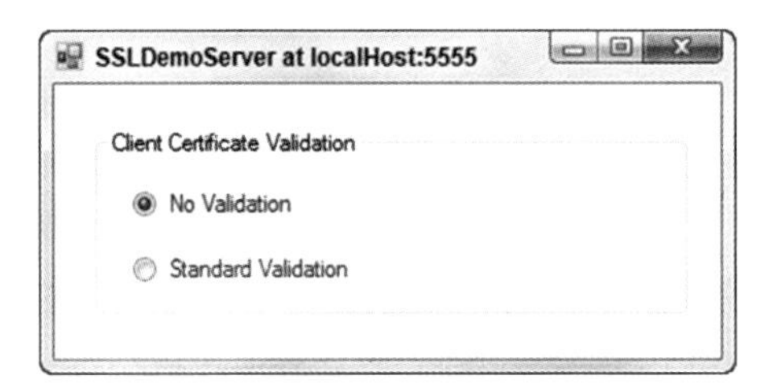

그림 8-3 5555 포트에서 클라이언트 접속을 기다리는 SSLDemoServer 애플리케이션

인증기관

서버의 인증서로 자체적으로 서명한 인증서(7장의 비대칭 암호화 데모에서 사용한 것과 유사)를 사용하는 것도 가능하지만, 완전한 통신 보안을 보장하기에는 충분하지 않다. 자체적으로 서명한 인증서를 사용하면 클라이언트는 서버의 신뢰성을 검증하는 기능을 갖지 못한다. 따라서 중간자MITM, Man-In-The-Middle 공격에서 가짜 인증서를 사용하면 암호화된 데이터의 기밀성이 손상될 수 있다. 그러므로 서버 인증서의 신뢰성을 검증할 수 있는 방법이 있어야만 한다. 서버의 신뢰성을 보장하기 위해 서버 인증서를 발급하고 서명하는 인증기관CA, Certificate Authority에서 이러한 방법을 제공한다. 서버 인증서를 검증하기 위해서 클라이언트는 CA의 공개 키를 갖고 있는 인증기관의 루트 인증

서root certificate에 접근할 수 있어야 한다. CA 루트 인증서의 공개 키는 CA가 자신의 루트 개인 키로 생성한 서버 인증서의 전자 서명을 검증하는 데 사용된다. CA가 서명한 서버 인증서를 받는 방법은 다음과 같이 여러 가지가 있다.

- 베리사인VeriSign 같은 공개 CA[7]
- 마이크로소프트 인증 서비스와 같은 유료 CA 서비스[8]
- MakeCert 또는 OpenSSL 같은 무료 도구를 사용해 수동으로 만들 수 있는 자체 CA[9]

세 번째 방법이 SSL과 전자 서명을 검증하고 실험하기에 가장 좋은 방법이다.

CA 생성

테스트를 목적으로 자체 CA를 만드는 것은 상상하는 것보다 훨씬 쉽다. 필요한 것은 전용 폴더에 위치한(좀 더 편리하고 보안을 위해) CA 공개 키와 개인 키를 가지고 자체적으로 서명한 루트 인증서 파일 몇 개뿐이다. 다음과 같이 MakeCert 도구[10]를 사용해 표 8-1에 설명한 매개변수를 설정하면 자체 CA에 필요한 루트 인증서와 개인 키를 만들 수 있다.

```
makecert -r -a sha256 -len 2048
-n "CN=SSLDemoRoot,O=HackingPOS,S=Texas,C=US"
-cy authority -sv SSLDemoRoot.pvk
-b 01/01/2013 -e 01/01/2023 SSLDemoRoot.cer
```

표 8-1 자체적으로 서명한 루트 인증서와 인증기관에서 사용하는 개인 키 생성을 위해 필요한 MakeCert 매개변수

매개변수	값	설명
없음	SSLDemo.cer	(공개 키와 같이) 생성될 CA 루트 파일의 이름과 위치

(이어짐)

매개변수	값	설명
–r	없음	자체적으로 서명된 인증서 생성(루트 인증서는 자체적으로 서명됨)
–a	sha256	서명 해시 알고리즘으로 SHA–256 사용
–len	2048	2,048 비트 RSA 키 생성(기본 길이는 1,024)
–n	"CA=SSLDemoRoot"	CA 이름
–b	01/01/2013	CA 인증서 유효 시작 일자
–e	01/01/2023	CA 인증서 유효 만료 일자
–sv	SSLDemoRoot.pkt	생성될 CA 루트 개인 키 파일 이름과 위치
–cy	authority	CA 루트 인증서 생성

MakeCert는 개인 키 패스워드 입력을 세 번 입력 받는다. 나중에 서버 인증서를 발급할 때 사용되기 때문에 세 번 모두 같은 패스워드를 입력해 메모리에 기록해둬야 한다.

CA 루트 인증서 설치

닷넷 암호화 라이브러리와 같은 SSL 구현이 서버 인증서를 검증할 때 인증서의 전자 서명을 검증하기 위해 CA로부터 공개 키를 가져올 필요가 있다. CA 루트 인증서에 함께 포함된 공개 키에 접근할 수 없다면 클라이언트의 검증 로직은 인증서에 체인으로 연결된 루트를 추적할 수 없게 되고, 그림 8–4에서 보여주는 것과 같은 예외 상황Exception을 표시한다.

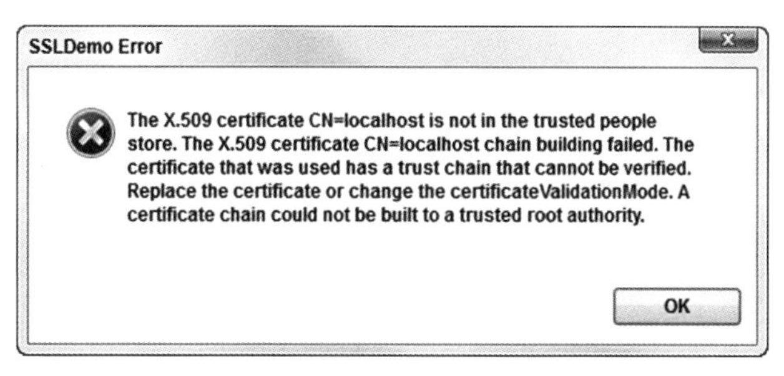

그림 8-4 CA 루트 인증서가 발견되지 않을 때 SSLDemoClient에서 표시되는 예외 상황

인증서가 신뢰할 수 있는 루트 CA에 속해 있다는 사실을 시스템에게 알리기 위해 SSLDemoRoot.cer 파일을 선택하고, 나타난 Certificate 창에서 Install Certificate... 버튼을 클릭해 설치한다.

그림 8-5 루트 인증서 설치 화면

그런 후 다음(Next) 버튼을 클릭한다. 인증서 가져오기 마법사(Certificate Import Wizard)에서 모든 인증서를 다음 저장소에 저장 배치(Place all certificates in the following store)를 선택하고, 신뢰할 수 있는 루트 인증기관(Trusted Root Certification Authorities)을 신택한 후 OK를 클릭한 다음에 다음(Next) ❯ 마침(Finish)을 클릭해 종료한다.

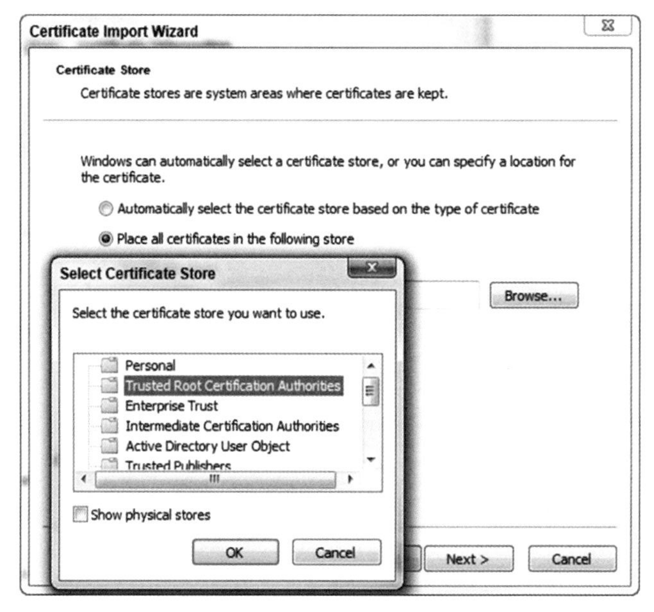

그림 8-6 인증서 가져오기 마법사와 인증서 저장소 선택 화면

SSL 서버 인증서 발급

서버 인증서는 표 8-2에서 설명하는 매개변수를 사용해 MakeCert로 동일하게 발급할 수 있다.

```
makecert -a sha256 -len 2048 -n "CN=localhost"
-ic SSLDemoRoot.cer -iv SSLDemoRoot.pvk -sv SSLDemoServer.pvk
-sky exchange SSLDemoServer.cer
```

표 8-2 SSL 서버 인증서 발급에 필요한 MakeCert 매개변수

매개변수	값	설명
없음	SSLDemoServer.cer	(공개 키와 함께) 생성될 서버 인증서 파일 이름과 위치
-a	sha256	서명 해시 알고리즘으로 SHA-256 사용
-len	2048	2,048비트 RSA 키 생성(기본 길이는 1,024)
-n	"CN=localhost"	호스트 이름, 로컬 IP 주소(127.0.0.1)를 위해 발급된 샘플 인증서. 실제 작업 환경에서는 네트워크 호스트(도메인) 이름이 사용돼야 한다.
-b	01/01/2013	서버 인증서 유효 시작 일자
-e	01/01/2023	서버 인증서 유효 만료 일자
-sv	SSLDemoServer.pvk	생성될 서버 인증서의 개인 키 파일 이름과 위치
-ic	SSLDemoRoot.cer	(공개 키를 포함하는) CA 루트 인증서 파일 이름
-iv	SSLDemoRoot.pvk	CA 루트 개인 키 파일 이름
-sky	exchange	키 교환에 필요한 키 형식 설정

닷넷은 `X509Certificate2` 클래스 생성자에 (개인 키를 갖고 있지 않은) .cer 파일만 입력하면 혼란스러워 한다. 그러므로 표 8-3에서 설명하고 있는 매개변수를 가지고 `Pvk2pfx`를 추가로 실행해야 공개 키와 개인 키를 단일 PFX 파일에 넣을 수 있다.

```
pvk2pfx -pvk SSLDemoServer.pvk -spc SSLDemoServer.cer
-pfx SSLDemoServer.pfx -pi 1
```

표 8-3 PFX 형식의 단일 SSL 서버 인증서 파일 생성에 필요한 Pvk2pfx 매개변수

매개변수	값	설명
-pvk	SSLDemoServer.pvk	입력되는 서버 인증서의 개인 키 파일 이름과 위치
-spc	SSLDemoServer.cer	입력되는 서버 인증서의 공개 키 파일 이름과 위치

(이어짐)

매개변수	값	설명
–pfx	SSLDemoServer.pfx	출력되는 PFX SSL 서버 인증서 파일 이름과 위치
–pi	1	개인 키 패스워드(MakeCert 명령 실행 과정에서 입력)

SSLDemoServer 코드

SSL 암호화를 가능하게 하려면 서버 프로그램에는 다음과 같은 두 가지의 변경이 필요하다.

1. 다음과 같은 매개변수가 서버 설정 초기화 코드에 더해져야만 한다.

```
binding.Security.Mode = SecurityMode.Transport;
binding.Security.Transport.ProtectionLevel =
    System.Net.Security.ProtectionLevel.EncryptAndSign;
binding.Security.Transport.ClientCredentialType =
    TcpClientCredentialType.None;
```

2. PFX 파일에서 서버 SSL 인증서와 그에 상응하는 개인 키를 읽는 다음 코드가 `host.Open()`에 앞서 `ServiceHost` 초기화 부분에 더해져야만 한다.

```
var certificate = new X509Certificate2("SSLDemoServer.pfx", "1");
host.Credentials.ServiceCertificate.Certificate = certificate;
```

SSLDemonClient 코드

SSL를 가능하게 하려면 클라이언트 애플리케이션의 설정 코드에도 동일하게 변경이 필요하다.

```
binding.Security.Mode = SecurityMode.Transport;
binding.Security.Transport.ProtectionLevel =
    System.Net.Security.ProtectionLevel.EncryptAndSign;
```

```
binding.Security.Transport.ClientCredentialType =
     TcpClientCredentialType.None;
```

인증서 해지 목록

이론적으로 이전의 바인딩 설정을 제외하고 클라이언트 애플리케이션에 추가적인 변경은 필요 없다. 하지만 인증서 해지 목록CRL, Certificate Revocation List 검사가 실패하지 않게 테스트 프로그램에 추가해야 하는 다음과 같은 한 줄의 코드가 있다.

```
channelFactory.Credentials.ServiceCertificate.Authentication.
     RevocationMode = X509RevocationMode.NoCheck;
```

CRL은 CA에서 CA가 손상됐거나 부당하게 인증서가 발급된 경우에 인증서를 해지할 때 사용하는 도구다.[11] 우리의 루트 CA에서는 테스트 과정을 단순화하기 위해 CRL을 생성하지 않았다. 하지만 실제로는, CRL은 또 다른 중요한 검증 요소이므로 실제 작업용 인증서로 전환하기 전에 해당 코드는 반드시 활성화되게 주석 처리를 제거해야 한다(또는 RevocationMode 매개변수 값을 X509RevocationMode.Online으로 설정해야 한다).

사용자 정의 서버 인증서 검증

좀 더 세심한 검증이 요구된다면 표준 인증서 검증으로는 충분하지 않을 수 있다. 이런 경우 사용자 정의 검증이 수행될 수 있다. 지문과 같은 서버 인증서에 대한 추가적인 매개변수 검증은 좀 더 정교한 중간자 공격을 방어할 수도 있을 것이다. 사용자 정의 검증을 수행하기 위해서는 CertificateValidationMode 속성은 X509CertificateValidationMode.Custom으로 설정돼야 하고, 사용자 정의 검증 절차가 다음과 같이 정의돼야만 한다.

```
channelFactory.Credentials.ServiceCertificate.Authentication.
   CertificateValidationMode = X509CertificateValidationMode.Custom;
```

```
channelFactory.Credentials.ServiceCertificate.Authentication.
   CustomCertificateValidator = new CustomServerCertificateValidator();
```

서버 인증서의 지문을 검사하는 사용자 정의 검증 코드는 다음과 같이 간단하다.

```
if (certificate.Thumbprint !=
     "904CE1DE2A2858E6938081CEB7063F08C8F61D9F")
{
   throw new ApplicationException("certificate is invalid");
}
```

지문 검사는 서버 인증서가 발급된 지 오래된 경우에만 실제적으로 도움이 되는 방법이라는 점을 유념해야 한다. 서버 인증서를 자주 순환시키려고 했다면 지문을 설정 가능하게 하거나, 클라이언트 소프트웨어는 새로운 지문을 가진 버전으로 쉽게 업그레이드 가능해야만 한다. 두 경우 모두 지문은 전자 서명을 사용해 변조가 되지 않도록 보호해야 한다.

[상호 참조] 코드와 설정을 서명하는 구현에 관한 자세한 정보는 9장 '안전한 애플리케이션 코드'를 참조하라.

클라이언트 인증

앞 절에서 살펴본 SSL의 구조에서 서버 인증을 위해 서버 인증서를 사용했다. 이것은 클라이언트가 정상적인 실체(그림 8-1에서 보여줬던 것과 같이)와 대화하고 있다는 것을 보장했다. 유사한 기법을 반대 방향에도 적용할 수 있다. 즉, 클라이언트를 인증하기 위해 서버 프로그램이 정상적인 클라이언트와 이야기하고 있다는 것을 보장한다(그림 8-7 참조). 예를 들어 이 기능은 가짜 POS 단말이 원격의 지불 게이트웨이와 가짜 거래를 하는 상황을 방지할 수 있다.

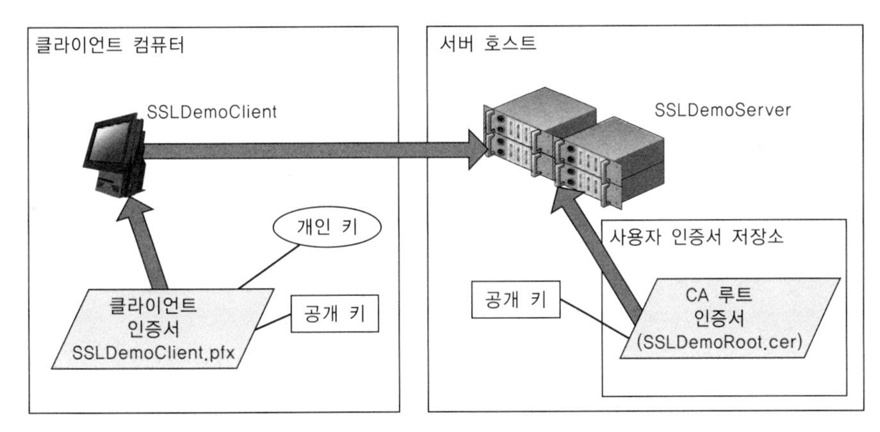

그림 8-7 클라이언트 인증서 검증

클라이언트 인증서는 동일한 MakeCert와 `Pvk2pfx` 도구를 서버 인증서와 유사한 매개변수를 사용해 생성할 수 있다.

```
makecert -a sha256 -len 2048 -n "CN=SSLDemoClient"
-b 01/01/2013 -e 01/01/2023 -ic SSLDemoRoot.cer
-iv SSLDemoRoot.pvk -sky exchange
-sv SSLDemoClient.pvk SSLDemoClient.cer

pvk2pfx -pvk SSLDemoClient.pvk -spc SSLDemoClient.cer
-pfx SSLDemoClient.pfx -pi 1
```

실제로 수백 또는 수천의 클라이언트가 네트워크로 퍼져 나갈 때, 예를 들어 유료 CA가 제공하는 autoenrollment 기능을 사용해, 클라이언트 인증서를 생성하는 과정을 자동화해야 한다.[12]

클라이언트 인증을 위한 클라이언트 설정

인증서를 사용해 인증하도록 클라이언트를 설정을 하기 위해서는 다음과 같은 두 가지 변경이 필요하다.

1. ClientCredentialType 속성 값은 다음과 같이 Certificate로 설정돼야만 한다.

```
binding.Security.Transport.ClientCredentialType =
    TcpClientCredentialType.Certificate;
```

2. PFX 파일에서 클라이언트 인증서를 읽어야만 한다.

```
var certificate = new X509Certificate2("SSLDemoClient.pfx", "1");
channelFactory.Credentials.ClientCertificate.Certificate =
    certificate;
```

클라이언트 인증을 위한 서버 설정

클라이언트의 인증서를 사용해 클라이언트를 인증하도록 설정하기 위해서는 서버 코드에 다음과 같은 두 가지의 변경이 필요하다.

1. ClientCredentialType 속성 값도 다음과 같이 Certificate로 설정돼야만 한다.

```
binding.Security.Transport.ClientCredentialType =
    TcpClientCredentialType.Certificate;
```

2. 검증 모드는 ChainTrust로 설정돼야 하며, TrustedStoreLocation은 CurrentUser 저장소를 참조하고 있어야 한다.

```
host.Credentials.ClientCertificate.Authentication.
    CertificateValidationMode =
    X509CertificateValidationMode.ChainTrust;
host.Credentials.ClientCertificate.Authentication.
    TrustedStoreLocation = StoreLocation.CurrentUser;
```

클라이언트의 신뢰 체인을 검증하기 위해서는 CA 루트 인증서(SSLDemoRoot.cer)는 반드시 사용자 인증서 저장소에 클라이언트에서 했던 것과 같은 방법으로 설치돼 있어야 한다는 점을 유념해야 한다. CRL 검사는 또한 테스트용 인증서를 가지고 작업하는 동안 비활성화돼야 한다.

```
host.Credentials.ClientCertificate.Authentication.RevocationMode =
     X509RevocationMode.NoCheck;
```

암호화된 터널 사용

암호화된 터널은 SSL과 HTTPS 같은 보안 통신 프로토콜의 대안이 될 수 있다. 가상 개인 네트워크VPN, Virtual Private Network 프로토콜이나 IPSec 같은 터널을 만드는 프로토콜이 제공하는 암호화된 터널의 이점은, 애플리케이션 코드의 어떠한 변경도 필요 없고 클라이언트 쪽이나 서버 쪽 어디에서든 필요한 설정이 없다는 점이다. 이 기능은 보안을 염두에 두지 않았고, 특별한 암호화를 지원하지 않는 전통적인 소프트웨어를 가지고 작업을 해야 할 때 유용할 수 있다. 반면에 터널을 만드는 프로토콜의 단점은, 클라이언트 시스템에 특별한 설정이나 소프트웨어가 설치돼 있어야 한다는 것으로, 종종 지불 애플리케이션 제공자의 제어 범위를 벗어난다.

IPSec

인터넷 프로토콜 보안IPSec, Internet Protocol Security은 보통 클라이언트나 서버 시스템에 어떠한 추가적인 소프트웨어의 설치를 요구하지 않으며, 보호돼야 하는 서버나 클라이언트 애플리케이션의 변경도 요구하지 않기 때문에 여러 클라이언트와 작업을 할 때 SSL을 대신하는 가장 좋은 방법이 될 수 있다. 윈도우 운영체제는 특별한 IPSec이 함께 제공되며, 네트워크 설정과 유료 CA에서 발급하는 인증서를 이용해 사용 가능하게 설정할 수 있다.[13]

저장되는 데이터

저장되는 데이터의 보호 문제에 관한 제일 좋은 접근 방법은 민감한 데이터를 전혀 저장하지 않는 것으로, 말은 쉽지만 실행은 어렵다. 실제로 S&F나 TOR, 배치 처리 결재 기록, 또는 그 외의 다양하게 지불 애플리케이션이 데이터를 반드시 임시로 저장해야 하는 경우가 있다. 다음으로 좋은 방법은 점대점 암호화를 사용하는 것이다. P2PE 역시 어떠한 이유로 사용할 수 없다면 평범한 (보통 대칭) 암호화를 사용할 수 있다.

[상호 참조] 대칭 암호화에 관한 자세한 정보는 7장을 참조하라.

안전한 키 관리

모든 소프트웨어적인 암호화 구현은 암호화 모듈과 공격자 사이에는 물리적인 방벽이 없기 때문에 그 자체만으로도 취약할 수 있다. 하지만 공격자를 힘들게 만들 수 있는 몇 가지 유용한 묘책이 있다.

다중 키 컴포넌트

항상 메모리에 사용 가능한 전체 키를 갖고 있는 대신, 프로그램의 실행 중에 복수의 키 컴포넌트에서 암호화 키를 구성하는 것은 일정 수준의 보호를 제공한다. 이렇게 하면 키를 검색해서 찾아낸 뒤 민감한 데이터를 복호화하는 것을 어렵게 만들기 때문이다(그림 8-8). 세 개의 키 컴포넌트에서 대칭 키를 구성하는 예제 코드를 7장에서 확인할 수 있다.

다른 미디어 간 키 컴포넌트 확산

키 컴포넌트는 애플리케이션 코드와 설정파일, 그리고 레지스트리와 같이 서로 다른 장소에 저장될 수 있다. 따라서 키를 재구성하기 위해 해커는 이러한 모든 장소에 동시 접근할 필요가 있다(그림 8-8에서 보여주는 것과 같이).

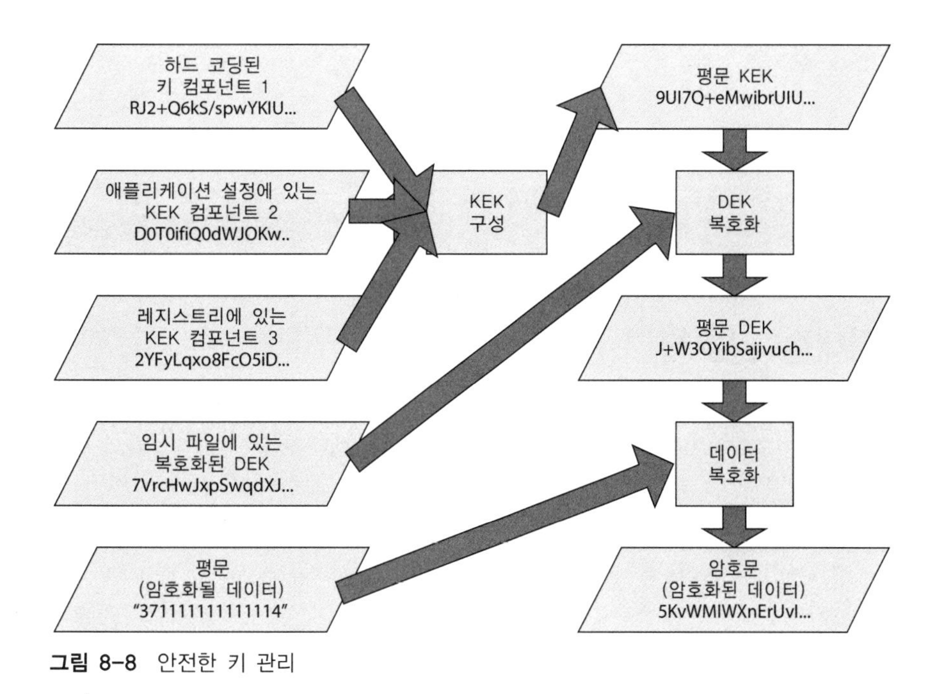

그림 8-8 안전한 키 관리

KEK와 DEK

그림 8-8에서 보여준 또 다른 최선의 방법은 키 암호화 키KEK, Key Encryption Key와 데이터 암호화 키DEK, Data Encryption Key라는 두 개의 암호화를 구현하는 것이다. KEK는 앞서 설명한 것과 같이 복수의 컴포넌트로 실행 중에 구성되며, 목적은 민감한 데이터 자체를 암호화하는 DEK를 보호하는 것이다. KEK의 숨겨진 의도는 몇 개의 단계를 추가해 키를 찾아내는 작업을 복잡하게 만드는 것이다. KEK가 가진 또 다른 장점은 데이터 암호화 세션(예를 들면 다음 절에서 설명하는 DUKPT와 유사한 각각의 POS 거래)마다 DEK를 동적으로 생성할 수 있게 하는 것이다.

키 순환

키 순환은 암호화/복호화 기능의 중단 없이 암호화/복호화 키를 변경(오래된 것을 버리고 새로운 것을 생성)하는 과정이다. 잦은 키 순환은 하나의 키가 손상된다고 할지라도 전체 정보가 노출되지 않게 돕는다. 심지어 공격자가 하나의 DEK 값을 찾아낸다고 할지라도 키 순환이 적절히 이뤄지기만 한다면 공격자가 찾아낸 DEK를 민감한 데이터를 뽑아내는 데 사용할 수 없다.

점대점 암호화

메모리에 있는 데이터와 전송 중인 데이터, 그리고 저장된 데이터 모두를 동시에 보호하는 점대점 암호화Point-Point Encryption는 가장 강력하며 인기가 높아지는 추세다. 이 기술은 이미 구현돼 있거나 많은 지불 소프트웨어 판매회사와 지불 게이트웨이, 그리고 상점에 의해 개발 중에 있다.

점대점이 실제로 의미하는 것

일반적인 P2PE의 아이디어는 간단하다. 한쪽 끝에서 민감한 데이터를 암호화하면 다른 한쪽에서는 복호화하는 것이다. 하지만 P2PE 기술이 소매점 환경에 적용이 될 때는 다음과 같이 반드시 고려해야 하는 여러 중요한 조건이 있다.

- 데이터는 입력되는 지점에서 가능한 한 가까이에서 암호화돼야 한다. 하드웨어 P2PE의 경우 마그네틱 트랙은 MSR 장치의 변조 방지 보안 모듈TRSM, Tamper-Resistant Security Module 내부에서 암호화된다.
- 암호화 말단은 소매점과 같은 위험한 환경에 놓일 수 있다. 그러므로 복호화 말단은 데이터 센터에 설치된 하드웨어 보안 모듈HSM, Hardware Security Module과 같이 아주 높은 보안성(논리적, 물리적으로)을 가진 환경에 있어야 한다.
- 암호화 키는 노출이 방지된 특별한 보안 절차와 장비를 사용해 관리해야 한다.

P2PE 수준

P2PE 솔루션은 기반이 되는 기술(표 8-4 참조)에 따라 결정되는 다양한 특징을 가진다. 제일 먼저 모든 P2PE 솔루션은 크게 하드웨어 P2PE^HW-P2PE^와 소프트웨어 P2PE^SW-P2PE^로 나눌 수 있다. HW-P2PE는 하드웨어 암호화 동작을 하는 반면, SW-P2PE는 소프트웨어적으로 암호화(가끔은 복호화)를 수행한다는 차이가 있다. TRSM과 HSM 같은 암호화 하드웨어는 침입으로부터(논리적으로, 물리적으로) 좀 더 잘 보호되기 때문에 소프트웨어 암호화보다 더 안전하다. 하지만 SW-P2PE 역시 P2PE가 전혀 없는 것보다는 낫기 때문에 사용 가능한 옵션이다.

표 8-4 P2PE에 관한 여러 기술

P2PE 형태	암호화 말단	복호화 말단	PCI 표준
하드웨어 P2PE(HW-P2PE, 하드웨어/하드웨어 P2PE)	하드웨어(TRSM)로 암호화와 키 관리를 수행	하드웨어(HSM)로 복호화와 키 관리 수행	PCI하드웨어/하드웨어 P2PE[14](2011년 9월에 처음 발표)
하드웨어/하이브리드	하드웨어(TRSM)로 암호화와 키 관리를 수행	소프트웨어로 복호화와 키 관리 수행	PCI하드웨어/하이브리드 P2PE[15](2012년 12월에 발표)
소프트웨어 P2PE(SW-P2PE, 소프트웨어/소프트웨어 P2PE)	소프트웨어로 암호화와 키 관리를 수행	복호화는 소프트웨어로, 키 관리는 하드웨어(HSM)로 수행	없음(2014년 발표할 것으로 예상)

하드웨어와 소프트웨어로 구현된 요소를 가진 복합 P2PE 솔루션이 있다. PCI는 복합 P2PE 솔루션을 기술적으로 클라이언트(암호화)에서 사용하는 것과 서버(복호화)에서 사용하는 것을 구분하고 있다. 예를 들면 **소프트웨어/하드웨어**와 같은 것으로, 슬래시 앞에 명시한 것은 암호화를 위한 기술이고, 슬래시 뒤에 명시한 것은 복호화에 필요한 구현을 나타낸다. 따라서 **소프트웨어/하드웨어** 예를 보면 암호화는 소프트웨어를 이용하지만 서버에 필요한

복호화와 키 관리는 HSM을 이용해 구현한다.

다른 P2PE의 형태는 하이브리드 P2PE로, 동시에 소프트웨어와 하드웨어 모두를 사용하는 것이다. 하이브리드가 의미하는 것은 암호화나 복호화 동작은 소프트웨어적으로 수행되지만, 키 관리는 하드웨어를 이용하는 것이다. 예를 들어 하드웨어/하이브리드 P2PE에서 POS 내부의 암호화는 TRSM 내부에 구현되는 반면, 데이터 센터 수준의 복호화는 HSM으로 키를 관리하는 소프트웨어로 이뤄진다는 것을 의미한다.

하드웨어 P2PE

하드웨어/하드웨어 P2PE 솔루션의 상위 아키텍처는 그림 8-9와 같다.

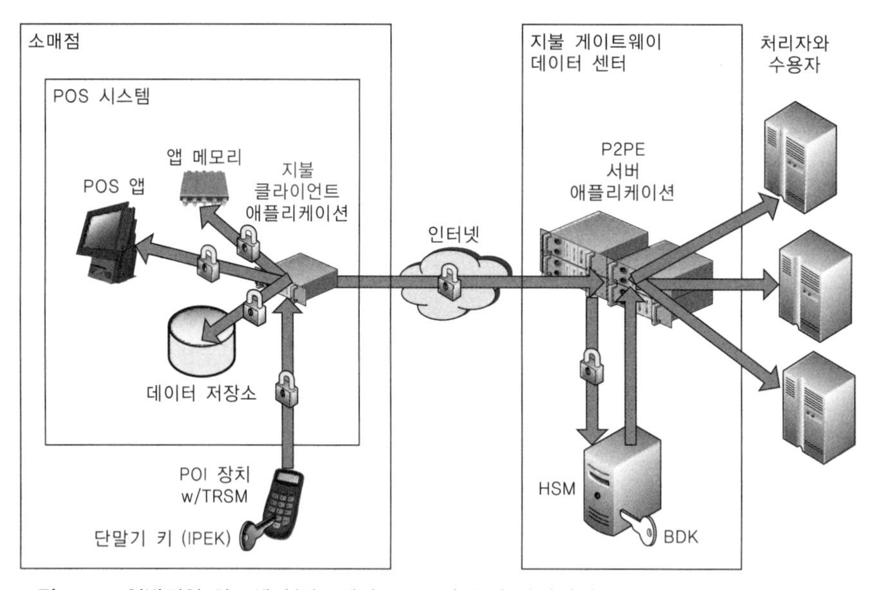

그림 8-9 일반적인 하드웨어/하드웨어 P2PE 솔루션 아키텍처

마그네틱 트랙은 지불 카드를 긁자마자 MSR에 있는 TRSM에서 암호화된다. 암호화되지 않은 평문 형태의 민감한 인증 정보는 POS나 상점 환경의 메모리, 저장소, 또는 네트워크 전송 어디에도 존재하지 않는다. 트랙 정보

는 지불 게이트웨이의 데이터 센터에 위치한 HSM에서 복호화된다. 그러므로 서버 프로그램은 거래를 처리하고 인증을 위해 필요한 적절한 지불 처리자에게 정보를 전달할 수 있게 된다.

PCI 하드웨어/하드웨어 P2PE 인증 요구 사항은 매우 광범위하며, 다음과 같은 필수 전제 조건을 포함하고 있다.

- PCI PTS SRED 인증을 받은 암호화 장치
- FIPS 140-2 3단계 인증을 받은 복호화 장치
- PCI HW-P2PE 인증을 받은 키 삽입 환경
- PCI DSS 인증을 받은 복호화 환경
- TR-39 호환 키 관리 절차

DUKPT 키 관리

거래마다 고유한 키를 유도하는 방식(DUKPT, Derived Unique Key Per Transaction)은 대칭키 구조로, 새로운 암호화 키를 각각의 새로운 암호화 세션(거래)마다 동적으로 생성하는 것을 말한다. 삼중 DES 암호화 알고리즘과 함께 DUKPT는 직불카드 PIN 암호화에 사용되며, ANSI 표준 X9.24-1에서 정의하고 있다. DUKPT는 1980년대에 발명돼 1990년대부터 직불카드의 PIN 암호화에 사용돼 왔다. 지금 이 기술은 P2PE 솔루션에 폭넓게 적용되고 있다.

"특정 키 관리 기법은 매 거래마다 PIN 입력 장치에서 보유하고 있는 키에 관한 정보 없이 고유한 키를 제공한다. 키 관리 기법은 또한 수용자의 보안 모듈에 있는 키 유도 시스템을 제공해 거래에 포함된 정보에 근거해 임의의 PIN 입력 장치에서 언제든지 어떤 키가 사용돼야 하는지 판단 할 수 있게 한다."[16]

DUKPT의 장점은 키 계층을 정의해 하나의 키가 노출된다고 해도 다른 키에 손상을 주지 않는다는 것이다. 이것은 하나의 세션 키가 노출돼도 다른

거래에 손상을 주지 않고, 하나의 단말 키가 다른 장치의 손상을 초래하지 않는다는 것을 의미한다. DUKPT의 또 다른 훌륭한 기능은 복수의 단말에서 오는 데이터를 복호화하기 위해 단 하나의 마스터 키만 있으면 된다는 것이다.

BDK

유도 기본 키BDK, Base Derivation Key는 마스터 키로, 가장 안전해야 하는 DUKPT 계층(표 8-5)의 최상위 키다. BDK가 노출되면 전체 키 계층(전체 상점 체인이나 큰 지불 네트워크 세그먼트)이 손상된다. BDK의 보호에는 분할 지식의 원리가 사용된다. 즉, 키는 HSM 내부의 여러 키 컴포넌트로부터 구성되고 평문 형태로는 절대로 하드웨어 밖으로 노출돼서는 안 된다. 키 컴포넌트(주로 세 개나 두 개)는 스마트카드나 무단 변조 방지 봉투 속에 든 종이에 기록돼 키 관리인이라고 알려진 다른 사람이 소유하게 된다. 예를 들어 새로운 HSM 장치를 만드는 것과 같이 전체 BDK를 재생성해야 하는 경우에는 모든 키 관리인이 있어야만 한다. BDK가 제3의 조직과 공유될 필요가 있을 때(예를 들면 키 삽입 장치) 키 컴포넌트는 다른 날짜에 다른 운송 기관을 통해 각각의 키 관리인에 의해 분리된 변조 방지 봉투에 넣어 보내지게 돼 있다.

표 8-5 DUKPT 키

키	암호화 장치	복호화 환경	키 삽입 장치
BDK	없음	복호화 HSM에 저장	키 삽입 장치에 저장
초기 키(IPEK)	키 삽입 과정에서 삽입된다. 키가 삽입될 동안 첫 번째 미래 키가 생성된 다음 버려진다.	BDK를 가진 초기 KSN의 암호화를 통해 재구성된다. 그런 다음, 세션 키 유도에 사용된다.	BDK를 가진 초기 KSN 암호화를 통해 키 삽입 시간에 생성된다.

(이어짐)

키	암호화 장치	복호화 환경	키 삽입 장치
미래 (세션) 키	데이터의 암호화와 새로운 미래 키 생성에 사용된다. 새로운 키가 각각의 새로운 암호화 세션에 사용된다. 세션 암호화 후 버려진다. 34개의 16진수로 구성된 각각의 미래 키가 21개 존재한다.	특별한 알고리즘을 사용해 거래 카운터와 초기 키로 유도된다.	없음

초기 키와 KSN

DUKPT 체계에 따르면 각각의 PIN 암호화 장치^PED^나 보안 카드 리더^SCR^에는 고유한 초기 키가 삽입된다(표 8-5). PIN 암호화 구현에서는 초기 PIN 암호화 키^IPEK, Initial PIN Encryption Key^라고도 불리는 초기 키는 특별한 키 삽입 장치^KIF, Key Injection Facility^에서 키 삽입 과정 동안 BDK로부터 유도된다. 각각의 새로운 PED나 SCR에는 지불 단말기에도 초기 키와 같이 삽입되는 초기 키 번호^KSN, Key Serial Number^가 할당된다. 초기 KSN은 BDK ID와 TSRM ID(표 8-6)로 구성된다. 복호화 부분에서 데이터 복호화에 필요한 BDK는 BDK ID로 선택한다. TSRM ID는 주어진 BDK 안에서 고유한 장치를 식별할 수 있게 한다. 키 삽입 장치는 키 삽입에 특화된 HSM으로, BDK를 갖고 초기 KSN을 암호화해 초기 키를 생성하고, 생성한 초기 키를 TSRM에 위치한 메모리에 초기 KSN과 함께 삽입한다. 초기 키는 단말기에 저장되진 않지만, 키 삽입 시점에 일련의 미래 키 생성에 사용된다. DUKPT를 사용할 수 있는 암호화 장치는 또한 키 삽입 과정에서 0으로 초기화되는 암호화 계수기를 가진다.

표 8-6 DUKPT 데이터 요소

데이터 요소	내용	설명
BDK ID	키 식별자	암호화 장치와 관련된 BDK 식별자다. 키 삽입 시점에 초기 KSN의 부분으루 암호화 장치에 삽입된다.
TRSM ID	장치 식별자	주어진 BDK 범위 안에서 암호화 장치를 식별한다. 키 삽입 시점에 초기 KSN의 부분으로 암호화 장치에 삽입된다.
암호화 계수기	거래 계수기	키 삽입 시점에 0으로 설정된다. 각각의 암호화 세션마다 1씩 증가한다.
초기 KSN	BDK ID + TRSM ID	키 삽입 과정에서 BDK에 의해 암호화될 때 초기 키(IPEK)를 생성한다.
KSN	초기 KSN + 암호화 계수기	세션 키를 재생성하기 위해 복호화 단말에서 사용된다.
암호화된 PIN 블록	KSN + 암호문	암호화 장치에서 복호화 단말로 보내진다.

미래(세션) 키

미래 키는 다음과 같은 두 가지 기능을 갖는다.

1. 데이터 암호화에 필요한 일회용 세션 키로 사용
2. 각각의 암호화 세션마다 증가하는 암호화 계수기의 값을 암호화해 생성하는 비가역적인 다음 미래 키에 사용

미래(세션) 키는 암호화에 사용되고, 다음 미래 키를 생성하자마자 버려진다. 그러므로 앞서 사용된 키에 관한 어떠한 정보도 TRSM에 저장되지 않는다. 암호화 계수기(21비트)의 크기는 다른 초기 키 삽입 없이 1백만 회의 거래를 처리할 수 있다.

복호화

각각의 거래에서 PED 또는 SCR은 PIN 암호화 구현에서 암호화된 PIN 블록이라고 불리는 특별한 형식으로 만들어진 데이터 블록을 복호화 부분으로 전송한다. 암호화된 PIN 블록은 KSN(20바이트)과 암호문으로 구성된다. KSN은 초기 KSN(BDK ID에 TRSM ID가 더해진)과 암호화 계수기 값으로 구성된다. 복호화 말단의 소프트웨어 또는 HSM은 표준에서 정의한 특별한 알고리즘을 사용해 KSN을 적절한 BDK의 선택과 적절한 세션 키의 재생성에 사용한다.[17]

EMV

유로페이Europay, 마스터카드MasterCard, 그리고 비자Visa의 약자로 구성된 EMV는 '칩chip과 핀PIN으로도 알려진' IC 카드ICC, Integrated Circuit Card의 국제 표준이다. EMV 카드는 특별한 IC 카드 판독기ICCR, Integrated Circuit Card Reader가 장착된 POS 단말과 ATM 기기에서 받아들여진다. EMV 카드는 EMVCo LLC.라는 아메리칸 익스프레스AmericanExpress, JCB, 마스터카드, 그리고 비자에서 소유하고 있는 다국적 기업[18]에서 관리하는 EMV IC 카드 사양서[19]에 의해 통제된다. EMVCo 표준은 일련의 접촉식 카드를 위한 ISO/IEC 7816 표준을 기초로 하는 네 권의 책으로 구성된다. 예를 들어 ISO/IEC 7816-4 표준은 '조직과 보안, 그리고 교환을 위한 명령'을 정의한다.[20] EMVCo에 따르면 사양서는 "금융 부분과 관련된 ISO 7816에서 가져온 선택 사양의 선택을 포함한다."[21]

지불 시스템을 위한 EMV IC 카드 사양서는 다음과 같다.

- **1권** 단말기에 대한 프로그램 독립적인 ICC 인터페이스 요구 사항
- **2권** 보안과 키 관리
- **3권** 프로그램 사양

EMV는 미국과 많은 다른 나라에서는 여전히 일반적이지 않으며, 국제적인 구현에는 많은 시간이 필요하다. 이 기술은 대부분 카드 소유자의 인증과 유출 방지에 초점이 맞춰져 있다. PCI DSS 표준은 민감한 카드 소유자 정보는 여전히 지불 애플리케이션을 통해 구할 수 있기 때문에 EMV를 사용하는 상점에도 똑같은 원칙을 요구한다. 많은 칩과 핀 카드 발급자는 여전히 마그네틱 선을 유지하고 있으므로, 그러한 카드는 EMV 판독기가 장착되지 않은 미국 상점에서 여전히 사용 가능하다. 이러한 '이중' 카드는 해커로 하여금 서비스 코드를 조작하거나 칩을 못 쓰게 만들어 새로운 보안 기능을 사용하지 못하도록 지불 시스템이 일반적인 마그네틱 선 처리가 실패할 경우 수행하는 과정으로 전환하게 강제할 수 있다.

모바일과 비접촉식 지불

NFC를 사용할 수 있는 지불 솔루션은 POS에 카드 정보를 입력할 때 기존의 비접촉식 지불 단말기를 사용한다. NFC를 사용하는 지불 솔루션은 모바일 장치에 카드 데이터를 저장하며, 이러한 솔루션은 노출될 수 있다. 게다가 비접촉식 MSD(마그네틱 선 데이터) 판독기는 일반적인 MSR보다 안전하지 않다. 일단 NFC를 통해 데이터가 카드 칩에서 지불 단말기로 전송되면 POS와 지불 애플리케이션 내부에서 보통의 MSR로 읽은 데이터와 완전히 같은 방식으로 처리된다.

NFC를 사용하지 않는 솔루션은 이러한 문제를 해결할 수 있다. 이러한 솔루션은 모바일 장치와 지불 거래 연결에 POS를 사용한다. 모든 민감한 데이터는 POS와 모바일 결제 서버 간 교환되므로 상점에는 민감한 데이터가 절대로 제공되지 않는다. 전통적인 형태의 신용카드는 보존될 수 있다. 따라서 기술의 혁신은 카드 수준에서 필요하지 않을 수 있다. 즉, 카드 데이터는 모든 필수 구성 요소가 적절히 보호돼야 하는 데이터 센터에 안전하게 저장된다. 나는 이러한 해결책을 2009년에 제안한 바 있다.[22] 지불 세션을 시작하기 위해 휴대폰과 POS의 연결은 모바일 장치 화면에 표시된 무작위로 생성한 일회용 토큰과 바코드를 사용한다. 일단 거래가 끝나면 POS와 휴대폰의 논리적인 연결은 끊어지고 재사용할 수 없다. POS와 고객 사이의 연결은 데이터 센터 수준에서 유지된다.

정리

PCI DSS와 PA-DSS는 저장된 데이터와 전송되는 데이터에 약간의 제한적인 수준에서만 암호화를 요구한다. 민감한 카드 소유사의 정보를 완전하게 보호하기 위해 데이터는 메모리와 전송 과정, 그리고 저장되는 모든 곳에서 암호화돼야 한다. SSL은 전송되는 데이터에 대한 신뢰성이 높은 해법이다. 점대점 암호화는 포괄적인 해결이 필요할 때 최고의 선택이 될 수 있다. P2PE에는 하드웨어, 소프트웨어, 하이브리드, 그리고 이러한 것들의 조합과 같은 다양한 형태가 있다. 하드웨어/하드웨어 P2PE는 구현과 인증의 관점에서 가장 안전하며 복잡한 방법이다. EMV와 모바일 결제 기술은 민감한 카드 소유자 정보에 대한 추가적인 보호 방법을 제공한다.

참고 자료

1. 네트워크월드NetworkWorld, "메모리 스크래핑 악성코드는 암호화된 개인 정보를 추구한다(Memory scraping malware goes after encrypted private information)", http://www.networkworld.com/news/2011/022211-pervasive-memory-malware.html

2. MSDN, "SecureString Class," http://msdn.microsoft.com/en-us/library/system.security.securestring(v=vs.110).aspx

3. IBM, "SSL의 역사(History of SSL)," http://publib.boulder.ibm.com/infocenter/iseries/v5r3/index.jsp?topic=/rzain/rzainhistory.htm

4. 마크 오닐Mark O'Neil, 『웹 서비스 보안(Web Services Security)』(뉴욕: 맥그로힐McGraw-Hill/오스본Osborne, 2003년), pp. 37, 43.

5. 죠슈아 데이비스Joshua Davies, 『암호화 PK를 사용해 SSL/TSL 구현하기(Implementing SSL/TLS Using Cryptography and PKI)』(Hoboken, NJ: Wiley, 2011)

6. SSL쇼퍼SSLShopper, "SSL 세부 사항(SSL Details)", http://www.sslshopper.com/ssl-details.html

7. 시만텍/베리사인Symantec/Verisign, "SSL 인증서(SSL Certificates)", http://www.symantec.com/verisign/ssl-certificates

8. 마이크로소프트, "인증 권한 설정(Setting Up a Certification Authority)", http://technet.microsoft.com/en-us/library/cc770827.aspx

9. OpenSSL, http://www.openssl.org/

10. MSDN, "MakeCert.exe (Certificate Creation Tool)", http://msdn.microsoft.com/en-us/library/bfsktky3.aspx

11. 마이크 우드Mike Wood, "코모도에서 발급한 가짜 인증서, 누가 우릴 신뢰하는가를 재고해볼 시간이다(Fraudulent certificates issued by Comodo, is it time to rethink who we trust?)"(2011년 3월 24일), http://nakedsecurity.sophos.com/2011/03/24/fraudulent-certificates-issued-by-comodo-is-ittime-to-rethink-who-we-trust/

12. TechNet, "자동 등록 - 최종 사용자가 자신의 인증서를 관리하는 것을 방지(Auto-Enrollment - Avoid the challenges of making end users manage their certificates)"(TechNet, 2010), http://blogs.technet.com/b/meamcs/archive/ 2010/12/01/auto-enrollment-avoid-the-challengesof-making-end-users-manage-their-certificates.aspx

13. 슬라바 곰진Slava Gomzin, "IPSec를 이용한 전통적인 프로그램의 안전한 통신: 기존의 소프트웨어 변경 없이 전송되는 데이터 보호를 위한 단계별 설명(Securing Communication of Legacy Applications with IPSec: Step-by-Step Guide to Protecting "Data in Transit" without Changes in Your Existing Software)",

http://www.gomzin.com/securing-communication-of-legacy-applications-with-ipsec.html

14. "지불 카드 산업(PCI) 점대점 암호화 솔루션 요구 사항과 검증 절차: 암호화 장치의 암호화와 키 관리, 그리고 소프트웨어 계정 정보 복호화(하드웨어/하이브리드) (Payment Card Industry (PCI) Point-to-Point Encryption Solution Requirements and Testing Procedures: Encryption and Key Management within Secure Cryptographic Devices, and Decryption of Account Data in Software) (Hardware/Hybrid)" 버전 1.1.1(2013년 7월), https://www.pcisecuritystandards.org/documents/P2PE_v1-1.pdf

15. "지불 카드 산업(PCI) 점대점 암호화 솔루션 요구 사항과 검증 절차: 암호화 장치의 암호화와 키 관리, 그리고 소프트웨어 계정 정보 복호화(하드웨어/하이브리드) (Payment Card Industry (PCI) Point-to-Point Encryption Solution Requirements and Testing Procedures: Encryption and Key Management within Secure Cryptographic Devices, and Decryption of Account Data in Software) (Hardware/Hybrid)" 버전 1.1.1(2013년 7월), https://www.pcisecuritystandards.org/documents/P2PE_Hybrid_v1.1.1.pdf

16. ANSI, "소매 금융 서비스 대칭키 관리 1편: 대칭 기술의 사용, 공인 표준 위원회 X9, Inc(Retail financial Services Symmetric Key Management Part 1: Using Symmetric Techniques, Accredited Standards Committee X9, Inc)"(2009sus 10월 13일), http://webstore.ansi.org/RecordDetail.aspx?sku=ANSI+X9.24-1%3A2009

17. 같은 책

18. EMVCo, LLC., http://www.emvco.com/

19. EMVCo, LLC., "EMV Integrated Circuit Card Specifications for Payment Systems Version 4.3"(November 2011), http://www.emvco.com/specifications.aspx?id=223

20. ISO/IEC, "INTERNATIONAL STANDARD ISO/IEC 7816-4, Identification cards-Integrated circuit cards-Part 4: Organization, security and commands for interchange"(2005)

21. EMVCo, LLC., "일반적인 FAQ(General FAQ_)", http://www.emvco.com/faq.aspx?id=37#1

22. 슬라바 곰진Slava Gomzin, "모바일 결제: 안전한 모바일 결제 솔루션 제안 (Mobile Checkout: Secure Mobile Payments Solution Proposal)"(2009년 4월), http://www.gomzin.com/mobile-checkout.html

9

애플리케이션 코드 보호

충분히 진보한 모든 기술은 마법과 구별할 수 없다.

– 아서 C. 클라크

안전한 POS와 지불 애플리케이션을 설계할 때 개발자가 가장 먼저 생각해야 하는 것은 민감한 정보의 보호다. 하지만 종종 데이터 보호 메커니즘 자체도 역시 보호돼야 한다는 사실은 잊는다. 안전하지 않은 애플리케이션 코드와 설정은 해커를 위해 뒷문을 열어주는 것이나 다름없다.

코드 서명

코드 서명은 초기 개발과 실행 시간, 그리고 갱신을 비롯한 애플리케이션 생명주기 전체에 걸쳐 소프트웨어 애플리케이션을 변조로부터 보호하는 메커니즘이다. 전자 서명은 애플리케이션 패키지의 모든 바이너리에 대해 소프트웨어 판매회사가 소프트웨어의 빌드와 출시 과정 중 마지막 단계에서 계산한다. 그런 다음 서명은 소프트웨어가 판매회사에서 빌드된 이후 코드의 변경이 없었다는 것을 최종 사용자가 확인하는 검증 과정에 사용할 수 있다. 게다가 코드 서명은 정상적인 애플리케이션의 일부분인 척하는 위조된 바이너리를 인식할 수 있게 한다. 그런 파일은 전자 서명이 전혀 돼 있지 않거나 가짜 서명이 돼 있을 것이기 때문이다.

코드 서명은 오랫동안 인터넷으로 배포되는 소프트웨어에 사용돼 왔다. 하지만 POS와 지불 애플리케이션 같은 '보통의' 데스크톱과 서버용 소프트웨어에서 전자 서명의 중요성은 종종 평가 절하됐다. 상점이 자신의 POS와 상점의 서버에 존재하는 모든 코드 파일의 진위 여부를 검증할 능력이 있었다면 많은 보안 침해 사고를 막을 수 있었을 것이다.

인증 코드

마이크로소프트 사의 인증 코드 기술은 첨부된 전자 서명을 이용해 바이너리 파일에 서명을 할 수 있게 한다.[1] 서명은 서명된 파일에 포함돼 파일과 서명에 필요한 모든 작업을 단순화시킨다. 사인툴SignTool[2]은 전자 서명을 검증할 뿐만 아니라 프로그램 파일에 서명하는 기능도 제공한다. 닷넷 바이너리 서명용으로만 사용되는 '강력한 이름 서명strong name signing[3]'과 달리 인증 코드는 모든 실행 파일과 동적 링크 라이브러리(.dll) 파일의 보호를 위해 사용될 수 있다.

코드 서명 인증서

실제 운영 환경의 경우 공공 인증기관[4,5]으로부터 코드 서명 인증서를 구매할 것을 추천한다. 요점은, 잘 알려진 CA의 루트 인증서는 대부분의 운영체제와 브라우저에 기본적으로 설치돼 있으므로, 공공 CA가 발급한 코드 서명 인증서는 거의 모든 시스템에서 대상 시스템에 유료 루트 CA 인증서를 미리 설치할 필요 없이 '곧바로' 신뢰된다는 것이다.

개발과 테스트 목적으로는 이미 7장과 8장에서 언급한 바 있는 MakeCert가 코드 서명 인증서 생성에 사용될 수 있다. MakeCert가 만든 인증서는 공공 인증기관이 발급한 인증서와 똑같이 보이게 된다(적어도 테스트하려는 프로그램의 관점에서는). 코드 서명 인증서를 서명하기 위해서는 다음과 같이 SSL 인증서를 발급할 때 생성한 시험용 루트 CA를 재사용할 수도 있다.

```
makecert -a sha256 -len 4096 -n "CN=CodeSignDemo"
-b 01/01/2013 -e 01/01/2023 -ic SSLDemoRoot.cer -iv SSLDemoRoot.pvk
-sky signature -sv CodeSignDemo.pvk CodeSignDemo.cer

pvk2pfx -pvk CodeSignDemo.pvk -spc CodeSignDemo.cer
-pfx CodeSignDemo.pfx -pi 1
```

[상호 참조] 시험용 루트 CA에 관한 자세한 사항은 8장 "CA 만들기" 절을 참조하라.

8장에서 설명한 것과 같이 SSLDemoRoot.cer 파일을 클릭해 루트 CA 인증서를 신뢰할 수 있는 인증기관Trusted Root Certification Authorities에 미리 설치하는 것을 잊지 마라(신뢰할 수 있는 루트 CA 인증서는 서명과 검증 작업 과정에서 사용할 수 있어야만 한다). 하지만 루트 CA와 코드 서명 개인 키 모두를 생성할 때 사용될 수 있는 대안이 있다. OpenSSL이라고 불리는 오픈소스 암호화 툴킷과 SDK를 사용하는 것이다.[6]

OpenSSL을 사용한 루트 CA 생성

먼저 OpenSSL을 다운로드해서 설치해야 한다.[7] 설치 과정에서 설치 위치는 기본적으로 설정된 C:\OpenSSL-Win32를 사용하고 OpenSSL 바이너리는 [OpenSSL]\bin 디렉토리에 설치하게 표시한다. 설치 완료 후에 윈도우 명령 프롬프트(시작 ▶ 실행 ▶ cmd)를 사용해 다음과 같이 OpenSSL 환경설정 경로를 설정한다.

```
set OPENSSL_CONF=c:\OpenSSL-Win32\bin\openssl.cfg
```

이제 OpenSSL을 사용해 루트 CA 개인 키를 생성한다(그림 9-1 참조). 먼저 C:\ROOT_CA 디렉토리를 만들고 명령 프롬프트에서 다음과 같이 OpenSSL 명령을 실행한다. OpenSSL `genrsa` 명령은 RSA 4,096비트 키를 생성하고 T-DES로 암호화한다.

```
openssl genrsa -des3 -out C:\ROOT_CA\root_ca.key 4096
```

```
Administrator: C:\Windows\system32\cmd.exe
C:\OpenSSL-Win32\bin>openssl genrsa -des3 -out C:\ROOT_CA\root_ca.key 4096
Loading 'screen' into random state - done
Generating RSA private key, 4096 bit long modulus
.................................++
..................................................++
e is 65537 (0x10001)
Enter pass phrase for C:\ROOT_CA\root_ca.key:
Verifying - Enter pass phrase for C:\ROOT_CA\root_ca.key:

C:\OpenSSL-Win32\bin>
```

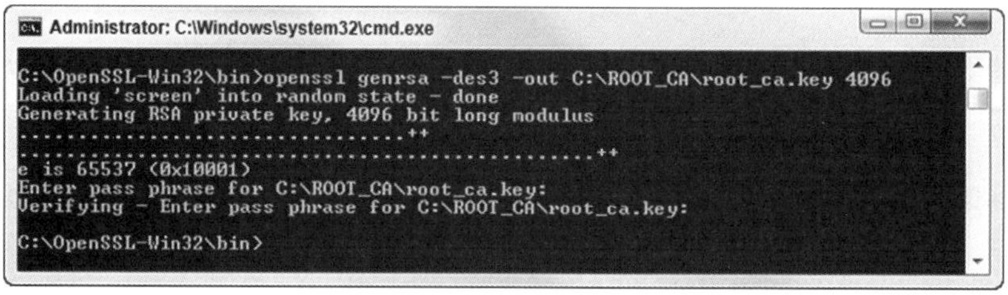

그림 9-1 OpenSSL을 사용한 시험용 루트 CA 개인 키 생성

공개 키 CA 인증서를 만들기 위해 다음과 같은 OpenSSL `req` 명령을 표 9-1에서 설명한 인자를 가지고 실행한다(그림 9-2).

```
openssl req -new -x509 -days 3650 -key C:\ROOT_CA\root_ca.key
-out C:\ROOT_CA\root_ca.crt
```

```
Administrator: C:\Windows\system32\cmd.exe
C:\OpenSSL-Win32\bin>openssl req -new -x509 -days 3650 -key C:\ROOT_CA\root_ca.k
ey -out C:\ROOT_CA\root_ca.crt
Enter pass phrase for C:\ROOT_CA\root_ca.key:
Loading 'screen' into random state - done
You are about to be asked to enter information that will be incorporated
into your certificate request.
What you are about to enter is what is called a Distinguished Name or a DN.
There are quite a few fields but you can leave some blank
For some fields there will be a default value,
If you enter '.', the field will be left blank.
-----
Country Name (2 letter code) [AU]:US
State or Province Name (full name) [Some-State]:TX
Locality Name (eg, city) []:
Organization Name (eg, company) [Internet Widgits Pty Ltd]:Hacking Point of Sale

Organizational Unit Name (eg, section) []:
Common Name (e.g. server FQDN or YOUR name) []:SignDemo Root CA
Email Address []:

C:\OpenSSL-Win32\bin>
```

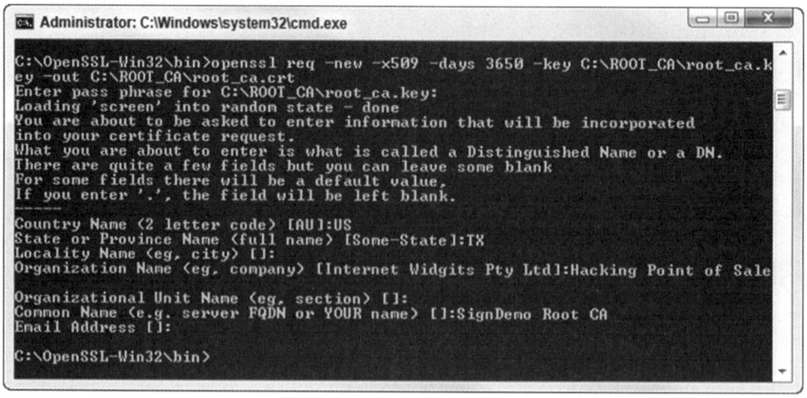

그림 9-2 OpenSSL을 사용한 루트 CA 공개 키 인증서 생성

표 9-1 루트 CA 인증서 생성에 필요한 OpenSSL 매개변수

매개변수	값	설명
req	없음	인증서 서명 요청 생성
-new	없음	새로운 요청
-X509	없음	인증서 요청 대신 인증서 생성(인증서 요청에 관한 자세한 사항은 '운영 환경 수준의 코드 서명 인증서 생성' 절 참고)
-days	3650	유효기간을 10년으로 설정
-key	C:\ROOT_CA\root_ca.key	CA 루트 개인 키의 위치와 이름
-out	C:\ROOT_CA\root_ca.crt	생성되는 CA 공개 키 인증서의 위치와 이름

마지막 단계는 root_ca.crt 파일을 클릭하고 8장의 SSLDemoRoot.cer 파일에서 설명한 것과 같은 방법으로 루트 CA 인증서를 신뢰할 수 있는 인증기관 저장소에 설치하는 것이다.

인증서 형식

이미 눈치 챘겠지만 MakeCert와 OpenSSL 명령은 다른 공개 키 인증서와 개인 키 파일 확장자를 사용한다. MakeCert는 .cer과 .pvk를 사용하고, OpenSSL은 .crt와 .key를 사용한다. 두 도구 모두 똑같이 기본적인 내부 인증서 형식(X.509[8])을 사용하지만, 기본적으로 두 개의 다른 데이터 표현 형식인 바이너리와 베이스 64Base 64 인코딩을 인식한다. 이러한 형식은 종종 구분된 인코딩 규칙DER, Distinguished Encoding Rule과 향상된 개인 이메일PEM, Privacy-enhanced Electronic Mail이라고 일컫는다. 바이너리 DER 형식은 사용할 수 있는 모든 바이트 값을 사용하기 때문에(그림 9-3) 약간 더 복잡한 반면 베이스 64로 인코딩된 PEM은 64개의 출력 가능한 아스키ASCII 문자를 사용해 문자열과 XML 데이터 형식으로 전환하고 다루는 것을 쉽게 한다(그림 9-4). 베이스 64 인증서 데이터는 `-----BEGIN CERTIFICATE-----`로 시작하고

-----END CERTIFICATE-----로 끝난다. 두 개인 키 컨테이너에도 같은 차이점이 있다. .pvk는 바이너리 형식이지만, .key 파일은 베이스 64로 인코딩된 파일이다.

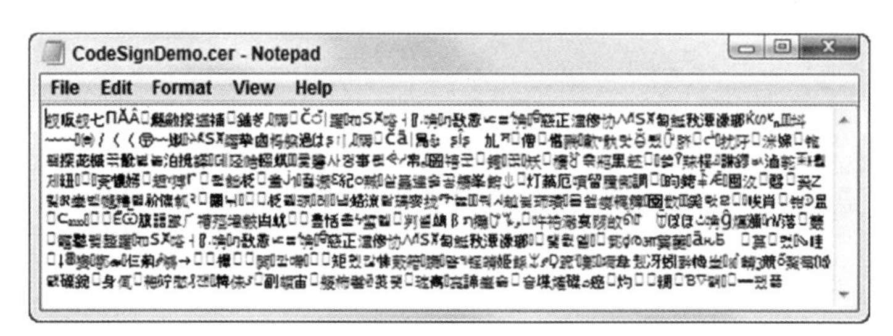

그림 9-3 바이너리로 인코딩된 DER(.cer) 인증서 형식

그림 9-4 베이스 64로 인코딩된 PEM(.crt) 인증서 형식

운영 환경 수준의 코드 서명 인증서 생성

7장과 8장에서 보여준 것과 같이 개발과 테스트를 위한 코드 서명 인증서는 MakeCert로도 만들 수 있다. 하지만 여기서는 OpenSSL을 사용할 것인데,

이유가 있다. OpenSSL은 인증서 서명 요청을 만들 수 있다. 인증서 서명 요청은 운영 환경의 코드 서명 절차에 사용되는 코드 서명 인증서 발급을 위해 공공 CA로 보내질 수 있다.

OpenSSL을 사용한 코드 서명 인증서 생성은 다음과 같은 단계로 이뤄져 있다.

1단계: 코드 서명 개인 키 생성

이 명령은 2,048비트(NIST[9]에서 권고하는 것과 같이) RSA 개인 키를 만들고 사용자에게서 입력을 받은 비밀 문장과 함께 삼중 DES 알고리즘을 사용해 암호화 한다(그림 9-5).

```
openssl genrsa -des3 -out C:\CODE_SIGN\CodeSignDemo.key 2048
```

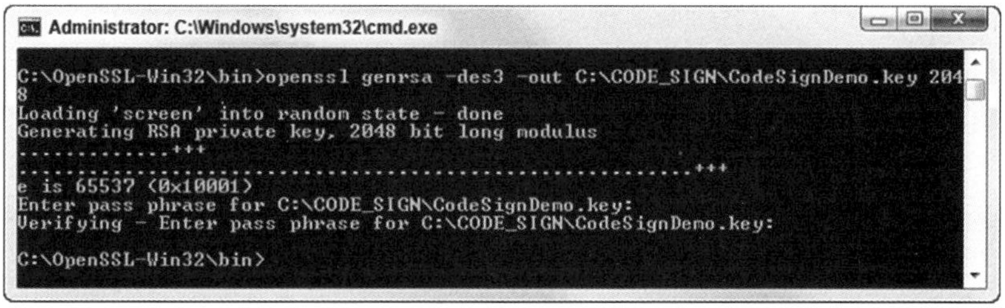

```
Administrator: C:\Windows\system32\cmd.exe

C:\OpenSSL-Win32\bin>openssl genrsa -des3 -out C:\CODE_SIGN\CodeSignDemo.key 204
8
Loading 'screen' into random state - done
Generating RSA private key, 2048 bit long modulus
..............+++
..........................................................+++
e is 65537 (0x10001)
Enter pass phrase for C:\CODE_SIGN\CodeSignDemo.key:
Verifying - Enter pass phrase for C:\CODE_SIGN\CodeSignDemo.key:

C:\OpenSSL-Win32\bin>
```

그림 9-5 OpenSSL을 사용한 RSA 개인 키 생성

2단계: 인증서 서명 요청 생성

다음과 같은 OpenSSL의 `req` 명령은 표 9-2에 설명된 것과 같은 인자를 사용해 인증서 서명 요청을 만든다(그림 9-6 참조).

```
openssl req -new -key C:\CODE_SIGN\CodeSignDemo.key
-out c:\CODE_SIGN\CodeSignDemo.csr
```

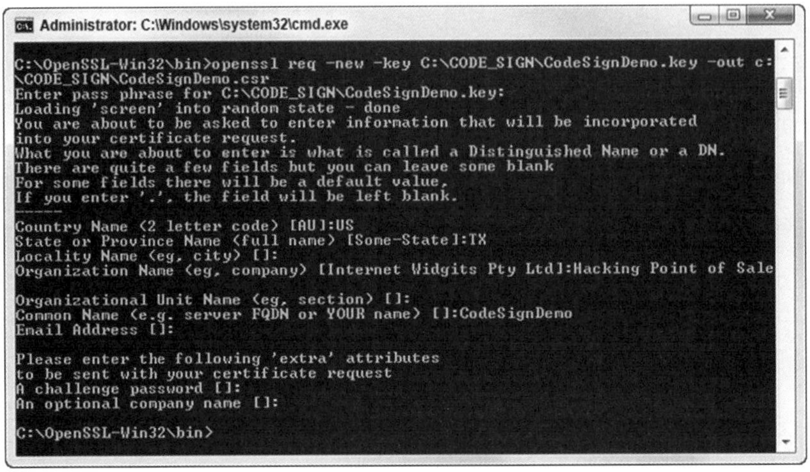

```
Administrator: C:\Windows\system32\cmd.exe

C:\OpenSSL-Win32\bin>openssl req -new -key C:\CODE_SIGN\CodeSignDemo.key -out c:
\CODE_SIGN\CodeSignDemo.csr
Enter pass phrase for C:\CODE_SIGN\CodeSignDemo.key:
Loading 'screen' into random state - done
You are about to be asked to enter information that will be incorporated
into your certificate request.
What you are about to enter is what is called a Distinguished Name or a DN.
There are quite a few fields but you can leave some blank
For some fields there will be a default value,
If you enter '.', the field will be left blank.
-----
Country Name (2 letter code) [AU]:US
State or Province Name (full name) [Some-State]:TX
Locality Name (eg, city) []:
Organization Name (eg, company) [Internet Widgits Pty Ltd]:Hacking Point of Sale

Organizational Unit Name (eg, section) []:
Common Name (e.g. server FQDN or YOUR name) []:CodeSignDemo
Email Address []:

Please enter the following 'extra' attributes
to be sent with your certificate request
A challenge password []:
An optional company name []:

C:\OpenSSL-Win32\bin>
```

그림 9-6 OpenSSL을 사용한 인증서 서명 요청 생성

표 9-2 인증서 서명 요청 명령에 필요한 OpenSSL 매개변수

매개변수	값	설명
req	없음	인증서 서명 요청 생성
-new	없음	새로운 요청 생성
-days	3650	유효기간을 10년으로 설정
-key	C:\CODE_SIGN\CodeSignDemo.key	코드 서명 개인 키 위치와 이름
-out	C:\CODE_SIGN\CodeSignDemo.csr	생성되는 인증서 서명 요청의 위치와 이름. 파일 확장자는 .csr인 것에 주의

이 시점에서 CodeSignDemo.csr 파일은 운영 환경 수준의 코드 서명 인증서 발급을 위해 서명 과정에서 공공 CA로 보내질 수 있다.

> **노트** 인증서 저장과 코드 서명을 위해 HSM을 사용할 계획이라면 전체 코드 서명 과정에 가장 높은 보안 수준을 제공할 수 있으므로 아주 좋은 생각이다. 처음 두 단계는 HSM을 통해 수행되며, HSM은 인증서 서명 요청뿐만 아니라 하드웨어 보호를 사용해 안전하게 개인 키를 생성하고 저장한다.

3단계: 루트 CA를 통한 코드 서명 인증서 서명

다음 단계는 루트 CA를 사용해 인증서 서명 요청과 인증서를 서명해 코드 서명 인증서를 만드는 것이다. 운영 환경에서 이 단계는 아마도 대부분 공공 CA를 통해 수행된다. 개발과 시험 목적으로는 OpenSSL x509 명령(표 9-3)을 사용해 시험용 루트 CA를 가지고 인증서 서명 요청과 인증서 서명을 할 수 있다(그림 9-7).

```
openssl x509 -req -days 3650 -in c:\CODE_SIGN\CodeSignDemo.csr
-CA C:\ROOT_CA\root_ca.crt -CAkey C:\ROOT_CA\root_ca.key
-set_serial 01 -out C:\CODE_SIGN\CodeSignDemo.crt
```

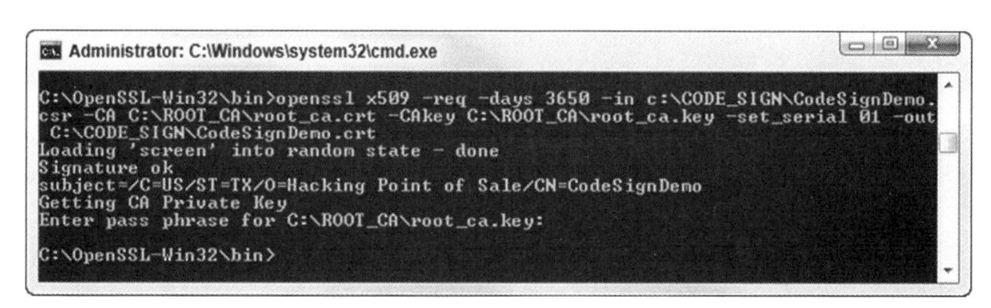

그림 9-7 OpenSSL을 사용해 루트 CA를 통한 코드 서명 인증서 서명하기

표 9-3 루트 CA를 통한 코드 서명 인증서 서명에 필요한 OpenSSL 매개변수

매개변수	값	설명
x509	없음	x509는 인증서를 가지고 뒤따르는 인자에 따라 다른 동작을 수행한다.
-req	없음	입력은 인증서 서명 요청이다.
-days	3650	유효기간을 10년으로 설정한다.
-in	C:\CODE_SIGN\CodeSignDemo.csr	입력 파일(인증서 서명 요청)
-CA	C:\ROOT_CA\root_ca.crt	루트 CA 공개 키 인증서 파일
-CAkey	C:\ROOT_CA\root_ca.key	루트 CA 개인 키 파일

(이어짐)

매개변수	값	설명
-set_serial	01	인증서에 일련번호 설정
-out	C:\CODE_SIGN\CodeSignDemo.crt	출력되는 인증서 파일의 위치와 이름

4단계: PFX 파일 컴파일

서명에 사용되는 사인툴SignTool은 서명되는 인증서를 두 개로 분리된 파일(공개 키 인증서와 개인 키) 형태로 받아들이지 않고, 단일 PFX 파일로 제공될 것을 요구한다. 따라서 마지막 단계는 PFX 컴파일이다. 이 과정은 다음과 같이 OpenSSL pkcs12 명령을 사용해 수행할 수 있다(그림 9-8).

```
openssl pkcs12 -export -out c:\CODE_SIGN\CodeSignDemo.pfx
-inkey c:\CODE_SIGN\CodeSignDemo.key -in c:\CODE_SIGN\CodeSignDemo.crt
-certfile C:\ROOT_CA\root_ca.crt
```

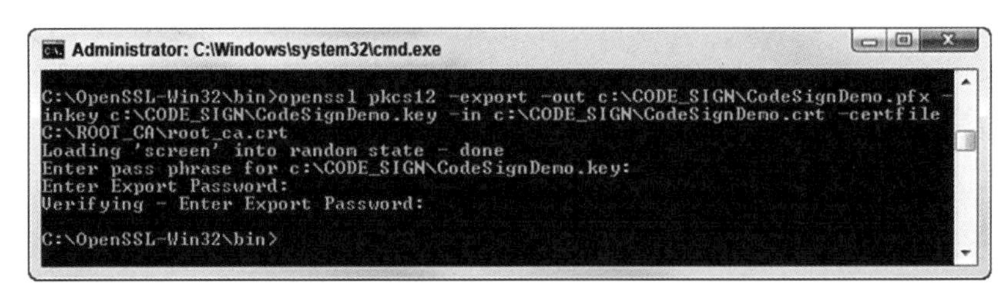

그림 9-8 OpenSSL을 이용한 PFX 파일 생성

타임스탬프

코드 서명 인증서의 유효기간(보통 1~5년으로 제한)이 지난 소프트웨어의 서명 유효기간을 연장하기 위해서는 타임스탬프가 필요하다.

전자 서명 검증 과정은 다음과 같은 단계로 이뤄져 있다.

1. 파일 해시 계산 결과와 서명 과정에서 계산된 해시와 서명 인증서 개인 키를 이용해 암호화한 해시의 비교 결과를 사용해 서명 자체를 검증

2. 유효기간을 비롯해 (일반적으로 서명과 함께 동봉된) 서명 인증서의 모든 매개변수를 검증

3. 신뢰 체인을 검증(루트 CA인증서까지 연결되는 체인에 포함된 모든 인증서)

전자 서명의 문제는 일단 코드 서명 인증서 유효기간이 만료되면 서명은 모두 무효화된다는 점이다. 타임스탬프는 두 번째 검증 단계에서 인증서 유효기간 때문에 실패하는 상황을 담당하지만 다른 검사가 모두 정상이라면 여전히 해당 소프트웨어를 사용하고 싶을 것이다. 타임스탬프는 검증 시스템에게 서명 인증서가 여전히 유효할 때(만료되기 전에) 파일이 서명됐음을 보여줘 문제를 해결한다.

타임스탬프는 코드 서명과 유사한 방법으로 서명되고 검증된다. 타임스탬프는 유료 또는 공공 타임스탬프 서비스를 통해 수행될 수 있다. 시험과 운영용 코드 서명 모두 사용할 수 있는 무료의 공공 타임스탬프 서비스가 있다(표 9-4). 타임스탬프를 추가하기 위해서는 다음과 같이 SignCode 인증서 발급 명령에 /t 매개변수가 타임스탬프 서비스 URL과 함께 반드시 추가돼야 한다.

```
/t http://timestamp.verisign.com/scripts/timstamp.dll
```

표 9-4 무료 온라인 타임스탬프 서비스 예

제공자	URL
Verisign	http://timestamp.verisign.com/scripts/timstamp.dll
Comodo	http://timestamp.comodoca.com/authenticode
Digicert	http://timestamp.digicert.com

코드 서명 구현

코드 서명 자체는 매우 단순하며 커맨드라인이나 명령어 셸을 사용하는 애플리케이션을 사용해서 할 수 있다. 사인툴SignTool은 윈도우 SDK에 포함돼 있으며, MSDN 웹사이트에서 다운로드해 사용할 수 있다.[10] SignTool의 32비트 버전(32비트 버전을 사용할 것을 권고한다)은 <SDK 설치 위치>\Windows Kits\8.0\bin\x86에 설치될 것이다.

다음 명령은 앞서 만든 코드 서명 인증서를 사용해 EncryptionDemo.exe 파일을 서명한다(그림 9-9).

```
signtool sign /f CodeSignDemo.pfx /p HackingPOS /v
/t "http://timestamp.verisign.com/scripts/timstamp.dll"
/d "Hacking POS" /a EncryptionDemo.exe
```

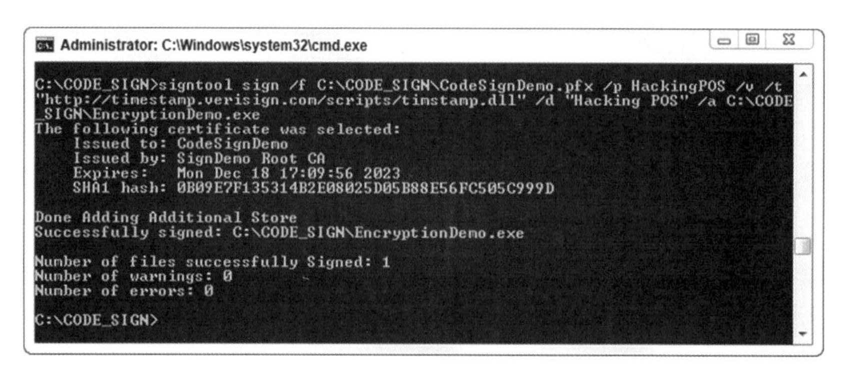

그림 9-9 SignTool을 사용한 실행 파일 서명

실행 파일이 일단 서명이 되면 파일을 마우스 오른쪽 버튼으로 클릭해 파일 속성 창을 열 경우 전자 서명과 타임스탬프를 확인할 수 있는 **전자 서명** 탭이 나타난다(그림 9-10).

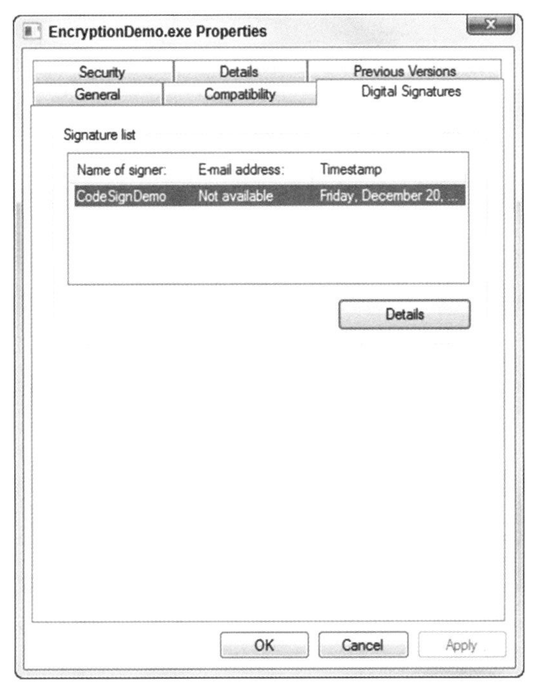

그림 9-10 전자 서명과 타임스탬프를 보여주는 파일 속성 대화상자

서명은 다음과 같은 매개변수를 가지고 SignTool을 사용해 검증할 수 있다 (그림 9-11).

```
signtool verify /pa EncryptionDemo.exe
```

그림 9-11 SignTool을 사용한 코드 서명 검증

SigningDemo 애플리케이션(그림 9-12)은 단순히 닷넷 Process 클래스를 사용해 SignTool 명령을 호출한다.

```
ProcessStartInfo processStartInfo =
   new processStartInfo(textBoxSignToolLocation.Text, parameters);
Process process = new Process();
process.StartInfo = processStartInfo;
process.Start();
outputReader = process.StandardOutput;
errorReader = process.StandardError;
process.WaitForExit();
```

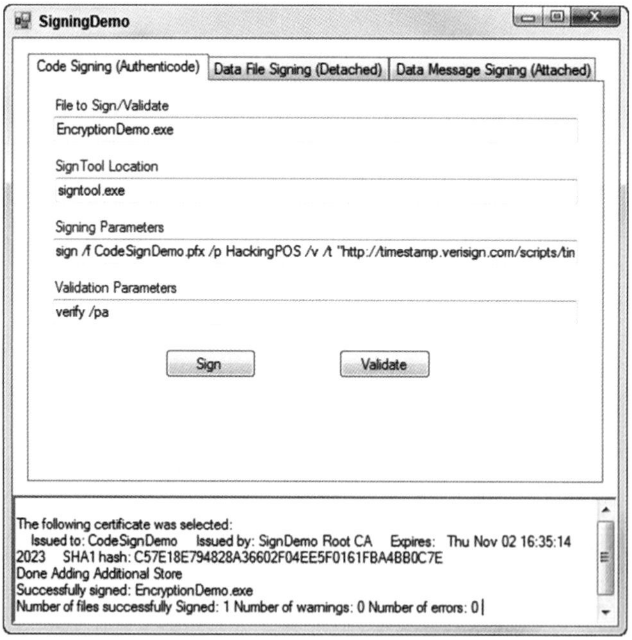

그림 9-12 SigningDemo: 인증 코드 코드 서명

설정과 데이터 파일 서명

코드 서명은 분명히 코드 보호 전략에 있어서 가장 중요한 부분이다. 하지만 코드의 변경뿐만 아니라 설정의 변경을 통해 소프트웨어 애플리케이션의 행동도 조작될 수 있다는 사실을 잊어서는 안 된다. 예를 들어 데이터베이스 접속 문자열의 변경은 지불 애플리케이션으로 하여금 가짜 데이터베이스 서버로 접속하게 만들고, 변경된 IP 주소 매개변수는 거래 내용을 MITM 공격을 목적으로 설치된 가짜 서버로 전달하게 한다. 이러한 변경을 막기 위해 애플리케이션의 설정과 데이터 파일 또한 서명될 수 있으며, 애플리케이션의 시작 또는 매번 데이터를 읽을 때마다 애플리케이션을 통해 인증서를 검증할 수 있다.

첨부할 것인가, 분리할 것인가?

데이터 파일과 메시지 서명의 기본 원칙은 데이터가 써진 뒤에 전자 서명을 생성하고, 데이터가 읽혀지기 전에 서명 검증을 한다는 원칙으로 코드 서명과 동일하다. 하지만 데이터 서명에 숨겨진 기술은 코드 서명과 관련해 앞서 설명한 인증 코드와는 약간 다르다.

7장에서 다음과 같이 데이터 서명에 관한 두 가지의 주요 그룹에 관해 살펴봤다.

- 첨부 또는 동봉한 서명은 서명된 내용과 같은 컨테이너에 위치한다. 따라서 파일 서명의 경우 첨부된 서명은 파일 내용과 같은 파일 속에 위치한다. 인증 코드는 첨부된 서명의 한 예다.
- 분리된 서명은 서명의 대상과 분리된다. 따라서 파일 서명의 경우 분리된 서명은 분리된 서명 파일에 위치한다.

이러한 차이는 애플리케이션의 영역을 정의한다. 서명되는 파일이나 메시지의 수정이 바람직하지 않을 때 분리된 서명을 사용한다. 분리된 서명은 거의 모든 디지털 객체의 기존 형식과 그것을 둘러싼 기능의 변경 없이 서명하는 기능을 제공한다. 이것은 기존 시스템의 보안을 향상시키고자 설계할 때 특히 중요하다. 일반적으로 이것은 애플리케이션 설정 파일과 다른 애플리케이션의 데이터 파일에 대한 경우로, 서명 확인을 지원하지 않는 예전 버전의 애플리케이션이 읽을 수 있게 한다.

데이터 서명 인증서

다시 한 번 언급하자면 서명 인증서를 생성하고 배포할 때에는 다음과 같이 대상 환경과 사용 방법에 따라 여러 가지 방법이 있다.

- **SSL 테스트를 위해 8장에서 만든 시험용 SSLDemoRoot CA 재사용** 루트 CA 인증서(SSLDemoRoot.cer 파일)는 신뢰할 수 있는 인증기관 저장소에 설치돼 전자 서명의 서명과 검증을 위해 사용될 수 있어야 한다. 서명용 인증서 생성을 위한 MakeCert와 Pvk2pfx 명령 인자는 SSL 클라이언트 인증서와 유사하다. 유일한 차이점은 인증서의 목적(-sky)은 다음과 같이 signature로 설정돼야 한다.

```
makecert -a sha256 -len 2048 -n "CN=SigningDemo" -b 01/01/2013
-e 01/01/2023 -ic SSLDemoRoot.cer -iv SSLDemoRoot.pvk
-sky signature -sv SigningDemo.pvk SigningDemo.cer

pvk2pfx -pvk SigningDemo.pvk -spc SigningDemo.cer
-pfx SigningDemo.pfx -pi 1
```

  이 방법은 개발과 시험용으로만 사용될 수 있으며, 설정 파일 서명을 위해 SigningDemo 애플리케이션에 의해 사용됐다.

- **코드 서명을 위해 OpenSSL을 이용해 앞서 생성한 루트 CA와 서명 인증서 재사용** 이 방법은 주로 개발과 시험을 위한 것이지만, 이론적으로 운영을 위해서 사용될 수도 있다.

- **인증서 요청을 생성하고 앞서 코드 서명에서 설명한 것과 같이 공공 CA를 통해 서명** 이 방법은 운영에 적당하다.
- **유료 CA를 사용해 서명용 인증서 발급** CA는 서명용 인증서에 요구되는 모든 특징을 차례대로 정의한 인증서 템플릿[11](그림 9-13)을 사용해 서명용 인증서를 사용하게 설정할 수 있다. 따라서 CA는 복수의 인증서를 동일한 매개변수를 가지고 인증서 자동 등록[12] 메커니즘을 사용해 자동으로 발급할 수 있다. 이 방법은 독립된 LAN이나 기업용 WAN 내부의 운영에 적합하다.

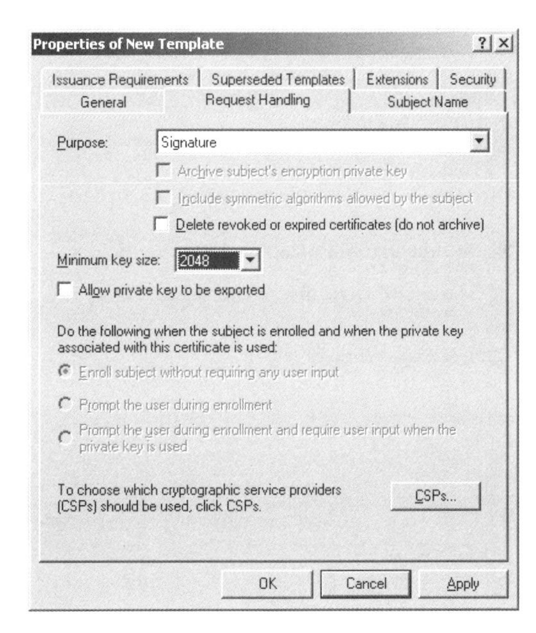

그림 9-13 인증서 템플릿 설정 대화상자 예

인증서 저장소

이 책에 있는 모든 데모 프로그램에서 루트 CA 인증서를 제외한 모든 인증서는 파일 안에 위치한다. 이유는 교육과 개발, 시험, 그리고 일부 경우 실제 운영을 위해서도 편리하기 때문이다. 또 다른 방법은 서명용 인증서를 인증서 저장소에 설치하는 것이다. 이 경우 개인 키는 인증서 저장소에 의해 보호된다. 이것은 여전히 이상적인 보호 방법은 아니지만, 쉽게 잃어버릴 수 있는 인증서 파일보다는 조금 더 낫다. 노출될 수 없는 개인 키를 만든다면 이론적으로 인증서(인증서의 개인 키 부분)은 다른 컴퓨터로 복사될 수 없다. 인증서를 저장소에 설치하기 위해서는 PFX 파일을 클릭하고 인증서 가져오기 마법사를 따르기만 하면 된다. 단, 이 키를 내보낼 수 있게 표시는 체크하지 않도록 주의해야 한다(그림 9-14).

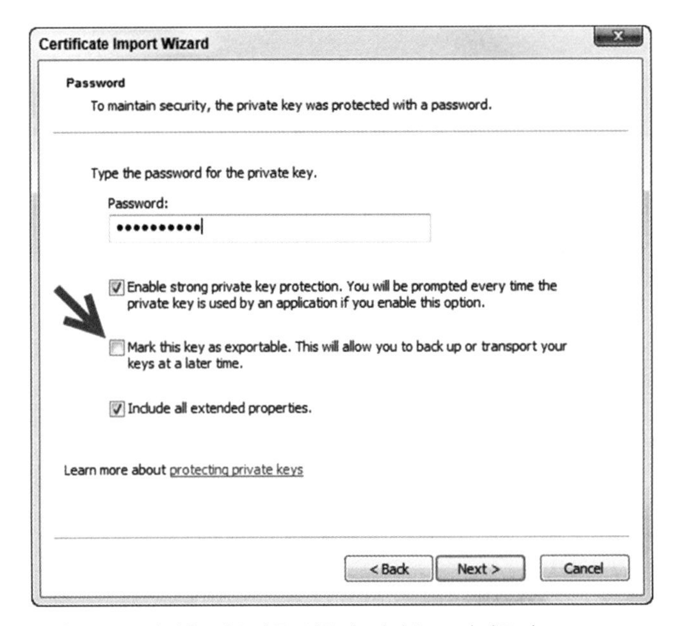

그림 9-14 서명용 인증서를 인증서 저장소로 가져오기

분리된 서명 구현

SigningDemo 애플리케이션의 데이터 파일 서명(Data File Signing) 탭은 분리된 서명의 구현을 보여준다(그림 9-15). SigningDemo.config(어떤 파일이든 될 수 있다)는 SigningDemo.pfx 파일에서 가져온 인증서와 개인 키로 서명된다. 서명의 결과는 독립된 SigningDemo.config.p7s 파일에 저장된 분리된 전자

서명이 된다. 원본 파일은 서명 작업 동안에 변경되지 않는다. 하지만 SigningDemo.config 파일의 내용이 변경된 뒤에 서명을 검증하려고 시도하면 다음과 같은 에러 메시지가 표시된다.

```
Signature Validation Failed:
The hash value is not correct.
```

(서명 검증 실패: 해시 값이 정확하지 않음)

그림 9-15 SigingDemo: 분리된 서명을 사용한 서명용 인증서 파일

코드 서명

먼저 `DetachedSignature` 클래스의 `Sign` 메소드는 SigningDemo.config 파일에서 데이터를 읽고 SignDemo.pfx 파일에서 서명용 인증서와 개인 키를 읽는다.

```
byte[] fileContent = getFileContent(FileName);
string signatureFileName = FileName + ".p7s";
X509Certificate2 signerCertificate =
   new X509Certificate2(Certificate, Password);
```

그런 다음, CmsSigner와 SignedCms 클래스(네임스페이스는 System.Security.Cryptography.Pkcs) 인스턴스가 전자 서명을 계산하기 위해 사용된다.

```
Oid signatureFileContentType = new
     Oid(PKCS7_CONTENT_TYPE_SIGNED_DATA);
var contentInfo =
     new ContentInfo(signatureFileContentType, fileContent);
var signedCms = new SignedCms(contentInfo, true);
var cmsSigner = new CmsSigner(signerCertificate);
signedCms.ComputeSignature(cmsSigner);
```

서명 버퍼의 결과는 SigningDemo.config.p7s 파일에 써진다.

```
byte[] signature = signedCms.Encode();
using (var binaryWriter =
     new BinaryWriter(File.Open(FileName, FileMode.Create)))
{
   binaryWriter.Write(signature);
   binaryWriter.Close();
}
```

코드 검증

서명 검증은 서명 과정과 반대일 뿐이다. 먼저 서명 파일에서 서명 데이터를 읽고 원본 .config 파일에서 서명된 데이터를 읽는다.

```
byte[] fileContent = getFileContent(FileName);
byte[] signatureFileContent = getFileContent(FileName + ".p7s");
```

BaseSignatue 클래스의 표준 getFileContent 메소드는 단순히 모든 파일의 전체 바이너리를 읽는다.

```
using (var filestream =
     new FileStream(filename, FileMode.Open, FileAccess.Read))
{
   try
   {
     using (var binaryreader = new BinaryReader(filestream))
     {
       try
       {
         long count = new FileInfo(filename).Length;
         fileContent = binaryreader.ReadBytes((int)count);
       }
       finally
       {
         binaryreader.Close();
       }
     }
   }
   finally
   {
     filestream.Close();
   }
}
```

그런 다음, 동일한 SignedCms 클래스를 사용해 서명을 검사한다.

```
signedCms.CheckSignature(true);
```

그리고 서명용 인증서와 체인(우리의 경우엔 루트 CA인증서만)을 검증한다.

```
var signingCertificate = signedCms.Certificates[0];
var chain = new X509Chain
{
   ChainPolicy =
   {
     RevocationFlag = X509RevocationFlag.EntireChain,
     RevocationMode = X509RevocationMode.NoCheck,
     UrlRetrievalTimeout = new TimeSpan(0, 0, 5),
     VerificationFlags = X509VerificationFlags.NoFlag
   }
};
chain.Build(signingCertificate);
foreach (X509ChainStatus status in chain.ChainStatus)
{
   throw new ApplicationException("Certificate validation error: " +
       status.Status.ToString());
}
```

첨부된 서명

분리된 서명은 원본 파일이나 메시지를 변경하지 않기 때문에 범용적이다. 따라서 거의 모든 객체에 적용될 수 있다. 하지만 예를 들면 코드 서명과 같이 첨부된 서명이 더 적당할 때가 있다. 모든 바이너리 파일이 분리된 서명으로 서명되는 경우를 상상해보자. 그러면 모든 컴퓨터에 거의 두 배에 달하는 애플리케이션 파일을 가져야 할 것이다. 설정을 포함해 데이터 파일도 역시 첨부된 서명으로 서명될 수 있다. 유일한 제한 사항은 결과 파일은 서명과 구분된 데이터를 알고 있는 특별한 코드를 통해서만 읽을 수 있다는 점이다. 첨부된 서명은 메시지 내부의 데이터도 파일에 있는 데이터와 동일한 방법을 다룰 수 있으므로, 전송되는 데이터의 서명에도 사용될 수 있다.

XML 파일 서명

XML에 첨부된 서명의 표준은 XMLDSIG[13]로, XML 문서가 서명될 수 있는 방법을 정의한다. 닷넷은 XMLDSIG을 기초로 한 XML 서명의 구현[14,15]을 갖고 있으며, 예를 들면 닷넷 app.config 파일을 서명하는 데 사용될 수 있다. 하지만 이 구현은 XML 파일로만 국한돼 있다. 다음의 메소드는 첨부된 서명으로 데이터 내용을 서명하고 결과(데이터와 서명)를 단일 파일에 저장하는 데 적합하다.

첨부된 서명 구현

코드 서명과 분리된 서명에 관해 앞서 설명한 인증서 생성 과정은 첨부된 서명에도 같기 때문에 첨부된 서명에는 서명용 인증서에 대해 분리된 부분이 없다. 단지 동일한 데이터 서명용 인증서(SigningDemo.pfx)를 재사용할 뿐이다. SigningDemo 애플리케이션은 세 번째 탭에서 입력 데이터Input Data 텍스트 상자(그림 9-16)에 입력되는 사용자 설정 데이터를 위해 생성된 첨부된 서명을 보여준다. 결과(내용과 서명, 그리고 같이 합쳐진 서명용 인증서)는 Database.cfg 파일에 저장된다(그림 9-17).

그림 9-16 SigningDemo: 첨부된 서명을 사용한 서명용 인증서 파일

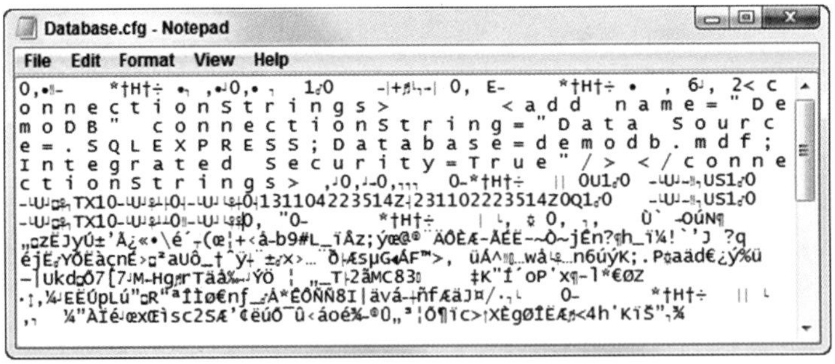

Database.cfg - Notepad

File Edit Format View Help

```
connectionStrings>        <add name="DemoDB" connectionString="Data Source=.SQLEXPRESS;Database=demodb.mdf;Integrated Security=True"/></connectionStrings>
```

그림 9-17 Database.cfg 파일: 첨부된 서명 데모의 출력 결과

코드 서명과 검증

코드 서명(`AttachedSignature` 클래스)은 분리된 서명의 구현과 유사하다. 주요 차이점은 서명된 데이터와 서명을 같은 결과 파일에 저장한다는 점이다.

```
var contentInfo = new ContentInfo(
new Oid(PKCS7_CONTENT_TYPE_ENVELOPED_DATA), messageBuffer);
var signedCms = new SignedCms(contentInfo, false);
var cmsSigner = new CmsSigner(signerCertificate);
signedCms.ComputeSignature(cmsSigner);
byte[] messageAndSignature = signedCms.Encode();
writeToFile(OutputFile, messageAndSignature);
```

따라서 코드 검증은 먼저 파일로부터 데이터 버퍼를 읽고 인증서 부분을 추출한다.

```
byte[] fileContent = getFileContent(FileName);
SignedCms signedCms = new SignedCms();
signedCms.Decode(fileContent);
```

그런 다음, 서명과 서명용 인증서를 확인한다.

```
signedCms.CheckSignature(true);
var signingCertificate = signedCms.Certificates[0];
validateCertificate(signingCertificate);
```

그리고 마지막으로 데이터를 추출한다.

```
byte[] resultBuffer = signedCms.ContentInfo.Content;
string result = Encoding.Unicode.GetString(resultBuffer);
```

코드 난독화

간단히 말해 코드 난독화Code Obfuscation는 리버스 엔지니어링reverse enginering으로부터 보호하는 것이다. 우선 리버스 엔지니어링에 관해 간단히 설명하는 것이 코드 난독화가 무엇이고 왜 필요한지 이해하는 데 도움이 될 것이다.

리버스 엔지니어링

리버스 엔지니어링은 컴파일된 프로그램 바이너리로부터 원본 소스코드를 재생성하기 위한 역컴파일 또는 역어셈블 과정을 말한다. 리버스 엔지니어링은 소프트웨어 애플리케이션의 소스코드에 접근할 수 없을 때 애플리케이션이 구현된 세부 내용과 로직을 이해하기 위해 사용된다. 예를 들면 경쟁 회사의 제품을 연구하거나 애플리케이션의 접근 제어를 이해하고 불가능하게, 또는 애플리케이션의 암호화 알고리즘과 하드 코딩된 매개변수 값을 알기 위해 사용될 수 있다. 대부분의 경우 컴파일된 바이너리로부터 정확한 소스코드를 재생성하는 것은 불가능하지만, 닷넷이나 자바 같은 일부 언어 환경에서는 역컴파일된 결과가 원래의 것과 매우 유사할 수 있다.

7장의 암호화 데모 코드를 가지고 리버스 엔지니어링이 어떻게 동작하는지 보고자 약간의 경험을 해보자. 다음은 원본 닷넷 C# 코드 중 일부로, 솔트가 포함된 해시 함수(전체 데모 소스코드는 와일리 웹사이트 www.wiley.com/go/hackingpos에서 다운로드할 수 있다)를 사용한 PAN 토큰을 생성하는 코드다.

원본 소스코드

```
namespace HackingPOS.Cryptography.Encryption
{
  public class Hashing
  {
    private const string CONSTANT_SALT_COMPONENT =
        "PE67nf0hnHkd8Dx81SroA4PH7J1Z7HAUNe9g6a+8ml8";
    private string user_defined_salt_component;
    private const int ITERATIONS = 1024;
    private const int SALT_COMPONENT_SIZE = 32;

    public Hashing(string user_defined_salt_component)
    {
      this.user_defined_salt_component =
```

```
    user_defined_salt_component;
}

public string CreateToken(
    string PAN, string VariableSaltComponent)
{
  Random random =
      new Random(VariableSaltComponent.GetHashCode());
  byte[] variable_salt_bytes = new byte[SALT_COMPONENT_SIZE];
  random.NextBytes(variable_salt_bytes);
  byte[] hash_result = hash(PAN, variable_salt_bytes);
  return Convert.ToBase64String(hash_result);
}

private byte[] hash(
    string plaintext, byte[] variable_salt_component)
{
  Rfc2898DeriveBytes saltGenerator = new Rfc2898DeriveBytes(
      Encoding.ASCII.GetBytes(CONSTANT_SALT_COMPONENT +
      user_defined_salt_component),
      variable_salt_component,
      ITERATIONS);
  byte[] salt_bytes =
      saltGenerator.GetBytes(SALT_COMPONENT_SIZE);
  byte[] plaintext_bytes = Encoding.ASCII.GetBytes(plaintext);
  byte[] hash_input = new byte[SALT_COMPONENT_SIZE +
      plaintext_bytes.Length];
  Buffer.BlockCopy(
      salt_bytes, 0, hash_input, 0, SALT_COMPONENT_SIZE);
  Buffer.BlockCopy(
      plaintext_bytes, 0, hash_input, SALT_COMPONENT_SIZE,
      plaintext_bytes.Length);

  SHA256 sha256 = SHA256.Create();
```

```
            return sha256.ComputeHash(hash_input);
        }
    }
}
```

이 소스코드를 컴파일하고 빌드 과정이 끝나면 닷넷 컴파일러는 공통 중간 언어CIL, Common Intermediate Language를 가진 `HackingPOS.Cryptography.Encryption.dll`이라는 어셈블리assembly(바이너리 파일)를 생성한다. 직접적인 CPU 명령을 갖고 있는 보통의 실행 파일이나 .dll 파일과는 달리 CIL 코드가 실행되기 위해서는 가상머신virtual machine(윈도우 시스템에서 사용되는 닷넷 프레임워크 또는 리눅스나 안드로이드, iOS에서 사용되는 모노mono[16]와 같은)을 필요로 한다. 중간 코드의 존재는 닷넷 어셈블리 파일의 내용은 부분적으로 읽을 수 있다는 사실을 의미한다. 심지어 이 어셈블리를 단순한 텍스트 편집기로 열면 일부 변수 이름과 클래스, 그리고 메소드가 원본 소스에서 변경 없이 저장돼 있어서 대부분은 여전히 알아볼 수 없는 말 같이 보이지만(그림 9-18), 대략적으로 어떤 일이 일어나고 있는지를 보여준다.

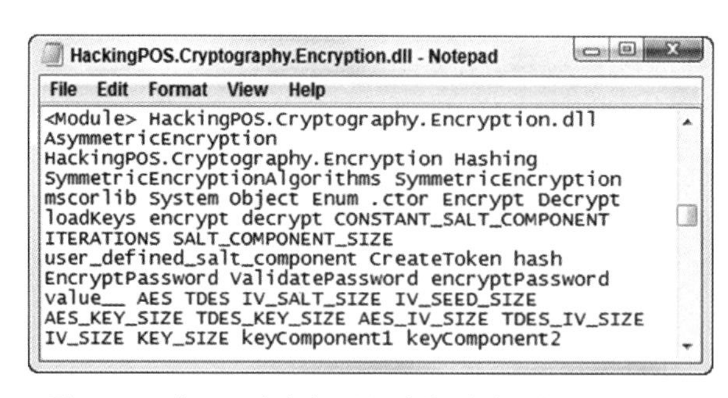

그림 9-18 텍스트 편집기로 본 닷넷 어셈블리

하지만 특별한 역컴파일러[17] 도구로 열면 어셈블리는 다음과 같이 원본 코드와 아주 유사하게 보인다.

역컴파일된 코드

```
namespace HackingPOS.Cryptography.Encryption
{
  public class Hashing
  {
    private const string CONSTANT_SALT_COMPONENT =
        "PE67nf0hnHkd8Dx8lSroA4PH7J1Z7HAUNe9g6a+8ml8";
    private const int ITERATIONS = 1024;
    private const int SALT_COMPONENT_SIZE = 32;
    private string user_defined_salt_component;

    public Hashing(string user_defined_salt_component)
    {
      this.user_defined_salt_component =
          user_defined_salt_component;
    }

    public string CreateToken(
        string PAN, string VariableSaltComponent)
    {
      Random random =
          new Random(VariableSaltComponent.GetHashCode());
      byte[] numArray = new byte[32];
      random.NextBytes(numArray);
      return Convert.ToBase64String(this.hash(PAN, numArray));
    }

    private byte[] hash(
        string plaintext, byte[] variable_salt_component)
    {
      Rfc2898DeriveBytes rfc2898DeriveByte =
          new Rfc2898DeriveBytes(
          Encoding.ASCII.GetBytes(string.Concat(
```

```
            "PE67nf0hnHkd8Dx8lSroA4PH7J1Z7HAUNe9g6a+8ml8",
            this.user_defined_salt_component)),
            variable_salt_component, 1024);
        byte[] bytes = rfc2898DeriveByte.GetBytes(32);
        byte[] numArray = Encoding.ASCII.GetBytes(plaintext);
        byte[] numArray1 = new byte[32 + (int)numArray.Length];
        Buffer.BlockCopy(bytes, 0, numArray1, 0, 32);
        Buffer.BlockCopy(
            numArray, 0, numArray1, 32, (int)numArray.Length);
        return SHA256.Create().ComputeHash(numArray1);
    }
  }
}
```

역컴파일된 코드에서 PAN 코드 생성 로직과 하드 코딩된 내부 솔트 컴포넌트 값을 선명하게 읽을 수 있다. 즉, 이 코드로 만들어진 토큰은 더 이상 안전하지 않다. 또 다른 요점은 다양한 도구를 사용하면 심지어 기술적인 지식이 많지 않은 사람이라도 누구든지 역컴파일을 할 수 있다는 점이다.

코드 난독화

코드 난독화는 리버스 엔지니어링을 방어하거나, 적어도 리버스 엔지니어링을 귀찮게 함으로써 속도를 늦추는 기법, 또는 좀 더 정확히 말하면 (많을수록 좋은) 다양한 기법의 모음이다. 코드 난독화는 암호화 키 컴포넌트와 시드seed 값과 같은 하드 코딩된 민감한 데이터에 쉽게 접근하지 못하게 숨길 뿐만 아니라, 소프트웨어 생산자의 지적 재산을 보호한다. 정보 보안 용어로 말하면 코드 서명은 애플리케이션 코드의 무결성과 신뢰성을 보호하는 반면 코드 난독화는 코드의 기밀성을 보호한다.

그럼에도 불구하고 소프트웨어 보안(다른 많은 상황에서와 마찬가지로 지불 애플리케이션 역시 예외가 아니다)을 코드 난독화에 전적으로 의지하면 안 된다는 점을 이해하는 것이 중요하다. 난독화를 통한 보안은 공격자의 공격을 저지하고 공격을 매우 어렵게 만들 수 있지만, 여전히 자체적인 보호의 적절한 수준을 제공하지는 못한다. 난독화는 전체적인 여러 계층을 통한 심층 방어 전략에 있어서 추가적인 장벽으로만 고려돼야 한다.

난독화 도구에는 선택 가능한 여러 가지가 있다. 개인적으로 선호하는 것은 스마트어셈블리smartassembly지만,[18] 여전히 여러 가지 도구를 시도해보고 실제로 원하는 기대에 충족되는지 확인할 것을 권한다. 일부 회사는 최고 수준의 보호가 가능하다고 강조하지만, 실제로는 그 약속을 충족하지 못한다.

난독화는 일반적으로 코드 빌드 과정에서 마지막 단계 중 하나로, 전자 서명은 반드시 마지막에 난독화된 어셈블리 버전에 대해 계산돼야 하기 때문에 코드 서명 전에 수행돼야만 한다. 난독화 도구에서 하나를 골라 앞의 예제 코드를 난독화한다면 CIL의 일부 요소는 여전히 텍스트 편집기로 읽을 수 있을 수 있지만, 더 이상 동일한 수준의 세부 사항은 나타나지 않을 것이다 (그림 9-19).

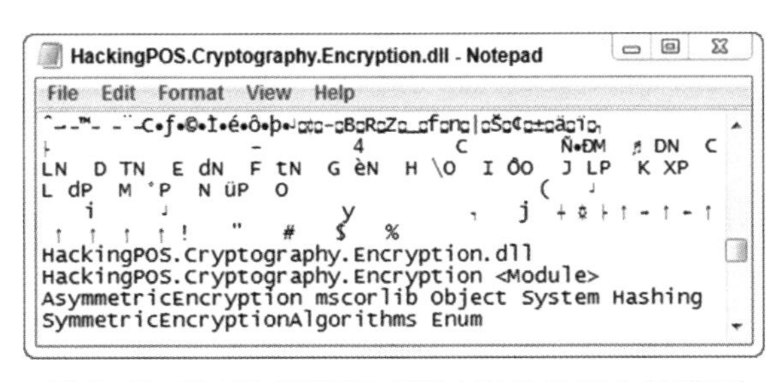

그림 9-19 텍스트 편집기로 읽은 난독화된 닷넷 어셈블리

역컴파일러는 완전히 혼란에 빠지게 되고, 역컴파일된 코드는 다음과 같이 보일 수 있다.

난독화 후에 역컴파일된 코드

```
namespace HackingPOS.Cryptography.Encryption
```

```
{
  public class Hashing
  {
    internal string ;

    public Hashing(string user_defined_salt_component)
    {
      this. = user_defined_salt_component;
    }

    public string CreateToken(
        string PAN, string VariableSaltComponent)
    {
      Random random = new Random(.~(VariableSaltComponent));
      byte[] numArray = new byte[32];
      .~ (random, numArray);
      byte[] numArray1 = .(PAN, numArray, this);
      return .(numArray1);
    }
  }
}
```

아마도 누군가는 아직도 CreateToken 메소드의 의도를 파악할 수도 있고, 그 속에 숨은 기본적인 로직도 이해할 수 있을 것이다. 하지만 CONSTANT_SALT_COMPONET 변수 이름과 값을 더한 내부 hash 메소드에 대한 참조는 완전히 사라졌다. 따라서 내부에 하드 코딩된 솔트 컴포넌트의 존재는 완전히 숨겨졌다.

대부분의 다른 보안 제어와 마찬가지로 코드 난독화가 만병통치약은 아니고, 대부분의 전문가로 구성된 팀은 코드를 해독할 수 있을 것이다. 하지만 난독화는 여전히 평균적인 해커를 저지할 수 있고, 이것은 난독화하는 데 필요한 어느 정도의 노력이 가치가 있다고 할 수 있을 것이다.

보안 코딩 지침

지불 애플리케이션의 보안에 관한 책이라 할지라도 보안 코딩 지침을 언급하지 않는다면 완전하다고 할 수 없을 것이다. PA-DSS는 지불 애플리케이션의 보안 개발 표준화를 담당하고 있는 것으로 보인다. 한편으로 이 표준은 소프트웨어 판매회사에게 '모든 지불 애플리케이션(내부와 외부, 그리고 제품 관리를 위한 웹 관리를 포함해)을 단순히 일반적인 권고 사항과 참고 사항을 제공하는 보안 코딩 지침에 근거해 개발'할 것을 요구한다.[19] 다양한 가용한 보안 코딩 지침을 살펴보고 지불 애플리케이션 개발 영역과 호환이 되는지 살펴보자.

OWASP Top 10

알려진 모든 보안 코딩 방안 중에서 10대 웹 애플리케이션 취약점OWASP, Open Web Application Security Project, Top 10 Most Critical Web Appliation Security Risks[20]은 웹 프로그래밍의 인기로 인해 가장 유명할 것이다. OWASP Top 10은 웹 애플리케이션 취약점 중 가장 위험한 상위 10개 목록으로, 이를 완화하는 방법에 관한 권장 사항을 포함한다. OWASP은 몇 년에 한 번씩 모든 알려진 애플리케이션 취약점을 재평가해 심각성에 따라 순서를 매긴다. 기본적으로 동일한 웹 애플리케이션 약점은 경향에 따라 매년 위아래로 이동한다. 간단히 보기에 웹 보안 위협은 주로 데스크톱과 서버에서 실행되는 대부분의 POS와 지불 애플리케이션과 직접적으로 관련이 없는 것처럼 보이기 때문에 이 정도로 OWASP에 관해 살펴보는 것으로 끝낼 수도 있다. 하지만 웹과 데스크톱 프로그래밍은 시간이 지남에 따라 가까워지기 때문에 웹과 지불 애플리케이션은 관련이 없다는 것은 사실이 아니다. 웹 애플리케이션은 데스크톱과 상호작용하며, 데스크톱 소프트웨어 모듈은 각각 웹 서버와 같은 웹 인터페이스를 통해 웹 인터페이스가 인트라넷이나 인터넷 두 영역 어디에 있는지 상관없이 서로 통신한다. SQL 인젝션과 크로스사이트 스크립팅XSS, cross-site scripting과 같은 특별한 형태의 웹 위협은 제쳐두고라도 반드시 관심을 갖고 봐야 하는 정보가 있다(표 9-5).

표 9-5 OWASP Top 10 가장 위험한 웹 애플리케이션 보안 위협(2013년 버전 - 옮긴이)

순위	위협	주석	POS/PA에 직접 적용 여부
1	인젝션	OWASP이 가장 눈여겨보는 것은 여전히 가장 큰 웹 보안 위협인 SQL인젝션으로, WEB 애플리케이션에만 적용될 수 있다. 하지만 일반적으로 코드 인젝션은 데스크톱 지불 프로그램에도 위험할 수 있다.	선택적으로
2	인증 및 세션 관리 취약점	분산된 지불 프로그램의 원격 모듈과 관련이 있다.	적용
3	크로스사이트 스트립팅 (XSS)	웹에만 유효	적용되지 않음
4	취약한 직접 개체 참조	웹에만 유효	적용되지 않음
5	보안 설정 오류	이것은 설정과 갱신에 관한 것으로 모든 애플리케이션과 관련이 있다.	적용
6	민감 데이터 노출	이것은 PCI DSS와 PA-DSS의 주요 주제다.	적용
7	기능 수준의 접근 통제 누락	특정 형태의 애플리케이션인 경우 중요할 수 있다.	적용
8	크로스사이트 요청 변조 (CSRF)	웹에만 유효	적용되지 않음
9	알려진 취약점이 있는 컴포넌트 사용	특정 형태의 애플리케이션인 경우 중요할 수 있다.	
10	검증되지 않은 리다이렉트와 포워드	웹에만 유효	적용되지 않음

CWE/SANS Top 25

공통 약점 열거CWE, Common Weakness Enumeration/시스템 관리, 감사, 네트워크, 그리고 보안SANS, SysAdmin, Audit, Networking, and Security 상위 25는 가장 위험한 소프트웨어 에러로, OWASP Top 10에 비해 잘 알려져 있지 않다. 따라서 추가적인 15개의 취약점을 더해 보완하고 있다.[21] OWASP과는 달리 CWE/SANS 목록은 웹 애플리케이션에 배타적으로 관심을 갖지는 않는다. 따라서 이 목록은 POS 소프트웨어와 관련된 많은 상황에 대한 취약점을 갖고 있다. 대부분의 웹과 관련된 문제를 걸러내면 얻을 수 있는 지불 애플리케이션 개발자에게 도움이 되는 정보가 많이 있다. 그렇게 하기 위해 먼저 목록에서 정확하게 웹에만 관련되는 취약점을 모두 제거해보자(표 9-6).

표 9-6 웹 프로그램에만 관련이 있는 SANS Top 25 소프트웨어 에러

순위	에러
1	SQL 명령('SQL 인젝션')에서 사용되는 특별한 항목의 부적절한 중립
4	웹 페이지 생성('크로스사이트 스크립트') 동안 입력되는 부적절한 중립
9	제한되지 않는 위험한 형태의 파일 업로드
12	크로스 사이트 요청 변조(CSRF)
22	신뢰할 수 없는 사이트로의 URL 리다이렉트('개방된 리다이렉트')

21세기의 어느 부유하고 용감한 사람이 여전히 관리되지 않는 코드를 갖고 비즈니스 프로그램을 개발하고 있다고 가정해보자. 최종 목록에서 더 많은 위협이 제거될 수 있다(표 9-7).

표 9-7 관리되지 않는 코드에만 관련이 있는 SANS Top 25 소프트웨어 에러

순위	에러
3	입력되는 크기를 검사하지 않는 버퍼 복사('전통적인 버퍼 오버플로우')
16	신뢰할 수 없는 영역으로부터 온 기능의 포함
18	잠재적으로 위험한 함수의 사용
20	부정확한 버퍼 크기 계산
23	제어되지 않는 형식 문자열

제거될 수 있는 다음 그룹은 지불 애플리케이션에서 이론적으로 발견될 수 있는 에러지만, 실제로는 공격 벡터로서 사용되기 어려운 다음과 같은 에러다(표 9-8).

표 9-8 지불 애플리케이션에 적용할 수 없는 CWE/SANS Top 25 소프트웨어 에러

순위	에러
2	OS 명령으로 사용되는 특별한 항목의 부적절한 중립('OS 명령 인젝션')
13	제한된 디렉토리에 대한 경로 이름의 부적절한 제한('패스 경로 순회')
15	부정확한 인증

이제 지불 애플리케이션 보안에 직접적으로 관련된 문제는 12개가 남았다. 잠재적인 위협 수준에 따라 정렬해보자. 표 9-9는 그에 대한 결과 목록으로, 8장에서 설명한 실제 지불 애플리케이션의 위협 상황과 상관이 있을 수 있다.

표 9-9 CWE/SANS Top 25에서 가져온 상위 12개의 지불 애플리케이션 보안 에러

순위	기존 순위	에러
1	8	누락된 민감한 데이터 암호화
2	25	솔트가 없는 단방향 해시 사용
3	19	이미 깨졌거나 위험한 암호화 알고리즘 사용
4	7	하드 코딩된 자격증명 사용
5	14	무결성 검사를 하지 않은 코드 다운로드
6	11	권한을 필요로 하지 않는 실행
7	5	인증이 없는 중요한 기능 사용
8	6	인증 누락
9	10	보안 의사 결정에 있어서 신뢰할 수 없는 입력을 신뢰
10	17	중요 자원에 대한 부정확한 권한 부여
11	21	부여된 권한을 넘는 시도에 관한 부적절한 제한
12	24	정수 오버플로우 또는 랩어라운드(부호가 있는 정수의 정수 최댓값을 넘어 다시 최솟값부터 시작하는 현상 - 옮긴이)

언어별 지침

OWASP Top 10과 CWE/SANS Top 25 목록은 취약점과 개략적인 코드 예를 포함한 그에 대한 완화 방안을 갖고 있다. 개발자는 특정 프로그래밍 언어를 사용해 애플리케이션을 만들어 특정한 개발 환경에서 이러한 취약점을 어떻게 막을 것인가에 관한 구체적인 방법을 찾는다. 표 9-10은 언어별 보안 코딩 지침에 관해 얻을 수 있는 정보를 요약하고 있다.

표 9-10 언어별 보안 코딩 지침과 표준

언어	지침 또는 표준	제공자
C	CERT C 코딩 표준[22]	CERT
C++	CERT C++ 보안 코딩 표준[23]	CERT
C#	보안 코딩 지침[24]	마이크로소프트
Java	자바 프로그램 언어에 관한 보안 코딩 지침[25]	오라클
Java	자바에 대한 CERT 오라클 보안 코딩 표준[26]	CERT

정리

민감한 카드 소유자 데이터의 확실한 보호에 덧붙여 지불 애플리케이션 코드와 설정도 안전하게 보호돼야 한다. 전자 서명은 애플리케이션 코드와 설정, 또는 데이터의 무결성과 신뢰성을 확인하는 반면, 난독화는 소스코드의 기밀성을 보호한다.

전자 서명에는 첨부된 것과 분리된 것 두 가지의 주요한 형태가 있다. 인증코드는 코드 서명 기술로, .exe와 .dll 같은 모든 형태의 바이너리 파일에 첨부된 전자 서명을 투명하게 끼워 넣는다. 따라서 최종 사용자는 실행되는 소프트웨어의 무결정과 신뢰성을 검증할 수 있게 된다. 분리된 전자 서명은 설정과 데이터 파일을 내부 구조의 변경 없이 서명할 때 사용된다.

코드 난독화는 지적 재산과 암호화 알고리즘의 자세한 구현 정보를 노출하지 않게 보호한다. 하지만 지불 애플리케이션의 보안은 전적으로 난독화에 의존할 수 없기 때문에 심층 방어 전략의 한 부분으로서만 구현돼야 한다.

OWASP Top 10과 CWE/SANS Top 25는 가장 일반적인 소프트웨어 취약점 목록이다. 언어별 보안 코딩 지침과 표준은 개발자에게 어떻게 특정 개발 환경 안에서 보안 코드를 작성할 수 있는지 좀 더 자세한 방법을 제공한다.

참고 자료

1. MSDN, "인증 코드(Authenticode)", http://msdn.microsoft.com/en-us/library/ms537359.aspx

2. MSDN, "사인툴(SignTool)", http://msdn.microsoft.com/en-us/library/windows/desktop/aa387764.aspx

3. MSDN, "강한 이름 어셈블리의 생성과 사용(Creating and Using Strong-Named Assemblies)", http://msdn.microsoft.com/en-us/library/xwb8f617.aspx

4. 시만텍Symantec(베리사인VeriSign), "시만택 코드 서명 인증서(Symantec Code Signing Certificates)", http://www.symantec.com/code-signing

5. 코모도Comodo, "코드 서명 인증서(Code Signing Certificates)", http://www.comodo.com/businesssecurity/code-signing-certificates/code-signing.php

6. OpenSSL, http://www.openssl.org/

7. 샤이닝 라이트 프로덕션Shining Light Productions, "윈도우용 Win32 OpenSSL 다운로드(Download Win32 OpenSSL for Windows)", http://slproweb.com/products/Win32OpenSSL.html

8. IETF, "RFC 4158, 인터넷 X.509 공개 키 기반 구조: 인증 경로 구축 (RFC 4158, Internet X.509 Public Key Infrastructure: Certification Path Building)", http://tools.ietf.org/html/rfc4158

9. NIST, "키 관리를 위한 권고 사항 - 1부(Recommendation for Key Management - Part 1): 일반 (3차 개정판)", 특별 출판본Special Publication 800-57(2012년 7월), http://csrc.nist.gov/publications/nistpubs/800-57/sp800-57_part1_rev3_general.pdf

10. MSDN, "개발자를 위한 데스크톱 프로그램 다운로드(Downloads for developing desktop apps)", http://msdn.microsoft.com/en-us/windows/desktop/ aa904949

11. 마이크로소프트 테크넷Microsoft TechNet, "인증서 템플릿 개요(Certificate Templates Overview)", http://technet.microsoft.com/en-us/library/cc730826.aspx

12. 마이크로소프트 테크넷, "자동 인증서 등록 설정(Set Up Automatic Certificate Enrollment)", http://technet.microsoft.com/en-us/library/cc770546.aspx

13. W3C, "XML 서명 문법과 절차 개정판(XML Signature Syntax and Processing Second Edition)", http://www.w3.org/TR/xmldsig-core/

14. MSDN, "전자 서명을 통한 XML 문서 서명 방법(How to: Sign XML Documents with Digital Signatures)", http://msdn.microsoft.com/en-us/library/ ms229745.aspx

15. MSDN, "XML 문서의 전자 서명 검증 방법(How to: Verify the Digital Signatures of XML Documents)", http://msdn.microsoft.com/en-us/library/ ms229950.aspx

16. 모노Mono, http://www.mono-project.com/

17. 텔레릭Telerik, "모두를 위한 무료 닷넷 역컴파일러(The Free .NET Decompiler for Everyone)", http://www.telerik.com/products/decompiler.aspx

18. 레드 게이트Red Gate, "SmartAssembly 6, Robust .NET obfuscator", http://www.red-gate.com/products/dotnet-development/smartassembly/

19. PCI SSC, "PCI PA-DSS 요구 사항과 보안 평가 절차(PCI PA-DSS Requirements and Security Assessment Procedures Version 2.0)"(2010년 10월), https://www.pcisecuritystandards.org/documents/pa-dss_v2.pdf

20. OWASP, "OWASP Top 10"(2013년), https://www.owasp.org/index.php/Top_10_2013-Top_10

21. CWE/SANS, "2011년 CWE/SANS 상위 25개의 가장 위험한 소프트웨어 에러(2011 CWE/SANS Top 25 Most Dangerous Software Errors)", http://cwe.mitre.org/top25/

22. CERT, "CERT C언어 코딩 표준(CERT C Coding Standard)", https://www.securecoding.cert.org/confluence/display/seccode/CERT+C+Coding+Standard

23. CERT, "CERT C++ 보안 코딩 표준(The CERT C++ Secure Coding Standard)", https://www.securecoding.cert.org/confluence/pages/viewpage.action? pageId=637

24. MSDN, "보안 코딩 지침(Secure Coding Guidelines)", http://msdn.microsoft.com/en-us/library/8a3x2b7f.aspx

25. 오라클Oracle, "자바 프로그래밍 언어를 위한 보안 코딩 지침 버전 4.0 (Secure Coding Guidelines for the Java Programming language 4.0)", http://www.oracle.com/technetwork/java/seccodeguide-139067.html

26. CERT, "자바를 위한 CERT 오라클 보안 코딩 표준(The CERT Oracle Secure Coding Standard for Java)", https://www.securecoding.cert.org/confluence/display/java/The+CERT+Oracle+Secure+Coding+Standard+for+Java

결론

없애 버릴 수 있는 것을 썼다면 많은 것을 써서 없애 버렸을 것이다.
- 어니스트 헤밍웨이

이것이 이 책의 끝이지만, 이야기의 끝은 아니다. 많은 지불 보안 기술은 이제 막 시작됐다. 그러면 다음은 무엇일까? 현재의 POS 시스템은 매우 취약하다는 사실을 알 것이다. 이제는 그런 취약점을 어떻게 공격하고, 어떻게 그런 공격을 막을 수 있는지 알고 있을 것이다. 현재의 보안 표준은 공격을 막는 데 도움을 주지 못하고 있다는 사실도 알 것이다. 보안을 위한 막대한 투자에도 불구하고 수많은 정보 유출 사고가 줄어들기는커녕 증가하고 있다는 사실을 통해 잘 보여주고 있다. 그렇다면 사고를 막을 방법이 없을까? 사람이 만든 모든 것은 사람에 의해 파괴될 수 있다. 그것이 아마도 사실일지 모르지만, 적어도 안전한 시스템을 구축하려는 시도는 할 수 있다. 여기에 수행돼야 할 많은 선택 사항이 있다.

소매점과 같은 상점의 고객 접점 환경은 PCI DSS 제어의 구현 의무에서 자유로워야 하며, PCI DSS 감사에 통과해야만 한다. 지불 애플리케이션 제공자는 PA-DSS 검증을 반드시 받아야 한다. 대신, 상점과 소프트웨어 판매회사는 단순히 P2PE가 아닌 하드웨어 P2PE 솔루션의 구현이 요구돼야 한다. 설정이 잘못된 방화벽과 쓸모없는 로그 검토로 돈을 낭비하기보다는 상점은 현실적인 강한 보안 기술에 투자를 해야 한다. 하드웨어 암호화 없이는 민감한 사용자 정보가 상점의 영역에 닿는 일이 절대로 있어서는 안 된다. EMV와 토큰, 모바일 결제, 그리고 다른 새로운 기술과 P2PE의 조합은 고객 접점 환경에서 PCI DSS와 PA-DSS 없이도 카드 소유자 정보의 적절한 보호 기능을 제공할 수 있다.

하지만 이것이 PCI DSS가 완전히 쓸모없다는 것을 의미하는 것은 아니다. 적용 범위는 지불 게이트웨이와 처리자, 전자상거래, 그리고 수용자의 데이터 센터에 여전히 효과적인 보안 환경을 보장하는 것으로 제한돼야 한다. 이것이 간단한 변화가 아니라는 것을 알지만, 나쁜 사람을 저지하는 유일한 방법이라고 생각한다.

동시에 계정 번호와 마그네틱 선, 그리고 심지어 칩까지도 노출하고 있는 플라스틱 카드와 같은 기존 지불 기술은 상업적으로 엄청난 성공을 거두고 있지만, 보안의 관점에서는 완전히 실패작이며 일부 디지털화와 같은 방식으로 대체돼야 한다는 것은 아주 명백하다. 테이프에서 콤팩트 디스크로 대변되는 음악 산업에서 일어난 것과 유사한 변화는 결국 플라스틱 지불 카드에도 일어날 것이다. 그러한 기술이 어떤 것인가에 대한 공통된 의견은 없지만 실제로 무엇인가가 곧 새로 나타날 것이고, 그에 따른 보안의 새로운 도전도 가져올 것이다.

부록 A POS 취약성 등급 계산기

논리 학자는 떨어지는 물방울에서 대서양과 나이아가라 폭포를 예견한다.
– 아서 코난 도일

보안 설문과 취약성 등급

POS 취약성 등급 계산기는 POS 시스템과/이나 POS와 관련된 지불 애플리케이션이나 하드웨어에 대한 간략한 위험 평가 방법을 제공하고자 의도한 보안 설문에 근거한다. 목적은 POS/지불 애플리케이션의 초기 보안 상태 평가를 위한 범용적인 도구를 소개하는 것으로, 뒤이어 좀 더 상세한 위험 평가 절차를 수행할 수도 있다. 평가의 결과는 0에서 20의 범위를 갖는 숫자화된 점수('취약성 등급')다. 0은 이상적인 POS 보안을 나타내며, 20은 보안이 전혀 없는 지불 시스템을 나타낸다. 오늘날에는 일부 복잡한 제품은 0에 가까운 등급을 받는 반면, 불과 10여년 전에는 거의 모든 POS 시스템은 20 등급을 받았다는 점을 명심하라.

상점이 새로운 POS 지불 소프트웨어와 하드웨어를 선택하는 과정에서 여러 제품을 빠르게 검토하고자 이 계산기를 사용해 각각의 솔루션에 대한 POS

취약성 등급을 판단할 수 있으며, 각 솔루션에 대한 추가적인 평가를 진행할 때 결과를 사용할 수 있다. 게다가 특정 구현에 대해 계산된 취약성 등급은 상점이나 소프트웨어 판매회사 또는 보안 평가자를 통해 공개돼 소비자(카드 소유사) 역시 다른 시스템을 비교하고 특정 영업장에서 자신의 카드를 사용할 때 위험을 인식하게 할 수 있다.

채점 방식

취약성 등급 계산 공식은 간단한데, '예'라는 대답을 하면 1점을 받고 등급은 전체 점수의 합이 된다. 이러한 채점 방식은 실제로 각각의 긍정적인 대답이 점수에 1점을 더한다고 할지라도 모든 질문과 답이 같은 가중치를 갖지 않기 때문에 완벽하지 않다는 점을 유념해야 한다. 예를 들면 민감한 카드 정보가 메모리에 평문으로 존재하는 것(질문 1-3)은 인증의 부재(질문 19와 20)보다 민감한 카드 정보에게 있어서 훨씬 더 위험하다. 하지만 각각의 질문은 민감한 카드 정보의 기밀성이나 전송 무결성과는 다른 종류의 보안을 반영한다. 따라서 각각은 1점으로 계산된다.

제시된 채점 방법은 간단히 말해 지불 애플리케이션 위험 평가에 관한 표준은 존재하지 않기 때문에 어떠한 표준에도 근거하지 않는다. 등급 계산기는 필요하다면 특정 질문 그룹의 대답에 가중치를 조정함으로써 쉽게 재정의될 수 있다.

소개

계산기는 다음과 같은 단계를 거쳐 적용될 수 있다.

1. 보안 설문을 살펴보고 적용하고자 하는 시스템에 대한 적절한 답을 한다('예' 하나에 1점, '아니오'나 '해당 없음'에 대해서는 0점 부과). 평가 대상인 특정 지불

시스템의 아키텍처와 기능에 따라 일부 질문은 적용되지 않을 수도 있다는 점을 유념해야 한다. 그런 경우 답의 점수는 부정적인 대답의 점수와 같은 0이 된다.

2. 질문에 답한 모든 점수의 합을 계산해 등급을 매긴다. 각각의 '예'는 총점에 1을 더하는 반면, '아니오'나 '해당 없음'은 총점에 영향을 주지 않는다.
3. 설문의 끝에 위치한 결과 해석 절에서 취약성 등급에 근거해 대상 POS 시스템과 지불 애플리케이션의 전체 보안 등급을 평가한다. 일반적으로 적은 등급 점수는 좀 더 좋은 POS 시스템 보안을 나타낸다.

POS 보안 설문

다음 표는 평가에 사용되는 질문이 나열돼 있다.

번호	질문	답 (예 = 1, 아니오 = 0, 해당 없음 = 0)
1	POI/MSR 장치가 메모리에 있는 (암호화하도록 제한하지 않는 것을 포함해) 암호화되지 않은 민감한 카드 정보를 사용해 동작하는가?	
2	POS 장치의 소프트웨어는 메모리(TRSM 외부)에 있는 (암호화하도록 제한하지 않는 것을 포함해) 암호화되지 않은 민감한 카드 정보를 사용해 동작하는가?	
3	상점 서버는 메모리(TRSM 외부)에 있는 (암호화하도록 제한하지 않는 것을 포함해) 암호화되지 않은 민감한 카드 정보를 사용해 동작하는가?	
4	POI/MSR 장치는 암호화되지 않은 민감한 카드 정보를 상점 서버로 전송하는가?	

(이어짐)

번호	질문	답 (예 = 1, 아니오 = 0, 해당 없음 = 0)
5	POS 장치는 암호화되지 않은 민감한 카드 정보를 상점 서버로 전송하는가?	
6	POI/MSR이나 POS 장치, 또는 상점 서버는 암호화되지 않은 민감한 카드 정보를 지불 게이트웨이/처리자에게 보내는가?	
7	POI/MSR은 암호화되지 않은 민감한 카드 정보를 영구 저장소(TRSM 외부)에 저장하는가?	
8	POS 장치의 소프트웨어는 암호화되지 않은 민감한 카드 정보를 하드 드라이브(TRSM 외부)에 저장하는가?	
9	상점 서버는 암호화되지 않은 민감한 카드 정보를 하드 드라이브(TRSM 외부)에 저장하는가?	
10	POI/MSR은 민감한 카드 정보 암호화와/나 복호화에 사용될 수 있는 암호화되지 않은 DEK나 KEK(또는 어떤 DEK나 KEK의 컴포넌트)를 (TRSM 외부) 메모리나 영구 저장소에 노출하는가?	
11	POS 장치의 소프트웨어는 민감한 카드 정보 암호화와/나 복호화에 사용될 수 있는 암호화되지 않은 DEK나 KEK(또는 어떤 DEK나 KEK의 컴포넌트)를 POS 장치의 (TRSM 외부) 메모리나 영구 저장소에 노출하는가?	
12	상점 서버는 민감한 카드 정보 암호화와/나 복호화에 사용될 수 있는 암호화되지 않은 DEK나 KEK(또는 어떤 DEK나 KEK의 컴포넌트)를 (TRSM 외부) 메모리나 영구 저장소에 노출하는가?	
13	POS 시스템의 어떤 컴포넌트는 해시 함수를 사용해 만든 민감한 카드 정보의 토큰을 저장하거나 처리 또는 전송하는가?	
14	POS 시스템의 어떤 컴포넌트는 해시 함수를 사용해 만든 민감한 카드 정보의 토큰을 (각 토큰마다 다른) 동적인 솔트 없이 저장하거나 처리 또는 전송하는가?	
15	POS 시스템의 어떤 컴포넌트는 토큰 매핑 정보(토큰 저장소)를 저장하거나 처리 또는 전송하는가?	

(이어짐)

번호	질문	답 (예 = 1, 아니오 = 0, 해당 없음 = 0)
16	POI/MSR 장치는 소프트웨어/펌웨어 또는 설정을 소프트웨어/하드웨어 판매자의 전자 서명 검증 없이 갱신하거나 읽는 것을 허용하는가?	
17	POS 장치는 소프트웨어 또는 설정을 소프트웨어/하드웨어 판매자의 전자 서명 검증 없이 갱신하거나 읽는 것을 허용하는가?	
18	상점 서버는 소프트웨어 또는 설정을 소프트웨어/하드웨어 판매자의 전자 서명 검증 없이 갱신하거나 읽는 것을 허용하는가?	
19	POS/지불 소프트웨어와/나 POI/MSR은 지불 게이트웨이/처리자의 강한 암호화 인증(예를 들면 서버 인증서 사용) 없이 거래를 처리하도록 허용하는가?	
20	지불 게이트웨이/처리자는 클라이언트 POS/지불 소프트웨어와/나 POI/MSR 장치의 암호화 인증(예를 들면 사용자 인증서) 없이 거래를 처리하도록 허용하는가?	
	총점(취약성 등급)	

결과 해석

다음 정보를 이용해 설문의 결과를 평가하라.

취약성 등급	의미
0	축하한다. 완벽한 지불 시스템이다.
1	시스템이 상당히 안전하다.
2	시스템은 안전하지만, 해결해야 될 문제가 있다.
3–4	보안 문제 발생의 위험을 줄이기 위해 가능한 한 빨리 수정돼야 하는 취약점이 존재한다.
5–9	시스템은 안전하지 않으며 아주 높은 보안 문제의 발생 위험성을 갖고 있다.

(이어짐)

취약성 등급	의미
10-20	시스템은 취약하며 언제라도 보안 문제가 발생할 수 있다. 사실 이것이 운영 환경이라면 시스템은 이미 공격을 받아 문제가 발생했지만, 인식되지 않았을 가능성이 아주 높다.

부록 B
용어 설명

AES(Advanced Encryption Standard) 미국 표준기술 연구소NIST에서 라인달Rijndael 암호화 알고리즘에 근거해 만든 대칭 암호화 알고리즘

Attack Vector(공격 벡터) 어떻게 보안 제어를 무너뜨리는지 자세하게 설명된 컴퓨터 시스템 공격 방법

AOC(Attestation of Compliance, 준수 입증) 상점이나 서비스 제공자가 PCI SCC에게 PCI DSS 평가 등록을 위해 제출하는 신청서 양식

AOV(Attestation of Validation, 검증 입증) 지불 애플리케이션 판매자가 PCI SSC에게 PA-DSS의 재검증 결과를 등록하기 위해 제출하는 신청서 양식

API(Application Programming Interface) 한 애플리케이션에서 다른 애플리케이션과 통신하기 위해 외부로 노출한 함수들의 집합. 예를 들면 지불 애플리케이션 API는 POS 프로그램에게 노출되며, 지불 게이트웨이 API는 지불 애플리케이션에게 노출된다.

ATM(Automated Teller Machine) 카드 현금 인출 목적의 은행 카드로, 직불 카드와 달리 상점에서 지불 용도로 사용되지 못한다(직불카드 참조).

Authorization(인증) 지불 거래의 첫 단계로, 지불 처리자가 카드와 관련된 계정이 거래에 충분한 신용(신용 카드의 경우) 또는 자금(직불 카드나 선불 카드의 경우)이 있는지 확인한다.

Batch(배치) 지불 애플리케이션에 의해 특정 기간(일반적으로 1 영업일)에 처리돼 결제를 기다리는 지불 거래의 묶음

BDK(Base Derivation Key, 기반 유도 키) DUKPT 키 관리 구조에서 POI 장치에 삽입되는 키 생성에 사용되는 기반 키

BIN(Bank Identification Number, 은행 확인 번호) ISO 접두어 참조

BOS(Back Office Server, 사무실 뒤 서버) 상점의 '뒤편'에 위치한 컴퓨터의 그룹이나 한 컴퓨터(작은 상점에서 종종 물리적으로 상점 관리자의 '사무실 뒤에' 위치). 주로 상점 서버로 사용됨

Carders(카더) 카딩 과정에 관여한 사람

Carding(카딩) 도난된 카드 정보를 사고파는 과정

카드가 제시되지 않는 거래(또는 카드가 없는 거래) 지불 시스템이 카드의 마그네틱 선을 물리적으로 읽지 않는 온라인이나 전화로 처리되는 지불 거래

카드 제시 거래 소매점에서 POS 시스템이 실제로 카드의 마그네틱 선이나 계산원에 의해 수동으로 입력된 카드 정보를 검증하는 지불 거래 처리

Chargeback(지불 거절) 지불 거래 거절

CHD(Cardholder Data, 카드 소유자 정보) 민감한 정보 참조

Completion(완료) 정확한 양(승인 양은 실제 거래 양보다 많을 수 있다)의 거래가 기록되는 지불 거래 처리의 두 번째 단계(인증 후)

CVV(Card Verification Value)(CAV, CSC, CVC라고도 불림) 지불 카드의 마그네틱 트랙 1과 2에 있는 3-4개의 숫자

CVV2(Card Verification Value 2)(CID, CAV2, CVC2라고도 불림) 플라스틱 카드의 앞이나 뒤에 있는 3개의 숫자

Debit Card(직불 카드) 현금 인출을 위한 ATM(은행) 카드로서 상점에서 사용되는 지불 카드로 사용되는 카드. 직불 카드를 사용하는 거래는 일반적으로 PIN 번호를 사용한 이중 인증이 필요하다.

DEK(Data Encryption Key, 데이터 암호화 키) 데이터 암호화를 위한 암호화 키(KEK 참조)

DES(Data Encryption Standard, 데이터 암호화 표준) 더 이상 사용되지 않는 대칭 암호화 알고리즘(삼중 DES 참조)

DUKPT(Derived Unique Key Per Transaction) 직불 카드 PIN 보호와 P2PE에 사용되는 암호화와 키 관리 메커니즘

Encoding(인코딩) 플라스틱 카드의 마그네틱 트랙에 카드 정보를 기록하는 과정

Embossing(엠보싱) PAN 숫자와 다른 카드 소유자 정보를 플라스틱 카드 위에 새기는 과정

EPS(Electronic Payments Server)(Electronic Payments Service, Electronic Payments System이라고도 불림) 전자 지불 처리 전용 소프트웨어와/나 하드웨어

Failover(장애 복구) 주 통신선이나 호스트 연결이 끊기면 다른 통신 형태나 인증 호스트로 전환되는 지불 애플리케이션의 기능

Fallback(대체) 오프라인 대체 처리(S&F) 또는 장애 복구를 의미

FIPS(Federal Information Processing Standards, 미연방 정보 처리 표준) 암호화 알고리즘과 시스템에 대한 요구 사항을 정의하는 표준의 집합

Host 지불 처리자의 데이터 센터에 위치한 인증 서버

Host to Host Protocol(호스트 대 호스트 프로토콜) 지불 게이트웨이와 처리자, 그리고 수용자 사이의 데이터 교환 처리에 사용되는 프로토콜

HSM(Hardware Security Module, 하드웨어 보안 모듈) 물리적 암호화 제어로 보호되는 안전환 환경에서 암호화 처리(암호화, 복호화, 암호화 키 관리)를 목적으로 설계된 장치

ICCR(Integrated Circuit Card Reader) EMV(Chip & PIN) 카드 판독 장치

IIN(Issuer Identification Number, 발급자 확인 번호) ISO 접두어 참조

ISO 접두어(IIN, BIN이라고도 불림) 카드 발급자를 확인하는 PAN의 첫 6개 숫자

KEK(Key Encryption Key, 키 암호화 키) DEK 암호화에 사용되는 암호화 키

KIF(Key Injection Facility, 키 삽입 장치) 핀패드와/나 MSR 장치를 포함하는 직불 PIN이나 P2PE 암호화 키가 삽입되는 POI 위치

KSN(Key Serial Number, 키 일련 번호) DUKPT 키 관리 구조에서 BDK와 데이터 암호화에 사용되는 세션 키를 확인하기 위해 암호화 말단에서 복호화 말단으로 보내지는 데이터

MITM(Man-in-the-Middle, 중간자 공격) 공격자가 클라이언트 서버 사이에 위치해 (SSL로 보호되는 TCP/IP 통신과 같은) 통신 시스템을 공격하는 기법

MSR(Magnetic Stripe Reader, 마그네틱 선 판독기) (일반적으로 POS나 POI에 장착된) 장치로, 사용자가 상점에서 카드를 긁을 때 카드의 마그네틱 선을 읽는다.

NIST(National Institute of Standards and Technology, 미국 표준기술 연구소) FIPS를 비롯해 다양한 표준을 제정하고 관리하는 조직

P2PE(Point-to-Point Encryption, 점대점 암호화)(동의어: 단대단 암호화, End-to-End Encryption) POI/MSR 장치에 카드가 삽입되는 순간부터 지불 게이트웨이나 처리자의 데이터 센서까지 전체 과정에서 민감한 카드

소유자의 정보가 암호화되게 유지하는 기술

PA(Payment Application, 지불 애플리케이션) 전자 지불 처리를 위해 만들어진 소프트웨어 프로그램. PA는 민감한 카드 정보의 수용, 처리, 저장, 그리고 전송과 관련된 모든 기능을 구현한다.

PA-DSS(Payment Application Data Security Standard, 지불 애플리케이션 데이터 보안 표준) 지불 소프트웨어 제공자를 위한 보안 표준

PAN(Primary Account Number, 주 계정 번호) 주로 16개의 숫자로 구성된 카드 소유자 식별 번호

PA-QSA(Payment Application Qualified Security Assessor, 공인 지불 애플리케이션 보안 평가자) PCI SSC가 PA-DSS 검증 위해 공인한 회사나 개인

PA-QSA(P2PE)(Payment Application Qualified Security Assessor, Point-to-Point Encryption, P2PE 공인 지불 애플리케이션 보안 평가자) PCI SSC가 P2PE 프로그램의 검증 위해 공인한 회사나 개인

Payment Gateway(지불 게이트웨이) 다수의 상점으로부터 거래 요청을 받아 상점 설정에 따라 다른 지불 처리자에게 거래 내용을 보내는 서비스를 제공하는 회사

Payment Processor(지불 처리자)(Authorizer(인증자)라고도 불림) 상점의 전자 지불을 처리하는 회사. 지불 처리자는 인증, 완료, 결제 메시지를 상점으로부터 받아 적절한 수용자에게 승인과 결제를 위해 전달한다.

Payment Switch(지불 스위치)(Switch라고도 불림) 상점이나 지불 게이트웨이의 데이터 센터에 있는 서버 그룹이나 서버로, 복수의 상점에서 온 거래 메시지를 통합해 상점의 설정에 근거해 적절한 지불 처리자에게 보낸다.

PCI SSC(Payment Card Industry Security Standards Council, 지불 카드 산업 보안 표준 위원회) PCI 보안 표준을 제정하고 관리하는 조직으로, PCI DSS, PA-DSS, PTS, P2PE 평가를 승인하며, QSA를 인증한다. PCI SSC는

또한 검증된 지불 애플리케이션과 인증된 POI 장치, 그리고 검증된 P2PE 프로그램과 솔루션의 목록을 관리한다.

PCI DSS(Payment Card Industry Data Security Standard, 지불 카드 산업 데이터 보안 표준) 상점과 서비스 제공자를 위한 보안 표준

PED(PIN Entry Device, PIN 입력 장치) POI 참조

PIN(Personal Identification Number, 개인 확인 번호) 카드 소유자의 2중 인증에서 2차 인증 요소('알고 있는 어떤 것')로 사용되는 숫자 코드(보통 숫자 4개)

POI(Point of Interaction)(PED, PIN pad, 핀패드, 지불 단말이라고도 불리는) MSR, PIN 입력 키보드, 고객용 화면 TRSM 등과 같은 여러 기능과 하위 시스템을 조합한 장치

POS(Point of Sale)(등록기, 레인, 서비스 지점이라고도 불림) 상점과 고객 사이에서 거래(지불을 포함)를 처리하거나 기록하는 소프트웨어 프로그램이나 하드웨어 장치

Post Void(사후 무효화) POS 거래가 끝난 지불의 취소

PreAuth(사전 인증) 인증을 획득하는 과정으로, 획득된 인증은 저장돼 거래 완료를 위해 나중에 사용될 수 있다.

PTS(PIN Transaction Security) POI와 HSM 장치 생산자를 위한 보안 표준과 인증

QSA(P2PE)(점대점 암호화, 공인 보안 평가자) P2PE 평가 수행을 위해 PCI SSC에 의해 공인된 회사나 개인

QSA(Qualified Security Assessor, 공인 보안 평가자) PCI DSS 평가를 위해 PCI SSC가 공인한 회사나 개인

RAM(Random Access Memory, 무작위 접근 메모리) (장치의 전원이 꺼지기 전까지) 임시 데이터 자장 공간

Reconciliation(조정) 처리된 거리의 양과 수를 지불 처리의 두 부분(예를 들어 POS와 지불 처리자)이 비교하는 결제 과정 중 한 부분

Redemption(상환) 선불 카드로 지불

Refund(환불로, 반환이라고도 불림) 카드 소유자 계정에 변상하는 방식으로, 보통 이전에 구매한 항목을 상점에 반품하는 경우

Response Timeout(응답 시간) 서버에서 사용자(예를 들어 지불 게이트웨이에서 POS)에게 응답이 보내지기까지 허용된 최대 시간. 응답 시간을 초과하면 지불 애플리케이션은 에러 처리나 대체 수단 강구 또는 장애 복구 과정으로 들어간다.

Return(반환) 환불 참조

ROC(Report on Compliance)(준수 보고서) PCI QSA가 PCI DSS 평가의 결과로 작성하는 문서

ROV(검증 보고서) PA QSA가 PA-DSS 검증 과정의 결과로 만든 보고서

RSA(Rivest, Shamir, Adleman) 1977년 론 리베스트Ron Rivest와 아디 샤미르Adi Shamir, 레오나드 아델만Leonard Adleman이 만든 비대칭 암호화 알고리즘

S&F(Store and Forward, 저장과 전송)(SAF, Fallback, Stand-in이라고도 불림) 상점 지불 시스템이 (인증 네트워크나 호스트가 접속이 불가능한 경우) 지불 처리자와의 통신 없이 지불 거래를 인증하고 완료할 수 있게 허용하는 메커니즘

SCD(Secure Cryptographic Device) TRSM과 HSM에 대한 PCI 용어

SCR(Secure Card Reader) (PTS 인증된) 안전한 MSR이나 ICCR에 대한 PCI 용어. MSR은 반드시 SRED 인증된 PTS가 있어야 한다.

Sensitive Authentication Data(민감한 인증 데이터) 민감한 데이터 참조

Sensitive Card Data, Sensitive Cardholder Data(민감한 카드 데이터, 민감한 카드 소유자 데이터) 민감한 데이터 참조

Sensitive Data(민감한 데이터)(카드 소유자 데이터, 민감한 인증 데이터라고도 불림) 카드 소유자를 확인하는 정보로, (유출됐다면) 가짜 지불 거래 처리에 사용될 수 있다. 민감한 데이터는 트랙 1, 트랙 2, PAN, 유효기간, 서비스 코드, PAN 그 외의 것들을 포함한다. 보통 민감한 인증 데이터와 카드 소유자 데이터의 차이는, 전자는 '현재의' 원본 지불 카드의 복제본을 만들 때 사용될 수 있는 반면에 후자는 전자를 만들 때 필요한 컴포넌트의 입력으로 사용될 수 있다. 민감한 인증 데이터는 트랙 1, 트랙 2를 포함하고, 카드 소유자 데이터는 PAN을 포함한다. 민감한 인증 데이터를 사용하는 것이 카드 소유자 데이터를 사용하는 것보다 카드를 위조하는 게 더 쉽지만, 둘 다 해커의 공격 대상이 된다. 이 책의 대부분은 둘 사이의 차이를 구분하지 않는다. 따라서 단순화하고자 둘을 '민감한 데이터'라는 하나의 용어로 사용한다.

Settlement(결제) 지불 거래가 발급자와 수용자, 처리자, 그리고 상점 사이에서 조정되는 과정

SHA(Secure Hash Algorithm) 단방향 암호화 알고리즘

Split Dial(분할 접속) 지불 애플리케이션이 BIN 범위나 거래 형태, 또는 다른 매개변수에 근거해 거래를 다른 지불 처리자에게 보내는 기능

SRED(Secure Reading and Exchange of Data) PCI PTS 인증의 한 모듈. SRED 인증된 POI 장치는 PCI HW P2PE 인증에 필요하다.

Stand-in(대리) S&F 참조

Store Server(상점 서버) 사무실 뒤 서버와 POS 서버를 비롯해 다양한 상점 수준의 프로그램을 위한 중앙 서버의 역할을 제공하는 컴퓨터들의 모음이나 하나의 컴퓨터

Switch(스위치) 지불 스위치 참조

Tender(텐더) 현금이나 신용 카드, 또는 직불 카드와 같은 지불 방법. POS

거래는 예를 들면 현금과 신용카드 둘 다 사용하는 것과 같이 사용자가 지불에 사용할 수 있는 하나 이상의 텐더를 가질 수도 있다.

Tipping(티핑) 엠보싱 처리된 숫자와 문자에 금색이나 은색의 색을 칠하는 과정

Token(토큰) 실제 카드 소유자 데이터의 손상 없이 PAN을 식별하는 유일무이한 ID

Tokenization(토큰화) PAN 대신 토큰을 사용해 카드 소유자의 데이터를 보호하는 기술. 토큰은 카드 소유자 데이터의 암호화 함수(예를 들어 해시)나 무작위로 생성된 토큰 저장소를 사용해 매핑된 값이 될 수도 있다.

TOR(Timeout Reversal, 제한시간 역전) 인증 호스트로부터 응답이 없는 경우(응답 시간제한) 앞서 수행된 메시지 전송 시도를 취소하는 것

Track 1, Track 2(트랙 1, 트랙 2) 카드 발급자와 카드 소유자에 대한 정보로, 지불 카드의 마그네틱 선에 인코딩된다.

Triple Data Encryption Algorithm(삼중 DEA) 삼중 DES 참조

Triple DES(삼중 DEA, 3DES, TDES, TDEA라고도 불림) 직불 카드 PIN 암호화를 위한 표준 알고리즘으로 사용되는 블록 단위 대칭 암호화

TRSM(Tamper-Resistant Security Module, 변조 방지 보안 모듈) 암호화 장치로(보통 POI 내부에 위치), 암호화 키를 물리적으로 보호하고 변조 방지 상자를 열려는 시도가 있으면 키를 파괴한다.

Two-Factor Authentication(이중 요소 인증)(다중 요소 인증이라고도 불림) 사용자를 인증하기 위해 하나 이상의 요소를 요구하는 것. 두 개의 인증 요소는 반드시 달라야 한다. 다음과 같은 세 가지의 일반적인 형태가 있다. '사용자가 갖고 있는 어떤 것'과 '사용자가 알고 있는 어떤 것', 그리고 '사용자에 대한 어떤 것'. 지불에서 이중 요소 인증의 예는 PIN을 사용하는 직불 카드, 칩&핀, 그리고 하나의 인증 요소는 카드 자신이고, 두 번째 인증 요소

(사용자가 알고 있는 어떤 것)는 PIN 번호인 ATM 카드다.

Void(무효화) 동일한 POS 거래 과정에서 지불 텐더를 취소

Zero Day Attack(제로데이 공격) 대중에게 공개되지 않았거나, 아직 취약점에 대한 수정 방법과 소프트웨어 판매회사의 수정 버전이 만들어지지 않은 제로데이 소프트웨어 취약점을 공격하는 공격의 한 종류

찾아보기

ㅂ

ㅅ

ㅊ

ㅋ

ㅌ

ㅍ

에이콘 **해킹·보안** 시리즈

series editor 민병호

리눅스 해킹 퇴치 비법

James Stanger Ph.D 지음 | 강유 옮김 |
8989975050 | 666쪽 | 2002-05-20 | 40,000원

오픈 소스 보안 툴을 정복하기 위한 완전 가이드. 오픈 소스 툴을 사용해서, 호스트 보안, 네트웍 보안, 경계선 보안을 구현하는 방법을 설명한다.

ISA Server 2000 인터넷 방화벽

Debra Littlejohn Shinder 외 지음 | 문일준, 김광진 옮김
8989975158 | 774쪽 | 2002-11-08 | 45,000원

기업 ISA 서버 구현을 위한 완벽한 지침서. ISA Server의 두 가지 상반되는 목표인 보안과 네트워크 성능은 오늘날의 상호접속 환경에서 필수불가결한 요소이며 전체적인 네트워크 설계에서 ISA Server는 중요한 역할을 한다.

네트웍 해킹 퇴치 비법

David R.Mirza Ahmad 지음 | 강유 옮김
8989975107 | 825쪽 | 2002-12-06 | 40,000원

네트웍을 보호하기 위한 완변 가이드 1판을 개정한 최신 베스트 셀러로 당신의 보안 책 목록에 반드시 들어 있어야 할 책이다. 네트웍 해킹 방지 기법, 2판은 해커를 막는 유일한 방법이 해커처럼 생각하는 것이라는 사실을 당신에게 알려 줄 것이다.

솔라리스 해킹과 보안

Wyman Miles 지음 | 황순일, 정수현 옮김
8989975166 | 450쪽 | 2003-04-03 | 30,000원

인가된 사용자에게 적절한 접근을 허가하고 비인가된 사용자를 거부하는 구현을 얼마나 쉽게 할 수 있을까? 솔라리스에 관리자가 사용할 수 있는 많은 도구를 제공한다.

강유의 해킹 & 보안 노하우

강유, 정수현 지음
8989975247 | 507쪽 | 2003-04-15 | 35,000원

이 책은 지금까지 저자가 보안 책을 보면서 아쉽게 생각했던 부분을 모두 한데 모은 것이다. 보안의 기본이라 할 수 있는 유닉스 보안에서 네트웍 보안, 윈도우 보안에 이르기까지 반드시 알아야 할 보안 지식을 설명한다.

사이버 범죄 소탕작전 컴퓨터 포렌식 핸드북

Debra Littlejohn Shinder, Ed Tittel 지음 | 강유 옮김
8989975328 | 719쪽 | 2003-08-25 | 30,000원

IT 전문가에게 증거 수집의 원칙을 엄격히 지켜야 하고 사이버 범죄 현장을 그대로 보존해야 하는 수사현황을 소개한다. 수사담당자에게는 사이버 범죄의 기술적 측면과 기술을 이용해서 사이버 범죄를 해결하는 방법을 알려준다. 사이버 범죄의 증거를 수집하고 해석하는 법을 이해함으로써 컴퓨터 포렌식에 대한 전문적인 지식을 얻을 수 있다.

스노트 2.0 마술상자 오픈 소스 IDS의 마법에 빠져볼까

Brian Caswell, Jeffrey Posluns 지음 | 강유 옮김
8989975344 | 255쪽 | 2003-09-25 | 28,000원

Snort 2.0에 관한 모든 것을 설명한다. Snort의 설치법에서부터 규칙 최적화, 다양한 데이터 분석 툴을 사용하는 법, Snort 벤치마크 테스트에 이르기까지 Snort IDS에 대해서 상상할 수 있는 모든 것을 설명한다.

네트워크를 훔쳐라
상상을 초월하는 세계 최고 해커들의 이야기

Ryan Russell 지음 | 강유 옮김
8989975354 | 340쪽 | 2003-10-27 | 18,000원

이 책은 매우 특이한 소설이다. 실제 해커들의 체험한 이야기를 바탕으로 허구와 실제를 넘나드는 해킹의 기술을 재미있게 소개하고 해킹은 고도의 심리전임을 알려준다.

해킹 공격의 예술 (절판)
Jon Erickson 지음 | 강유 옮김
8989975476 | 254쪽 | 2004-05-21 | 19,000원

이 책에서는 해킹의 이론뿐만 아니라 그 뒤에 존재하는 세부적인 기술을 설명한다. 또한 다양한 해킹 기법을 설명하는데 그중 대부분은 매우 기술적인 내용과 해킹 기법에서 쓰이는 핵심 프로그래밍 개념을 소개한다.

구글 해킹

Johnny Long 지음 | 강유 옮김
8989975662 | 526쪽 | 2005-06-16 | 19,800원

이 책에서는 악성 '구글 해커'의 공격 기법을 분석함으로써, 보안 관리자가 흔히 간과하지만 실제로는 매우 위험한 정보 유출로부터 서버를 보호하는 방법을 설명한다.

시스코 네트워크 보안

Eric Knipp 외 지음 | 강유 옮김
8989975689 | 784쪽 | 2005-10-13 | 40,000원

이 책에서는 IP 네트워크 보안과 위협 환경에 대한 일반 정보뿐만 아니라 시스코 보안 제품에 대한 상세하고 실용적인 정보를 제공한다. 이 책의 저자들은 실전 경험이 풍부한 업계 전문가들이다. 각 장에서는 PIX 방화벽, Cisco Secure IDS, IDS의 트래픽 필터링, Secure Policy Manager에 이르는 여러 보안 주제를 설명한다.

웹 애플리케이션 해킹 대작전 웹 개발자들이 알아야 할 웹 취약점과 방어법

마이크 앤드류스 외 지음 | 윤근용 옮김 | 강유 감수
9788960770102 | 240쪽 | 2007-01-30 | 25,000원

이 책에서는 웹 소프트웨어 공격의 각 주제(클라이언트, 서버에서의 공격, 상태, 사용자 입력 공격 등)별로 두 명의 유명한 보안 전문가가 조언을 해준다. 웹 애플리케이션 구조와 코딩에 존재할 수 있는 수십 개의 결정적이고 널리 악용되는 보안 결점들을 파헤쳐 나가면서 동시에 강력한 공격 툴들의 사용법을 마스터해나갈 것이다.

오픈소스 툴킷을 이용한 **실전해킹 절대내공**

Johnny Long 외 지음 | 강유, 윤근용 옮김
9788960770140 | 744쪽 | 2007-06-25 | 38,000원

모의 해킹에서는 특정한 서버나 소프트웨어의 취약점을 알고 있는 것도 중요하지만 정보 수집, 열거, 취약점 분석, 실제 공격에 이르는 전 과정을 빠짐없이 수행할 수 있는 자신만의 체계를 확립하는 것이 더욱 중요하다. 체계적인 모의 해킹 과정을 습득하는 데 많은 도움을 주는 책이다.

윈도우 비스타 보안 프로그래밍

마이클 하워드, 데이빗 르블랑 지음 | 김홍석, 김홍근 옮김
9788960770263 | 288쪽 | 2007-11-27 | 25,000원

윈도우 비스타용으로 안전한 소프트웨어를 개발하려는 프로그래머를 위한, 윈도우 비스타 보안 관련 첫 서적으로 윈도우 애플리케이션 개발자가 안전한 소프트웨어 제품을 만들 수 있는 보안 모범 사례를 보여주고 있다.

루트킷 윈도우 커널 조작의 미학

그렉 호글런드, 제임스 버틀러 지음 | 윤근용 옮김
9788960770256 | 360쪽 | 2007-11-30 | 33,000원

루트킷은 해커들이 공격하고자 하는 시스템에 지속적이면서 탐지되지 않은 채로 교묘히 접근할 수 있는 최고의 백도어라고 할 수 있다. rootkit.com을 만들고 블랙햇에서 루트킷과 관련한 교육과 명강의를 진행해오고 있는 저자들이 집필한 루트킷 가이드.

와이어샤크를 활용한 실전 패킷 분석
시나리오에 따른 상황별 해킹 탐지와 네트워크 모니터링

크리스 샌더즈 지음 | 김경곤, 장은경 옮김
9788960770270 | 240쪽 | 2007-12-14 | 25,000원

와이어샤크를 이용해 패킷을 캡처하고 분석하는 방법을 익힘으로써 실제 네트워크 환경에서 발생할 수 있는 다양한 시나리오에 대한 문제를 분석하고 해결하는 방법을 배울 수 있다. 네트워크에서 오가는 패킷을 잡아내어 분석해냄으로써, 해킹을 탐지하고 미연에 방지하는 등 네트워크에서 벌어지는 다양한 상황을 모니터링할 수 있다.

리눅스 방화벽
오픈소스를 활용한 철통 같은 보안

마이클 래쉬 지음 | 민병호 옮김
9788960770577 | 384쪽 | 2008-09-12 | 30,000원

해커 침입을 적시에 탐지하고 완벽히 차단하기 위해, iptables, psad, fwsnort를 이용한 철통 같은 방화벽 구축과 보안에 필요한 모든 내용을 상세하고 흥미롭게 다룬 리눅스 시스템 관리자의 필독서.

웹 개발자가 꼭 알아야 할
Ajax 보안

빌리 호프만, 브라이언 설리번 지음 | 고현영, 윤평호 옮김
9788960770645 | 496쪽 | 2008-11-10 | 30,000원

안전하고 견고한 Ajax 웹 애플리케이션을 제작해야 하는 웹 개발자라면 누구나 꼭 알아야 할 Ajax 관련 보안 취약점을 알기 쉽게 설명한 실용 가이드.

웹 해킹 & 보안 완벽 가이드
웹 애플리케이션 보안 취약점을 겨냥한 공격과 방어

데피드 스터타드, 마커스 핀토 지음 | 조도근, 김경곤, 장은경, 이현정 옮김
9788960770652 | 840쪽 | 2008-11-21 | 40,000원

악의적인 해커들이 웹 애플리케이션을 어떻게 공격하는지, 실제 취약점을 찾기 위해 어떤 방법으로 접근하는지, 웹 애플리케이션에서 존재하는 취약점을 찾고 공격하기 위해 어떤 과정을 거쳐야 하는지를 자세히 설명하는 웹 해킹 실전서이자 보안 방어책을 알려주는 책이다.

리버싱 리버스 엔지니어링 비밀을 파헤치다

엘다드 에일람 지음 | 윤근용 옮김
9788960770805 | 664쪽 | 2009-05-11 | 40,000원

복제방지기술 무력화와 상용보안대책 무력화로 무장한 해커들의 리버싱 공격 패턴을 파악하기 위한 최신 기술을 담은 해킹 보안 업계 종사자의 필독서. 소프트웨어의 약점을 찾아내 보완하고, 해커의 공격이나 악성코드를 무력화하며, 더 좋은 프로그램을 개발할 수 있도록 프로그램의 동작 원리를 이해하는 데도 효율적인 리버스 엔지니어링의 비밀을 파헤친다.

크라임웨어 쥐도 새도 모르게 일어나는 해킹 범죄의 비밀

마커스 야콥슨, 줄피카 람잔 지음 | 민병호, 김수정 옮김
9788960771055 | 696쪽 | 2009-10-30 | 35,000원

우리가 직면한 최신 인터넷 보안 위협을 매우 포괄적으로 분석한 책. 이 책에서는 컴퓨터 사이버 공격과 인터넷 해킹 등 수많은 범죄로 악용되는 크라임웨어의 경향, 원리, 기술 등 현실적인 문제점을 제시하고 경각심을 불러일으키며 그에 대한 대비책을 논한다.

해킹 초보를 위한 웹 공격과 방어

마이크 셰마 지음 | 민병호 옮김 | 9788960771758 | 236쪽 | 2011-01-26 | 20,000원

보안 실무자와 모의 해킹 전문가가 바로 활용할 수 있는 최신 기술이 담긴 책!
웹 보안의 개념과 실전 예제가 모두 담긴 책!
적은 분량임에도 불구하고 매우 실질적인 공격 예제와 최선의 방어법을 모두 담고 있는 책이 바로 『해킹 초보를 위한 웹 공격과 방어』다.

실용 암호학 보안 실무자를 위한 정보 보호와 암호화 구현

닐스 퍼거슨, 브루스 슈나이어, 타다요시 코노 지음 | 구형준, 김진국, 김경신 옮김
9788960771970 | 448쪽 | 2011-04-29 | 30,000원

암호학의 이론적 배경에 기반을 두고 동작 원리를 설명한다. 또한 실무에서 암호학을 어떻게 적용할 수 있는지에 초점을 맞춘 실전 암호학 가이드다. 보안 실무자와 실제 암호를 구현하는 개발자 모두를 위한 필수 지침서로서, 단순 이론을 배우는 데 그치지 않고 실용적 측면에서 암호학을 이해할 수 있는 최고의 암호학 서적이다.

해킹 초보를 위한 USB 공격과 방어

브라이언 앤더슨, 바바라 앤더슨 지음 | 윤민홍, 남기혁 옮김
9788960772007 | 324쪽 | 2011-05-31 | 25,000원

편리해서 널리 사용되는 USB 메모리가 사실 얼마나 위험한 존재인지 깨닫게 해주는 책이다. 악성 코드를 심어 사용자 몰래 컴퓨터의 자료를 훔치는 일부터 전원이 꺼진 컴퓨터의 메모리에서 정보를 빼가는 일까지 USB 메모리로 할 수 있는 공격 방법들을 분석하고 방어 전략을 세울 수 있게 도움을 준다. 또한 사회공학적인 방법이 더해져 상상할 수 없을 만큼 확장될 수 있는 공격 방법들도 분석하고 대처하는 방법을 알려준다.

넷 마피아 국경 없는 인터넷 지하경제를 파헤치다

조셉 멘 지음 | 차백만 옮김 | 9788960772014 | 364쪽 | 2011-05-31 | 15,800원

이 책은 웹사이트 공격에서 신원도용으로 발전한 사이버 범죄조직에 맞서 싸운 두 남자에 대한 실화를 다룬다. 저자는 이 책에서 사이버 범죄로 인해 현대사회가 전자상거래의 추락뿐만 아니라 금융시스템의 붕괴까지 직면하고 있다고 지적한다. 한마디로 사이버 조직범죄는 국제 마약거래나 핵 확산만큼 심각한 문제다. 나아가 러시아나 중국 정부는 국익을 위해 자국 해커들을 보호하고 심지어 전략적 수단으로 활용한다. 이 책은 영화처럼 흥미진진하지만 한편으론 인터넷 시대에 대한 매우 위험한 통찰이 담겨 있다.

해킹 초보를 위한 무선 네트워크 공격과 방어

브래드 하인스 지음 | 김경곤, 김기남 옮김
9788960772175 | 212쪽 | 2011-07-29 | 20,000원

무선 네트워크 세계에서 발생할 수 있는 7가지 주요 공격 방법과 대응 방법을 소개한다. 와이파이 무선 네트워크 기반 공격과, 무선 클라이언트에 대한 공격, 블루투스 공격, RFID 공격, 아날로그 무선 장치 공격, 안전하지 않은 암호, 휴대폰, PDA, 복합 장치에 대한 공격 실패 사례, 공격과 방어 방법에 대한 지식을 얻을 수 있을 것이다.

BackTrack 4 한국어판 공포의 해킹 툴 백트랙 4

샤킬 알리, 테디 헤리얀토 지음 | 민병호 옮김
9788960772168 | 436쪽 | 2011-07-29 | 30,000원

최초로 백트랙(BackTrack) 운영체제를 다룬 책으로서, 침투 테스트(모의 해킹)의 A에서 Z까지를 모두 다룬다. 워낙 다양한 해킹 툴을 다루다 보니 독자 입장에서는 '양날의 칼과 같은 해킹 툴이 악용되면 어쩌려고 이런 책을 출간했나' 하는 걱정을 할 수도 있다. 하지만 구더기 무서워 장 못 담그랴. 해킹 툴을 널리 알려 윤리적 해커인 침투 테스터 양성에 기여하는 게 바로 이 책의 목적이다. 이를 위해 이 책에서는 해킹 툴뿐만 아니라 보고서 작성과 발표 등 전문 침투 테스터에게 반드시 필요한 내용도 충실히 다룬다.

와이어샤크 네트워크 완전 분석

로라 채플 지음 | 김봉한, 이재광, 이준환, 조한진, 채철주 옮김
9788960772205 | 912쪽 | 2011-08-19 | 50,000원

와이어샤크(Wireshark)는 지난 10여 년간 산업계와 교육기관에서 가장 많이 사용하는 사실상 표준이다. 이 책은 IT 전문가들이 트러블슈팅, 보안과 네트워크 최적화를 위해 사용하는 필수 도구인 와이어샤크를 설명한 책 중 최고의 지침서가 될 것이다. 이 책의 저자인 로라 채플은 HTCIA와 IEEE의 회원으로, 1996년부터 네트워크와 보안 관련 책을 10여 권 이상 집필한 유명한 IT 교육 전문가이자 네트워크 분석 전문가다.

BackTrack 5 Wireless Penetration Testing 한국어판
백트랙 5로 시작하는 무선 해킹

비벡 라마찬드란 지음 | 민병호 옮김
9788960772397 | 224쪽 | 2011-10-24 | 25,000원

어디서나 편리하게 이용할 수 있는 무선 랜이 공격에 얼마나 취약할 수 있는지 자세히 다룬다. 업무상 무선 랜의 보안을 점검해야 하는 사람은 물론이고 집과 사무실의 무선 랜 환경을 안전하게 보호하고 싶은 사람이라면 반드시 이 책을 읽어보기 바란다.

2013 문화체육관광부 우수학술도서 선정
사회공학과 휴먼 해킹 인간의 심리를 이용해 어떻게 원하는 것을 얻는가?

크리스토퍼 해드네기 지음 | 민병교 옮김
9788960772939 | 444쪽 | 2012-04-09 | 30,000원

이 책은 사람을 통제해 자신이 원하는 것을 얻어내는 데 활용할 수 있는 기본적인 심리이론, 정보수집방법, 구체적인 질문, 위장, 속임수, 조작, 설득방법, 그리고 다양한 도구와 장비들의 사용법 등 사회공학의 모든 것을 자세히 소개한다.

악성코드 분석가의 비법서 Malware Analysis Cookbook and DVD

마이클 할레 라이, 스티븐 어드에어, 블레이크 할스타인, 매튜 리차드 지음
여성구, 구형준 옮김 | 이상진 감수 | 9788960773011 | 896쪽 | 2012-05-22 | 45,000원

악성코드 분석에 필요한 여러 비법을 소개한 책이다. 악성코드 분석 환경 구축에서 다양한 자동화 분석 도구를 이용한 분석 방법까지 차근히 설명한다. 또한 디버깅과 포렌식 기법까지 상당히 넓은 영역을 난이도 있게 다루므로 악성코드 분석 전문가도 십분 활용할 수 있는 참고 도서다.

모의 해킹 전문가를 위한 **메타스플로잇 Metasploit**

데이비드 케네디, 짐 오고먼, 데본 컨즈, 마티 아하로니 지음
김진국, 이경식 옮김 | 9788960773240 | 440쪽 | 2012-07-20 | 33,000원

2003년부터 시작된 메타스플로잇 프로젝트는 꾸준한 업데이트와 다양한 부가 기능으로 모의 해킹 전문가들에게 필수 도구로 자리를 잡았다. 하지만 처음 메타스플로잇을 접하는 초보자들은 한글로 된 매뉴얼이 부족해 활용하는 데 어려움을 겪는다. 이 책은 메타스플로잇 초보에게 좋은 길잡이가 되며, 기초적인 내용부터 고급 기능까지 두루 다루므로 전문가에게도 훌륭한 참고서가 될 것이다.

(개정판) 와이어샤크를 활용한 실전 패킷 분석
상황별 시나리오에 따른 해킹 탐지와 네트워크 모니터링

크리스 샌더즈 지음 | 이재광, 김봉한, 조한진, 이원구 옮김
9788960773288 | 368쪽 | 2012-07-31 | 30,000원

이 책은 패킷 분석 도구 중 가장 대표적인 와이어샤크를 이용해 패킷을 캡처하고 분석하는 기법을 소개한다. 패킷 분석이란 무엇이고, 어떠한 방법들을 통해 분석할 수 있는지 설명한다. 또한 TCP/IP의 기본이 되는 TCP, UDP, IP, HTTP, DNS와 DHCP 프로토콜들이 어떻게 동작하는지도 보여준다. 뿐만 아니라 실전에서 유용하게 사용할 수 있는 예제를 이용해 설명하며, 최근에 중요한 이슈가 되고 있는 보안과 무선 패킷 분석 기법도 소개한다.

The IDA Pro Book (2nd Edition) **한국어판** 리버스 엔지니어링에 날개를 달다

크리스 이글 지음 | 고현영 옮김 | 9788960773325 | 780쪽 | 2012-08-23 | 45,000원

IDA Pro를 사용해보고 싶은데 어떻게 시작해야 할지 잘 모른다면 이 책으로 시작해보길 바란다. 이 책은 IDA Pro에 대한 훌륭한 가이드로, IDA Pro의 구성부터 기본적인 기능, 스크립트와 SDK를 활용한 당면한 문제를 쉽게 해결할 수 있는 방법 등 IDA의 모든 것을 알려준다. 이 책을 보고 나면 IDA Pro를 이용한 리버스 엔지니어링의 마스터가 되어 있을 것이다.

2013 문화체육관광부 우수학술도서 선정

해킹사고의 재구성
사이버 침해사고의 사례별 해킹흔적 수집과 분석을 통한 기업 완벽 보안 가이드

최상용 지음 | 9788960773363 | 352쪽 | 2012-08-29 | 25,000원

이 책은 해킹사고 대응을 다년간 수행한 저자의 경험을 바탕으로, 해킹사고 대응 이론을 실무에 적용하는 방법과 실무적으로 가장 빠른 접근이 가능한 사고 분석의 실체를 다룬다. 이 책을 통해 독자들은 해킹사고 시 해킹흔적 분석/조합을 통한 해커의 행동 추적 기법과, 사이버 침해사고 실제 사례를 통한 기업을 위한 최적의 대응모델에 대한 지식과 기술을 빠르고 완벽하게 습득하게 될 것이다.

보안 전문가와 아이폰 개발자를 위한 iOS 해킹과 방어

조나단 지드자스키 지음 | 민병호 옮김 | 9788960773370 | 472쪽 | 2012-08-31 | 35,000원

모바일 앱 개발자, 특히 금융/쇼핑 앱, 개인정보 저장 앱, 또는 사내 전용 앱을 개발하는 개발자라면 주목하자. 애플의 보호 클래스를 사용해서 데이터를 암호화하니 안전하다고 생각하는가? 지금 바로 이 책을 읽어보자. 신혼의 단꿈이 무너지듯 현실은 냉혹하기 그지 없을 것이다. 이 책은 iOS 보안의 불완전함을 알기 쉽게 설명하고 개발자 입장에서 이를 어떻게 보완할 수 있는지 친절하게 알려준다. 모바일 보안이 이슈인 요즘, 미래를 대비하는 개발자라면 꼭 한 번 읽어보자.

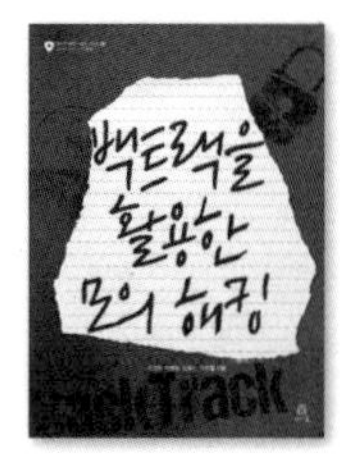

백트랙을 활용한 모의 해킹

조정원, 박병욱, 임종민, 이경철 지음 | 9788960774452 | 640쪽 | 2013-06-28 | 40,000원

백트랙 라이브 CD는 모든 네트워크 대역의 서비스를 진단할 수 있는 종합 도구다. 백트랙은 취약점 진단과 모의 해킹 프로세스 단계별 도구로 구성되어 있으므로, 이에 바탕해 설명한 이 책에서는 실제 업무에서 모의해킹이 어떻게 진행되는지 손쉽게 배울 수 있다. 저자들이 컨설팅 업무를 하면서 느낀 점, 입문자들에게 바라는 점 등 실무 경험을 바탕으로 이해하기 쉽게 설명했다. 백트랙 도구들을 다루는 실습 부분에서는 프로세스별로 활용할 수 있는 주요 도구들을 선별해 알아보고, 단계별로 좀더 중요도가 높은 도구는 자세히 다뤘다.

해커 공화국 미래 전쟁 사이버워, 전시상황은 이미 시작됐다

리처드 클라크, 로버트 네이크 지음 | 이선미 옮김
9788960774483 | 384쪽 | 2013-07-30 | 40,000원

로널드 레이건, 조지 H. 부시, 조지 W. 부시, 빌 클린턴 대통령 등의 임기 동안 미국 정부에서 업무를 수행한 안보 분야의 핵심 인사 리처드 클라크가 들려주는 믿기 어려우면서도 부인할 수 없는 사이버 전쟁 이야기. 머지않은 미래의 전쟁인 사이버전을 최초로 독자 눈높이에 맞춰 다룬 이 책에서는 사이버전의 실제 사례 및 미국 내 정책과 대응 방안 및 세계 평화를 위해 모두가 나아가야 할 방향을 제시한다. 세계 수위를 다투는 인터넷 강국이지만 최근 일어난 일련의 사이버 테러 사건들을 통해 사이버 보안 취약성을 여실히 보여준 대한민국이 반드시 귀 기울여 들어야 하는 행동 강령이 제시된다.

우리가 어나니머스다 We Are Anonymous

어나니머스, 룰즈섹 국제해킹집단의 실체를 파헤치다

파미 올슨 지음 | 김수정 옮김 | 9788960774537 | 640쪽 | 2013-08-23 | 25,000원

지금껏 그 실체를 알 수 없었던 '어나니머스 해킹 그룹'의 실체를 낱낱이 파헤친다. 기계음으로 상대에게 경고 메시지를 날리는 섬뜩한 유튜브 동영상이나, 위키리크스를 위한 보복성 공격과 사이언톨로지 교회 웹 사이트 해킹, 최근 우리나라와 북한을 향한 해킹 공격 예고장 등으로 이름을 날린 '어나니머스'의 탄생부터 최근까지의 역사가 이 책에 모두 담겨 있다.

실전 악성코드와 멀웨어 분석 Practical Malware Analysis

마이클 시코스키, 앤드류 호닉 지음 | 여성구, 구형준, 박호진 옮김
9788960774872 | 1,008쪽 | 2013-10-29 | 45,000원

이 책은 악성코드 분석의 초심자를 비롯해 중고급자에게 충분한 지식을 전달할 수 있게 구성되었으며, 악성코드 분석 기법과 사용 도구, 그리고 악성코드 분석의 고급 기법을 다룬다. 특히 저자가 직접 작성한 악성코드 샘플을 각 장의 문제와 더불어 풀이해줌으로써 문제를 고민하고 실습을 통해 체득해 악성코드 분석에 대한 이해와 능력을 크게 향상시킬 수 있다.

Nmap NSE를 활용한 보안 취약점 진단

엔맵 스크립팅 엔진으로 하는 네트워크와 웹서비스 보안 분석

조정원, 박병욱, 이준형, 서준석 지음 | 9788960774933 | 544쪽 | 2013-11-29 | 40,000원

이 책에서는 엔맵 스크립팅 엔진(Nmap Scripting Engine) NSE에 대해 분석을 하고, 분석된 스크립트 중에서 업무에 바로 적용하고 효율적인 업무 프로세스를 만들 수 있도록 실습과 함께 가이드를 제시했다. 특히 NSE에서 기본적으로 제공하는 430여 개의 크고 작은 스크립트 중에서 특히 실무에서 바로 효율적으로 사용할 수 있는 50여 가지 스크립트를 선정해 다뤘다.

해킹의 꽃 디스어셈블링 Hacker Disassembling Uncovered
보안 분석에 유용한 리버스 엔지니어링 기술

크리스 카스퍼스키 지음 | 서준석 옮김 | 9788960775039 | 720쪽 | 2013-12-26 | 40,000원

이 책은 고급 해커의 필수 능력인 디스어셈블링 기법을 집중적으로 다룬다. 디버깅, 디스어셈블링에 대한 기본 지식부터 커널 분석, 고급 패치 기술 등 분석 과정에서 마주칠 수 있는 깊이 있는 주제들을 다양한 관점과 예제를 통해 학습할 수 있는 훌륭한 분석 길잡이가 되어 줄 것이다.

소프트웨어 보안 평가 The Art of Software Security Assessment

마크 다우드, 존 맥도날드, 저스틴 슈 지음 | 삼성SDS 정보보안연구회 옮김
9788960775114 | 1,256쪽 | 2013-12-31 | 58,000원

알려지지 않은 취약점을 연구하는 저자들의 특별한 경험을 바탕으로, 감지하기 어렵고 잘 숨겨진 보안 취약점들을 처음부터 끝까지 밝혀내는 방법을 소개한다. 유닉스/리눅스와 윈도우 환경에서의 소프트웨어 취약점에 대한 모든 범위를 다룸으로써 네트워크와 웹 소프트웨어를 비롯해 모든 종류의 애플리케이션과 함수에 대한 보안 평가를 할 수 있게 해준다.

웹 해킹과 보안 설정 가이드 웹 개발자와 서버 운영자를 위한

백승호 지음 | 9788960775220 | 292쪽 | 2014-01-29 | 정가 28,000원

웹 해킹 기법을 소개하고, 홈페이지에서 해당 웹 해킹에 대한 취약점의 존재 여부를 확인하는 방법, 안전한 소스코드 개발 방법과 서버의 보안 설정 방법을 설명한다. 이 책에서 홈페이지 개발자는 안전한 홈페이지 개발에 도움을 받을 수 있고, 운영자는 안전한 보안 설정 방법을 확인할 수 있다.

(개정판) 칼리 리눅스와 백트랙을 활용한 모의 해킹

조정원, 박병욱, 임종민, 이경철, 최우석 지음
9788960775626 | 744쪽 | 2014-05-27 | 정가 45,000원

모의 해킹 업무의 전반적인 프로세스 이해와 컨설팅 업무 과정에서 경험한 노하우, 프로젝트 매니저가 갖춰야 할 지식을 설명하고, 백트랙과 칼리 리눅스 라이브 CD 도구 분석 시 손쉬운 접근 방법, 라이브 CD를 이용한 진단 업무의 효율성 강화 방안, 공격자 입장에서의 기술 기법, 관리 실무에서도 효율적 적용이 가능한 대응 방안을 제시한다.

안드로이드 모바일 악성코드와 모의 해킹 진단

조정원, 박병욱, 남대현, 김형범 지음 | 9788960775640 | 532쪽 | 2014-05-29 | 정가 40,000원

요즘 큰 이슈가 되고 있는 안드로이드 모바일 앱 분석에 필요한 내용들을 다룬다. 안드로이드 악성코드 앱 분석을 통해 모바일 보안 위험에 대한 문제점을 살펴보며, 실무에서도 활용할 수 있는 안드로이드 앱 진단 방법을 이해하기 쉽게 설명한다. 환경구축부터 접근법, 분석 방법을 전반적으로 다루므로 입문자부터 중급자까지 쉽게 따라 하며 배울 수 있다.

실전 LOG 분석과 체계적인 관리 가이드

개발자와 운영자의 트러블슈팅과 보안 담당자의 이상행위 탐지를 위한

앤톤 츄바킨, 케빈 슈미트, 크리스토퍼 필립스 지음 | 구형준 옮김
9788960775763 | 528쪽 | 2014-06-30 | 40,000원

이 책은 IT 분야에 종사하는 사람이라면 매우 친숙하지만 소홀히 할 수 있는 로그(log)에 관해 광범위한 내용을 다룬다. 로그의 정의에서 로그 메시지의 종류와 사례연구, 여러 가지 로그 분석 기법과 보고/요약, 로그 관련 도구의 이해와 활용방법, 로깅과 법규 컴플라이언스에 이르기까지 로그라는 주제에 관해 상세히 소개하고 있다. 이 책을 통해 다양한 목적으로 실무에서 로그를 활용할 수 있는 방안을 익힐 수 있다.

iOS 해킹과 보안 가이드

찰리 밀러, 디오니소스 블라자키스, 디노 다이 조비, 빈센조 이오조, 스테판 에서 외 지음
장민경, 남기혁 옮김 | 9788960775787 | 516쪽 | 2014-06-27 | 35,000원

아이폰과 아이패드를 비롯한 iOS 기반 디바이스에 발생할 수 있는 모든 보안 위험성에 대해 설명하는 책이다. 맥 OS와 iOS 보안의 전문가인 저자들이 iOS의 내부를 파헤쳐 취약점을 확인하고, 공격을 방지하는 방법도 알려준다. 또한 운영체제의 동작과 보안 아키텍처를 다루며, 각 부분과 관련된 보안 위험을 설명한다.

BackBox를 활용한 침투 테스트와 모의 해킹

스테판 위미트 위구르 지음 | 홍현정 옮김 | 9788960775862 | 148쪽 | 2014-07-23 | 15,000원

침투 테스트는 사전에 ICT 인프라를 보호하는 중요한 방법이다. 백박스(BackBox)는 가장 잘 알려진 해킹 도구모음과 쉬운 업데이트 절차를 사용자에게 제공하여 침투 테스트를 위해 설계된 우분투 기반의 리눅스 배포판이다. 이 책은 유닉스/리눅스 시스템에 익숙한 독자에게 적합하다. 1장을 제외하고는 전부 실습으로 이루어져 있기 때문에 침투 테스트의 단계별 학습을 좀 더 쉽고 재미있게 진행하며 배울 수 있다. 이 책의 두 가지 학습목표는 침투 테스트 방법에 대한 전반적인 소개와 그 방법을 수행하기 위해 백박스를 사용하는 방법이다. 또 사례를 통해 전체 침투 테스트 과정을 배울 수 있다.

배시 셸로 완성하는 모의 해킹 기술

업무 생산성을 극대화하는 커맨드라인 팁

키이스 마칸 지음 | 민병호 옮김
9788960775930 | 172쪽 | 2014-08-22 | 16,000원

배시 셸(Bash Shell)은 리눅스 사용자라면 누구나 알고 있는 커맨드라인 환경이지만 알차게 활용하는 사람은 적다. 이 책에는 보안 전문가나 시스템 관리자로서 업무 생산성을 크게 높일 수 있는 배시 셸 팁이 가득하다. 책을 읽으며 나만의 사이버 업무 환경을 구축하고 다양한 작업을 자동화하다 보면 어느새 커맨드라인 환경을 정복한 진정한 보안 전문가로 거듭날 수 있다.

(개정판) 와이어샤크 네트워크 완전 분석

공인 Wireshark® 네트워크 분석 스터디 가이드

로라 채플 지음 | 이재광, 전태일 옮김 | 9788960775923 | 1,084쪽 | 2014-8-22 | 50,000원

와이어샤크(Wireshark)는 지난 10여 년간 산업계와 교육기관에서 가장 많이 사용하는 사실상의 표준이다. 이 책은 IT 전문가들이 트러블슈팅, 보안과 네트워크 최적화를 위해 사용하는 필수 도구인 와이어샤크를 설명한 책 중 최고의 지침서다. 이 책의 저자인 로라 채플(Laura Chappell)은 HTCIA와 IEEE의 회원으로, 1996년부터 네트워크와 보안 관련 책을 10여 권 이상 집필한 유명한 IT 교육 전문가이자 네트워크 분석 전문가다.

(개정판) 웹 해킹 & 보안 완벽 가이드

웹 애플리케이션 보안 취약점을 겨냥한 공격과 방어

데피드 스터타드, 마커스 핀토 지음 | 김경곤, 장은경, 이현정 옮김
9788960775961 | 1,116쪽 | 2014-08-29 | 50,000원

웹 해킹, 보안에 관심 있는 사람이라면 한 번쯤은 들어봤을 만한 버프 스위트(Burp Suite)를 개발한 데피드 스터타드가 집필한 『웹 해킹 & 보안 완벽 가이드』의 개정판이다. 이 책은 크게 세 부분으로 나뉘어, 현재 웹 애플리케이션의 현황과 전망을 설명하고, 실제 웹 애플리케이션에서 자주 발생하는 취약점에 대해 실례와 함께 저자의 노하우가 담긴 팁을 알려준다. 또한, 웹 애플리케이션을 공격하는 데 도움을 주는 도구나 자동화 기법, 기타 기술들과 함께, 앞에서 소개한 모든 내용을 취합하여 청사진을 그려서 해커의 공격 방법론을 체계적으로 정리한다.

실전 예제로 배우는

모의 해킹을 위한 메타스플로잇

모니카 아가왈, 아비나브 싱 지음 | 박정우, 김창엽 옮김 | 9788960776074 | 440쪽 | 2014-09-23 | 35,000원

이 책은 독자가 예제를 쉽게 따라 하면서 메타스플로잇의 다양한 기능을 접해볼 수 있도록 구성했다. 정보 수집과 포트 스캐닝, 취약점 공격 과정, APT 공격에 자주 사용되는 클라이언트 측 공격 방법 등에 대해 다양한 시나리오를 다루며, 특히 최근 새로운 보안 이슈로 대두된 무선 네트워크 침투 테스트, VoIP 침투 테스트, 클라우드 환경에서의 침투 테스트에 관한 내용도 추가됐다. 쉽게 따라 할 수 있는 예제로 구성된 입문서로서, 처음 메타스플로잇을 배우고자 하는 독자에게 큰 도움이 되며, 전문가에겐 좋은 족집게 가이드다.

네트워크 검색과 보안 진단을 위한 Nmap 6

100가지 예제로 배우는 엔맵 실전 응용

파울리노 칼데론 팔레 지음 | 강지양 옮김 | 9788960776159 | 400쪽 | 2014-09-30 | 정가 30,000원

전 세계적으로 가장 인기 있는 네트워크 보안 스캐너인 엔맵(Nmap)의 최신 버전을 소개하는 입문서다. 엔맵은 '올해의 보안도구'로 여러 차례 선정된 바 있으며 심지어 〈매트릭스〉, 〈본〉, 〈다이하드〉, 〈엘리시움〉, 〈지.아이.조2〉 같은 여러 영화에 등장하기도 했다. 이 책은 엔맵의 방대한 기능을 시스템 관리자와 침투 테스터를 위한 짧고 명료한 100가지 실전 예제를 통해 살펴본다. 엔맵 공식 서적과 달리 엔맵 스크립팅 엔진(NSE)로 할 수 있는 작업 위주로 설명하며, 엔맵의 주요 핵심 기능도 빠짐없이 다룬다.

데이터베이스 해킹 & 보안 완벽 가이드

데이터베이스 보안 취약점을 겨냥한 공격과 방어

데이비드 리치필드, 크리스 앤리, 존 히스먼, 빌 그린들리 지음 | 김경곤, 장은경, 박병익 옮김
9788960776203 | 608쪽 | 2014-10-29 | 정가 40,000원

이 책은 8개 부와 26개 장으로 구성되었으며, 이 책의 대부분은 7가지 유명 데이터베이스 시스템(오라클, DB2, 인포믹스(Informix), 사이베이스 ASE(Sybase ASE), MySQL, SQL 서버, PostgreSQL)에 존재하는 실전 보안 취약점을 상세히 설명한다. 보안연구자나 취약점 분석가뿐만 아니라 보안 관리자 및 데이터베이스 설계자에게도 매우 유용한 정보를 제공해 줄 책이다.

Hacking Exposed 7 한국어판

네트워크 해킹과 보안의 비밀과 해결책

스튜어트 맥클루어, 조엘 스캠브레이, 조지 커츠 지음 | 서준석 옮김
9788960776340 | 884쪽 | 2014-11-25 | 45,000원

해킹의 전반적인 내용을 담고 있는 종합 지침서다. 해킹을 위해 공격 대상을 물색하는 방법부터 단말 시스템과 서버 해킹, 기반 시설 해킹, 웹과 애플리케이션 해킹 등 거의 모든 분야를 망라한다. 이 밖에도 책에서 제시하는 모든 해킹 공격 기법들을 예방하는 여러 가지 대응 방안도 함께 소개한다. 단편적인 해킹 기술을 넘어 악의적인 공격자들의 사고방식을 이해하고, 효과적으로 대응하는 효과적인 전략을 수립하는 데 길잡이가 되어 줄 책이다.

실전 모의 해킹과 침투 테스트

토마스 빌헬름 지음 | 유형석, 이동건, 이충만, 전창배 옮김
9788960776456 | 568쪽 | 2015-01-02 | 정가 40,000원

모의 침투 테스트에 대한 전반적인 절차와 구체적인 방법 등의 내용을 다룬 책이다. 자세한 이론적인 내용뿐만 아니라 초보자도 테스트 랩을 구성해 침투 테스트를 쉽게 실습할 수 있다. 기존 책에서 이미 많이 다룬 웹 기반 공격(SQL 인젝션, 파일 업로드 등)보다는 애플리케이션 취약점을 악용하거나 시스템 권한을 획득하는 등 최근 공격 트렌드에 맞춘 네트워크 및 취약점 기반 모의 해킹에 대한 내용을 설명했다. 또한 침투 테스트에 대한 결과 보고서를 작성하는 내용도 다루기 때문에 침투 테스트의 처음부터 끝까지의 내용을 모두 포함하고 있다고 할 수 있다.

버그 없는 안전한 소프트웨어를 위한

(개정판) C&C++ 시큐어 코딩

로버트 시코드 지음 | 이승준 옮김 | 9788960776548 | 700쪽 | 2015-01-09 | 정가 45,000원

이 책에서는 취약점의 원인을 밝히고 취약점이 악용되는 일을 방지하기 위해 취할 수 있는 대책을 설명한다. 프로그래머는 이 책에 나오는 좋은 보안 사례를 읽어 보안에 대한 자세를 갖추고, 현재뿐만 아니라 미래에 일어날 수 있는 소프트웨어 공격을 사전에 예방할 수 있는 방법을 배울 수 있다. 저자 로버트 시코드는 CERT 보고서에서 얻은 내용을 바탕으로, 보안 취약점을 유발하는 프로그램 오류를 찾아내서, 취약점이 어떻게 악용되는지를 알아보고, 잠재적인 영향을 고찰해보며, 보안상의 대안을 제시한다.

해킹 맛보기

화이트햇 해커를 꿈꾸는 이들을 위한 해킹 입문서

박찬암,신동휘,박종섭,김우현,박상호,이종호,이정훈 지음 | 이희조 감수
9788960776425 | 524쪽 | 2015-01-22 | 정가 35,000원

해커 양성이 전 세계적인 이슈로 떠오르면서 해커에게 요구되는 정보와 기술의 양도 급격히 증가하고 있다. 세계적인 해킹대회인 데프콘에서 수상한 경력을 비롯해 여러 국내외 해킹대회에서 다수 우승하며 활약 중인 화이트햇 해커들이 집필한 이 책은 '해킹'과 '해커'를 둘러싼 다양한 지적 호기심을 충족시켜줄 것이다. 특히 해커를 꿈꾸는 이들이 꼭 알아야 할 필수 지식과 핵심 기술을 전달하는 데 초점을 맞췄다. 이 책은 해킹의 개요를 시작으로 웹 해킹, 리버스 엔지니어링, 시스템 해킹, 버그 헌팅, 디지털 포렌식, 취약점/해킹 마켓 등의 주제를 8개 장에 걸쳐 차례로 다룰 뿐 아니라, 건전한 보안의식 함양 등 화이트햇 해커의 기본을 전달하는 데에도 노력을 기울였다. 블랙햇 해커의 해킹 공격에 맞서고자 하는 미래의 화이트햇 해커들에게 이 책은 풍부한 설명과 예제가 담긴 유용한 입문서다.

실전 연습으로 완성하는 리버싱

x86/x64 윈도우, 리눅스부터 모바일 ARM iOS까지

데니스 유리체프 지음 | 민병호 옮김
9788960776647 | 1160쪽 | 2015-01-29 | 정가 59,800원

국내 출간된 리버싱 서적 중 다양한 아키텍처를 비교하며 배울 수 있게 구성된 책은 이 책이 유일하다. 따라서 이 책은 리버싱 공부를 시작하는 초보자뿐만 아니라 다양한 플랫폼으로 자신의 리버싱 능력을 확장하고자 하는 중급 이상 개발자에게도 더할 나위 없이 좋다. 풍부한 예제와 흥미로운 실전 연습문제를 해결하다 보면 x86 윈도우부터 64비트 모바일 ARM iOS 리버싱까지 섭렵한 자신을 발견할 수 있다.

Black Hat Python

해커와 모의 침투 테스터를 위한 공격용 파이썬 프로그래밍

저스틴 지이츠 지음 | 민병호 옮김
9788960776982 | 248쪽 | 2015-04-30 | 정가 25,000원

남이 만든 도구만 쓰는 스크립트 키디를 넘어서, 필요한 도구는 직접 개발할 수 있는 고급 보안 전문가로 발돋움해 보자! 이 책은 베스트셀러 『파이썬 해킹 프로그래밍』(원서명: Gray Hat Python)(에이콘출판, 2010) 저자의 차기작으로, '제대로' 동작하는 공격 도구를 적시에 '즉석으로' 제작하는 방법을 다룬 책이다. 책의 처음부터 끝까지 멋진 공격 아이디어들이 계속 쏟아지기 때문에 기술적으로도 흥미로운 부분이 많으며, 공격 도구 개발에 필요한 프로그래밍 기술을 압축적으로 다루므로 정말 재미있게 읽을 수 있다.

POS 시스템 해킹과 방어

개인 신용정보 유출 방지를 위한 안전한 결제 시스템 구축

인 쇄 | 2015년 6월 15일
발 행 | 2015년 6월 23일

지은이 | 슬라바 곰진
옮긴이 | 배 영 부

펴낸이 | 권 성 준
엮은이 | 김 희 정
박 창 기
전 진 태

표지 디자인 | 한국어판_이승미
본문 디자인 | 박 창 기

인 쇄 | (주)갑우문화사
용 지 | 신승지류유통(주)

에이콘출판주식회사
경기도 의왕시 계원대학로 38 (내손동 757-3) (437-836)
전화 02-2653-7600, 팩스 02-2653-0433
www.acornpub.co.kr / editor@acornpub.co.kr

ISBN 978-89-6077-726-2
ISBN 978-89-6077-104-8 (세트)
http://www.acornpub.co.kr/book/pos-hacking

이 도서의 국립중앙도서관 출판시도서목록(CIP)은 서지정보유통지원시스템 홈페이지(http://seoji.nl.go.kr)와
국가자료공동목록시스템(http://www.nl.go.kr/kolisnet)에서 이용하실 수 있습니다.(CIP제어번호: CIP2015016027)

책값은 뒤표지에 있습니다.